HOW TO SURVIVE ALS SINGLE

KATRIN NUSSHOLD

HOW TO SURVIVE ALS SINGLE

ALLEIN IST MAN WENIGER ZU ZWEIT: WIE FRAU DAS SCHÖNE SINGLELEBEN GENIESST!

MIT ILLUSTRATIONEN VON JANA MOSKITO

SCHWARZKOPF & SCHWARZKOPF

INHALT

SINGLE UND GLÜCKLICH!

Vorwort

Liebe Leserin, herzlich willkommen im Schlaraffenland! Hier können Sie alles tun, was Sie freut. Ganz ohne Skrupel, Sorgen und Kritik. Es ist alles erlaubt. Sie dürfen essen, was Sie wollen. Tragen, was Sie wollen. Fernsehen, was Sie wollen. Außerdem wie Sie wollen, wann Sie wollen und so viel Sie wollen.

»Ja. Ich bin single. Und du musst verdammt gut sein, um das zu ändern.« Dieser Spruch verkörpert meine persönliche Einstellung zum Leben als Single zu 100 Prozent. Das tat er nicht immer. Ich habe sehr dunkle und frustrierte Zeiten durchlebt. Aber seit ich mein Singledasein ins rechte Licht gerückt habe, meine eigenen Ansichten angepasst und die großartigen Chancen erkannt habe, die man nur als Single genießt, hat sich meine Lebenseinstellung und folglich meine Lebenslust um 180 Grad gedreht. Es geht mir einfach *gut*. Ich bin glücklich. Und das wünsche ich Ihnen auch. Ob Sie eben frisch versinglet sind oder schon länger als Alleinstehende durchs Leben gehen – in beiden Fällen ist es mein Ziel, Sie mit der Magie meiner Feder (gut, meiner Tastatur) in einen nicht nur zufriedenen, sondern glücklichen Single zu verwandeln. Bedauerlicherweise funktioniert das selbst mit den einfallslosesten Zaubermetaphern nicht von einer Sekunde zur nächsten, so wie man sich's eben wünschen würde. Die Finger schnippen und glücklich sein? Eher unrealistisch. Um das innere Glück zu finden, reicht es natürlich nicht aus, ein Buch zu kaufen und darauf zu hoffen, dass es die Schwerarbeit übernimmt. So sehr ich auch von meinen Ansichten überzeugt bin, die ich Ihnen in den folgenden Kapiteln präsentiere, sind sie doch keine Zauberformeln, die Ihr Leben ohne Ihr Zutun von heute auf morgen verändern werden.

Das können nur Sie selbst, indem Sie sich mithilfe dieses Buches auf die vielseitige, teils herausfordernde und teils erleuchtende Reise durch das Singledasein begeben. Sind Sie bereit, Ihr frustriertes Leben hinter sich zu lassen, die natürlichen Schönheiten des Singlelebens zu erkennen und sich der Möglichkeit zu öffnen, dass man als Single nicht nur von sich und seinem Leben überzeugt, sondern wahrlich glücklich sein kann? Können Sie diese Frage mit einem lautstarken »Ja!« beantworten und es kaum erwarten, die Negativität, die mit dem Singledasein traditionsgemäß einhergeht, endlich hinter sich zu lassen, befinden Sie sich in der richtigen Verfassung, um diese Lektüre, so hoffe ich, zu genießen und ihr zu erlauben, einen positiven Einfluss auf Ihre Einstellung auszuüben. Um als frustrierter Single den Spieß umzudrehen und glücklich zu werden, bedarf es einer Umstellung Ihrer eigenen Gedanken, Ihrer Ansichten, Ihrer Mentalität. Sie müssen lernen, sich nicht auf die Dinge zu konzentrieren, die Ihnen als Single abgehen, sondern auf die wundervollen Aspekte, die nur einem Single geboten werden. Ihr Ziel ist es, selbstbewusst vor dem Spiegel zu stehen und Ihrem eigenen Abbild fröhlich zuzuzwinkern, weil Sie mit Ihrem eigenen Leben vollkommen zufrieden sind. Wenn meine Worte auch nur einer Dame helfen können, sich und ihr Leben als Single in einem positiveren Licht zu sehen und fortan aufrecht mit funkelnden Augen durch die Straßen zu gehen, hat sich meine Arbeit gelohnt.

Zum Abschluss möchte ich anmerken, dass ich mich aufgrund meines Erfahrungsrahmens auf die klassischen Beziehungsthematiken zwischen Mann und Frau konzentriere, wobei sich einige der diskutierten Aspekte gewiss auch auf homosexuelle Partnerschaften umlegen lassen. Ich danke meinen Leserinnen für ihr Verständnis!

Herzlichst,
Katrin Nusshold

1. KAPITEL

DER ÜBERGANG INS SINGLESEIN

WARUM UND FÜR WEN DIESES KAPITEL WICHTIG IST

Sehen Sie sich als Langzeitsingle, der bereits seit mehreren Jahren allein durch die Welt geht, und/oder sind Sie davon überzeugt, längst über Ihren letzten Partner hinweg zu sein, können Sie dieses Kapitel getrost überspringen. Zählen Sie sich allerdings zur gegenteiligen Gruppe der Kurzzeitsingles (also denjenigen, die erst seit wenigen Monaten, Wochen oder gar Tagen versinglet sind und noch an der letzten Beziehung klammern beziehungsweise an ihrem Ex-Partner hängen), lege ich Ihnen ans Herz, dieses Kapitel durchzulesen. Denn es führt Sie durch die wichtigsten Schritte, die nach dem Ende einer Partnerschaft notwendig sind und die Sie daher unbedingt bedenken und vor allem durchführen sollten, weil Ihnen das ganze Buch sonst voraussichtlich relativ wenig nützen wird. Es ist hart, aber unumgänglich, über den Ex-Partner hinwegzukommen, um auch nur annähernd eine Chance zu haben, als Single glücklich zu werden.

Ich gehe daher davon aus, dass Sie diesen Schritt ohnehin tun *wollen* und nicht erst von mir dazu überredet werden müssen. Schließlich ist Ihre Beziehung zu Ende. Und da Sie nun dieses Buch in Händen halten, nehme ich an, dass das Ende der Beziehung auch final ist. In anderen Worten, dass Sie sich Ihren Partner nicht mehr von Herzen zurückwünschen und vorhaben, um ihn zu kämpfen. Haben Sie Ihre Beziehung also tatsächlich ad acta gelegt und wünschen sich, diese endgültig hinter sich zu lassen, qualifizieren Sie sich als waschechter Single, für den es früher oder später (besser früher als später) unabdingbar ist, sich auf jeder erdenklichen Ebene von seinem ehemaligen Partner zu verabschieden; nicht nur äußerlich, sondern auch innerlich. Damit möchte ich nicht sagen, dass Sie erst über den Ex hinwegkommen müssen, ehe Sie weiterblättern dürfen. Ich möchte Ihnen lediglich nahelegen, so rasch wie möglich mit den Get-over-it-Maßnahmen zu beginnen, um das meiste aus den nachstehenden Kapiteln herausholen zu können. Ist Ihr Verstand nämlich noch wesentlich durch den Trennungsschmerz und den Umgewöhnungsfaktor des Plötzlich-jeden-Morgen-alleine-Aufwachens getrübt, sind Sie womöglich noch nicht bereit dafür, sich des Lebens als Single zu erfreuen.

Das Ziel, über Ihren Ex hinwegzukommen, werden Sie zweifellos leichter und schneller erreichen, wenn Sie diejenige sind, die das Ende der Beziehung initiiert hat. Oder wenn Sie sowieso schon lange nicht mehr glücklich in der Partnerschaft gewesen sind und Ihnen die Trennung somit nicht vollkommen unerwünscht und unerwartet den Wind aus den Segeln genommen hat. Obwohl man auch in diesem Fall erwähnen sollte, dass selbst jemandem, der sich in der Position des Schlussmachers befindet, das Herz bricht, wenn er eine Beziehung beendet. Schließlich beendet er damit einen wichtigen Abschnitt seines Lebens und verliert einen (wenn auch nicht mehr heiß geliebten) Partner – jemanden, dessen Gesellschaft er Tag für Tag gewohnt war. Dadurch ist es völlig normal, dass nicht nur dem Partner, mit dem Schluss gemacht wird, sondern auch dem, der den Schlussstrich zieht, zumindest ein kleines bisschen das Herz bricht. Ich persönlich habe in meinem Leben beide Rollen durchgespielt. Ich war diejenige, mit der plötzlich, unerwartet und ungewollt Schluss gemacht wurde, genauso wie diejenige, die Beziehungen beendete, welche sie nicht (mehr) glücklich machten. Und ich könnte nicht behaupten, dass ich weniger litt, als ich diejenige war, die das letzte Wort sprach. Nur weil wir eine Beziehung beenden, bedeutet das ja nicht zwangsläufig, dass wir unseren Partner nicht mehr lieben; es bedeutet oft einfach nur, dass wir keine gemeinsame Zukunft sehen, auch wenn uns die andere Person noch so sehr am Herzen liegt. Sei es, weil die Geografie eine langfristige Partnerschaft unmöglich macht oder weil es andere unüberbrückbare Differenzen gibt. Das Einzige, was dem Verlassen*werden* im Vergleich zum Verlassen einen extra-bitteren Nachgeschmack verleiht, ist die Tatsache, dass sich zum üblichen Herzschmerz in diesem Fall noch Demütigung, Selbstzweifel sowie (sofern man das Ende nicht kommen gesehen hat) Überraschung, Schock, Wut und Ärger dazugesellen.

In jedem Fall möchte man den Trennungsschmerz mit all seinen netten zusätzlichen Attributen so rasch wie möglich hinter sich lassen. Es gibt zwar keine verlässlichen Zeitangaben dafür, wie lange es dauert, um über das Ende einer Beziehung hinwegzukommen; weil diese Dauer sowohl vom eigenen psychischen Zustand als auch von der verflossenen Partnerschaft selbst abhängig ist. Allerdings wird empfohlen, mal langsam über professionelle Hilfe nachzudenken, wenn die Trennung nach einem ganzen Jahr immer noch nicht überwunden ist.[1] Wenn Ihnen also vor nicht allzu langer Zeit das Herz gebrochen wurde (egal, ob Sie selbst die Ehre hatten oder Ihr Ex-Partner die Rolle des Schlussmachers übernommen hat) und Sie nicht tatenlos darauf warten wollen, bis die Zeit alle Wunden heilt, können Ihnen die nachstehenden Tipps hoffentlich ein wenig dabei helfen, Ihren Schmerz zu lindern und Sie so darauf vorzubereiten, Ihr Singledasein standesgemäß auszukosten.

WIE MAN DEN EX HINTER SICH LÄSST

SCHRITT 1: FREUNDINNEN, FAMILIE & TRÄNEN

Einer Trennung folgt zuallererst eine Art »Schockstarre«[2]: Man begreift nicht, was eben geschehen ist, und weigert sich, zu akzeptieren, dass die Beziehung tatsächlich zu Ende ist – denn vielleicht kommt der Partner ja doch wieder angekrochen. Und aus diesem Grund ist der Trauerprozess essenziell. Er mag unangenehm sein, keine Frage, aber da müssen Sie durch. Daran führt leider kein Weg vorbei. Ablenkung, Verleugnung und Verdrängung mögen vielleicht auf den ersten Blick als angenehmere Alternativen erscheinen, aber die funktionieren nicht auf Dauer. Irgendwann wird Ihnen klar, dass der Ex wider Erwarten nicht auf allen vieren zu Ihnen zurückkriechen wird. Und spätestens dann holt Sie der Schmerz ein; entweder auf direktem oder auch mal gern auf indirektem Weg, indem Sie selbst nicht einmal mitbekommen, dass Sie gerade Ihre Emotionen an etwas oder jemand anderem auslassen. Das heißt also: Wenn Sie unter dem Ende Ihrer letzten Beziehung leiden und sich noch nicht hemmungslos ausgeheult haben, wäre es jetzt an der Zeit. Erlauben Sie sich, durch diesen Trauerprozess zu gehen, und zwar einschließlich allem, was dazugehört.

Fühlen Sie sich lustlos und appetitlos, tun Sie einfach einmal gar nichts. Geben Sie Ihrem Körper nur das, was er braucht. Nehmen Sie sich die Zeit, die Sie benötigen, um sich mit dem Geschehenen auseinanderzusetzen. Und dann laden Sie Ihre besten Freundinnen ein, denn Gesellschaft ist nun essenziell. Verbringen Sie mit ihnen einen tränenreichen, gemütlichen und, je nach Appetit, kalorienlosen Mädelsabend (nach einem Herzensbruch gibt es bekannterweise keine Kalorien), an dem Sie so viel Sie wollen über Ihren Ex reden und sich in den Armen Ihrer Freundinnen ausweinen können. Was das »Über Ihren Ex reden« angeht, würde ich Ihnen jedoch raten, sich hauptsächlich auf seine negativen Eigenschaften zu konzentrieren. Weinen Sie seinen positiven Seiten zu sehr hinterher, werden Sie Ihren Schmerz dadurch nur verschlimmern. Lenken Sie Ihren Blick stattdessen auf alles, was Sie an ihm gestört, genervt, in den Wahnsinn getrieben hat, sowie auf die Gründe, aus denen Sie gegebenenfalls mit ihm Schluss gemacht haben. Durch diesen umgelenkten Fokus wird es Ihnen sehr viel leichter fallen, mit ihm abzuschließen. Spielen Sie die Szenen aus Ihrer Beziehung, die Sie verärgert oder verletzt haben, zu diesem Zweck einfach wieder und wieder in Ihrem Kopf ab und erlauben Sie auch Ihren Freundinnen, ohne Angst vor Verlusten über Ihren Ex-Freund zu lästern. Ihre Freundinnen sollen Sie an all die negativen Aspekte Ihrer ehemaligen Partnerschaft erinnern, die Ihnen selbst in diesem emotionalen Moment entfallen mögen, oder die Sie durch den Schein der rosaroten Brille ohnehin nie wahrgenommen haben. Geben Sie Ihren Mädels einen Freibrief, alles loszuwerden, was ihnen einfällt; vor allem auch die Dinge, die sie sich bisher nie getraut haben, zu Ihnen zu sagen. Während einer Beziehung halten die besten Freundinnen ja aus Respekt und Liebe gern den Mund. Bis nach der Trennung haben sie dafür oft umfangreiches Material angesammelt, das Ihren Ex in Ihren Augen nur noch weiter in den Tiefen der Hölle versinken lassen wird – was Ihnen in der jetzigen Situation nur dabei helfen kann, Ihre Beziehung hinter sich zu lassen.

Unterschätzen Sie die Wirkung der Gesellschaft nicht. Sie mag Ihren Schmerz zwar nicht von einem Tag zum nächsten heilen, aber Sie wird Ihnen durch diese schweren Stunden und Tage hindurch helfen und Ihnen den Prozess deutlich erleichtern. Wenn Sie das Gefühl haben, Ihre Freundinnen haben ihre Grenzen der Zuhörwilligkeit erreicht, reden Sie mit jemand anderem. Mit Ihrer Schwester, mit Ihrer Mutter, mit Ihrem Haustier. Oder auch gerne mit einem Psychologen. Manchmal fällt es uns leichter, mit einer fremden Person über schmerzhafte Erfahrungen und tief greifende Gefühle zu sprechen, weil uns diese Person nicht nahe steht und es uns daher nicht so wichtig ist, was sie denn von uns halten könnte – weshalb wir in ihrer Gegenwart manchmal wesentlich ehrlicher sein können als unter Menschen, deren Meinung über uns wir keinesfalls trüben wollen. Überdies kann eine solche Person professionelle Perspektiven und Analysen bieten, die nur jemandem möglich sind, der den Ex-Partner nicht persönlich kennt und den Verlauf der Beziehung nicht mit eigenen Augen miterlebt hat. Dieser zusätzliche, objektive Gesprächspartner hat sich für eine gute Freundin von mir als äußerst hilfreich erwiesen, um über Trennungen hinwegzukommen.

Ich persönlich hingegen baue auf meine Freundinnen und meine Familie in Zeiten einer Trennung. Nach meiner früheren Beziehung ging es mir so dreckig, dass ich bei meinen Eltern für ein paar Wochen beinahe eingezogen bin. Dort standen mir jederzeit alle Türen offen: Spürte ich die Tränen hochkommen, wollte ich alleine sein; in diesen Situationen verschanzte ich mich in ein Zimmer, wo ich

mich in Seelenruhe stundenlang ausheulen konnte, ohne gestört zu werden. Doch wenn ich Ablenkung brauchte oder reden wollte, war ich nicht alleine; ich hatte jemanden, der mir selbstlos seine Zeit schenkte und mir zuhörte. Statt also einsam in meiner Wohnung zu versauern, suchte ich mir die Gesellschaft meiner Liebsten, die mir sehr geholfen hat, die schmerzhafte Übergangszeit zu überbrücken.

Eine mindestens genauso sinnvolle Option, die meine Freundin nach ihrer letzten Trennung enorm unterstützt hat, ist es, die Gesellschaft in die eigene Wohnung einzuladen, statt selbst die Koffer zu packen. Das habe ich auch selbst mal ausprobiert und kann bestätigen, dass es unheimlich dabei hilft, den Übergang vom Beziehungsleben zum Alleinleben in den eigenen vier Wänden zu überstehen. Bitten Sie also eine Freundin oder Schwester, für die erste Woche nach dem Ende Ihrer Beziehung bei Ihnen einzuziehen. Wenn nötig auch für länger. Freundinnen können sich gerne abwechseln. Dann können Sie gemütliche Mädelsabende genießen, quatschen so viel Sie möchten und die Tränen fließen lassen. Filme ansehen, Essen bestellen, Cocktails mixen, ganz egal. Und zwischendurch, je nach Belieben, auch mal nicht über die kürzlich beendete Beziehung sprechen, sondern einfach nur gemeinsam Zeit verbringen.

Wie auch immer Sie diese Übergangsphase am liebsten gestalten möchten – in jedem Fall sollten Sie die Gefühle zulassen, die in Ihnen hochkommen. Über das, was vorgefallen ist, zu reden ist fast so essenziell wie sich so richtig auszuheulen. Lassen Sie die Worte raus. Und lassen Sie die Tränen raus. Weinen Sie so hemmungslos und so lange, bis Sie glauben, keine Tränen mehr in Ihrem Körper übrig zu haben. Ob Sie dafür die Schulter einer Freundin brauchen oder lieber allein im Dunkel Ihres Schlafzimmers Ihr Kopfpolster durchnässen ist dabei ganz Ihnen überlassen. Das Wichtigste ist, dass Sie Ihren Tränen freien Lauf lassen, denn Gefühle hinunterzuschlucken ist in dieser Phase noch kontraproduktiver als sonst. Überspringen Sie diesen Schritt nicht. Das erwähne ich mit Absicht wieder und wieder. Sie müssen Ihre Beziehung betrauern, denn nur dann werden Sie bald wieder fähig sein, Ihren Blick nach vorne zu richten. Und wenn Sie erst alle Tränen vergossen haben, kann der Aufbauplan beginnen.

SCHRITT 2: FRAGEN ÜBER FRAGEN

Kurz nach einer Trennung läuft man beinahe zwangsläufig in die offenen Arme des Liebeskummers. Sie vermissen Ihren Partner wie die Partnerschaft an sich. Wobei das eine vom anderen oft gar nicht so leicht zu unterscheiden ist; geht Ihnen denn wirklich Ihr Ex ab oder nur der warme Körper, neben dem Sie einschlafen? Wie dem auch sei, ein Teil von Ihnen wünscht sich beides zurück, auch wenn

Sie ganz genau wissen, dass es keine gute Idee wäre, das Vergangene wieder aufzuwärmen, weil Sie ohne ihn definitiv besser dran sind. (Wie sagt man so schön: Aufgewärmt ist nur Gulasch gut.) Danach – manchmal auch parallel – schleicht sich die Ärger- oder sogar Abscheuphase ein, in der Sie im schlimmsten Fall einen extremen Hass auf den Ex-Partner entwickeln. Am liebsten würden Sie mit einer Axt in der Hand bei ihm auftauchen und ihn für alles, was er Ihnen angetan hat, im hintersten Winkel des nächstgelegenen Waldes vergraben. Sie denken sich: »Arschloch! Du weißt ja gar nicht, was du an mir hattest!« (was vermutlich auch der Wahrheit entspricht). All diese zugegebenermaßen unangenehmen bis hin zu frustrierenden Gedankengänge gehören nun einmal auch zum Heilprozess dazu.

Um in diesem Heilprozess voranschreiten und der Beziehung ein für alle Mal Lebewohl sagen zu können, hilft es, mit absoluter Sicherheit zu wissen, warum sie überhaupt geendet hat. Haben Sie sie selbst beendet, stellt sich diese Frage vermutlich nicht. Hat er sie beendet, und zwar aus heiterem Himmel, kann es wesentlich sein, ihm eine glasklare Antwort abzuverlangen. Er soll Ihnen genau erklären, aus welchem Grund er sich von Ihnen trennen wollte. Sie waren einmal seine Partnerin. Und wenn Sie immer noch mit der Trennung zu kämpfen haben (auch wenn sie nun schon ein Weilchen zurückliegt), ist es wohl kaum zu viel verlangt, eine ehrliche Antwort von ihm zu bekommen. Denn sonst werden Sie sich noch lange die Frage stellen: Warum? Was habe ich falsch gemacht? Warum will er mich nicht? Warum hat der Mann, den ich für mich auserkoren habe, kein Interesse mehr an mir? Man fühlt sich schnell als Person abgelehnt und kann nicht verstehen, warum alles so gekommen ist, wie es gekommen ist. Gefallen Sie ihm nicht mehr? Haben Sie ihn verletzt? Hat er eine andere getroffen? Und wenn ja, warum hat es ihm die andere mehr angetan als seine eigene Freundin? Diese Fragen sind tödlich, weil sie nicht von Ihnen ablassen, solange sie nicht zu Ihrer Zufriedenheit beantwortet werden – was den Heilungsprozess wiederum maßgeblich verlangsamen kann. Denn Sie stellen alles infrage: Ihr Aussehen, Ihren Charakter, Ihr Verhalten. Sie suchen den Fehler bei sich, wenn das Beziehungsende in Wirklichkeit gar nichts mit Ihnen zu tun haben muss. Vielleicht sind die Probleme die des Mannes oder der Umstände, oder Sie haben sich einfach auseinandergelebt, ohne es überhaupt zu merken.

Deshalb kann es schon sehr hilfreich sein, klare Fronten zu schaffen und sich von ihm ganz genau sagen zu lassen, was denn sein Problem war. Das muss nicht einmal in Form eines persönlichen Gesprächs passieren; die sterbende Tradition des Briefschreibens kann genauso effektiv sein. Schreiben Sie ihm einen Brief, in dem Sie all Ihre Gedanken und Gefühle loswerden und Ihrem Schmerz und Ärger Luft machen. Dann überreichen oder schicken Sie ihn Ihrem Ex. Sie können ihn ihm auch gern an die Tür hängen, wenn er gerade nicht zu Hause ist. Glauben Sie mir, das wirkt nicht nur befreiend, sondern auch genugtuend, weil Sie dann genau wissen, dass Sie ihm ausnahmslos alles an den Kopf geworfen haben, was Sie in den Wahnsinn getrieben hat. Und das Gleiche verlangen Sie von ihm. Egal ob schriftlich oder mündlich; er soll Ihnen sagen, woran die Beziehung seiner Ansicht nach gescheitert ist. Wenn es wirklich mit Ihnen zu tun hatte und sein Problem nachvollziehbar ist, wissen Sie dann zumindest, woran Sie arbeiten können. Das heißt, sofern Sie daran arbeiten wollen. Schließlich ist niemand perfekt, und frau möchte doch um ihrer selbst willen geliebt werden. Lag das Problem nicht an Ihnen, können Sie aufhören, sich selbst die Schuld zu geben und sich als unzulänglich zu sehen, und stattdessen anfangen, nach vorne zu blicken.

So ein klärender Austausch kann Ihnen dabei helfen, mit Ihren Emotionen besser umzugehen. Übrigens muss es nicht mal unbedingt ein Gespräch über Ihre Beziehung sein; es kann reichen, Ihren Ex einfach noch einmal zu sehen und über andere Dinge zu reden. Sofern Sie akzeptiert haben, dass die Beziehung zu Ende ist (ob es Ihnen nun passt oder nicht), kann es durchaus helfen, sich zwanglos mit ihm noch ein letztes Mal zu treffen. Und sei es nur, um Ihrem Ex zu zeigen, dass es Ihnen wunderbar geht und Sie ihm nicht nachweinen, denn allein durch diese Genugtuung werden Sie sich besser fühlen; schließlich soll er nicht glauben, er hätte Ihr Leben ruiniert. Natürlich sollten Sie für dieses Treffen einen guten, also glaubwürdigen Grund haben. Vielleicht haben Sie etwas in seiner Wohnung vergessen, oder er hat noch Sachen bei Ihnen liegen. Oder er hat Ihnen versprochen, Ihren Computer zu reparieren. So seltsam es auch klingen mag, ein letzter Besuch beim Ex kann Sie dabei unterstützen, mit ihm abzuschließen. Aus naheliegenden Gründen würde ich Ihnen jedoch eindeutig davon abraten, sich im Zuge dessen auf Abschlusssex einzulassen.

Können Sie die Kraft, nach den Ursachen der Trennung zu forschen oder sich generell einem Gespräch mit Ihrem Ex noch einmal auszusetzen, allerdings nicht aufbringen, haben Sie nur eine andere Möglichkeit: die unendlichen Fragen, die Sie nachts nicht schlafen lassen, innerlich zur Ruhe zu legen. Wenn Sie die Antworten nicht hören wollen, dann hören Sie zumindest auf, sich die entsprechenden Fragen zu stellen. Es ist so, wie es ist. Sie können nichts daran ändern. Akzeptieren Sie's und lenken Sie Ihre Konzentration auf einen anderen Gedanken. Und zwar auf den Gedanken, dass Sie ohnehin nicht mit jemandem zusammen sein wollen, der nicht mit Ihnen zusammen sein will oder der Sie nicht als die Person schätzt, die Sie sind. Diese positive Affirmation ist etwas, was Sie sich immer und immer wieder vorsagen sollten. So lange, bis Sie es wirklich selbst glauben, und das werden Sie früher oder später. Machen Sie sich oft genug bewusst, dass Sie zu gut für Ihren Ex-Partner sind. Irgendwann wird diese Erkenntnis Ihren Schmerz lindern. Sie verdienen es nicht, sich mit einem Partner zufriedenstellen zu müssen, der Ihren Wert nicht zu schätzen weiß. Sie sind zu wertvoll!

SCHRITT 3: RAUS MIT DEM ZEUG!

Es mag ein offensichtlicher Schachzug sein, aber dennoch erwähnenswert: Suchen Sie alles in Ihrer Wohnung zusammen, was Ihnen von ihm geschenkt wurde oder Sie auch nur im Entferntesten an ihn erinnert. Fotos, Briefe, getrocknete Blumen, Bücher, Filme; auch Kleidung, wenn sie mit Gefühlen verbunden ist. Dazu selbstverständlich alles, was ihm gehört und in Ihrem Bad Platz einnimmt, wie Duschgel, Zahnbürste, Deo, Rasierer, et cetera. Packen Sie alles in einen großen Karton, den Sie dick und fett mit Klebeband verschließen und anschließend in die hinterste Ecke ihres Schranks oder Kellerabteils verfrachten. Oder Sie bringen den Mumm auf, sie ihm zu überreichen, was auch einen gewissen Genugtuungseffekt haben kann. Was auch gut funktioniert, ist, eine Freundin zu bitten, die Sachen für Sie zu verstecken – an einem Ort, an dem Sie sie von selbst nicht finden werden, auch wenn Sie noch so verzweifelt danach suchen; und zwar genau aus diesem Grund: damit Sie eben erst gar nicht in Versuchung kommen, verzweifelt danach zu suchen. Die noch extremere Option wäre, die Sachen zu vernichten, was ich persönlich aber nach keinem Beziehungsende übers Herz gebracht habe – und später war ich dankbar dafür. Warum? Nun, wenn Sie Monate oder von mir aus Jahre später (je nach Länge der Beziehung und folglich der Zeit, die Sie brauchen, um darüber hinwegzukommen) diese Ex-Kiste wieder hervorkramen, werden Sie mit Freuden feststellen, dass Sie mit ihrem Inhalt keinen Schmerz mehr verbinden. Entweder halten Sie auf einmal einige von jeglichem Gefühl und allen Erinnerungen befreite Objekte in der Hand, die sie nun problemlos wieder verwenden können, oder Sie verbinden damit zwar noch eine gewisse Nostalgie, aber zumindest keinen Frust und Ärger mehr. In beiden Fällen kann Ihnen das spätere Öffnen der Ex-Kiste eine schätzenswerte Bestätigung geben, dass Sie nun tatsächlich über den Verflossenen hinweg sind.

Nachdem Sie die verklebte Kiste an den Ort Ihres Beliebens verbannt, dem Ex befriedigt in die Hände gedrückt oder ins Jenseits geschickt haben, würde ich empfehlen, einen Schritt weiter zu gehen und alle Erinnerungen an ihn aus Ihrem Handy und von Ihrem Computer zu entfernen. Nummer löschen, Fotos löschen und so weiter und so fort. Wollen Sie nicht ganz so extrem vorgehen, weil Sie sich mit ihm vielleicht mal eine Freundschaft vorstellen können oder seine Nummer aus anderen Gründen unbedingt behalten möchten, öffnen Sie zumindest WhatsApp oder welchen SMS Service auch immer Sie verwenden und archivieren oder löschen Sie den Chat mit Ihrem Ex – damit er Ihnen wenigstens nicht jeden Tag ins Auge springt, sobald Sie die App öffnen. Ähnlich können Sie mit diversen digitalen Daten wie Fotos umgehen. Wollen Sie sie nicht komplett ins Nimmerwiedersehensland schicken, verschieben Sie sie auf eine Festplatte oder einen USB-Stick, die beziehungsweise den Sie sonst nie anstecken. Hauptsache, die Programme, die Sie alltäglich nützen, erinnern Sie nicht ständig an Ihre verflossene Liebe.

Haben Sie allerdings keine Skrupel, ihn ganz und für immer aus Ihrem Leben zu deportieren, würde ich als nächsten Schritt empfehlen, ihn auf Facebook zu entfreunden, ihm auf Instagram zu entfolgen und ihn aus jeglichen anderen Social Media Netzwerken zu eliminieren.

Dabei geht es gar nicht darum, ihm eins auszuwischen (obwohl das ein ganz reizvoller Nebeneffekt sein kann), sondern lediglich darum, dass Sie seine Statusupdates, seine Fotos oder auch nur seinen Namen sonst weiterhin jeden Tag sehen werden. Denn auch wenn Sie sich streng vornehmen, eh nicht hinzusehen, werden sie Ihnen zwangsläufig und vollkommen ungewollt trotz all Ihrer harten Absichten ins Auge stechen. »Huch, er ist online.« – »Oh, er hat ein Foto von jemand anderem geliked.« – »Was, er ist mit einer neuen Frau befreundet?!« Und jedes Mal, wenn Sie etwas davon sehen, wird es Ihrem Herzen einen erneuten Stich verpassen, den Sie zum jetzigen Zeitpunkt ganz und gar nicht brauchen können. Also: So viel Sie entbehren können von all den Dingen, die etwas mit ihm zu tun haben – weg damit! Ab in die Mülltonne, in den digitalen Papierkorb oder einfach nur in die weite Leere des Internets. Wegwerfen, löschen, notfalls blockieren. Alles ist erlaubt. Was auch immer für Sie notwendig ist, um das Ex-verseuchte Zeug nicht mehr sehen zu müssen. Denn Sie brauchen jetzt Abstand, Objektivität. Und das geht nur, wenn Sie nicht ständig an Ihren Ex erinnert werden.

Sind Sie nun im selben Verein oder am selben Arbeitsplatz wie Ihr Ex-Partner tätig, ist dieser Abstand natürlich nicht ganz so leicht zu gewährleisten. Daher sollten Sie in solchen Fällen eventuell die Möglichkeit in Erwägung ziehen, mal auf Urlaub zu fahren, eine Fortbildung zu machen oder zumindest anzufragen, ob es eine Chance für Sie gäbe, das Büro zu wechseln. Trennungen von jemandem, dem man danach regelmäßig über den Weg rennt, haben immer ein erhöhtes Komplikationspotenzial. Ich kann Ihnen in dieser zugegebenermaßen nicht gerade beneidenswerten Situation

nur raten: Finden Sie einen Weg, ihm und seinem Zeug zumindest einmal für eine Zeit lang nicht mehr zu begegnen.

SCHRITT 4: GEFÜHLE ARTISTISCH VERWERTEN

Ein weiterer Tipp, den ich Ihnen geben kann, besteht darin, Ihre Gefühle künstlerisch herauszulassen. Haben Sie eine kreative Ader, kann es emotional gesehen Berge versetzen, das, was man fühlt und denkt, einfach einmal auf Papier zu bringen – auf Zettel zu zeichnen, auf Leinwand zu malen, mit der Gitarre zu spielen oder in Worten niederzuschreiben. Sie müssen sich dabei keine Sorgen darüber machen, wer Ihr Kunstwerk jemals sehen könnte, denn Sie müssen es ja niemandem zeigen. Aber allein die Aktion, die Gedanken und Gefühle ohne Hemmungen aus sich heraussprudeln zu lassen, indem Sie in die Tasten hauen oder Stift auf Papier setzen oder ein Lied schreiben, kann sehr klärend wirken.

Man hat dabei das Gefühl, sich selbst zu reinigen, alles Negative aus Körper und Geist rauszulassen und es symbolisch auf dieses Blatt Papier oder Äquivalent zu transferieren. Wenn Sie schreiben, können Sie es tagebuchartig tun und einfach nur das niederschreiben, was Ihnen hinsichtlich Ihrer vergangenen Beziehung in den Sinn kommt. Sie können aber auch eine fiktive Geschichte basierend auf Ihren Erlebnissen verfassen und so das Geschehene durch die Charaktere, die Sie kreieren, verarbeiten. Lassen Sie Ihrer Fantasie freien Lauf, und sehen Sie, was mit dem Charakter passiert, der auf Ihren Ex-Freund zugeschnitten ist. Vielleicht läuft er ja gegen eine Wand, fällt Untoten zum Opfer oder wird in eine andere Dimension verbannt. Oder Sie sind emotional bereits so weit, ihm überhaupt nichts Bösartiges anzutun, sondern ihn in Ruhe sein fiktives, langweiliges, gefühlloses Leben leben zu lassen, während Ihr eigener Charakter zum Star der Geschichte heranwachsen darf. Wie auch immer Sie es angehen, folgen Sie Ihrem Bauchgefühl. Trauen Sie

Ihrem Instinkt. Ihr Kunstwerk soll etwas sein, an dem Sie all Ihre Gefühle auslassen, sie sozusagen auf gesunde Weise verwerten. Wandeln Sie Ihre Traurigkeit, Ihren Ärger, Ihren Frust in etwas um, was Sie stolz in Händen halten. Und stolz dürfen Sie sein! Sei es nur deshalb, weil Sie Ihre Gefühle herausgelassen haben und sich dadurch hoffentlich deutlich erleichtert fühlen – oder weil Sie nun tatsächlich etwas vor sich haben, was Sie auch gerne der Öffentlichkeit präsentieren würden. In beiden Fällen, bravo!

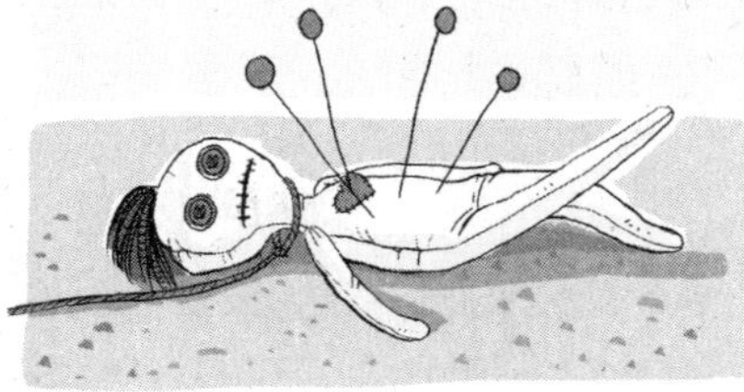

Sie werden überrascht sein, wie schnell Ihre Finger über die Tasten huschen oder der Pinsel über die Leinwand fegt oder die Noten von der Gitarre hüpfen, wenn Sie erst einmal begonnen haben. Fangen Sie langsam an; mit einem Strich, einem Satz, einer Notenzeile, und Sie werden sehen: Wenn Sie die Gefühle wirklich zulassen – sie durch Ihr Herz, Ihr Hirn, Ihre Finger hindurchleiten –, dann werden Sie schnell von Ihren Gefühlen eingenommen werden, und der kunstschaffende Prozess wird Sie erfassen wie eine Flutwelle, die Sie mitträgt auf ihrem Weg zur Heilung Ihres Herzens. Probieren Sie es aus. Fühlen Sie sich nicht blöd dabei, denn es geht hier nur um Sie. Niemand muss mitbekommen, dass Sie sich artistisch betätigen, um über Ihren Ex hinwegzukommen. Gönnen Sie sich diesen Schritt, der den Heilungsprozess beschleunigen kann. Aber stressen Sie sich nicht. Nehmen Sie sich die Zeit, die Sie brauchen, um alles künstlerisch zu verarbeiten, was Sie belastet. Seien Sie dabei vollkommen ehrlich mit sich selbst. Das ist ein wichtiger Punkt, denn Verleugnung und Verdrängung bringen hier gar nichts; Sie müssen schon ganz genau das zulassen, was Sie auch tatsächlich denken und fühlen. Unterdrücken Sie Ihre Emotionen nicht, sondern empfangen Sie sie mit offenen Armen, nehmen Sie sie bewusst wahr, und dann machen Sie sie zu Kunst. Sie können auch gern töpfern, basteln, nähen, stricken, völlig egal – wählen Sie die Aktivität, die Ihnen guttut.

Wenn Sie am Schluss das fertige Kunstwerk in Händen halten, werden Sie sich zumindest ein bisschen, wenn nicht sogar deutlich besser fühlen. Wenn Sie wollen, können Sie Ihre Arbeit anschließend in einem schönen kleinen Lagerfeuerchen verbrennen und die negativen Gefühle auf diese Weise symbolisch wie buchstäblich in Flammen aufgehen lassen. Sie haben dabei nichts zu verlieren außer vielleicht ein paar Stunden oder Tage Ihrer Zeit. Mir hat meine Liebe zum Schreiben sehr dabei geholfen, mit dem Vergangenen abzuschließen, meine eigenen Gefühle aufzuarbeiten und mir sogar über gewisse Dinge klar zu werden, die mir davor nicht bewusst gewesen waren. Durch den Akt des Niederschreibens ließ ich meinen Gedanken freien Lauf, wodurch sich einiges an Unklarheiten und offenen Fragen in meiner Erinnerung aufklärte. Plötzlich verstand ich, weshalb ich so gehandelt hatte, wie ich gehandelt hatte, und warum er das getan hatte, was er getan hatte. Auf diese Art und Weise war mir meine Kunst eine starke Stütze, die es mir ermöglichte, mich für die nächste Stufe in meinem Leben zu öffnen. Zusätzlich gab sie mir das befriedigende Gefühl, zumindest etwas Positives aus all dem Leid und dem Schmerz herausgeholt zu haben, was auch nicht unterbewertet werden sollte. Kunst kann eine außerordentlich therapeutische Wirkung haben.

Es ist zumindest einen Versuch wert – weshalb ich Ihnen rate, es wenigstens mal auszuprobieren. Schließlich entsteht oft die größte Kunst aus Schmerz. Erst bei den Golden Globes 2017 zitierte Meryl Streep in ihrer Rede Carrie Fisher, auch bekannt als Prinzessin Leia, die einst sagte, »take your broken heart, make it into art.«[3]

SCHRITT 5: FEIERN BIS DIE FUNKEN FLIEGEN

Nun ist es an der Zeit, auszugehen. Worauf haben Sie Lust? Was wollten Sie schon immer tun? Bestimmt fällt Ihnen etwas ein, was Sie reizt, aber wofür Sie entweder nie Zeit hatten oder wozu Sie Ihren Partner um nichts in der Welt bewegen hätten können, während Sie mit ihm zusammen waren.

Sind Sie eher auf der kulturellen Schiene unterwegs und sehnen sich nach einem Besuch im Theater oder wollen sich endlich mal durch das Programm Ihrer städtischen Oper kosten? Haben Sie schon seit Jahren in keinem Kinosaal mehr gesessen? Oder zieht Sie Ihre Leidenschaft in ein Museum oder eine Ausstellung? Stattdessen oder auch gerne zusätzlich bietet sich natürlich die »jugendlichere« Variante des Ausgehens an. Unzählige Bars, Discos, Nachtklubs und Landfeste warten darauf, eine hübsche Singledame wie Sie willkommen zu heißen. Suchen Sie sich das aus, was Ihnen am ehesten zusagt und was Ihren altersangepassten Vorstellungen entspricht, oder gehen Sie gleich die ganze Liste durch.

Schnappen Sie sich Ihre Freundinnen und/oder Freunde, richten Sie sich wieder einmal so richtig schön her, stoßen Sie mit dem einen oder anderen Gläschen an, und freuen Sie sich auf einen herrlichen, lustigen, je nach Wahl musik-, tanz- oder kulturintensiven Abend in einer geselligen Runde. Egal ob Sie es vorziehen, an einer Tour durchs kunsthistorische Museum teilzunehmen, oder sich am liebsten einfach hemmungslos, auf der Bar tanzend, mit Daiquiris und Tequila-Shots betrinken wollen – Ihnen steht alles offen. Tun Sie es! Singen Sie, tanzen Sie, lernen Sie neue Leute kennen, und reden Sie mit Ihren Freundinnen über alte Zeiten. Erinnerungen an gemeinsame Abenteuer halten oft so viel Schwachsinn parat, dass Ihnen endlich wieder einmal vor Lachen die Tränen in die Augen schießen. Denn dafür sind Ihre Freunde da: um Sie aufzuheitern. Was immer Sie daher als Aktivität wählen, vergnügen Sie sich! Genießen Sie jede Minute des Tages oder Abends, je nachdem, was Sie vorhaben; von der Auswahl des Outfits, dem Frisieren und dem Auftragen des Make-ups (Sie dürfen sich ruhig ein bisschen präsentieren) über die ermunternden Gespräche und die gemeinsame Zeit, die Sie mit Ihren Freunden vielleicht schon lange nicht mehr so ausgelassen verbracht haben, bis zum Nachhausekommen und dem glücklichen Gefühl, welches am Ende eines entspannten, lässigen Abends nachwirkt.

Hängen Sie genügend solcher Erlebnisse aneinander, und Sie werden sehen, wie schnell es Ihnen besser geht. Sie haben nun ja Zeit, also nützen Sie sie! Ihre Freunde werden sich liebend gern die Zeit nehmen, Sie zu begleiten. Wenn sie selbst Singles sind sowieso; aber auch wenn sie in Beziehungen sind, werden sie Vorschläge für spaßige Mädelsabende dankend annehmen. Denn die brauchen auch mal Pause von ihren Partnern. Und das wird Sie auch daran

erinnern (sofern Sie überhaupt daran erinnert werden müssen), dass Ihre besten Freunde immer für Sie da sein werden. Partner kommen und gehen, doch Freunde bleiben. Und wenn es darum geht, dass eine von ihnen die Sau rauslassen muss, weil Sie eine Trennung hinter sich hat, dann werden die anderen sie auf jede erdenkliche Weise dabei unterstützen.

Sie müssen ja auch nicht jedes Mal mit denselben Personen ausreiten. Mir ist bewusst, wie schwierig es im Erwachsenenalter sein kann, Zeitpläne untereinander zu koordinieren und Tage beziehungsweise Abende zu finden, an welchen die ganze Runde (das beginnt schon bei zwei oder drei Personen) ein Terminloch hat. Denn jeder hat Arbeitszeiten und andere Verpflichtungen, die oft nicht einfach zu vereinbaren sind und erst mal unter einen Hut gebracht werden müssen, ehe man mit den Freundinnen auf den Putz hauen kann. Aber aus eigener Erfahrung kann ich sagen: Man muss es nur versuchen. Wenn man es will, wird man auch einen Zeitpunkt finden, der für alle passt.

Und wenn der eine mal keine Zeit hat, fragt man eben den Nächsten. Ich habe nach meinen Trennungen monatelang regelmäßig gefeiert und alles Mögliche unternommen; mal mit meiner Schwester, mal mit meinem Bruder, mal mit meinen besten Freundinnen, mal mit meinen Eltern, mal mit anderen Bekannten, Freunden und Verwandten. Der Punkt ist: Get back out there! Sperren Sie sich nicht zu Hause ein. Gehen Sie aus, haben Sie Spaß, und lassen Sie es sich gut gehen. Denn jetzt geht es nicht mehr darum, das, was Sie nicht mehr haben, zu betrauern – sondern darum, das, was Sie haben, zu feiern. Also toben Sie sich aus. Sie dürfen das, und zwar guten Gewissens und mit einem Lächeln im Gesicht!

SCHRITT 6: SINGLE SEIN – ENDLICH

Die Tür zu Ihrer alten Beziehung haben Sie nun geschlossen, versperrt, und den Schlüssel haben Sie im nächsten Fluss versenkt. Dafür öffnet sich jetzt ein Fenster in den blauen Himmel, der Ihnen die ultimative Freiheit verspricht. Und das ist kein leeres Versprechen.

Sie müssen sich allerdings langsam an Ihr Singledasein gewöhnen. Natürlich fühlt es sich anfangs seltsam, manchmal auch einsam an, jeden Morgen alleine aufzuwachen und sich abends an niemanden ranzukuscheln, seine täglichen Rituale umzustellen und seine Tage neu zu planen. Dabei kann auch sehr rasch der meines Erachtens nicht unbedingt erstrebenswerte Wunsch aufkommen, eine neue romantische Bekanntschaft zu machen. Diese Neigung kann ich aus vollem Herzen nachvollziehen, denn so ging es mir auch. Man hätte am liebsten sofort einen Neuen, der den Herzschmerz versiegen lässt, Ablenkung bietet und dem Leben neuen Sinn einhaucht. Wenn Sie dieses Sehnen nach einer neuen Beziehung einholt, hören Sie bitte auf die schrillenden Alarmglocken und die blinkende Neontafel mit dem Wort »Lückenbüßer«, die Ihnen Ihr Verstand vor Augen hält, die aber von Ihrem Herzen und Ihrer Einsamkeit tendenziell in eine Ecke verbannt und ignoriert werden. Auch ich hätte nicht auf die Warnsignale meines Hirns gehört. Mir musste die beleuchtete Stopp-Tafel von meiner besten Freundin vorgehalten werden, die mir erklärte, einen potenziellen neuen Partner für mich zu kennen. Als meine Augen groß wurden und meine Hoffnungen erwachten, wies sie mich jedoch schnell darauf hin, dass sie mich ihm keinesfalls sofort vorstellen würde, sondern frühestens in ein paar Monaten, wenn die Trennung nicht mehr so frisch und er nicht mehr automatisch eine Übergangslösung sei. Heute bin ich dankbar für ihre Standhaftigkeit, weil mir bewusst ist, wie wenig bereit ich zu jenem Zeitpunkt wider meine eigene Selbsteinschätzung tatsächlich gewesen wäre, eine neue ernsthafte Partnerschaft einzugehen. Doch damals hörte ich das alles andere als gern. Daher verstehe ich es absolut, wenn es Ihnen genauso geht. Denn Sie sind davon überzeugt, dass eine neue Liebe die einzige Lösung für Ihren derzeitigen Frust ist – das Einzige, was Ihnen helfen wird, sich besser zu fühlen.

Und das würde es auch, mit ziemlicher Sicherheit. Eine neue Beziehung kann Wunder wirken, wenn es darum geht, über den Ex hinwegzukommen. Doch behalten Sie eines im Hinterkopf: Nur weil Sie der optimistischen Meinung sind, Sie seien bereit für die nächste Partnerschaft, obwohl Sie sich in Wirklichkeit nur vom Schmerz Ihrer Trennung ablenken wollen, verdient es der arme Kerl, den Sie auserkoren haben, nicht, als Lückenbüßer irgendwann den vorhersehbaren Korb zu kassieren. In seinem Buch *Was Paare zusammenhält* schreibt Autor Werner Bartens treffend: »Tatütata. Solche Partnerschaften funktionieren anfangs nach dem Prinzip Notarzt.«[4] Ja, Erste-Hilfe-Beziehungen können sich als effektive Medizin erweisen. »Doch wenn die alten Wunden verheilt sind, was bleibt dann noch übrig? Beginnen derartige Trost-Beziehungen direkt nachdem eine lange Partnerschaft auseinandergegangen ist, überstehen sie oft nur die erste Zeit des Übergangs, in der die Bedürfnisse des Verlassenen besonders groß sind.«[5] Denken Sie also sehr genau darüber nach, ehe Sie eine überstürzte Entscheidung treffen. Seien Sie sich der Tatsache bewusst, dass Sie

a) sich nach Ihrer letzten Beziehung selbst, als Individuum, erst wieder kennenlernen müssen, weil Sie sich eine gewisse Zeit lang (zumindest zum Teil) durch Ihre Beziehung definiert haben,

b) Ihre Gefühle für Ihren Ex-Partner mit Sicherheit noch nicht komplett überwunden haben und

c) deshalb in der aktuellen Phase mehr daran interessiert sind, zu nehmen, als zu geben. Die neue Person wäre nicht dafür da, die Liebe Ihres Lebens zu werden, sondern eine ganz spezielle Funktion zu erfüllen: Als Übergangspartner, als Ersatz-Lover, Ihren Schmerz zu heilen. In Ihnen neue Gedanken und Gefühle auszulösen, auf die Sie sich konzentrieren können, um dadurch die unangenehmen Emotionen und Erinnerungen, die mit Ihrer letzten Beziehung zusammenhängen, in den Hintergrund zu rücken.[6] Im Grunde ist die neue Partnerschaft also eine Mischung aus Ablenkungsmanöver, Verdrängungsmechanismus und Selbstbewusstseinsboost; oder auch ein reines Mittel zum Zweck, um dem Ex-Partner eine emotionale Ohrfeige der Rache zu verpassen.[7] Umgekehrt sieht die Sache jedoch anders aus: Denn sofern Sie nicht rein zufällig gegenseitig als Lückenbüßer fungieren, kann sich die andere Person sehr wohl ernsthaft in Sie verlieben – ganz ohne Hintergedanken. Und wollen Sie wirklich riskieren, jemand anderem das Herz zu brechen, um Ihr eigenes zu heilen?

Meine gute Freundin hat diese Methode unbewusst über Jahre hinweg angewandt. Sie rauschte von einer Beziehung in die nächste, ohne dass je mehr als ein paar Tage oder Wochen dazwischen lagen. Dadurch fühlte sie sich definitiv besser, denn es war die perfekte Medizin für ihr gebrochenes Herz. Doch sie sagt selbst, dass sie diese Vorgehensweise nicht mit voller Überzeugung empfehlen kann, weil sie eben nicht mehr ist als ein reines Ablenkungsmanöver. Das Ziel, auf lange Sicht einen Partner zu finden, der perfekt zu einem passt, tritt nämlich in den Hintergrund, wenn man nur darauf aus ist, die perfekte Person für »jetzt gerade« zu finden; denn in diesem Moment hinterfragt man nicht, ob der neue potenzielle Partner wirklich zu einem passt, sondern gibt sich mit der momentanen Ablenkung, die er bietet, zufrieden. Der Fokus liegt einzig und allein darauf, nicht mehr traurig sein zu wollen. Man braucht jemanden, der die eigenen Tränen trocknet und den Schmerz in Vergessenheit geraten lässt. Und dafür reicht bald mal jemand, der keine weiteren

Qualifikationen bietet, weshalb man sich unter anderen Umständen niemals auf ihn einlassen würde. So hat auch keine der Beziehungen meiner Freundin gehalten. Alle waren nach spätestens ein paar Monaten zu Ende, und heute blickt sie stirnrunzelnd auf einen Strang an Partnern zurück, die alle nichts weiter als ein Lückenbüßer nach dem jeweils vorherigen waren. Inzwischen ist sie so weit, sich auf keine Interimspartnerschaft mehr einzulassen, weil sie erkannt hat, dass ihr diese Methode – egal, wie effektiv sie den Schmerz lindert und das Selbstbewusstsein stärkt – letzten Endes nicht dabei helfen wird, die richtige Person für den Rest ihres Lebens zu finden. Im Gegenteil: Ein Lückenbüßer mag zwar insofern vorteilhaft sein, als er beim Hinwegkommen über den letzten Partner hilft, doch zur selben Zeit ist er ein Hindernis dafür, eine solide Beziehung zu finden. Heute ist meine Freundin Ende 20 und hat genug von dem Theater. Sie möchte ihr Singleleben endlich einmal auskosten, eine Pause vom ständigen Beziehungsdrama genießen und einfach nur single sein, bis die Person auftaucht, die mehr als bloß Erste Hilfe leistet.

Geht es Ihnen auch so, dass Sie nach Ihren letzten Erfahrungen die Nase voll haben von Beziehungsdramen, dass Sie sich einfach mal ausleben wollen oder sich des Risikos einer Interimsbeziehung mit einem Lückenbüßer bewusst sind und Ihre Zeit lieber nicht mit einer solchen Partnerschaft verschwenden wollen, dann sind Sie meiner Meinung nach auf dem richtigen Weg. Auch wenn Sie noch nicht über Ihren Ex hinweg sind, bedeutet das ja nicht, dass Sie so lange tatenlos herumsitzen, in die Luft starren und Tee trinken müssen. Stehen Sie auf und folgen Sie Ihrem neuen Leben. Denn die Umgewöhnungsphase vom Status »vergeben« zum Status »single« wird nicht ewig dauern. Die Normalität des Alleinlebens wird sich mit der Zeit einstellen. Vor allem, wenn Sie sich all der Vorteile bewusst werden, die das Leben als Single mit sich bringt.

Ich gebe zu, dass das weit schwieriger für jemanden sein wird, der sich erst kürzlich von seinem Ex-Partner getrennt hat, als für jemanden, der bereits seit Monaten oder Jahren single ist. Schließlich können für einen Kurzzeitsingle noch eine gewisse Zeit lang die nostalgischen Erinnerungen an das Beziehungsleben nachwirken. Dennoch kann es auf keinen Fall schaden, den Versuch zu starten, das Singleleben in ein positives Licht zu rücken. Fühlen Sie sich dafür jedoch noch nicht ganz bereit, schlage ich vor, Sie legen das Buch jetzt beiseite und öffnen es in ein paar Wochen oder Monaten wieder, wenn etwas mehr Zeit seit Ihrer Trennung vergangen und der Schmerz einigermaßen versickert ist. Denn selbstverständlich kann es bis zu einem gewissen Grad helfen, sich die Vorteile des Singledaseins *einzureden* – aber wirklich *glauben* und *verstehen* werden Sie sie erst, wenn Sie wirklich bereit dafür sind, und das kann nach einer geendeten Partnerschaft schon mal ein Weilchen dauern.

Ich selbst habe mir von meiner besten Freundin sagen lassen: »Kurz nachdem Schluss war, habe ich dir nicht geglaubt, dass du als Single glücklich bist. Aber inzwischen glaube ich es dir.« Ich möchte anmerken, dass wir hier von jemandem sprechen, der mich nun seit bald 20 Jahren extrem gut kennt. Und sie hatte vollkommen recht. Natürlich redete ich mir anfangs ein, dass Beziehungen doof seien und das Singleleben sowieso viel besser wäre. Aber inzwischen, nachdem viele Monate vergangen sind, muss ich mir nichts mehr einreden. Denn ich habe die Wahrheit dessen, was ich mir damals zwar vorredete, aber nicht wirklich glaubte, endlich erkannt. Ich denke, dass dieser Gefühlswandel hauptsächlich auf die Zeit zurückzuführen ist, die ich seitdem mit mir selbst verbracht habe. Ich habe mich mit den Dingen beschäftigt, die mir wichtig sind und für die ich davor kaum Zeit hatte. Dabei sind mir immer mehr Aspekte meines neuen Alltags aufgefallen, die mir in meiner Beziehung gefehlt hatten und die ich jetzt so richtig auszukosten anfing. So habe ich all die Vorteile, die mir das Singleleben bot, genützt, gelebt, genossen und schätzen gelernt. Wie das funktioniert?

Nun, lesen Sie sich die nächsten Kapitel durch, und verinnerlichen Sie das, was Sie anspricht und überzeugt. Sie brauchen sich

dabei nichts einzureden, anderen nichts vorzumachen. Das ist vollkommen unnötig. Sie können ehrlich und authentisch ein glücklicher Single sein, wenn Sie sich einmal all der wunderbaren Vorzüge des Singledaseins bewusst geworden sind. Das beginnt schon mit Kleinigkeiten, welche auf den ersten Blick lächerlich klingen mögen, wenn ich sie auf den folgenden Seiten erwähne. Dennoch sind sie meines Erachtens durchaus erwähnenswert, denn es sind winzige Geschenke, die Ihnen das Singleleben entgegenstreckt und die Sie wahrscheinlich im Alltag nicht einmal bemerken, bis Sie Ihre Aufmerksamkeit aktiv darauf lenken. Auch größere, eindeutigere Vorteile hat das Leben als Single für Sie parat, bis hin zu lebensverändernden Chancen, die Sie aufgrund Ihrer neu gewonnenen Freiheit nun endlich uneingeschränkt nützen können.

Wenden Sie diese Erkenntnisse in Ihrem täglichen Leben an. Das ist ganz einfach: Wenden Sie sie an, indem Sie all die Dinge bewusst wahrnehmen und in vollen Zügen genießen, die Ihnen bisher verwehrt waren – früher durch Ihre Beziehung und seither durch Ihren eigenen Frust. Lassen Sie den Frust los. Er hat keinen Platz in Ihrem neuen Leben. Schlagen Sie ein neues Kapitel in Ihrem Leben auf. Ein Kapitel, in dem Sie sich selbst neu kennenlernen, sich entfalten, sich persönlich weiterentwickeln und die Chance nützen, zufrieden und glücklich zu sein. Jetzt sind Sie am Zug. Das ist Ihr Jahr!

2. KAPITEL

SINGLE SEIN IST GROSSARTIG

Nun geht's ans Eingemachte! Und zwar so: Der erste Schritt in Richtung »Glücklich sein als Single« besteht darin, sich darüber klar zu werden, dass das Singledasein nicht mal annähernd so schrecklich ist, wie wir es uns einreden (lassen), sondern dass es in Wirklichkeit eine richtig coole Chance ist! Im zweiten Schritt geht es darum, zu realisieren, dass das gefürchtete Wort »ledig« einen absolut akzeptablen Beziehungsstatus beschreibt, der als vollkommen normal, schätzenswert und vor allem gleichwertig mit »vergeben«, »verlobt« und »verheiratet« gelten sollte. Der letzte Schritt dient dazu, diese lebensfrohe Mentalität aktiv auf sein Singleleben anzuwenden und folglich glücklich, selbstbewusst und zufrieden als Single durchs Leben zu gehen, während man trotzdem für die Liebe offen bleibt. Diese drei Schritte ergeben meiner Erfahrung nach das Geheimnis, als Single zu überleben – und nicht nur gerade mal so zu überleben, sondern *glücklich zu leben*. Dementsprechend behandeln die nachstehenden Kapitel Schritt eins bis drei des Projekts *How to survive als Single*.

Wenn Sie das folgende Kapitel lesen und an Ihre vergangenen Beziehungen oder die Ihrer Freunde und Bekannten denken, werden Ihnen manche Abschnitte sehr bekannt vorkommen und andere wieder weniger bekannt, doch das ist ganz natürlich. Nicht jeder Partner ist gleich, nicht jede Beziehung hat dieselben Ups und Downs, nicht jeder Mann und jede Frau hat die gleichen Macken. Dennoch habe ich versucht, ein so vollständiges Bild wie möglich zu malen – vollständig in dem Sinn, dass alle erdenklichen Schwierigkeiten einer Beziehung aufgezeigt werden, auch wenn sie gewiss nicht alle in ein und derselben Kombination auftreten. Denn all diese Probleme, die Beziehungen mit sich bringen, habe ich entweder selbst erlebt oder anhand der Erfahrungen meiner Freunde, Verwandten und Bekannten miterlebt. Und jeder einzelne dieser Aspekte soll Ihnen bewusst machen, wie großartig das Singleleben eigentlich ist, weil man sich als Single mit genau diesen Schwierigkeiten nicht herumschlagen muss.

Denn wir Singles verbringen viel zu viel Zeit damit, uns miserabel zu fühlen und uns einen Partner zu wünschen, ohne uns überhaupt darüber im Klaren zu sein, dass ein Partner das Leben nicht nur verschönern, sondern in vielerlei Hinsicht auch deutlich erschweren kann. Fakt ist: Eine Beziehung schränkt uns ein. Und genau aus diesem Grund wird Ihnen auf den folgenden Seiten ein bestimmtes Wort wieder und wieder in die Augen stechen, weil es den einen Aspekt des Singleseins beschreibt, der alle anderen in gewisser Weise vereint: Freiheit. Egal, welchen Single man fragt, was er an seinem Leben denn am allermeisten schätzt – das Wort »Freiheit« ist das Erste, das so ziemlich jedem über die Lippen kommt. Ob es nun das Essen, das Reisen, das Feiern, die Hobbys oder auch nur die alltägliche Zeiteinteilung betrifft – man ist frei, das zu tun, was man möchte, wann man möchte, wie man möchte.

Ich sage, es ist an der Zeit, uns die Macht und das Glück, die uns zustehen, zurückzuholen. Lassen wir uns nicht mehr unterkriegen. Stehen wir auf und stehen wir zu uns, zu unserem Singledasein und zu den vielen, vielen Vorzügen, die es uns bietet. Wir sind single – und das ist gut so! Singles rock!

WIE SCHMERZFREI DAS SINGLELEBEN IST

Als Single werden Sie nicht verletzt. Punkt. Auf jeden Fall nicht, indem Ihnen jemand das Herz herausreißt und darauf herumtrampelt. Es sei denn, Sie legen es auf eine neue Beziehung an. Denn Beziehungen (vor allem diejenigen mit Verfallsdatum, aber auch funktionierende Partnerschaften) haben automatisch ein sehr hohes Herzschmerz-Risiko. Viele führen sogar noch vor ihrer Entstehung zum Herzensbruch. Andere fügen den involvierten Parteien während der Dauer der Partnerschaft Leid und Schmerz zu. Aber spätestens, wenn die Beziehung irgendwann in die Brüche geht, bleibt kein Herz verschont. Das Fehlen jenes Schmerzes ist der ultimative Vorteil des Singledaseins – und es ist sehr häufig der Grund, der tief im Kern des freiwilligen Verzichts auf Herzensangelegenheiten sitzt. Denn wie wir alle wissen, tut nichts mehr weh als der Bruch einer Beziehung mit einem Menschen, der uns sehr viel bedeutet. All die Tränen, all die Sorgen, all die Gewichte, die schwer auf uns lasten, wenn wir nicht wissen, wie es weitergeht, oder schweren Herzens erkannt haben, dass es nicht mehr weitergeht. All das gibt es für Singles nicht, halleluja!

Es ist nicht abzustreiten: Liebe macht uns wahnsinnig. Nicht erst am Ende einer Beziehung, wenn uns das eiskalte Messer in unser bereits überstrapaziertes Herz gestoßen wird. Sondern schon in der Anfangsphase, in welcher man alle noch so unscheinbaren Details unnötig zu Tode analysiert und ständig von der Furcht verfolgt wird, dass die Hoffnung doch zu Staub zerfallen wird. Denn wieso hat er denn noch nicht geschrieben, obwohl er doch online ist? Warum hat er die letzte Frage ignoriert? Wieso folgt er auf Instagram jetzt dieser hübschen Frau? Warum hat er die alten Fotos mit der Ex noch nicht gelöscht? Und wieso hat ihn das Mädel, das ganz sicher auf ihn steht, soeben auf diesem und jenem Meme verlinkt?

Die Unsicherheiten wachsen gerade am Beginn einer Bekanntschaft oder Beziehung ins Endlose. Daher stellt sich die Frage: Was ist angenehmer? Ein seelenruhiges, friedvolles, spaßiges Singleleben – oder ein Leben geplagt von nervtötenden Überinterpretationen des Verhaltens eines potenziellen Beziehungsinteressenten, der ja eigentlich sowieso nicht zu uns passt, gefolgt vom unweigerlichen brutalen Schmerz, wenn die Beziehung scheitert?

Ich für meinen Teil habe inzwischen gelernt, dass es mir und meinem Seelenfrieden deutlich besser geht, wenn ich mir keine Gedanken um irgendeinen möglichen Partner machen muss, der mir im einen Moment das Blaue vom Himmel verspricht, nur um meine Erwartungen im nächsten Moment wieder zu zerstören. Das bedeutet nicht, dass ich mich der Liebe verschließe und mich nie wieder darauf einlassen will; ich weiß, dass die Liebe wunderschön sein kann, dass nicht jede Beziehung zum Scheitern verurteilt ist, und behaupte nicht, dass dem nicht so sei. Aber ich weiß auch, dass sie in den meisten Fällen in unsagbaren Schmerzen endet. Wäre dem nicht so, wäre unser Planet nicht gefüllt mit Singles und Geschiedenen, denen das Herz gebrochen wurde. Die Mitglieder des omnipräsenten Rosarote-Brille-Clubs – die verliebten, mit Herzchen in den Augen auf Wolke 7 tanzenden Verfechter aller Herzensangelegenheiten, die fest daran glauben, dass jeder Topf seinen Deckel und damit die große Liebe findet – dürfen gerne mit den Augen rollen. Ich gebe ihnen ja nicht unrecht; ich hoffe, dass es für jeden einen passenden Partner gibt und er diesen auch finden wird. Doch wissen können wir das nicht. Und wir mögen, solange wir single sind, zwar die emotionalen Hochs der Liebe verpassen; dafür bleiben uns aber die damit einhergehenden Tiefs auch erspart. Daran gibt es nichts zu rütteln, das ist eben so, auch wenn Verliebte es nicht gerne hören, wenn ein Single so etwas sagt. Und solange nicht tatsächlich jemand auftaucht, der uns vollkommen aus den Socken haut und uns das Gefühl gibt, jedes Risiko wert zu sein, dürfen wir Singles doch wohl dankbar dafür sein, uns keinem

Herzschmerz ausgesetzt zu sehen. Was soll ich sagen, ich habe mein Herz grundsätzlich schon gerne ganz und unversehrt.

Hat man nämlich die Anfangsphase des Kennenlernens heil überstanden und die feste Beziehung als solche definiert, folgt der Schmerz, den die Beziehung selbst mit sich bringt, wenn die Partner doch nicht so gut zusammenpassen, wie es anfangs den Anschein machte. Weniger in den ersten Monaten, in welchen bekanntlich die rosa Brille regiert; aber spätestens nach einem Jahr, wenn man langsam wieder klar sieht und die ersten Konflikte überhandnehmen. Reihen sich genug davon aneinander oder wird die Beziehung durch andere Faktoren negativ beeinflusst, weil man mit gewissen Eigenschaften des Partners schwer leben kann oder immer wieder enttäuscht wird, dauert es nicht lange, bis eine einst glückliche Partnerschaft zu einer tief unglücklichen mutiert ist. Hält dieser Zustand über längere Zeit hinweg an, ist nicht nur die eigene Psyche in Gefahr, in ein frustriertes Loch zu fallen, sondern auch die körperliche Gesundheit. Britische Wissenschaftler haben in der Tat herausgefunden, dass psychisch belastende Partnerschaften aufgrund der kontinuierlich negativen Emotionen, die mit ihnen im direkten Zusammenhang stehen, auch dem Körper ernsthafte Schäden und Krankheiten zufügen können.[8]

Irgendwann, sofern man nicht masochistisch veranlagt ist und die Beziehung trotz emotionalen wie physischen Beschwerden weiterführt, kommt es zum unweigerlichen Ende. Alternativ kommt es unerwartet zum Ende, obwohl man bislang eigentlich sehr glücklich war, der Partner aber nicht. Ungeachtet der genauen Umstände und Ursachen – die Klinge durchbohrt unser Herz ohne Rücksicht auf Verluste. Und wir bleiben zurück mit dem Wissen, dass der eine Mann, mit dem wir unsere Zukunft geplant hatten, auf den wir uns verlassen hatten, von dem wir gedacht hatten, wir seien füreinander da, uns über jede Grenze des Empfindens hinaus enttäuscht hat. Er hat uns verletzt, wie wir es niemals für möglich gehalten hätten. Hier seien liebe Grüße an den Rosarote-Brille-Club angebracht; schließlich hätten auch wir nie gedacht, jemals von der Liebe unseres Lebens so verletzt zu werden. Egal ob er uns vor den Kopf gestoßen oder sich das Ende langsam hingezogen hat, ob er eine andere Priorität im Leben hat als wir (sei es ein Berufs- oder Ortswechsel oder etwas anderes, was nicht mit der Beziehung vereinbar ist) oder einfach nur zu viel gestritten wurde, ob es sogar zu emotionaler oder körperlicher Untreue gekommen und die Beziehung daran gescheitert ist. Ungeachtet dessen, nach welcher Vorgeschichte und aus welchen Gründen das Zerwürfnis entstanden ist, ob man sich einfach nur auseinandergelebt und die Beziehung einigermaßen friedlich beendet hat, von wem aus und auf welche Weise die Trennung initiiert wurde – es läuft selten ohne unerträglichen Schmerz ab.

Die Folge? Nächtelang heulen. Sich fühlen, als würde das Herz buchstäblich in Stücke brechen. Schmerzen, Frust, Angst, Verzweiflung. Wir alle haben es schon mindestens einmal erlebt und wissen: Das macht alles andere als Spaß. Es mag zynisch klingen, aber das macht es nicht weniger wahr: Sich auf eine Beziehung einzulassen bedeutet, sich auf das durchaus wahrscheinliche Risiko einzulassen, verletzt zu werden. Wir alle haben keine magische Glaskugel, die uns die Zukunft zeigt und uns im Vorhinein wissen lässt, ob eine Partnerschaft funktionieren wird oder nicht. Aber stellen Sie sich einmal diese Frage: Waren Sie denn schon jemals in einer Beziehung, die gehalten hat? Wahrscheinlich nicht, sonst würden Sie dieses Buch jetzt nicht lesen. Sie wären nicht single, wenn Ihre vergangenen Beziehungen funktioniert hätten. Man kann Beziehungen sehen wie einen Garten. Er kann blühen und gedeihen, wenn man sich dementsprechend darum kümmert und die Bedingungen stimmen. Aber das Unkraut wird immer von allen Seiten versuchen, sich einzuschleichen und die Schönheit des Gartens zu trüben. Wie ein Garten von Unkraut heimgesucht wird, so fressen sich auch unschöne, heimtückische Faktoren in eine Partnerschaft. Man streitet, man lügt, man betrügt, und man lässt jede Romantik aus der Beziehung weichen wie die Luft aus einer Luftmatratze. Man kritisiert einander, man wächst auseinander, und man realisiert, dass es einfach nicht klappen kann. Und dann kommt der Punkt, an dem man die Opfer, die man für den Partner erbracht hat, als man noch glücklich und verliebt war, zu bereuen beginnt.

Sofern man zum Zeitpunkt der Trennung nicht absolut null Gefühle für den Partner hat (was sehr unwahrscheinlich ist), wird einem zwangsläufig das Herz gebrochen. Eine Beziehung enden zu sehen ist immer schmerzhaft, egal ob man selbst den Stecker gezogen hat oder ob einem, ohne es selbst zu wollen, vom Partner das Licht ausgeknipst wurde. In jedem Fall geht in diesem Moment eine Beziehung zu Ende, die uns etwas bedeutet hat; uns geht ein Partner verloren, den wir sehr gerne hatten (sonst wären wir ja gar nicht erst in der Beziehung gewesen). Das ist schmerzhaft. Sehr schmerzhaft. Und ich sehe mich jetzt noch vor mir, wie ich stundenlang in meine Kissen geheult habe; auch wenn ich selbst diejenige war, welche die Beziehung beendet hat – ich habe sie ja nicht beendet, weil mir nichts an meinem Partner lag, sondern weil ich keine Zukunft für uns gesehen habe. Und eins sage ich Ihnen: So möchte ich mich nie wieder fühlen.

Ist man je zu 100 Prozent davor gefeit? Nein. Kann man wirklich authentisch behaupten, nie wieder eine Beziehung eingehen zu wollen? Natürlich nicht. Wenn jemand meinen Weg kreuzt, der mich überzeugt, wird er die Chance bekommen, die er verdient. Bei Ihnen wird es nicht anders sein, möchte ich meinen. Aber Sie können, wie ich, froh sein, diesem Schmerz zu entgehen, solange Sie single sind. Denn single zu sein (und damit meine ich wirklich, *single* zu sein, nicht nur *nicht in einer Beziehung* zu sein und sich trotzdem auf Männer einzulassen) ist die einzige Garantie, dem Risiko des unerträglichen Herzschmerzes zu entgehen. Solange Ihnen nicht jemand komplett den Kopf verdreht, sodass er es Ihnen wert ist, sich dem Risiko auszusetzen, dürfen Sie die Schmerzfreiheit des Singledaseins in all ihrer Friedlichkeit genießen. Lieber single als in den falschen Händen, oder?

WIESO DIE ROSAROTE BRILLE EINE SCHEINWELT IST

Meine wissenschaftlich interessierte und gebildete Freundin hat mir kürzlich erklärt, dass die anfängliche Verliebtheitsphase samt Bauchkribbeln und allem, was dazugehört, in Wirklichkeit nichts weiter ist als eine »Vergiftungserscheinung des Körpers« – also ein Rauschzustand, der entsteht, weil ein Überschwung an Hormonen ausgeschüttet wird, mit dem der Körper nicht zurechtkommt. Das erklärt auch, warum die rosarote Brille nicht ewig hält; weil die überflüssigen Hormone nach spätestens acht Monaten langsam wieder abgebaut werden, wodurch der Vergiftungszustand beendet wird und wir die Kontrolle über unsere Gedanken zurückgewinnen. Tatsächlich wurde die Liebe schon mit Sedativa und Drogen, sogar mit einer »milden Psychose«, verglichen.[9] Diverse wissenschaftliche Studien haben die Hirnreaktionen Verliebter anhand der funktionellen Magnetresonanztomografie gemessen und bestätigt, dass Verliebtheit Schmerzen lindert oder, besser gesagt, unterdrückt.[10] So ergibt sich ein potenziell enger Zusammenhang zwischen Verliebtheit und drogenbasierter Euphorie.[11] Es scheint erwiesen, dass wir uns auf unser Köpfchen nicht unbedingt verlassen können, wenn die Schmetterlinge in unserem Bäuchlein ihr Unwesen treiben. Kein Wunder also, dass verliebte Pärchen mehr als bereit sind, füreinander alle möglichen Opfer zu bringen – von harmlosen bis zu lebensverändernden. Es sollte doch wirklich verboten werden, als verliebte Person grundlegende Entscheidungen zu treffen. Und

LIEBE MACHT UNS WAHNSINNIG.

wenn man bereits welche getroffen hat, sollte man die Möglichkeit haben, auf Unzurechnungsfähigkeit zu plädieren.

Leider ist dem nicht so. Wir sind der beängstigenden Macht der rosaroten Brille hilflos ausgesetzt. Sie vereinnahmt uns voll und ganz. Alles ist schön, alles ist rosa, alles ist wunderbar, wir schweben auf Wolke 7. Der (potenzielle) Partner hat keine Macken, alles an ihm ist perfekt. Und dieser Irrglaube ist nicht einmal rein auf unsere hormonvergifteten Hirnregionen zurückzuführen, sondern auch darauf, dass es der andere mit voller Absicht darauf anlegt, wie der perfekte Märchenprinz zu wirken. Er möchte auf die Auserkorene ja einen guten Eindruck machen.

Wer verstellt sich denn nicht am Anfang einer neuen Beziehung? Natürlich könnte man in diesem Zusammenhang statt »verstellen« auch das optimistischere Wort »bemühen« verwenden, aber ist es denn reine Bemühung? In gewisser Hinsicht ja, wenn man beispielsweise daran denkt, dass man sich am Anfang einer Beziehung generell mehr Zeit füreinander nimmt und seinen eigenen Zeitplan dem des anderen anpasst. Aber in anderer Hinsicht hat es, denke ich, weniger mit Bemühung und mehr mit einer Maske zu tun. Sehr häufig spielt man dem anderen vor, jemand zu sein, der man nicht ist, um auch vollkommen sicherzugehen, dass man ihm gefällt. Klar, manche spielen mehr vor und andere weniger. Aber im Grunde verstellt sich *jeder* – Männlein wie Weiblein – zumindest zu einem gewissen Grad in den ersten rosarot bebrillten Monaten.

Männer (er)finden gerne ihre romantische Ader; denn welche Freundin schmilzt nicht dahin, wenn der Freund plötzlich mit einem Strauß Rosen vor der Tür steht, romantische Nachrichten schickt oder ein schönes Abendessen plant, mit Kerzen und gedecktem Tisch und allem Drum und Dran – einfach so, ohne dass es einen besonderen Anlass dafür geben muss? Selbst die unromantisch veranlagten Frauen in meinem Bekanntenkreis würden sich über kleine Liebesbeweise freuen, auch wenn sie vielleicht nicht die Typen sind, die sich morgens ein Zettelchen am Nachttisch erhoffen, das davon schwärmt, wie schön die gemeinsame Nacht war, oder ein Post-it auf der Kaffeemaschine, welches liebevoll darauf hinweist, dass der Kaffee und das Frühstück nach Wahl bereit stehen und er seinem Schatz einen schönen Tag wünscht. Wie auch immer frau zum Thema Romantik eingestellt sein mag, die romantische männliche Spezies scheint mit jedem Jahr mehr auszusterben. Natürlich tun sich manche Männer mit gefühlvollen Gesten leichter als andere, weil sie zumindest ein Grundgespür haben oder von ihren Ex-Freundinnen zu genügend Romantikkomödien genötigt worden sind, um zu wissen, womit sie bei Frauen punkten. Sehr sehr wenige Ausnahmen gibt es sogar, denen die Romantik durch alle Adern fließt und die selbst mindestens genauso viel Wert darauf legen wie ihre Partnerin. So kommt es dann schon mal dazu, dass die Freundin mit einer ausgeklügelten Geburtstagsschnitzeljagd überrascht wird, zu einem Lichtermeer aus Kerzen nach Hause kommt oder am Gipfel eines Berges besungen wird.

Andere wiederum haben zwar absolut null Gefühl für Romantik, versuchen in der Anfangszeit aber trotzdem, ihre Freundin diesbezüglich zu beeindrucken. Wie einer meiner Ex-Freunde, der wohl zum ersten Mal in seinem Leben mit einem Blumenstrauß vor der Tür einer Frau aufgetaucht ist; denn die Blumen überreichte er mir schön uneinsehbar in braunes Blumenladenpapier gewickelt, dekoriert mit einem schüchternen »Hätte ich sie auspacken sollen?«. Oder wie der Partner meiner Freundin, der sie mit einem selbst zubereiteten Abendessen im Kerzenschein überraschen wollte, aber nicht daran dachte, dass man (um die volle Wirkung dessen zu erleben) dafür vielleicht auch das Deckenlicht ausmachen sollte. Diese tollpatschigen Absichten, sich an der Romantik zu versuchen, sind umso süßer und herzerwärmender, weil wir sie mit einem versteckten Grinsen und Augenzwinkern entgegennehmen und uns ganz besonders darüber freuen können. Denn einem tatsächlichen Romantiker fällt es leicht, seine emotionale Ader zu zeigen. Aber wenn ein vollkommen unromantischer Mensch versucht, uns zuliebe romantisch zu sein, muss ihm das sehr hoch angerechnet werden, denn dann hat er uns offensichtlich unheimlich gern und würde alles für uns tun. Zumindest jetzt noch.

Die Absicht hinter dieser anfänglichen Bemühung beziehungsweise Verstellung – die natürlich auch anders geartet sein kann und nicht zwangsläufig durch Romantik Ausdruck finden muss – ist ja wirklich sehr lobenswert. Das Problem an dem Ganzen ist nur, dass es nicht anhält. Vor allem in Fällen, in denen der Partner nicht von Grund auf romantisch veranlagt ist, müssen wir leider davon ausgehen, dass diese Romantik nicht lange andauern wird. Die Absichten mögen zwar ehrenhaft sein, aber so etwas ist harte Arbeit für jemanden, der es nicht gewohnt ist oder dem es nicht in die Wiege gelegt wurde. Aber das betrifft die Männer, die sich damit leichter tun, genauso. Auch für sie ist Romantik letztendlich Arbeit. Etwas, worüber man sich Gedanken machen muss, wofür man sich Mühe geben muss, was man planen und durchführen muss, was Zeit beansprucht. Traurig, aber wahr: Romantik ist ein temporäres Phänomen.

Rote Rosen bekommt man höchstens zwei, vielleicht drei Mal. Die gefühlvollen »Ich vermisse dich«- und »Ich hab dich lieb«- und »Ich musste gerade an dich denken«-Nachrichten vielleicht ein paar Monate lang, bevor sie langsam, aber sicher immer weniger häufig auftauchen – und zwar selbst beim romantischsten aller Männer, dem die Herzchen-Zeichnungen wahrlich aus den Augen zu hüpfen scheinen. Komplimente verschwinden sehr bald aus dem männlichen Wortschatz und werden höchstens durch (im besten Fall noch lieb ausgedrückte) Kritik ersetzt. Regelmäßige gemeinsame Ausflüge gehören spätestens nach einem Jahr der Vergangenheit an. Lange Küss-Sessions und dauerndes Händchenhalten werden sichtlich weniger, je länger man zusammen ist. Und das Abendessen im Kerzenschein ist schon sehr bald nichts weiter als eine schöne Erinnerung. Denn nach ein paar Monaten ist nicht nur der Vergiftungszustand, der alles in Rosa taucht, vorbei. Auch ist die

Anfangsmotivation aufgebraucht, und man muss sich damit abfinden, gerade noch zum Geburtstag oder, wenn man großes Glück hat, zum Jahrestag, Valentinstag, vielleicht noch wenn er etwas angestellt und ein schlechtes Gewissen hat, den Gentleman in seinem Freund durchschimmern zu sehen. Dabei bräuchten wir es dann eigentlich umso mehr. In der anfänglichen Verliebtheitseuphorie würde uns die Romantik vielleicht gar nicht so sehr abgehen, aber wenn wir die rosarote Brille erst einmal abgelegt haben, fällt uns langsam auf, wie wenig ausgeprägt die romantische Ader unseres Freundes eigentlich ist. Doch gerade zu diesem Zeitpunkt gibt er sich auch keine Mühe mehr, dies zu verstecken. Die rosarote Seifenblase ist zerplatzt.

Es ist ja auch verständlich. Sich zu verstellen, um jemanden darzustellen, der man nicht ist (und wirklich, wie viele Männer sind heutzutage noch waschechte Gentlemen oder Romantiker?), ist anstrengend! Geht uns Frauen doch genauso. Auch bei uns schleicht sich irgendwann der Schlendrian ein, und wir werden seltener daran denken, unserem Partner eine liebe SMS zu schreiben oder ihn mit einer süßen Geste zu überraschen. Wir tendieren vielleicht eher dazu als unsere Männer, weil Frauen generell emotionaler gebaut sind. Aber auch wir sind vor dem Alltagstrott nicht gefeit. Beispielsweise werden wir auch immer weniger Wert darauf legen, perfekt für ihn auszusehen. Anfangs gehen wir noch motiviert zum Waxing, rasieren uns tagtäglich die Beine, rennen auch zu Hause mit schön frisierten Haaren und punktgenau aufgetragenem Make-up herum. Man will ja schließlich hübsch aussehen für seinen Freund, vor allem, wenn die Beziehung schon langsam körperlicher wird. Aber auch wir tauschen irgendwann das hübsche Home-Outfit gegen Jogginghosen ein, tuschen uns nicht mehr die Wimpern für einen gemütlichen Fernsehabend, und das monatliche Waxing wird uns irgendwann auch zu teuer. Denn wenn wir eine gewisse Zeit lang mit unserem Partner zusammen sind, fühlen wir uns sicher. Die Beziehung ist unserer Ansicht nach gefestigt genug, um nicht mehr befürchten zu müssen, ihn jeden Moment zu verlieren. Daher legen wir die Rolle der (zumindest in seinen Augen) perfekten Freundin ab und erlauben dem Wohlfühlfaktor, überhandzunehmen. Es geht nun nicht mehr so sehr darum, ihm gefallen zu wollen, wie darum, uns selbst wohlzufühlen. Wir haben erreicht, was wir wollten, denn wir haben einen Freund gefunden, der uns liebt. Mit diesem erklommenen Meilenstein können wir uns somit zurücklehnen und aufhören, uns zu bemühen. Davon sind unsere Männer natürlich genauso begeistert wie wir, wenn wir langsam ihr wahres, rülpsendes, pupsendes und von jeder Romantik ganze Galaxien entferntes Ich erblicken. Und wenn man Beziehungen nicht regelmäßig romantisch beflügelt, verrotten sie irgendwann …

Aber Ladys, ich verrate Ihnen mal etwas: Als Single müssen Sie sich diesen scheinheiligen, anstrengenden und nervenraubenden Kram gar nicht erst antun. Zuerst einmal fällt als Single jeder Ärger über die fehlende Romantik des Partners weg. Kein Nachdenken, kein Vermissen, kein Frust. Keine Diskussionen, die mit »Du machst mir ja überhaupt keine Komplimente mehr!« oder »Alles, was ich von dir höre, ist Kritik« beginnen und mit einem verständnislosen Augenrollen des Mannes enden, ohne das zu erreichen, worauf sie eigentlich ausgelegt sind – ihm einen Anstoß zu geben, gefühlvoller mit seiner Freundin umzugehen und ihr zu zeigen, dass er sie liebt und wertschätzt. Sie müssen keine harte Arbeit leisten und mit Ihren Nerven bezahlen, um Ihrem unromantischen Partner anzutrainieren, hin und wieder der Stimmung wegen ein Teelichtchen anzuzünden, ausnahmsweise mal für Sie zu kochen oder auch nur freiwillig mit Ihnen zu kuscheln. Denn ein Mann kann eine Frau noch so sehr lieben – das bedeutet nicht unbedingt, dass er deswegen nach langer Beziehungszeit noch Zärtlichkeiten initiiert (außer vielleicht Sex).

Sie sind single. Sie brauchen sich keine Sorgen zu machen, die Sie nächtelang wachhalten. »Was ist denn passiert? Er war doch früher so romantisch!«; »Wieso denkt er inzwischen nie mehr daran, mich zu überraschen?«: »Warum sind seine SMS nicht mehr so liebevoll wie früher?«; »Werde ich jemals wieder zum Jahrestag etwas bekommen?«; »Was soll ich tun, wenn der Romantiker jetzt komplett verschwunden ist? Kann ich damit leben?«; »Werde ich in einer unromantischen Beziehung wirklich glücklich?«; »Wieso bemüht er sich nicht?«. Fragen über Fragen – alles Fragen, die Singles nicht einmal in den Sinn kommen. Das erspart Ihnen Zeit, Kummer und letztendlich den um alle Kosten zu vermeidenden Herzschmerz, wenn Ihnen klar wird, dass Sie *nicht* ohne jegliche Romantik leben können und die Beziehung langsam, aber sicher den Bach hinuntergeht. Sind Sie natürlich selbst keine romantisch veranlagte Person, wird Sie das Vergehen der Romantik nicht dermaßen stören, dass Sie aufgrund dessen die Partnerschaft beenden würden. Aber die Romantik ist ja nicht das Einzige, was im Laufe der Zeit, wenn die Bemühung schwindet, flöten geht. Erinnern Sie sich an Ihre Beziehungen und die Ihrer Freundinnen. Was ist Ihnen mit der Zeit am Verhalten Ihres Partners abgegangen? Hat er sich gehen lassen? Einen Bierbauch bekommen und aufgehört, sich zu rasieren? Hat er Sie anfangs noch bekocht und irgendwann nicht mehr? Hat er seine Tendenz zum Trinken oder Rauchen Ihretwegen zurückgehalten oder sogar vor Ihnen versteckt und sie später dafür umso ungenierter ausgelebt? Hat er anfangs seinen ausgeprägten Körperentlüftungsmechanismus in Ihrer Gegenwart unterdrückt und nebelte Sie später regelmäßig in Stinkwolken ein? Hat er Sie sich früher immer und überall geschnappt, und Jahre später hatte er jedes Interesse an Ihrem Körper verloren? Oder war es wirklich die Romantik, die Sie zu vermissen begannen? Was es auch ist beziehungsweise war, worüber Sie sich endlose Gedanken gemacht und wodurch Sie seine Liebe und Wertschätzung infrage gestellt haben – jetzt müssen Sie das nicht mehr. Die Sorgen sind weg.

Des Weiteren gilt natürlich der Umkehrschluss: Als Single entgehen Sie all diesen zwangsläufig nach einigen Monaten aufkommenden Sorgen einer immer weniger bemühten Beziehung, wenn die rosarote Brille erst in einer dunklen Schublade verschwunden ist – aber Sie sind auch Ihrerseits von den entsprechenden Erwartungen befreit. Sie müssen niemanden beeindrucken. Sie können, wenn Sie wollen, jeden Tag im Jogginganzug umherlaufen, ohne dafür hochgezogene Brauen zu ernten. Sie müssen sich nur noch schminken, wenn Sie wirklich vorhaben, aus dem Haus zu gehen. Das Glätteisen muss nicht mehr tagtäglich verwendet werden. Sie können Haarkuren oder Gesichtsmasken auftragen, ohne dass es Ihnen peinlich sein muss, Ihre eingefettete Haarpracht oder Ihr eingecremtes Gesicht Ihrem Partner vorzuführen. Außerdem reicht jetzt der Rasierer, denn wenn man single ist, müssen nicht alle Stellen babyhautglatt sein – und schon gar nicht jeden Tag. Dinge wie »Heute bin ich wieder mit Chewbacca im Bett« hören Sie nicht mehr, nur weil Sie sich mal ein paar Tage lang nicht die Beine rasiert haben. Ihre Bikinizone hält in den kühleren Jahreszeiten auch mal ein Weilchen (je nach persönlichen Hygienebedürfnissen) ohne Rasur aus – sieht ja niemand. Und es interessiert auch keinen, ob Ihr T-Shirt beim Essen einen kleinen Fleck abkriegt (geben Sie es halt morgen in die Wäsche) oder Ihre Socken ein kleines Loch haben (der Mülleimer ist am Abend auch noch da). Diese Gelassenheit erspart Ihnen extrem viel Zeit, Kohle und vor allem kostbare Nerven. Das heißt, Sie müssen sich nicht nur nicht darüber ärgern, dass er nicht perfekt ist – Sie müssen sich auch nicht bemühen, selbst perfekt zu sein. Sie können einfach vollkommen zwanglos in den Tag hineinleben. Na, wie klingt das?

Als Single können Sie so sein, wie Sie sind. Sie müssen sich niemals verstellen, um jemand anderem zu gefallen. Die rosarote Brille zeigt Verliebten eine Scheinwelt, die nicht nur nervenzehrend (wenn sie sich erst als unwahr herausstellt), sondern auch gefährlich sein kann. Wie meine Freundin sagen würde, ist man am Anfang einer Beziehung »eine Mutation« seiner selbst. Man ist so hormonverseucht, dass man für den Partner Dinge aufgibt, die man später bereuen wird, wenn die Beziehung wider Erwarten doch nicht hält – oder auch, wenn sie hält und einem irgendwann klar wird, dass man zu viel geopfert hat. Ich kenne Frauen, die für ihre Männer Studienplätze, Jobs, Leidenschaften, Freundschaften, Wohnorte, sogar das Heimatland aufgegeben haben. Rationale, im schlimmsten Fall lebensverändernde Entscheidungen wie diese zu treffen – in einem Stadium, in dem der eigene Körper durch die Verliebtheitshormone eindeutig fehlgesteuert ist – kann durchaus zu Problemen und tiefsitzender Reue führen. Nur weil man anfangs das brechreizerregendste Pärchen ist, das die Welt je gesehen hat, weil einfach alles perfekt zu passen scheint, bedeutet das noch lange nicht, dass die Beziehung wirklich für den Rest des Lebens bestimmt ist.

WER WIRKLICH DIE KONTROLLE ÜBER DEN KLEIDERSCHRANK HAT

Wenn es Sie glücklich macht, tragen Sie's! Als Single müssen Sie sich keine Gedanken darüber machen, welches Outfit Ihrem Freund wohl gefallen könnte und welches Ihnen eher ein Augenrollen bescheren wird. Was ja an sich schon ein beinahe unlösbares Problem darstellt. Denn das, was Ihnen an Ihnen gefällt, ist nicht zwangsläufig das, was Ihrem Freund an Ihnen gefällt. »Männer hassen Leggings, Männer hassen Ballerinas, Männer hassen Sport-BHs. Männer hätten gerne High Heels, Männer hätten gerne den Hintern betonende Jeans und Ausschnitt«, wie meine Freundin kurz und bündig zusammenfasst. Birkenstocksandalen sind in der Männerwelt sogar noch unbeliebter als Ballerinas, die in den Augen der Herren vielleicht zumindest noch süß, wenngleich keinesfalls sexy sind. Doch für uns Frauen sind die »Tanzschühchen« zweckmäßig, weil sie einerseits niedlich aussehen (nicht so sportlich wie Sneakers oder so leger wie Flip-Flops), aber andererseits auch bequemer als Stöckelschuhe sind und uns darin nicht ganz so schnell die Füße wehtun. Die Zweckmäßigkeit ist Männern natürlich vollkommen egal; was kümmert es sie, dass wir vor lauter Schmerz in unseren High Heels kaum noch aufrecht stehen können, solange wir in ihnen hübsch aussehen? Und genauso verhält es sich mit dem restlichen Inhalt unseres Kleiderschranks.

Vielleicht will Ihr Freund kurze Röcke und tiefe Dekolletés, aber Sie fühlen sich in lockeren Jeans und normal geschnittenen Shirts wohler, weil Sie nicht mit einer Prostituierten verwechselt werden wollen. Vielleicht würde er sich ärmellose Tops und hautenge Jeans für Sie aussuchen, während Sie gewisse Stellen lieber mit weiten Oberteilen und langarmigen Westen kaschieren oder auch gern mal luftige Aladdinhosen tragen. Vielleicht mag er einfach keine Muster, und Sie finden Einfarbiges langweilig. Vielleicht mag

er es klassisch, während Sie immer schon gerne etwas ausgefallener und auffälliger, oder grundsätzlich nur in Leggings und auf gar keinen Fall in Jeans, unterwegs waren. Vielleicht würde er Sie gern in leuchtenden Farben sehen, während Sie der Vorstellung, wie eine 80er-Ampel rumzulaufen (in Outfits, die Sie höchstens zu einer Bad-Taste-Party anziehen würden), überhaupt nichts abgewinnen können. Vielleicht mag er Sie aber auch wie ein Püppchen zurechtgemacht und Sie haben nicht die geringsten Blüschen-Röckchen-Strumpfhöschen-Tendenzen. Vielleicht weigert er sich sogar, mit Ihnen in Jogginghose überhaupt das Haus zu verlassen (für einen zehnminütigen Spaziergang, abends, im Dunkeln, im Regen), während Sie nicht einsehen, weshalb Sie mehr Zeit ins Herrichten investieren sollten als Sie tatsächlich in der (im Regen ohnehin nicht vorhandenen) Gegenwart anderer Leute verbringen werden – um es leicht überspitzt auszudrücken. Als Nächstes erwartet er noch, dass Sie sich die Nägel lackieren und die Wimpern tuschen, um kurz zum Gemüsehändler zu huschen …

Angelika und Sophie, 27 und 31, sind zwei Damen, die mit solchen geschmacklichen Differenzen hinsichtlich ihrer Couture regelmäßig konfrontiert sind. Ihnen ist es wichtig, sich wohlzufühlen. Wichtiger, als den »In diesem Outfit siehst du hübsch aus und in jenem nicht«-Standards ihrer Männer nachzukommen und sich deren Wünschen entsprechend herauszuputzen. »Jetzt ziehst du das schon wieder an?« ist der typische Kommentar, der Angelika gern mit einer entsprechend hochgezogenen Braue verfeinert entgegengeworfen wird, nachdem sie bereits 17 verschiedene Outfits anprobiert hat und letztendlich doch bei einem ihrer Lieblinge gelandet ist, in welchem sie sich eben immer wohlfühlt. Ihrem Mann ist bewusst, dass sie sich nichts einreden lassen wird, was sie nicht möchte. Trotzdem besteht er darauf, ihr die Meinung zu ihrem Aussehen darzulegen. »Mir gefällt das nicht. Ich weiß, du wirst es trotzdem anziehen. Aber ich wollte dir nur sagen, dass es mir nicht gefällt.« Diese Information wird von ihr aufgenommen (»Aha«), evaluiert

(»Sieht das wirklich so schrecklich aus?«), akzeptiert (»Ja, eigentlich hat er recht«) und ignoriert (»Aber bequem ist es«). Glücklicherweise ist das für ihn kein absolutes No-Go; daher geht es ja, aber es ist lästig. Welche Frau hört schon gerne von ihrem Partner, dass ihm ihr Outfit, das sie sich mit großer Mühe und aus guten Gründen so zurechtgesucht hat, nicht gefällt? Inzwischen hat Angelika bereits den Punkt erreicht, an dem sie sich schon im Vorhinein rechtfertigt, indem sie ihrem Mann erklärt: »Ich weiß, das gefällt dir nicht, aber ich ziehe es trotzdem an.« Ähnlich geht es Sophie, die Sticheleien wie »Müssen die Ballerinas wirklich sein? Willst du nicht lieber Stöckelschuhe anziehen?« oder »Jetzt ziehst du schon wieder die gleiche Farbe an?« ebenfalls gekonnt ignoriert und auf Bequemlichkeit setzt – was ihr Mann schließlich akzeptieren muss.

Hinzu kommt, dass die Männer, die einen bestimmten Stil von ihrer Freundin erwarten, sich nicht annähernd dieselbe Arbeit für ihre eigenen Outfits antun. Das Wort »Geschmack« ist vielen fremd. Bergschuhe zur netten Jeans; überhaupt Turnschuhe zu einfach allem. Kükengelb zu Babyblau, Kariert und Gepunktet kombiniert. Und zwar unabhängig davon, ob Color- oder Pattern-Blocking gerade im Trend ist oder nicht. Diese männliche Ignoranz sei hier nur am Rande erwähnt, weil sie umso deutlicher unterstreicht, wie fokussiert der typische Mann allein auf das *weibliche* Erscheinungsbild ist. Für ihn muss sein Outfit bequem sein. Bei ihrem gilt der Bequemlichkeitsfaktor aber nicht; sie soll hübsch und sexy aussehen. Viele Männer erwarten von der Frau das, was sie sich selbst weigern zu tun. Vor allem, wenn sie die Frau der Öffentlichkeit zeigen wollen. So gibt es beispielsweise Männer, die von ihrer Freundin verlangen, allzeit unterwürfig mit der Mode zu gehen und dementsprechend jede Saison ihre Outfits den aktuellen Trends anzupassen, die sich diverse Designer und Modemagazinredakteure aus weiß Gott welchen Gründen ausgedacht haben – während die Männer selbst ihrem immer gleich bleibenden Stil treu bleiben. Das ist doch wohl ein klein wenig unfair und scheinheilig, oder nicht?

Solche Forderungen zu erfüllen ist für eine Frau, für welche die Mode nicht gerade zu den primären Interessen zählt, außerdem ganz schön anstrengend, nervig und teuer. Eigentlich sollte sie in solchen Situationen ja einfach den Spieß umdrehen und von ihm verlangen, selbst mit den verrücktesten Trends zu gehen – Haare ab, Vollbart, was auch immer gerade der Trend der Männerwelt ist, von dem sie weiß, dass er sich mit allen vieren dagegen wehren würde. Wieso sollte sie sich auch von einem Partner eine Trendjagd einreden lassen, die 1) er seinerseits nicht verfolgt und 2) ihr selbst überhaupt nichts gibt?

Auch ich war nicht immer erfreut über die Ansichten meiner früheren Partner, doch ich war der Meinung, meine eigenen Tendenzen trotz ihrer Einsprüche nicht zu opfern. Wie sich herausstellte, war das aber nur Einbildung, denn schon bald landeten genau die Teile im Müll oder im hintersten, dunkelsten Eck meines Kleiderschranks, von denen ich wusste, dass sie meinem jeweiligen Freund nicht gefielen. Es ist ja so: Selbst wenn Sie glauben, Ihrem eigenen Stil trotz Beziehung treu zu bleiben, ändert sich das spätestens in dem Moment, in dem er mit Ihnen shoppen geht (ja, es gibt Männer, die mit ihren Partnerinnen freiwillig shoppen gehen). Denn »dieses Teil hier würde dir ja wunderbar stehen. … Und das erst. … Das hier solltest du auch unbedingt mal anprobieren«. Dass die Klamotten, die er Ihnen hinhält, überhaupt nicht Ihrem eigenen Stil entsprechen und Ihnen an sich selbst mit Sicherheit nicht gefallen werden, ist ihm dabei völlig egal. Ihm gefällt es, seiner Meinung nach sehen Sie wundervoll darin aus. Und schon überschüttet er Sie mit so vielen Komplimenten (er ist ja nicht blöd), dass Sie vor lauter Schmeichelei das Kleidchen selbstverständlich kaufen, auch wenn Sie sich beim besten Willen nicht vorstellen können, wann oder wo oder in welcher Kombination Sie es je anziehen sollen. Dennoch werden Sie es für ihn tragen, denn zu wissen, dass Sie ihm darin gefallen werden, ist Grund genug. Er wird auch dementsprechend reagieren und Ihnen deutlich zeigen, wie sehr er sich darüber freut, dass Sie das neu gekaufte Outfit angezogen haben, das er so sorgsam für Sie ausgewählt hat. Und schon fühlen Sie sich super darin, auch wenn es normalerweise so gar nicht zu Ihnen passt. Durch diese positive Konditionierung ziehen Sie es automatisch wieder und wieder an, weil Sie wissen, dass Sie ihm darin gefallen werden. So schnell können Sie gar nicht an das Wort »Rückgabe« denken, sind bereits Monate vergangen, und das Teil, das Sie im Shop niemals auch nur mit dem kleinen Finger angerührt hätten, gehört zu »Ihren« Lieblingsteilen.

Natürlich geht das auch subtiler, wie es in der Beziehung von Angelika der Fall ist. Bei den beiden sieht eine Shoppingtour so aus, dass gemeinsam Klamotten ausgewählt werden. Da er einen ihrer Meinung nach sehr guten Geschmack hat, gibt es kaum etwas, was ihm gefallen würde und ihr überhaupt nicht. Umgekehrt gibt es jedoch zahlreiche Stücke, die sie am liebsten sofort kaufen würde, bei welchen er aber den Mund verzieht. Und was passiert? Im Endeffekt ist genau dieses Teil das eine Stück, das sie wieder zurücklegt, weil sie ja schon genügend andere Klamotten zur Kasse trägt und ohnehin das eine oder andere hier lassen muss, um das Budget nicht zu sprengen. Wenn es zu dieser Wahl kommt, verliert das Teil, das ihrem Partner nicht gefällt. Denn im Vergleich zu all den anderen, die ihnen beiden zusagen, hat es einen gewissen Nachteil. So schnell geht es, und schon wird nichts mehr gekauft, was zwar ihr gefallen mag, doch ihm mit Sicherheit nicht.

Vollkommen egal, wie er es macht: Ob er der Freundin deutlich sagt, was ihm an ihrem Aussehen nicht passt, oder ob er ihr geschickt das einredet, was ihm stattdessen an ihr gefallen würde – ob positive oder negative Konditionierung. Er wird immer ihr Aussehen beeinflussen. Was natürlich Hand in Hand geht mit der Angst der Frau, ihn zu verlieren, wenn sie sich nicht fügt; denn vielleicht gefällt sie ihm ja nicht mehr, wenn sie sich seinen Wünschen nicht beugt und stattdessen auf ihren eigenen Stil besteht. Nicht alle Frauen sind da so stur wie Sophie und Angelika, schon gar nicht am Anfang einer Beziehung. Wie gesagt habe sogar ich – und ich würde mich selbst durchaus als stur bezeichnen, wenn es darum geht, dass mich ein Mann aktiv verändern will – früher oder später die Teile aussortiert, die er nicht mochte.

Aber so etwas sollte man sich als Frau nicht gefallen lassen. Und das müssen Sie auch nicht. Nicht mehr. Jetzt, da Sie single sind, können Sie Ihrem ganz eigenen Stil vollkommen treu bleiben, weil niemand auf regelmäßiger Basis versucht, Ihnen seine eigenen Vorlieben aufzuzwingen. Sie haben alle Freiheiten, die man sich in seinem Kleiderschrank nur wünschen kann. Sie mögen Leggings? Dann tragen Sie doch Leggings! Sie sind gern sportlich oder sexy oder elegant gekleidet oder gehen von sich aus gerne mit der Mode? Nur zu! Sie lieben kaschierende Klamotten? Na Sie sind diejenige, die sich wohlfühlen muss! Egal, was Sie am liebsten tragen – als Single können Sie es problemlos tun und sich mit Ihrem eigenen Stil wohlfühlen. Sophie ist glücklich verheiratet und stellt trotzdem ganz eindeutig klar: »Eine Beziehung vernichtet dich als Individuum. Als Single kannst du zu 100 Prozent *du* sein. Mit 30 weißt du endlich, wer du bist. Dann bist du, so wie ich, verheiratet und hast einen Klotz am Bein. Du kannst dich nicht 100-prozentig individuell entfalten, so wie du es gerne wollen würdest.«

Dieser unbestreitbare Vorteil des Singledaseins betrifft übrigens nicht nur den Kleiderschrank. Die Das-ist-mein-Stil-und-dabei-bleibe-ich-Freiheit zieht sich weiter bis zu Ihrer Schminkkollektion, Ihrem Schmuck und Ihren Haarspangen, sogar bis zu Ihrem Nagellack. Schließlich stellen sich ja alle Männer etwas anderes vor. Die einen wollen Freundinnen, die aussehen wie Barbiepuppen, andere ziehen natürlichere Farben oder gar keine Farben vor. Die einen wollen, dass man Ketten trägt, weil der Hals sonst so nackt aussieht, die anderen sind keine Schmuckfans. Der eine fragt seine Freundin, wieso sie eigentlich nie Nagellack aufträgt, denn der würde ihr ja *so* gut stehen. Dann beginnt sie, sich die Nägel zu lackieren, aber der Lack, den sie gewählt hat, ist ganz und gar nicht das, was er sich vorgestellt hat. Tja, und der Nächste fragt sie, wieso sie eigentlich ihre Nägel lackiert? Das wirkt ja so unnatürlich, sie sollte das mit dem Nagellack lieber lassen, denn ihm gefallen *natürliche* Nägel. Also bitte – da sollen wir Frauen uns noch auskennen?

Nun, uns Singles kann das egal sein. Glückliche Singles tragen genau das, was ihnen gefällt und worin sie sich wohlfühlen, ohne sich Sorgen darüber machen zu müssen, ob sie jemandem in diesem Look peinlich sein könnten. Diese Freiheit habe ich nach meinen Trennungen in vollen Zügen genossen. Können Sie sich vorstellen, wie befreiend es ist, vor seinem Kleiderschrank zu stehen und sich voll und ganz seinen eigenen Vorlieben hinzugeben, weil man keinen Partner beeindrucken muss? Einfach wahllos in die Unterwäschelade zu greifen, weil Slip und BH nicht farblich zusammenpassen und dasselbe Modell sein müssen? Die Wahl zwischen Hose und Rock oder Leggings nach seinen eigenen Gelüsten zu treffen? Und das Oberteil tagesverfassungsabhängig statt Geschmack-des-Partners-abhängig zu machen? Das Gefühl ist unbeschreiblich.

Ich mache Ihnen einen Vorschlag. Dieser Tipp hat mir dabei geholfen, mich an meine neue Identität als Ich-kann-alles-tragen-was-ich-will-Single zu gewöhnen und sie richtig schätzen zu lernen. So funktioniert's: Nehmen Sie sich vor, jeden Tag (oder von mir aus jeden zweiten oder dritten Tag) etwas Neues auszuprobieren. Ein neues Teil anzuziehen, das Sie noch nie getragen haben. Ein altes Teil, das Sie ewig nicht mehr angerührt haben. Sie können alte Teile auch neu kombinieren; Sie werden überrascht sein, auf welche neuen Kombinationen Sie kommen und welche neuen Möglichkeiten sich dadurch ergeben. Probieren Sie mal Ohrringe, wenn Sie sonst nur Ketten tragen, oder umgekehrt. Sie könnten auch mal ausprobieren, Lidschatten oder Lipgloss aufzutragen – etwas, was Sie vorher nie getan haben, dem Sie früher keinen Wert beigemessen haben. Oder andersrum: Wenn Sie früher immer viel Make-up trugen, tut es Ihnen vielleicht einmal gut, den einen oder anderen

Kosmetikartikel wegzulassen und sich nur auf die essenziellen zu konzentrieren. Was halten Sie außerdem davon, die Handtasche auszugraben, die Sie vor langer Zeit geschenkt bekommen haben und die bereits in der Ecke Ihres Kleiderschranks zu verwesen beginnt? Sie können auch mit dem Look Ihrer Haare spielen, vielleicht mal Locken ausprobieren oder sich ein Glätteisen kaufen, oder alle Geräte weglassen und sehen, wie Ihnen eine natürlichere Frisur steht. Wenn Sie eine krassere Veränderung wollen, können Sie auch einen komplett neuen Haarschnitt in Erwägung ziehen. Trauen Sie sich ruhig. Sie müssen nicht länger auf Nummer sicher gehen, weil jemand anders Ihren Stil beeinflusst. Sie sind nun single. Das bedeutet, Sie müssen in erster Linie sich selbst gefallen. Also nur zu – probieren Sie etwas Neues!

Diese Dinge sind im Großen und Ganzen Kleinigkeiten, die man als oberflächlich betrachten könnte; schließlich betreffen sie nur Ihr Aussehen. Aber darin steckt eine größere Macht. Denn Ihr Äußeres beeinflusst Ihr Inneres. Fühlen Sie sich mit Ihrem Look wohl, werden Sie das auch ausstrahlen. Und jetzt, wo Sie ein glücklicher Single sein wollen, also Ihre innere Einstellung zu Ihrem Leben an Ihre neuen Umstände anpassen wollen, kann es durchaus helfen, auch Ihr Äußeres dem neuen Ich ein wenig anzugleichen. Mal etwas zu versuchen, was Sie sich vor Ihrem Partner nie getraut hätten. Glauben Sie mir, es wird Ihnen das Gefühl geben, ein neuer Mensch zu sein. Es erweitert Ihren Alltag um etwas Aufregendes, worauf Sie sich jeden Tag freuen können. Etwas, was Ihnen zeigt, dass Sie die Kontrolle über Ihr Leben haben. Sie haben nicht nur die Kontrolle über Ihren Kleiderschrank wiedererlangt, sondern auch die Kontrolle über sich selbst – über den Menschen, der Sie sind. Denn Sie können jeder sein, der Sie sein wollen. Der Schalthebel liegt in Ihrer Hand. Drücken Sie ihn, und stellen Sie sich selbst Ihrem neuen Ich, Ihrem glücklicheren, selbstbewussten Single-Ich vor. Ich bin mir sicher, Ihr Spiegel (der innere wie der äußere) wird sich freuen, Sie kennenzulernen!

WIE DAS EIGENE HEIM AUSSEHEN SOLLTE

Na genau so, wie *Sie* es wollen. Geschmäcker von Männlein und Weiblein sind in dieser Hinsicht tendenziell sehr unterschiedlich, um nicht zu sagen vollkommen konträr. Wie sieht denn die Wohnung eines Mannes im Normalfall aus? Meistens hat sie eine gewisse Ähnlichkeit mit einem Krankenhaus. Weiß/Schwarz/Grau. Steril. Eintönig. Minimalistisch. Ohne jeglichen Schnickschnack. Keine Farbe in den Räumen. Keine Teppiche als Gemütlichkeitsfaktor. Keine Vorhänge – höchstens Jalousien. Keine Bilder an den Wänden, keine Fotos auf den Regalen. Deko ist ein Fremdwort. Pflanzen fallen ihnen nicht mal auf, wenn wir sie ihnen direkt vor die Nase setzen. Also in einem Wort: Fad. Karg. Clean. Unpersönlich. Spartanisch. Gut, das war mehr als ein Wort, aber ich denke, es drückt das Design von Wohnungen mit männlichen Bewohnern sehr gut aus. Die Wohnungen von Männern in der ersten 20er-Hälfte haben oft zumindest noch einen gewissen Charakter, wenn nackte Frauen von den Wänden lachen und Strich-Listen dokumentieren, wer wann wie viel Bier gekauft oder welches Computerspiel gewonnen hat. Natürlich überdrehen wir bei dem Gedanken die Augen, wenn wir mit Männern dieser Altersgruppe nichts mehr anfangen können. Aber mehr Persönlichkeit haben die Wohnungen älterer Männer meiner Erfahrung nach auch nicht. Ich für meinen Teil habe noch keine Wohnung eines Mannes betreten, in der ich mich jemals wirklich wohlgefühlt hätte. Männer legen nun mal nicht denselben Wert auf diesen »Frauenkram«, »Schnickschnack«, wie auch immer sie unsere Verschönerungsversuche nennen würden. Es gibt einen Tisch, ein paar Stühle, eine graue oder braune Couch, und damit hat sich's dann eigentlich. Ich frage mich immer, wie sie sich in so einem charakterlosen Raum wohlfühlen können. Aber als Frau hat man vermutlich eine gleich große Chance, diese Neigung nachzuvollziehen wie die männliche Bindungsunfähigkeit.

Und dann versuchen Sie mal, mit einem Mann zusammenzuziehen. Einen Kompromiss zu finden, der beide glücklich macht. Quasi ein Ding der Unmöglichkeit. Denn er mag es so spartanisch, wie es ist, da lässt er sich nicht viel anderes einreden. Eine Untersuchung darüber, wovor sich österreichische Paare beim Zusammenziehen fürchten, hat gezeigt, dass sich fast 21% der 815 Befragten schon im Vorhinein Sorgen darüber machen, dass es »wegen des Einrichtungsstils zu Diskussionen« kommen könnte.[12] Eine Sorge, die aller Wahrscheinlichkeit nach beim Einziehen bestätigt werden wird. Meine Freundin musste sich ein paar lächerliche gelbe Streifen an den Wänden in ihrer gemeinsamen Wohnung mit ihrem jetzigen Mann hart erkämpfen; indem sie ihre Wandmalerei auf eine Farbe beschränkte, die er auswählen durfte – zum einen, weil ihm unterschiedliche Farben in den verschiedenen Zimmern »zu viel« gewesen wären, und zum anderen, weil Gelb grundsätzlich die einzige Farbe ist, die ihm gefällt. Mir bekannte Frauen älterer Generationen kämpfen seit 30 Jahren um jeden Funken Farbe, den sie in das gemeinsame Haus einbringen dürfen. Meine andere Freundin musste all ihre Fotos in bunten Bilderrahmen in die Toilette verfrachten, weil er sie in keinem anderen Teil der Wohnung geduldet hätte. Eine dritte Freundin gibt sich wiederum die größte Mühe, die gemeinsame Wohnung so schön wie möglich zu gestalten, und ihre Änderungen fallen ihm nicht einmal auf. Zumindest hat sie dadurch den Vorteil, dass sie sich nicht mit ihm darum streiten muss, wie die Wohnung dekoriert werden darf und wie nicht. Ich selbst habe in einer früheren Beziehung nur die Andeutung gemacht, die Wohnung etwas gemütlicher gestalten zu wollen – und geerntet habe ich einen entsetzten Blick. Die Wohnungen und Häuser vieler Pärchen würden wohl deutlich anders aussehen, wenn sich die Frauen nicht mit den lieblosen (also eigentlich nicht existenten) dekorativen Vorlieben des Mannes arrangieren müssten. Dabei geht es hier um den Ort, an dem wir schlafen, wohnen, leben. Wir sollten uns doch wohlfühlen!

Und wie geht das? Meiner Ansicht nach ist das nur unter folgenden Umständen möglich:

a) Wenn es dem anpassungsfähigen Mann (angeblich existiert diese Spezies sogar) vollkommen egal ist, was die Partnerin mit der Wohnung anstellt. So geht es den Frauen, deren Männer es nicht einmal mitbekommen, wenn auf einmal eine neue Pflanze in der Ecke steht oder ein Haufen neuer Bilder aufgehängt worden ist.

b) Wenn beide einen ähnlichen Geschmack haben, was sehr selten der Fall ist. Und selbst dann kommt schnell das Thema Finanzierung auf. Auch wenn es sich ein Mann halbwegs gefallen lässt, dass die Partnerin die Wohnung auf ihre eigenen Kosten umgestaltet, so schlägt die Diskussion gleich einen ganz anderen Weg ein, wenn das Gemeinschaftskonto belastet werden soll.

c) Wenn man sich mit diesem Problem gar nicht erst auseinandersetzen muss, weil man single ist und sich seine eigene Wohnung genau so einrichten kann, wie man sie gerne hätte. Die Tatsache, dass man sich für seinen Geschmack vor niemandem rechtfertigen muss, ist einer der primären Gründe, warum wirklich viele heutzutage lieber alleine wohnen.[13]

Zugegeben, ich bin sehr farbliebend. Mein Wohnzimmer ist in Gelb-, Orange- und Rottönen gehalten, mein Schlafzimmer ist türkis angestrichen, und mein Büro hat rosa Wände mit roten Elementen. Mir gefällt es so. Es gibt überall Fotos, große Vasen mit hübschen Gestecken, Polster, Teppiche, Vorhänge. Ich fühle mich wohl, und jeder, der mich besuchen kommt, fühlt sich ebenfalls sofort pudelwohl, weil mein Apartment eine gewisse Wärme und Gemütlichkeit ausstrahlt und einen damit quasi umarmt. Ich habe bisher nur Begeisterung von meinen Besucherinnen und Besuchern geerntet. Und ich selbst liebe meine Wohnung, ich verbringe gerne Zeit in ihr und komme immer gern nach Hause. So sollte es jedem Single gehen!

In einer geteilten Wohnung ist es eben nicht so einfach. Das fängt ja schon bei Kleinigkeiten an. Ich kann mich noch gut daran erinnern, wie ich im Möbelhaus stand, einen blumigen kleinen Teelichtständer aus Glas in der Hand hielt und mir überlegte, ob ich ihn für die zukünftig gemeinsame Wohnung kaufen sollte. Ich habe ihn nach längerem Nachgrübeln wieder zurückgestellt, weil mir bewusst war, dass mein Freund alles andere als begeistert davon wäre, ganz egal wie gut er mir auch gefallen mochte. Doch dann war Schluss. Und bei meinem nächsten Einkauf nahm ich gleich zwei dieser gläsernen Teelichtständer mit, die ich später mit großer Freude auf der Abstellplatte über meinem Fernseher platzierte. Denn jetzt konnte mir keiner mehr reinreden – mir gefielen sie, also stellte ich sie auf. Ich habe die größte Freude daran, meine Wohnung umzugestalten, zu dekorieren, abzuändern oder auch nicht, ganz genau so wie es mir eben gerade passt. Und niemand kann mir dazwischenfunken. Niemand kann mich kritisieren. Niemand kann mir vorschreiben,

wie viel Deko zu viel Deko ist, wie viel Farbe zu viel Farbe ist, in welchen Räumen Fotos aufgehängt werden dürfen und in welchen nicht. Dadurch bin ich absolut und vollkommen glücklich in meinem Zuhause, das in jeder erdenklichen Hinsicht meinem eigenen Geschmack entspricht. Und damit bin ich nicht allein. Laut Umfrage einer Immobilienplattform sind 81 Prozent der österreichischen Frauen, die alleine wohnen, äußerst froh darüber, die eigene Wohnung nach ihrem persönlichen Geschmack schmücken und die Wände in genau der Farbe streichen zu können, die ihnen beliebt.[14] Wie viele Frauen in Beziehungen können das behaupten?

Kann Ihnen egal sein, denn Sie sind single und frei. Also tun Sie sich selbst einen Gefallen, und machen Sie aus Ihrer Wohnung auch tatsächlich eine Singlewohnung. Dies symbolisiert den Neuanfang, der Sie als zufriedene Single-Dame in eine neue Ära trägt. Ziehen Sie die alte Bettwäsche ab, kaufen Sie sich eine neue (eine, die jedes Muster und jede Farbe hat, die *Ihnen* gefällt), und überziehen Sie eine Decke und ein Polster. Das zweite Duvet-Set lassen Sie gleich mal unter dem Lattenrost verschwinden, denn dieses brauchen Sie momentan nicht. Stattdessen spannen Sie ein neues Leintuch auf und platzieren das frisch überzogene Polster und die Decke in der Mitte Ihres Bettes. Nicht auf einer Seite, sondern genau in der Mitte. Ihr Bett gehört jetzt nur Ihnen. Probieren Sie es einmal aus, und Sie werden sehen, Sie fühlen sich besser, weil Sie die leere Seite nicht ständig an die Abwesenheit eines Partners erinnert. Tatsächlich werden Sie bald überhaupt nicht mehr an die leere Seite denken, weil eine zweite Bettseite gar nicht existiert, wenn Sie Ihr Bett erst komplett zurückerobert haben. Es gibt nur noch ein grooooßes, schönes Bett, in dem Sie es sich mittig, quer, diagonal oder in welcher Lage auch immer gemütlich machen können, während Sie nach Lust und Laune Ihre Glieder von sich strecken und sich ausbreiten. Sie können Ihr Bett auch gern gleich verschieben, sofern Sie dafür genug Platz haben, um dem Schlafzimmer ein komplett neues Feeling einzuhauchen.

Dieser Neuanfang muss nicht nur Ihr Schlafzimmer betreffen. Statt die Leere im Badezimmerschrank anzustarren, in dem früher die Toilettenartikel Ihres Partners gestanden haben, verteilen Sie den Platz im Kästchen neu. Holen Sie sich jedes Fach wieder zurück, und breiten Sie Ihre eigenen Produkte so großzügig aus, wie Sie wollen. Das fühlt sich fast wie Luxus an. Des Weiteren können Sie auch die anderen Räume Ihrer Wohnung aufpeppen. Vielleicht neue Vorhänge aufhängen. Eine Vase aufstellen, die Sie in Ihrem Lieblingsshop schon länger beäugelt haben. Neue Bilder anbringen und im selben Zug neue Fotos von Freunden oder Familie in die Rahmen klemmen, in denen einst die Fotos mit Ihrem Partner gehangen haben. Schon hat ein Bilderrahmen, mit dem Sie einmal romantische Gefühle verbunden haben, weil Ihr Partner herauslächelte, eine vollkommen neue Bedeutung, da er nun mit den Gesichtern Ihrer Familienmitglieder gefüllt ist. Fahren Sie in ein Möbelhaus Ihrer Wahl, und kaufen Sie sich den Himmel, den Sie immer schon über Ihrem Bett aufhängen wollten, um sich wie eine Prinzessin zu fühlen. Neue Teppiche, neue Wandtattoos, neue Tischdecken. Sterne an der Decke, Kerzen auf den Kästen. Was auch immer es ist, was Ihnen dekorativ zusagt – tun Sie es. Solche räumlichen Veränderungen werden Ihnen dabei helfen, nicht ständig daran zu denken, was Sie mit Ihrem Partner geteilt haben. Das Alte ist vorbei, und das Neue beginnt. Sie müssen sich dessen bewusst werden: Sie sind die Königin Ihres Reiches, und Sie müssen es mit niemandem teilen. Ihr Bett, Ihr Wohnzimmer, Ihr Badezimmerschrank, Ihre gesamte Wohnung gehört nur Ihnen allein. Genießen Sie das!

WARUM MAN SICH FÜR MÄNNER IN DEN DIÄTENWAHN BEGIBT

Essen. Sport. Figur. Ein omnipräsentes Thema. Denn Tatsache ist, wir Frauen – mit Ausnahme der wenigen Glücklichen, die essen können, was sie wollen, und trotzdem wie Solettisticks mit Brüsten aussehen – fühlen uns einfach immer zu dick. Der Bauch, der Po, die Beine, die Arme, das Doppelkinn. Irgendetwas gibt es immer, was uns an unserem Körper nicht passt; meistens handelt es sich sogar um eine Kombination der oben genannten Problemzonen. Der Grund dafür hängt vom persönlichen Alter und Reifegrad, aber auch von der eigenen Einstellung ab. Je jünger man ist, desto eher will man für den Mann abnehmen. Je älter man ist, desto mehr tut man es für sich selbst. Deshalb möchte ich nicht behaupten, dass Männer der ausschließliche Grund für unsere Obsession mit unserer Konfektionsgröße sind. Aber sie sind es zumindest zum

Teil – bei manchen Frauen zu einem größeren, bei anderen zu einem geringeren. In jedem Fall wird zumindest ein kleiner Teil unserer Selbstwahrnehmung unserem Hirn immer einflüstern: »Du willst deinem Partner doch gefallen!« oder »Du findest nur dann einen Partner, wenn du einen schönen Körper hast.«

Es gibt Männer, denen die Figur der Frau relativ egal ist oder denen sogar eine Frau mit Fleisch auf den Knochen lieber ist als ein Solettistick (ein Lob auf diese Männer – aber gut, schließlich beschweren wir uns auch nicht, wenn sie uns ihren haarigen Hintern entgegenstrecken). Wobei natürlich die Behauptung eines Mannes, er wolle »eh keinen Hungerhaken«, auch nicht unbedingt unser Streben nach einer schlankeren Figur auslöscht. Wir glauben ihm ja nicht. Zumindest nie zur Gänze. Deshalb wird der Drang, abzunehmen oder zumindest ja nicht zuzunehmen, immer in unserem Hinterkopf präsent bleiben. Vielleicht deshalb, weil es vielen Männern eben nicht egal ist, ob eine Frau Rundungen hat oder nicht, und wir nicht riskieren wollen, unserem Partner auf einmal nicht mehr zu gefallen. Diverse Studien bestätigen, dass es zwar im Großen und Ganzen keine wirklich verallgemeinerungsfähigen Assoziationen zwischen Gewicht und Qualität einer Partnerschaft gibt, aber doch immer wieder Beispiele auftauchen, in welchen Gewichtsprobleme für weniger Zufriedenheit in der Beziehung verantwortlich sind.[15] Einige Männer sagen es der Frau sogar direkt ins Gesicht: »Solange der Bauch im Liegen flach ist, kann ich's akzeptieren.«; »Wenn dein Gewicht mal dreistellig wird, müssen wir uns unterhalten.«; »Willst du nicht mal mit ins Fitnessstudio kommen?«; »Kann es sein, dass du ein bisschen zugelegt hast?« Und von anderen erfährt man es hintenherum über seine Freunde, denen er erklärt hat, dass Sie eh sehr hübsch sind, »aber am Hintern müssen wir noch arbeiten …«. Auch Kommentare, die von Männern nebenbei in Gespräche gesellschaftlicher Runden gestreut werden, sind sehr aussagekräftig; Männer haben oft keine Skrupel, Frauen mit ein paar Pfunden zu viel auf den Hüften mit Bezeichnungen wie »fetter Kübel« zu degradieren. Selbst Schauspielerin Marlene Dietrich hat erkannt: »Die Männer beteuern immer, sie lieben die innere Schönheit der Frau – komischerweise gucken sie aber ganz woanders hin.«[16]

Daher ist es nur verständlich, dass Männer immer zumindest eine gewisse Rolle in unserem Abnehmwahn spielen werden; schließlich sehen sie uns nicht nur mit Klamotten, sondern gern auch ohne. Und wir können noch so sehr darauf achten, nur im Dunkeln Sex zu haben – vor unserem Freund können wir letzten Endes nichts verbergen, denn schließlich hat er auch Hände, nicht nur Augen. In unserer Gesellschaft ist nun einmal Schlankheit das Attraktivitätsmerkmal. Victoria's-Secret-Models, die sich bis auf die Knochen hinunterhungern, sind die Frauen, von denen unzählige Männer träumen. Dazu kommt der Fitnessstudio- und Healthy-Food-Hype, dem wir folgen müssen, weil es alle anderen auch tun und ihre Erfolge brav für jeden sichtbar auf diversen Social-Media-Plattformen posten. Das setzt unsereins natürlich noch zusätzlich unter Druck. So macht uns das ständige Wissen, dass wir auf keinen Fall zunehmen sollten beziehungsweise, wenn wir es schon getan haben, dass wir wieder abnehmen sollten, komplett wahnsinnig.

Deshalb fangen wir an, mehr Sport zu treiben, bis uns klar wird, dass wir noch nie gut darin waren, Sport zu treiben. Also beginnen wir, Kohlenhydrate zu meiden, probieren diese und jene Diät aus und fangen irgendwann mit dem schlimmsten aller Fehler an – Kalorien zu zählen. Denn diese Projekte (ich nenne sie »Projekte«, weil sie genau das sind; nichts von diesen Dingen lässt sich dauerhaft durchziehen) zeigen zwar kurzfristig positive Ergebnisse, aber langfristig bringen sie nichts weiter als den von uns allen so sehr gefürchteten und doch unvermeidbaren Jojo-Effekt. Wie oft haben Sie es schon geschafft, erfolgreich abzunehmen, ohne dass Sie sich wenige Monate später gefühlt haben, als könnten Sie wieder von vorne beginnen? Noch nie? Tja, willkommen im Club.

Wir strengen uns an, wir passen auf, wir hungern, wir verzichten. Ganz nach dem Motto: Wenn's schmeckt, spuck's aus. Wir haben einfach Panik vor dem Bild, das wir unserem männlichen Gegenüber präsentieren. So können wir beispielsweise unmöglich größere Portionen essen als der Mann, auch wenn wir am Verhungern sind; wenn er sich bloß einen Salat bestellt, weil er vor zwei Stunden bereits gegessen hat, tun wir das auch, obwohl unser noch vollkommen leeres Mäglein ein Dreigangmenü vertragen könnte. Genauso viel Angst haben wir davor, uns bei bestehendem Hungergefühl noch einen zweiten Teller zu gönnen, wenn wir wissen, dass es am Wochenende mit dem neuen Freund in die Therme geht und er uns zum ersten Mal in Badecouture zu sehen bekommt. Wir tun alles, nur um eine Figur zu erlangen, in der wir uns unserem Freund gegenüber schön oder zumindest annähernd herzeigbar fühlen. Und dem Rest der Gesellschaft auch. Unglaublich beängstigend eigentlich, was frau sich alles antut.

WIESO ABNEHMEN ALS SINGLE OHNEHIN VIEL LEICHTER GEHT

Unabhängig davon, was Ihre Motivation ist – wenn Sie möchten, dass die Pfunde purzeln, wird Ihnen das als Single deutlich leichter fallen. Denn es ist ja nicht mal so, als ob die Tortur und der Verzicht, die wir Frauen *für* eine Beziehung auf uns nehmen, leicht in die Beziehung integrierbar wären. Nur weil wir meinen, diese oder jene Diät ausprobieren zu müssen, beeindruckt das unseren Partner ganz und gar nicht. Er will zwar, dass wir eine hübsche Figur haben; aber er wird sich unserem Versuch, diese Figur zu erlangen, sicher nicht anschließen, außer er hat selbst ein Problem mit seiner Statur (und selbst dann tendieren Männer erfahrungsgemäß eher zum Sport als zu einer Ernährungsumstellung).

Im besten Fall sieht es also so aus, dass der Mann unsere Diät *toleriert*. Denn er ist alles andere als begeistert davon, dass täglich zwei verschiedene Gerichte gekocht werden müssen oder dass temporär überhaupt nur eine Mahlzeit (nämlich seine) zubereitet werden muss, weil seine Freundin sich derzeit nur von Säften ernährt oder für den jeweiligen Tag ihr Maximum an Kalorien bereits erreicht hat. Dann darf man sich als Frau Vorwürfe wie »Man kann ja nichts mehr kochen! Nichts mehr essen. Denn du isst ja nichts!« anhören, während man sich denkt: »Na hallo? Ich strenge mich so sehr an. Es ist für mich nicht leicht, aber ich möchte das echt gerne schaffen, und dann kommst du mir mit solchen Kommentaren. Du bist mein Freund, du solltest mich doch unterstützen!« Ha, von wegen.

Genauso wenig begeistert ist er davon, dass man sich ein Lokal danach aussuchen muss, ob es dort auch vegetarische, glutenfreie oder (der ultimative Schreck für jeden Mann) vegane Gerichte gibt. Denn ohne Tiere oder Tierprodukte zu leben ist ja vollkommen bescheuert und unnachvollziehbar. Er versteht vielleicht den Gedanken hinter unserem Versuch, gesünder oder weniger zu essen, aber es nervt ihn dennoch ungemein. Es wäre doch viel angenehmer, wenn beide Partner dieselben Dinge essen könnten. Und ideal wäre es sowieso, wenn die Freundin auch noch gleich viel und gleich begeistert essen könnte wie er. Es ist schon paradox. Einerseits wollen Männer Frauen, die essen können. Andererseits wollen sie Frauen, die eine schlanke Figur vorweisen. Ist ihnen denn nicht bewusst, dass sie einem völligen Widerspruch hinterherträumen?

Schön also, dass wir das ganze Abnehmdrama für ihn auf uns nehmen und dafür keinerlei Unterstützung von ihm ernten. Denn natürlich wäre es deutlich einfacher für uns, wenn er seine Pommes, sein Weißbrot und seine Schokoriegel nicht unbedingt vor unserer Nase verschlingen würde, während wir brav unser Süppchen schlürfen. Aber hey, das können wir ihm doch nicht abverlangen! Ein Hoch auf die wenigen Männer, die ihre Frauen zu solchen Zeiten unterstützen, ohne zu meckern. Leider fallen viel zu wenige Männer in diese Kategorie.

Was noch hinzukommt, ist die Tatsache, dass man sich bei jeder richtigen Diät – sei es eine einzige Fastenwoche oder etwas Längerfristiges, im Zuge derer man sich bis in die Tiefen der Entzugserscheinungen kasteit – anfangs mit Entschlackungssymptomen wie lästigem Mundgeruch herumschlagen muss. Symptome, auf die uns der Partner natürlich ständig hinweist, denn wir fühlen uns ja noch nicht gereizt genug ohne seine blöden Kommentare. Früher oder später gesellen sich außerdem die noch zornigeren, unbarmherzigeren Krallen der völlig unbegründeten Stimmungsschwankungen zu unserem bereits überspannten Nervensystem. Spürt man die einmal in sich hochkommen, ist der Stress vorprogrammiert. Und spätestens zu diesem Zeitpunkt wäre die Diät eindeutig einfacher, wenn man keinen Partner hätte.

Ich war selbst in einer Beziehung, als ich beschloss, eine Fastenkur zu machen, um Geist wie Körper auf das neue Jahr einzustimmen. Das war allein schon deshalb schwierig, weil mein damaliger Freund neben mir genüsslich seine drei vollen Mahlzeiten gegessen und sich so ziemlich alles gegönnt hat, was *seinem* Körper vollkommen egal sein konnte. Aber das Experiment erreichte den Grenzpunkt des Zumutbaren, als ich merkte, wie sich meine Stimmung veränderte. Keine große Überraschung eigentlich. Wenn man sich tagelang nur von Tees und Säften ernährt, kann man irgendwann nur kurz vor dem Auszucken stehen. Diese innerliche Aggression, die nicht einmal einen Auslöser brauchte, sondern einfach dauerhaft aktiv zu sein schien, wollte ich nicht an ihm auslassen, denn das hatte er keinesfalls verdient. Also habe ich mich für ein paar Tage von ihm verabschiedet und ihm (der das natürlich nicht annähernd nachvollziehen konnte und mir das Ganze damit noch schwerer machte) zu erklären versucht, dass ich meinen Groll lieber allein in meiner eigenen Wohnung ausleben und ihm damit nicht auf die Nerven gehen wollte. Unnötig zu erwähnen, dass unsere Beziehung dadurch nicht gerade gefördert wurde. Aber meinen körperlichen Erfolg hat er danach sehr wohl bewundert; wobei wir wieder bei dem Thema wären, für wen wir das alles eigentlich tun.

Ich habe einiges an Kuren und Diäten durchprobiert seit ich wieder single bin; und meine Erfahrungen seither haben es mir mehrfach bestätigt: Eine Diät, Kur, Ernährungsumstellung oder wie auch immer man es bezeichnen will ist als Single millionenfach einfacher durchzustehen. Nicht nur, weil man sich vor niemandem rechtfertigen muss oder weil man den Horror nicht neben dem makellosen Körper eines anderen durchstehen muss. Und nicht nur, weil man nicht ständig von einem Partner in Versuchung gebracht wird. Sondern auch, weil das schlechte Gewissen der anderen Person gegenüber wegfällt, was diese ohnehin eher unfreiwillige Entziehungskur wesentlich erträglicher und dadurch auch wesentlich erfolgversprechender macht.

Dieser eindeutige Vorteil des Singledaseins gilt übrigens nicht nur für die Diät selbst, sondern auch ganz im Allgemeinen. Es gibt Menschen, die sich zurückhalten können, egal was sich in unmittelbarer Nähe an ungesundem Essen befindet. Diese Frauen beneide und bewundere ich sehr. Ich kann das nicht. Wenn es in meiner Wohnung irgendwo eine Tafel Schokolade gibt, wird sie mit Sicherheit nicht mehr lange dort rumliegen. Deshalb darf ich gar nicht erst zulassen, dass solche figurunförderlichen Produkte überhaupt erst ihren Weg in meine Wohnung finden, um ja nicht in Versuchung zu geraten. Und das funktioniert auch sehr gut – seit ich single bin. Denn wenn man in einer Beziehung ist und zusammenwohnt, so gut wie zusammenwohnt oder auch einfach nur sehr viel Zeit gemeinsam verbringt, wird man zwangsläufig die Küche nicht nur nach sich selbst, sondern auch nach seinem Partner ausrichten. Und wenn selbiger fast weniger wiegt als wir, weil er essen kann, was er will, ohne dass es auch nur den geringsten Effekt auf seinen Körper hat, dann wird dieser Partner auch dementsprechend essen. Er hat dann ganz gerne mal Schokolade oder Chips im Haus, oder was auch immer seine persönliche Vorliebe ist. Und ist es erst einmal im Haus, ist es für unsereins eine gewaltige Herausforderung, die Finger davon zu lassen.

Noch spannender wird es, wenn man einen Partner hat, der einen trotz »Bitte hör endlich auf damit«-Kommentaren regelmäßig mit Schokolade beschenkt, weil er einem eine Freude machen will und nicht ganz zu verstehen scheint, was Schokolade mit unserem Körper anstellt. Sich mit einem Freund rumzuplagen, der *will*, dass wir abnehmen, ist schwierig und erniedrigend genug. Sich mit einem herumzuärgern, der nicht der Ansicht ist, dass wir abnehmen sollten, obwohl wir definitiv anderer Meinung sind, ist aber nicht viel besser – weil die Verlockung kombiniert mit dem herrlichen Gefühl, wenn er uns erklärt, dass unsere Figur (die wir liebend gerne verändern würden) für ihn doch perfekt ist, vielleicht kurzfristig zu einem gewissen Glücksgefühl führt, aber langfristig gesehen sicher nicht nützlich für das eigene Wohlbefinden ist … wenn die Schokotafeln erst verschwunden sind und wir uns etliche Pfunde schwerer fühlen.

Übrigens kann selbst der unaufhörlich Schokolade verschenkende Freund noch getoppt werden. Und zwar von einem Mann, der im Supermarkt die Lieblingseissorten der Freundin im Kühlregal stehen sieht und gleich drei davon einpackt, um ihr eine Freude zu machen. Grundsätzlich ein sehr süßer Gedanke, keine Frage. Die Freundin ist zwar nicht begeistert davon, jetzt drei Becher Eis in der Wohnung zu haben, schätzt aber die Geste und fühlt sich, als hätte er ihr soeben die offizielle Erlaubnis erteilt, sich ins Schlemmerland der Eiskugeln zu verziehen. Also beschließt sie, einen Schummeltag einzulegen, um die vom Freund so lieb gemeinte Geste zu würdigen und sich das heiß ersehnte Eis, das ja jetzt nur wenige Meter von ihr entfernt ist, zu gönnen. Und was passiert? Nachdem der halbe Becher geleert ist, hört sie eine kleine Stimme, die hinter ihr von der Couch nach vorne flüstert: »Willst du es jetzt nicht langsam mal wegstellen? … Jetzt ist dann aber genug.« Sie sieht ihn verblüfft an. »Wie?« Er wiederholt: »Ja, jetzt ist dann aber genug, Schatzi. Dann hast du morgen auch noch was.« Ich persönlich hätte ihn in diesem Moment ja einfach darauf hingewiesen, dass dank ihm für morgen noch zwei weitere Becher im Gefrierfach stehen. Sie versucht es stattdessen mit der Aufforderung, sie doch einfach in Ruhe ihr Eis genießen zu lassen. Kurz danach kommt noch mal die Stimme von hinten: »Jetzt ist aber dann genug.« Beim dritten Mal hört sich die Stimme bereits an wie Jiminy Grille, der den leckeren Geschmack Löffel für Löffel langsam ruiniert, bis sie sich vor schlechtem Gewissen so sehr vor ihrem Freund schämt, dass sie den Eisbecher tatsächlich wieder schweren Herzens zurück ins Gefrierfach stellt. Was kann man denn dazu noch sagen – außer, ist das denn sein Ernst? Er macht es ihr nicht nur schwer, durchzuhalten, indem er ihr den Eisbecher direkt vor die Nase stellt. Er macht es ihr im selben Moment auch unmöglich, das von ihm bereitgestellte Eis zu schlemmen. Ich meine, was wollen Männer denn eigentlich? Sie kennen uns doch. Wenn sie nicht wollen, dass wir zu viel Süßes essen, sollen sie es uns doch gefälligst gar nicht erst mitbringen.

WARUM ES SO VIEL ANGENEHMER IST, ALLEIN ZU ESSEN

Hinzu kommt auch noch der Aspekt, der wohl alle Frauen in Beziehungen betrifft, egal welche Kleidungsgröße sie haben: Essen bläht. Wenn es nicht bläht, dann fühlt man sich zumindest voll und damit alles andere als sexy. Man muss den Sex also sehr gut timen und sein Essen auf den Sex abstimmen: Ja nicht zu spät zu Abend essen, ja nicht zu viel zu Abend essen, aber auch ja nicht zu wenig – denn ein knurrender Magen ist auch unangenehm, wenn einem nicht schnell genug ein Weg einfällt, das Grummeln zu übertönen, und er mitbekommt, wie es rumort. Und dann ja nichts Blähendes. Kohlgemüse als Beilage? Nein danke. Bohnen in den Salat? Oh Gott, nein. Überhaupt einen Salat? Rohkost tut uns abends auch nicht gut, also besser nicht. Ein Schluck Prosecco als Aperitif? Kohlensäure?! Na das wär ja was … Die Liste der Dinge, auf die man achten muss, wird länger und länger, je genauer man darüber nachdenkt, was alles nicht förderlich für den Verlauf des restlichen Abends ist. Meine Freundin Sophie kann den monatlichen Sex mit ihrem Partner an einer Hand abzählen, weil einem der beiden gerne mal der Essen-und-Völlegefühl-oder-Blähbauch-Faktor dazwischenkommt. Auch Sonja und ihr Partner sind nach dem Abendessen oft zu müde, um noch eine abenteuerliche Nacht vor sich zu sehen. Die Wirkung des Essens auf das Sexleben ist nicht zu bestreiten. »Du musst dich entscheiden – Essen oder Sex!«, bringt es Sophie auf den Punkt. Das heißt, entweder man achtet peinlich genau darauf, abends nichts Sexfeindliches zu essen, oder man verzichtet eben auf den Sex. Je nach Priorität. Beide Optionen scheinen suboptimal.

All das – dieses ständige Sorgenmachen, Aufpassen, Verzichten – fällt weg, wenn Sie single sind. Es gibt niemanden, der Sie von oben bis unten mustert; niemanden, dem Sie nackt gefallen müssen. Alle

Menschen, die Sie sehen, sehen Sie mit Klamotten. Und Klamotten können Problemzonen gut kaschieren. Es kann Ihnen egal sein, ob Sie abends Bohnen essen und Ihnen dann unter der Bettdecke ein kleines (oder großes) Lüftchen entweicht, denn es ist keiner da, der Sie verurteilen könnte. Es tut nichts zur Sache, ob Sie eine Schwäche für Knoblauch haben – die wohl kussfeindlichste Knolle der Welt. Es ist egal, wenn Sie mal Lust auf einen Chips-und-Süßigkeiten-Abend haben und Sie sich danach fühlen, als würden Sie jeden Moment wie ein Ballon platzen. Es ist auch keiner da, von dem Sie sich anhören müssen: »Was!? Du isst die *ganze* Tafel? Hast du schon mal nachgesehen, wie viele Kalorien die hat?«, woraufhin Sie sich denken: »Sag mal spinnst du? Das schau ich mir sicher nicht an, wenn ich mir einmal Schokolade gönne!«, sich aber doch durch seinen Kommentar gezwungen fühlen, unfreiwillig aber alibihalber zumindest ein paar Stückchen übrig zu lassen und wieder einzuwickeln. Genau. Solche unnötigen Vorwürfe. Und damit meine ich wirklich »unnötig«, denn uns Frauen ist mehr als bewusst, dass das, was wir uns gerade gönnen, nicht unbedingt kalorienarm ist; wofür also auch noch Salz in die Wunde streuen, sodass wir unseren hart verdienten Schummeltag nicht einmal mehr genießen können? Wie schön ist es, dass uns Singles dieser Druck erspart bleibt! Dass uns niemand sexy finden muss. Dass uns niemand ein schlechtes Gewissen einredet. Und wir uns einfach nur *wohlfühlen* können.

Aber nicht nur das Essen selbst, sondern auch der nächste Schritt kann von uns Singles absolut zwanglos und erleichternd erlebt werden: der Toilettengang. Ausscheidungen sind in unserer Gesellschaft, sofern man nicht ausgerechnet als Arzt oder Krankenschwester arbeitet, ein Tabuthema. Wenn jemand offen darüber spricht, wird er schnell schief angesehen. Und das betrifft auch das Leben in einer Partnerschaft. Vor allem am Anfang einer Beziehung traut man sich als Frau kaum oder gar nicht, für Nummer 2 auf die Toilette zu gehen, solange der Mann in der Wohnung ist. Geschweige denn zu pupsen. Tatsächlich kenne ich Frauen, die auch nach jahrelanger Beziehung noch ausnahmslos jedes Lüftchen in der Gegenwart ihres Partners unterdrücken, was ich mir nicht gerade angenehm vorstelle. Denn so sehr Männer im Gegensatz zu uns Frauen damit prahlen, was sie jetzt vorhaben, wenn sie ans »stille« Örtchen gehen, oder was sie dort soeben hinterlassen haben, so unangenehm ist es im Gegenteil uns Frauen. Denn es ist ja nichts Weibliches, nichts Feminines, nichts, womit wir assoziiert werden wollen. Wir möchten nicht, dass er nach uns die Toilette betritt und den dezenten Nachgeruch unseres Geschäfts wahrnimmt. Genauso wenig möchten wir, dass uns neben ihm auf der Couch ein Lüftchen entweicht; wir versinken eher im Erdboden, wenn uns bewusst wird, dass er ausnahmsweise einmal bemerkt hat, was uns da soeben passiert ist. Männer können ungehemmt drauflosfurzen, aber als Frau wird man immer rot anlaufen, wenn man mal ungewollt die Luft verpestet. Um uns diesbezüglich wirklich gehen lassen zu können, warten wir, bis der Mann aus dem Haus ist. Zumindest, wenn wir ihn noch nicht gut kennen, und in einigen Fällen auch wenn wir ihn bereits sehr gut kennen. Sollen wir diese Dinge zurückhalten? Natürlich nicht. Unseren Körpern tun wir damit nichts Gutes. Wir tun es trotzdem, denn wir wollen auf den Mann ja hübsch und feminin wirken. Egal ob es der Mann tatsächlich ekelerregend oder abturnend findet, wenn eine Frau sich auch mal menschlich zeigt, oder ob wir uns das nur einbilden. In Wirklichkeit stört es Männer erfahrungsgemäß gar nicht so sehr, wie wir uns das oft einreden; viele finden es sogar noch amüsant. Doch das Ergebnis ist dasselbe: Wir schämen uns, dem Partner diesbezüglich unsere Menschlichkeit zu offenbaren. Als Single ist das nicht notwendig. Wir können pupsen und auf der Toilette anstellen, was wir wollen und wann wir wollen. Alle körperlich absolut normalen Geräusche und Prozesse sind auf einmal kein Problem mehr. Das klingt zwar ekelhaft, aber es ist die befreiende Wahrheit.

Und genau das ist der Punkt: Sie müssen als Single nicht ständig darauf achten, sexy, hübsch und anziehend beziehungsweise ausziehbar zu sein. Diese Freiheit ist unendlich viel wert. Denn die einzige Person, der Sie gefallen müssen, sind Sie. Wenn Sie um Ihrer selbst willen auf Ihre Kost achten möchten, Ihre Ernährung aus welchen Gründen auch immer umstellen wollen (das muss ja nicht unbedingt etwas mit Ihrem Körper zu tun haben, auch Tiere und Umwelt sind ein sehr häufig zitierter Grund), dann sollten Sie das unbedingt tun. Aber die Frage ist nicht, ob Sie es sollten, sondern ob Sie es *können*. Ohne Partner – definitiv ja! Sie können jeden Tag so gesund kochen, wie es Ihnen beliebt. Und Sie haben neben sich keinen Müll fressenden Freund sitzen, der sich am liebsten nur von Junkfood ernähren würde und dem es nicht annähernd in den Sinn kommt, sich Ihnen anzupassen – weder um seiner eigenen Gesundheit willen noch um Ihrer. Sie müssen kein schlechtes Gewissen haben, weil Sie ihn zwingen, für Sie diverse Produkte beim Kochen wegzulassen oder mit Ihnen in ein tierfreundliches Lokal zu gehen. Ich habe inzwischen alles durch – von vegetarisch über glutenfrei bis hin zu vegan. Dafür habe ich im Laufe der Jahre genügend hochgezogene Augenbrauen und unbegeisterte Blicke geerntet. Und ich kann Ihnen gar nicht sagen, wie erlösend es ist, mir nicht mehr ständig Gedanken darüber machen zu müssen, wie sich meine individuelle Ernährungsweise mit der eines Partners vereinen lassen könnte.

Umgekehrt ist es natürlich dasselbe. Meine Bekannte, Lena, 24, denkt genervt an ihre letzte Beziehung zurück, in der sie als Kaum-Fleisch-Esserin stets ihren Kühlschrank mit Fleischwaren füllen musste, weil ihr Freund aufgrund seiner Weizenunverträglichkeit zu einer sehr fleischlastigen Kost tendierte. So wurde vom Lebensmitteleinkauf bis hin zur Essenszubereitung ihre gesamte Ernährung deutlich komplizierter, und sie musste Kompromisse eingehen, über welche sie alles andere als erfreut war. Die Freiheit, einzukaufen und zu essen, was sie möchte, ohne sich nach jemand anderem richten zu müssen, schätzt sie außerordentlich am Singledasein: »Du musst keine Kompromisse eingehen. Du kannst immer das machen, was du willst.« Daran kann ich mich nur anschließen. Vor allem in puncto Essen ist das Singleleben kurz gesagt kompromissfrei, komplikationsfrei und einfach nur, tja, einfach. Als Single kann ich selbst entscheiden, wann ich esse, was ich esse und wie viel ich esse. Es ist keiner da, dem gegenüber ich mich rechtfertigen muss. Ich liebe dieses Gefühl. Und jetzt kriege ich Hunger … Wie schön, dass keiner da ist, mit dem ich mich absprechen muss!

WIESO MAN EINEN FERNSEHABEND ALS SINGLE RICHTIG GENIESSEN KANN

Zuallererst stellt sich einmal die Frage, ob ein Fernsehabend, wenn Sie einen wollen, in einer Partnerschaft überhaupt zustande kommt. Denn zu zweit muss man das Abendprogramm natürlich miteinander abstimmen. Haben Sie einen anstrengenden Tag hinter sich und einfach nur mehr Lust, sich wortlos vor den Flimmerkasten zu kuscheln, bedeutet das nicht, dass Ihr Partner sich den Abend gleich ausgemalt hat. Nur weil Sie sich am liebsten ohne Worte entspannen möchten, weil Sie den ganzen Tag lang in der Arbeit genug geredet und zugehört haben, heißt das nicht, dass es ihm genauso geht. Er will sich vielleicht mit Ihnen unterhalten, braucht Zuneigung, ein offenes Ohr, Ihre Aufmerksamkeit. Und möchte er abends lieber etwas unternehmen oder kann die Kiste einfach schon nicht mehr sehen, wird die Sache erst recht kompliziert. Lassen Sie ihn allein rausgehen und bestehen trotzdem auf Ihren TV-Abend? Überreden Sie ihn dazu, sich Ihrem Abendprogramm anzuschließen? Oder opfern Sie Ihre eigenen Wünsche, um seinen zu folgen?

Solche Fragen stellen sich einem Single erst gar nicht. Wenn Sie gerade in der Stimmung für ein paar gemütliche Fernsehstunden sind, dann müssen Sie nicht mal einen Gedanken daran verschwenden, ob ein anderer ebenfalls Lust darauf hat. Ob er überhaupt Zeit hat. Ob ihm gerade danach ist. Sie sind niemandem Rechenschaft schuldig. Niemandem. Wenn Sie gerade kein Verlangen danach haben, sich mit Leuten zu treffen oder aus welchem anderen Grund auch immer noch hinauszugehen, dann ist es so, und das geht niemand anderen etwas an. Wollen Sie Zeit zum Relaxen und einfach nur seriensüchteln oder ein gutes Buch lesen, dann ist das eine Tatsache, die von niemandem infrage gestellt wird. Sie brauchen einen Abend, einen Tag oder von mir aus auch ein ganzes Wochenende, an dem Sie niemanden sehen wollen und erst wieder Ihre innere

Ruhe finden müssen, weil Ihnen alle rundherum nur mehr auf die Nerven gehen und Sie sonst noch irgendjemanden aus dem Fenster werfen? Dann ist das in Ordnung. Keiner fragt, keiner nörgelt, keiner macht Ihnen deswegen ein schlechtes Gewissen. Wenn Sie gerade mal nicht aktiv sein wollen, dann wollen Sie eben nicht. Und was noch wichtiger ist: Sie müssen nicht. Sie müssen überhaupt nichts. Alles, was zählt, ist das, was Sie wollen (mit Betonung auf beiden Worten: das, was Sie *wollen*, und das, was *Sie* wollen, denn niemand hat das Recht, Ihnen dazwischenzufunken). Ist das nicht ein unheimlich befreiendes Gefühl?

Sie haben also Zeit für sich – so viel Zeit, wie Sie wollen und brauchen. In dieser wertvollen Zeit können Sie nicht nur selbst entscheiden, *ob* Sie sich faul vor den Fernseher klatschen; Sie können auch entscheiden, *was* geschaut wird. Es gibt keine endlosen Diskussionen über Action versus Comedy, Film versus Serie, *Star Trek* versus Jane Austen, *Southpark* versus *Grey's Anatomy*, Doku versus Disney, Sportkanal versus Mädchensender. Sie müssen sich nicht von Ihren Lieblingsserien verabschieden oder jeden zweiten Tag halbherzig einen Action-Thriller anschauen beziehungsweise Ihrem Freund beim FIFA-Zocken zusehen, damit beide auf ihre Kosten kommen. Selbst wenn Sie sich nur eine dumme Realityshow ansehen und sich dabei die Hirnzellen wegschmelzen wollen, gibt es keinen, der Ihnen bei Ihren Plänen dazwischenreden kann.

Im Gegensatz dazu führt eine Partnerschaft schnell zu freiwilligem Verzicht, was das Lieblingsfernsehprogramm betrifft; zumindest am Anfang, wenn man dem anderen so gut wie möglich gefallen und alles erdenklich Mögliche ihm zuliebe tun möchte. Diese Tendenz, sich auf alles einzulassen, was der Partner gern schauen würde, mag vielleicht eine gewisse Zeit lang durchführbar sein, aber früher oder später wird es die zurücksteckende Person nicht mehr länger aushalten. Und spätestens dann fangen die Diskussionen mit dem (im besten Fall) aktiven Versuch der Kompromissfindung an. Angelika und ihr Mann (um nur ein Beispiel zu nennen, denn es gäbe genug) brauchen jeden Abend eine halbe Ewigkeit, bis sie einen Film gefunden haben, der beiden gefällt. Einmal wollten wir sogar zu dritt einen Film ansehen, als ich zu Besuch bei ihnen war. Ehe er nach Hause kam, stellten wir Frauen schon einmal mit großer Mühe eine Netflix-Liste zusammen – bestehend aus etwa 15 Filmen, die alle in die »Kategorie« Thriller-Action-Adventure-Symbolik-Rätsel-Jagd-Verschwörung fielen, weil das die einzige Art Film war, mit der wir alle drei etwas anfangen konnten. Als wir nach einer Stunde endlich das gesamte Repertoire durchsucht und eine halbwegs zufriedenstellende Liste beisammen hatten, meinte Angelika halb optimistisch, halb skeptisch: »Vielleicht ist da ja sogar ein Film dabei, den er akzeptiert.« Ich dachte mir nur: »Hm. Wirklich? Na wenn das bei denen jeden Abend so läuft, möchte ich mit ihnen sicher nicht tauschen …« Aber mit diesem Problem sind fast alle Pärchen konfrontiert. Man zappt sich durch das Netflix-Angebot, und die Zeit vergeht, ohne dass man einen passenden Film findet; denn ein Drittel hat er schon gesehen, das zweite Drittel hat sie schon gesehen, und die Hälfte vom dritten Drittel mag mindestens einer nicht. Da bleibt nicht mehr viel übrig.

Ein Fernsehabend nach meinen eigenen Wünschen sieht da schon ganz anders aus. Erstens wird die Entscheidung innerhalb von Sekunden oder Minuten gefällt, und zweitens gibt es keine Diskussion. Ich nehme an, so geht es Ihnen auch. Sie wissen, was Ihnen gefällt. Und Sie entscheiden. Das, worauf *Sie* Lust haben, wird gespielt. Selbst der gesellschaftliche Aspekt des partnerschaftlichen Fernsehens (minus dem Geküsse- und Geknutschefaktor, der aber ohnehin nur in den ersten Monaten einer Beziehung wirklich relevant ist) kann auf anderen Wegen herbeigeführt werden. Denn wenn Sie den Abend mal nicht allein verbringen und trotzdem faulenzen wollen, gibt es die herrliche Option, die uns Frauen immer offensteht: Purer Mädelsspaß. Da Sie alleine wohnen, können Sie jederzeit, wann immer es Ihnen beliebt, Ihre Freundinnen einladen, ohne erst mit einem Partner abklären zu müssen, dass ihn der

Besuch nicht stört. Davon abgesehen unterbricht oder behindert keiner Ihren Mädelsabend, indem er uneingeladen ins Zimmer platzt oder einfach bloß, weil er in Hörweite ist, wenn er es darauf anlegen sollte. Bei einem Abend mit den Mädels will man ja um nichts in der Welt belauscht werden; dafür sind die Gespräche viel zu privat bis hin zu intim. Und ein Abend mit der besten Freundin oder den besten Freundinnen ist doch einfach am schönsten. Abgesehen von den oben genannten Mädelsgesprächen, die sich mit dem Fernsehspaß kombinieren lassen, ist die Wahrscheinlichkeit, dass Freundinnen dieselben Filme und Serien gefallen, deutlich höher als zwischen Mann und Frau. Zudem sind Mädelsabende grundsätzlich ungehemmter, weil keiner das Gefühl hat, sich zusammenreißen und dem anderen gefallen zu müssen. So können Sie den Abend gern mit all den Knabbereien ergänzen, die Sie gerne hätten, ungeachtet dessen, was sie mit Ihren Verdauungsorganen anstellen. Denn Ihre Freundin hat genauso viel Freude daran wie Sie, einfach nur unbekümmert zu faulenzen und sorgenfrei zu schlemmen, ohne den Geschmack des Freundes in Betracht ziehen zu müssen oder den Partner in Form von Jiminy Grille auf der Schulter sitzen zu haben.

KOMÖDIE? THRILLER? ACTION?

Weshalb man ohne Freund sportlicher ist

Wir haben bereits etabliert, dass unsportlich sein, faulenzen und Blödsinn essen ohne Freund deutlich einfacher, hemmungsloser und vor allem sorgenfreier geschieht. Natürlich ist das kein Lebensstil, den ich anpreisen möchte. Mir war es jedoch wichtig, Sie darauf hinzuweisen, dass Sie als Single den großen Vorteil haben, nicht figurfixiert sein zu müssen. Denn erstens müssen Sie nicht jeden Tag jemandem nackt gefallen. Zweitens bin ich der Ansicht, dass es für Frauen, die mit ihrem Körper kämpfen, mehr Nachteile als Vorteile haben kann, als Single hartnäckig auf die absolut perfekte Figur hinzuarbeiten. Wahrscheinlich denken Sie sich jetzt: »Aber je schöner der Körper, desto eher findet man einen Mann.« Nun, das mag bedingt wahr sein, aber ich für meinen Teil möchte ehrlich gesagt gar keinen Mann, der aufgrund meines (angenommen ich hätte einen) perfekten Körpers eine Beziehung mit mir möchte. Denn was passiert, wenn sich dieser Körper wieder einmal verformt – wie es bei uns um die Figur hart kämpfenden Damen ja alle Jahre wieder mal der Fall ist? Davon wäre er nicht begeistert. Und ich würde mich ständig hässlich und schuldig fühlen, mit der Angst, dass er mich vielleicht nicht mehr anziehend finden könnte. Da ist es mir eindeutig lieber, zu dem Zeitpunkt, wenn ich einen potenziellen Partner kennenlernen sollte, *nicht* am Höhepunkt meiner körperlichen Attraktivität und am niedrigsten Punkt meiner Kleidergrößen zu sein. Denn wenn er mich zu einem Zeitpunkt attraktiv findet, an dem ich mich im höheren Bereich meiner für mich akzeptablen Gewichtsgrenze befinde, fällt für mich eine große Sorge weg – die Sorge, um jeden Preis meine hart erkämpfte Figur halten zu müssen, um ihm auch ja weiterhin zu gefallen. Ich werde immer die Gewissheit haben, dass mich mein Freund auch hübsch gefunden hat, als ich XY [bitte entsprechendes Gewicht einfügen] Kilogramm auf die Waage gebracht habe. Mit diesem beruhigenden Gedanken im Hinterkopf geht man deutlich entspannter in eine Beziehung als jemand, der ständig Angst davor haben muss, die Figur, die den neuen Freund angezogen hat, möglicherweise wieder zu verlieren. Abgesehen davon braucht man als Frau einfach hier und da mal einen Schlemmertag oder von mir aus eine Schlemmerphase. Das gehört zum Frausein dazu; und solange es nicht übertrieben wird, bin ich der Meinung, dass dies ein wichtiger Bestandteil unseres Seelenfriedens ist. Schokolade kann die Seele streicheln. Außerdem wird Schokolade aus Kakaobohnen gemacht, die auf Bäumen wachsen, und ist somit quasi Salat. Aber Scherz beiseite und zurück zum Punkt – so viel nur dazu, dass man als Singledame durchaus auch mal die Vorteile des kritiklosen Schlemmens genießen darf.

Natürlich wollen wir letztendlich alle einen schönen Körper und, was noch viel wichtiger ist, uns gesund und fit fühlen; vor allem in den Sommermonaten, wenn es alle ins Freie treibt und sich unzählige Möglichkeiten bieten, diversen Aktivitäten nachzugehen und sich in Badecouture zu zeigen. Es ist bekannt, dass die Ernährung dabei die Hauptrolle spielt; ich liebe den englischen Spruch »You can't outrun your fork«, der im Grunde besagt, dass man noch so viel Sport machen kann – wenn man sich im Alltag stets ungesund ernährt, wird aller Sport der Welt nicht viel nützen. Allerdings ist Sport (ich weiß, ich sage Ihnen hier nichts Neues; dennoch kann es nicht schaden, es zu erwähnen) ein wesentlicher Bestandteil der menschlichen Gesundheit. Wollen Sie sich fit fühlen, kombinieren Sie also am besten beides: gesunde Ernährung mit zumindest halbwegs regelmäßigen Sporteinheiten. Ich sage »halbwegs«, weil mir bewusst ist, wie schwierig es sein kann, ein bestimmtes Maß an Sport in seinen stressigen Arbeitsalltag zu integrieren. Aber genau hier macht sich schon mal der erste sportliche Vorzug des Singledaseins bemerkbar: Sie haben mehr Zeit für Sport als Menschen in Beziehungen. Vergebene Damen müssen, im Gegensatz zu Ihnen, den Zeitplan eines anderen Menschen berücksichtigen, der die Einteilung ihrer Sporteinheiten maßgeblich behindern kann. Doch dazu später mehr.

Das Leben als Single hat im Hinblick auf Sport zahlreiche Vorteile, denn Sport ist in vielerlei Hinsicht nicht unbedingt einfach in eine Beziehung integrierbar. Das ist nur dann möglich, wenn zufällig

a) beide Partner auf den selben Sport abfahren und miteinander sporteln *wollen* (was ja nicht zwangsläufig der Fall ist – einer meiner früheren Freunde hat meine Bereitschaft, mit ihm laufen zu gehen, so lange gekonnt ignoriert, bis ich beschlossen habe, es einfach sein zu lassen),

b) der Tagesablauf so aufgebaut ist, dass er entweder Sport zu zweit ermöglicht oder einzelne/separate Trainingseinheiten unterbringen kann, ohne dafür wertvolle Pärchenzeit zu opfern, und

c) beide Partner zumindest ein einigermaßen ähnliches Motivationsniveau aufweisen, sodass nicht ständig der eine den anderen zum Sport überreden muss oder sich einer schuldig fühlt, weil er nicht so aktiv ist wie der andere.

Wenn nicht zumindest ein oder zwei dieser Voraussetzungen gegeben sind, kann die Situation kompliziert werden. Hier eine zeitliche Ungereimtheit, da eine kleine Diskrepanz, und schon geht der eine sporteln, während der andere eigentlich Zeit mit dem Partner verbringen möchte. So geht es beispielsweise meiner Freundin, die sonntagmorgens oder im Urlaub liebend gern gemütlich mit ihrem Mann frühstücken würde. Da sie ihn aber stattdessen an das Fitnessstudio abtreten muss, weil er darauf besteht, genau in dem Zeitfenster zu trainieren, in das ihr gemeinsamer Brunch fallen würde, kommt sie nie zu dem Wochenendritual, das sie sich so sehr wünscht. Ausreden will sie ihm seine Sportroutine auch nicht, weil er sonst den ganzen Tag lang seinen Ich-habe-meinen-Sport-verpasst-Grant an ihr auslassen würde. Somit wäre der Versuch, auf Zweisamkeit zu bestehen, höchstens ein Schuss, der nach hinten losgeht, und sie hätte für die nächsten Stunden einen übel gelaunten Ehemann am Hals. Die Frage »Wie findet man Zeit für

Sport, ohne dafür gemeinsame Pärchenzeit zu opfern?« ist in einer Partnerschaft definitiv nicht leicht zu beantworten.

Ist die Motivationssymmetrie nicht gegeben, hat man sowieso ein Problem. Denn so hilfreich es auch sein kann, jemanden an der Seite zu haben, der als Motivationstrainer fungiert, wenn man gerade nicht in Sportlaune ist, so unwahrscheinlich ist es auch, dass das auf Dauer gut geht. Seinen Partner jedes Mal am Arm ins Freie oder ins Fitnessstudio oder wohin auch immer zu zerren ist wohl eher unförderlich für eine Beziehung. Einerseits, weil der sportlich ambitioniertere Partner irgendwann die Lust verliert und lieber allein gehen wird, und andererseits, weil der weniger motivierte Partner sich mit der Zeit weniger motiviert als kritisiert fühlen wird.

Man hat als Single gern das romantische Bild von harmonisch zusammen Sport treibenden Partnern im Kopf – die zu zweit durch die Wälder joggen, alles happy peppy, die sich gegenseitig motivieren, unterstützen und auch noch gemeinsame Zeit verbringen. Aber die Wahrheit ist: Das kommt herzlich selten vor und ist daher wirklich nichts, worauf wir Singles neidisch sein müssten. In meinem Bekanntenkreis gibt es kein einziges Pärchen, das regelmäßig zusammen trainiert. Entweder sportelt er alleine und sie gar nicht (oder umgekehrt), oder er geht ins Fitnessstudio, und sie geht lieber walken oder laufen (oder umgekehrt, er spielt gern Tennis, und sie zieht das Fitnesscenter vor), oder sie gehen parallel in getrennte Fitnessstudios, oder sie machen zwar beide denselben Sport, kommen jedoch aufgrund ihrer Arbeitszeiten fast nie dazu, ihn auch gemeinsam auszuüben. Die Frauen, die ich kenne, machen grundsätzlich eher mit anderen Frauen Sport als mit ihren Partnern. Das heißt, Sie brauchen als Single gar nicht zu glauben, dass glückliche Pärchen ach so oft gemeinsam Sport treiben, während Ihnen der Partner dafür fehlt. Natürlich gibt es immer Ausnahmen zur Regel, aber im Grunde können Sie davon ausgehen, dass Sie sich als Teil eines Paares eher schwerer als leichter tun würden, Sport zu machen. Ich persönlich war in meinen Beziehungen ausnahmslos jedes Mal absolut unsportlich. Erst als Single hatte ich immer wieder sportlichere Phasen. Denn als Single ist alles so viel einfacher. Als Single muss ich mir darüber, ob und wann und wie ich mit einem Partner gemeinsam oder zumindest so zweisamkeitsschonend wie möglich Sport machen könnte, überhaupt keine Gedanken machen, weil ich nur meinen eigenen Wünschen folge und niemand anderen berücksichtigen muss.

Das beginnt schon einmal damit, dass ich niemandem davon erzählen muss, wie sportmotiviert ich zu jedem gegebenen Zeitpunkt gerade bin. Ich bin keine Person, die ihre Ziele und Motivationen laut hinausposaunt, weil mir das Risiko, damit Erwartungen entstehen zu lassen und im Endeffekt enttäuschen zu müssen, viel zu groß ist. Meine persönlichen Ups und Downs muss außer mir keiner mitbekommen. Was nicht heißt, dass ich dem Thema Sport in Gesellschaft anderer ausweiche; wenn es aufkommt, auch gut. Aber ich genieße die Freiheit, nicht tagtäglich diesbezüglich von einem Partner beäugelt zu werden.

Ein Partner wird schließlich immer mitbekommen, ob man an einem gegebenen Tag sporteln war oder nicht; außer man beschließt, es aktiv vor ihm zu verheimlichen – was mir eine Zeit lang tatsächlich die liebste Option war. Nachdem ich mich bei einem neuen Fitnesscenter angemeldet hatte, sagte ich erst mal nichts darüber, um damit keine Hoffnungen in ihm zu schüren, welchen ich vielleicht nicht gerecht werden könnte. Und es kam, wie es kommen musste: Ich erreichte den Punkt, an dem ich mit dem neuen Fitnesscenter, das nur auf Frauen ausgelegt war, sehr glücklich war und auch einigermaßen freiwillig dreimal wöchentlich hinging, um im Circle Training diverse Körperpartien zu beanspruchen. Da ich nun nicht nur motiviert, sondern auch zuversichtlich war, diese Regelmäßigkeit zukünftig beizubehalten (das Center war sehr nah an meiner Wohnung, somit war keine Autofahrt nötig, und mir gefiel das Women-only-Konzept), erzählte ich meinem damaligen Freund von meiner neu gefundenen Motivation. Er freute sich mit mir, denn auch er war immer sportlicher unterwegs. Und was geschah? Bereits einen Monat später wurde mir klar, dass ich nun schon seit Wochen nicht mehr beim Circle Training gewesen war. Und wie wir alle wissen, wird es mit jeder vergangenen Woche, in der man nicht trainiert hat, schwieriger, wieder den alten Weg zum Training einzuschlagen. Schon bald war ich wieder am Anfangspunkt angelangt, an dem mir endlich einleuchtete, dass ich niemals ein Freund des Fitnesscenters sein werde, egal wie großartig das Konzept auch sein mag. Es ist einfach nichts für mich, und das ist in Ordnung. Zumindest denke ich heute so. Jedem das Seine. Das, was für den einen funktioniert, muss nicht unbedingt für den anderen funktionieren. Aber damals fühlte ich mich grauenvoll, denn ich hatte gerade erst den Mund aufgerissen und groß von meinen Ambitionen gesprochen, als die Seifenblase auch schon zerplatzt war und ich mir die größten Sorgen darüber machte, was mein Freund nun von mir denken würde – vor allem, da er selbst inzwischen zum Sportliebhaber mutiert war. Dabei muss ich ihm hoch anrechnen, dass er niemals auch nur ein Wort darüber verloren hat. Was jedoch leider nichts an der Tatsache änderte, dass ich mich wie eine Versagerin fühlte. Denn wenn man nicht so fit ist wie der Partner, bekommt man automatisch das Gefühl, nicht gut genug, nicht athletisch genug, nicht attraktiv genug, nicht gesund genug, nicht fit genug und nicht bemüht genug zu sein.

So geht es mir heute definitiv nicht mehr. Niemandem Hoffnungen zu machen bedeutet auch, niemanden zu enttäuschen. Außer einen selbst. Es steht außer Frage, dass ich mich nach wie vor über mich selbst ärgere, wenn ich einmal sehr weit gekommen bin, dann aus welchem Grund auch immer eine Zeit lang nicht mehr gesportelt habe, und mich fühle, als wäre alles umsonst gewesen. In solchen Situationen könnte ich mir selbst in den Hintern treten. Aber ich kann damit umgehen. Denn was ist schon dabei, wenn ich wieder von vorne anfange? Als Single – eben gar nichts. Langsam, stetig, bergauf. Es ist völlig in Ordnung, wenn es mal eine stressige

Arbeitswoche oder eine faule Zu-nichts-fähig-Woche (was einmal monatlich schon vorkommen kann, wenn mir ohnehin alles wehtut) gibt, oder wenn ich mal ein paar Wochen unterwegs bin und mich erst danach wieder meinen sportlichen Aktivitäten widmen kann. Muss ja niemand wissen, dass ich nun wieder von vorn beginnen muss. Meine sportliche Motivation und Leistung betrifft mich und sonst niemanden. Dieses Wissen schätze ich ungemein. Dadurch fühle ich mich mit dem Thema Sport im Allgemeinen wesentlich wohler.

Das merke ich auch im direkten Vergleich dessen, wie sich Sport in Gesellschaft im Gegensatz zu Sport mit mir alleine anfühlt. Wenn ich mit jemand anderem auf dem Fahrrad unterwegs bin, heißt es »Durchhalten!«. »Nein, du brauchst noch keine Pause, tritt weiter … Gut, du brauchst eine Pause, aber du willst dir keine Blöße geben. Komm, ein Stück noch. Dort vorn ist schon die Kuppel, dann ist das Schlimmste vorbei.« Irgendwie schaffe ich es dann auch ganz nach oben. Halb tot, keuchend, als hätte ich einen Lungenkollaps, das Gesicht rot wie eine überreife Tomate, die Haare unter dem Helm schweißverklebt – alles nicht gerade die erotischsten Merkmale. In diesem Zustand würde ich mich am liebsten einfach nur rückwärts ins Gras fallen lassen. Was natürlich keine Option ist, denn die Runde ist noch nicht zu Ende, und es gibt auch keine Abkürzung, wenn man gerade im Tal zwischen zwei Hügeln festsitzt. Überdies habe ich auf die harte Tour gelernt, dass es nur schwieriger wird, weiterzufahren, wenn man sich erst mal hingesetzt hat. Und so fertig, wie ich in dieser Situation bin, will ich mich dann auch nicht unbedingt zeigen; zumindest, wenn ich meine schweißnassen Haare und mein pochendes Herz einigermaßen verstecken kann. Das saftige Gras wird also warten müssen. Dabei weiß doch jeder, der sich mal ein bisschen mit der richtigen Art, Sport zu machen, auseinandergesetzt hat, dass es deutlich empfehlenswerter, sinnvoller, erfolgsversprechender und gesünder ist, mit einem Puls zu trainieren, der einen nicht umbringt. Jeder sollte in seinem eigenen Tempo fahren, trainieren, sich steigern und zu seinem Ziel hocharbeiten. Denn ja, sicher ist man im Nachhinein stolz, mit jemand anderem bis zum letzten Atemzug mitgehalten zu haben, aber genussvoller wird die Sporteinheit durch diese übertriebenen Strapazen nicht. Man freut sich zwar über das Endresultat, über das erreichte Ziel – jedoch nicht über den Weg, der dorthin geführt hat. Und man ist nicht unbedingt ekstatisch bei dem Gedanken, die Tortur zu wiederholen.

Abgesehen davon ist auch nicht jeder Tag gleich. Die Tagesverfassung hat einen erheblichen Einfluss auf die körperliche Fitness, die Motivation und das Durchhaltevermögen. Es ist ganz natürlich, dass man sich an manchen Tagen fühlt, als könne man Bäume ausreißen und Gipfel erklimmen, während es einem an anderen Tagen (manchmal erklärlicherweise, manchmal unerklärlicherweise) einfach schwerfällt, in Gang zu kommen. Die Glieder sind schwer, der Kopf tut weh und man fühlt sich so unmotiviert, dass der Gedanke, loszusporteln, beinahe unerträglich ist. Diese Tatsache mag zwar eine gute Ausrede darstellen, wenn man mal das Gefühl hat, um nichts in der Welt durchhalten zu können, aber ständig kann man mit dieser Erklärung, warum man heute nicht mitkommen will, auch nicht glaubwürdig klingen. Wir haben also die Wahl zwischen a) gestehen, dass wir eine Pause brauchen, wenn wir kaum noch Luft kriegen, und b) durchkämpfen, auch wenn es uns den allerletzten Atemzug kostet. Da ist es mir, ehrlich gesagt, schon deutlich lieber, Option c) zu wählen – alleine unterwegs zu sein, sodass ich pausieren kann wann ich will, und zwar ohne jegliche Angst, von jemandem dafür schief angesehen zu werden. So macht mir der Sport auch eindeutig mehr Spaß. Ich nütze ihn als Zeit für mich. Ich bin vollkommen allein, mit meinem Rad, der schönen Natur und allenfalls meinem iPod.

Hinzu kommt der nicht zu unterschätzende Zeitfaktor. Ich muss nicht Arbeit, Sport und Zweisamkeit unter einen Hut bringen und mich davon stressen lassen. Ich muss lediglich Arbeit und Sport vereinbaren, was mir deutlich mehr Freiraum bei der Planung lässt. Als Single hat man im Allgemeinen mehr Zeit für Hobbys wie Sport, da man nicht einen großen Teil seiner Freizeit einem anderen Menschen zuteilt. Diese Spontanität lässt sich weiterverfolgen bis in die spezifischen Details der Zeitplanung. Denn Sie haben als Single nicht nur generell mehr Zeit, Sie können sie sich auch freier einteilen. Sie müssen sich nicht nach dem Dienstplan oder den Sportzeiten oder sonstigen Verpflichtungen, die mit dem Partner zu tun haben, richten. Wenn Sie lieber morgens sporteln, tun Sie das. Sind Sie eher ein Nachmittagsmensch, auch kein Problem. Gehören Sie zu denjenigen, die ich immer beneidet habe, weil sie spätabends noch die Motivation aufbringen, trainieren zu gehen, dann ist das Ihnen überlassen. Ich für meinen Teil mache meinen Plan lust-, laune-, motivations-, arbeits- und wetterabhängig. So kann es schon vorkommen, dass ich einmal morgens auf den Sattel steige, an anderen Tagen wieder nachmittags (abends kriegen mich keine 10 Pferde mehr auf ein Sportgerät), und mich in wieder anderen Situationen doch lieber für eine Pilatesstunde mit DVD-Instruktionen entscheide – oder eben auch mal für gar nichts.

Die Fitnessroutine (wenn man sie bei mir, als nicht unbedingt übersportlichem Mensch, denn überhaupt so nennen kann) an nichts außer sich selbst anpassen zu müssen ist unbezahlbar. Mich interessieren meine Motivation und meine Zeit. Punkt. Aus. Fertig. Habe ich viel zu tun, fahre ich eine Runde, die nie länger als eine Stunde dauert, oder beschränke mich auf ein paar Muskelaufbauübungen im Wohnzimmer. Habe ich einen relativ stressfreien Tag, bin ich auch gerne mal zwei Stunden oder länger mit dem Fahrrad unterwegs. Dann fahre ich auf den Gipfel, mache unterwegs so viele kurze Verschnaufpausen wie nötig (denn ich muss mich ja niemandem beweisen) und setze mich oben noch mit einem guten Buch oder einfach nur zum gemütlichen In-die-Luft-Schauen auf eine Bank oder einen Baumstamm und genieße den Erfolg, den ich gerade auf meinem Baby erlangt habe (ja, ich habe mein Fahrrad nach *Dirty Dancing* benannt; außerdem hat es eine knallbunte Hupe, mit der keiner rechnet, den ich von hinten damit antröte).

Was ich Ihnen mit diesen Einblicken in mein persönliches Sportverhalten zeigen möchte, ist, dass Sie speziell im Hinblick auf Sport als Single großartige Vorteile haben, um welche sportmotivierte vergebene Menschen Sie schon mal beneiden dürfen. Sie können sich den Tag, die Uhrzeit sowie die Dauer Ihrer Aktivität als Single selbst aussuchen, und Sie werden keine Sporteinheit verpassen, bloß weil Ihr Partner genau die dafür anberaumte Zeit für sich beanspruchen will. Ein Single in meinem Bekanntenkreis denkt augenrollend an seine letzte Beziehung zurück, in der er regelmäßig seine morgendliche Trainingseinheit einbüßen musste, weil seine Freundin darauf bestand, den Morgen durch zu kuscheln. Da er nachmittags und abends aufgrund seines Jobs weder Zeit noch Motivation für Sport aufbringen konnte, ging rasch seine sportliche Routine verloren. Als Single kann ihm das nicht mehr passieren, denn nun nimmt ihm kein anderer die Zeit, die er eigentlich gern im Fitnessstudio verbringen würde.

Ein weiterer erwähnenswerter Punkt ist die Art von Sport, die Sie sich als Fitmacher aussuchen. Als Single können Sie so viele Sportarten ausprobieren, wie Sie möchten, ohne dass Sie von jemandem kritisiert werden, weil Sie wieder einmal nicht das Richtige gefunden und stattdessen wieder einmal aufgegeben haben. Wollen Sie wissen, wie viele Sportarten ich schon durch habe? Ich habe irgendwann aufgehört, mitzuzählen. Wie ich bereits gestanden habe, bin ich definitiv kein Fitnesscenter-Freund, davon habe ich die verschiedensten Variationen versucht: Circle Training, Power Plate, Crosstrainer, Laufband, Hometrainer, EMC (wo ich mir vorgekommen bin wie eine Maschine, die an mehr Kabeln hängt als ein komplettes Soundsystem), et cetera. Ich bin auch keine Läuferin, weil das schon schmerzvoll auf mich wirkt, wenn ich anderen nur dabei zusehe. Genauso wenig bin ich eine Schwimmerin. Eines nach dem anderen habe ich im Laufe der Jahre angefangen und dann wieder aufgegeben, als mir klar wurde, dass ich es einfach nur abgrundtief hasste. Aber dann habe ich etwas gefunden, was mir tatsächlich gefällt. Und das können Sie genauso. Finden Sie die Sportart, zu der Sie sich nicht zwingen müssen. Für die Sie sich begeistern. Die Ihnen Spaß macht. Denn wie wir wissen, ist alles, was erzwungen werden muss, letztendlich nicht dauerhaft durchhaltbar.

Im Übrigen lernen Sie als ein sich langsam an den Sport herantastender Single, sich selbst zu motivieren. Sich auf sich selbst zu verlassen. Auf niemand anderen angewiesen zu sein. Gar keinen Partner zu brauchen. Sie werden zu Ihrer eigenen Person. Und wenn Sie wirklich jemand sind, der diese Hürde der Selbstmotivation nicht alleine erklimmen kann – der sich noch so viel vornimmt und es einfach nicht schafft, es durchzuziehen –, dann gibt es immer noch Freunde, Bekannte und Verwandte. Verlassen Sie sich bei der Sportmotivation doch lieber auf jemand anderen? Brauchen Sie einen Partner, der Sie dazu überredet, rauszugehen und in die Pedale zu treten oder die Turnschuhe anzuziehen und loszujoggen? Wie wär's denn mit einer Freundin, einer Schwester, einem Cousin oder auch gern einem Elternteil als Sportbegleitung? Wenn Sie genau genug suchen, werden Sie ganz gewiss jemanden finden, der sich liebend gerne mit Ihnen zusammentun würde. Und selbst, wenn das unmöglich erscheint, habe ich einen Lösungsvorschlag für Sie: Schließlich gibt es heutzutage bereits eigene Sportpartnerbörsen!

Wie auch immer Sie es angehen wollen – Sport zu treiben ist als Single meiner Meinung und eigenen Erfahrung nach deutlich einfacher und erfolgversprechender als in einer Partnerschaft. Sie haben endlos Zeit dafür. Und die Freiheit ist herrlich! Niemand sitzt Ihnen im Nacken. Niemand setzt Sie unter übertriebenen Druck (einschließlich Ihnen selbst). Es geht niemanden etwas an, ob Sie Sport machen, wie oft Sie Sport machen, wie lange Sie Sport machen, wie intensiv Sie Sport machen, und welchen Sport Sie machen. Sie sind flexibel. Sie tun es in Ihrem eigenen Rhythmus. Sie trainieren, wann es Ihnen passt, wo es Ihnen passt, solange und auch wie Sie wollen. Das nenne ich ein Hobby. Alles andere … klingt für mich ehrlich gesagt eher nach Arbeit.

WARUM MAN ALS SINGLE BESSER SCHLÄFT

Ihr Schlaf als Single ist genau so entspannend und erholsam, wie er sein soll. Damit meine ich noch gar nicht die offensichtliche Tatsache, dass es Ihnen freisteht, so früh oder spät ins Bett zu gehen und so lange auszuschlafen, wie es Ihnen beliebt (zumindest innerhalb der Zeitfenster, die Ihr Terminplan zulässt), sondern ganz andere Vorzüge. Denn neben einem Partner zu schlafen mag zwar beim Einschlafen und Aufwachen unbestreitbare Vorteile haben, vorausgesetzt der Partner hat kein Problem mit Kuscheleinheiten, aber der Schlaf selbst ist nicht immer ganz so ruhig und harmonisch, wie man ihn sich gerne vorstellt.

Das fängt schon bei der Frage an, in welchem Pyjama Sie am besten schlafen. Hat man einen Partner, greift man ihm zuliebe eher zu einem freizügigen, zumindest halbwegs sexy Teil, dessen Bequemlichkeitsfaktor definitiv nicht mit dem der Alternative mithalten kann. Als Single ist es vollkommen egal, ob Oberteil und Unterteil zusammenpassen, ob man eine Hose oder eher ein Höschen trägt und ob die Ärmel kurz oder lang sind. Spitze und Seide (oder visuell ähnlich ansprechendes Äquivalent) sind unnötig, und möglichst viel Haut zeigen muss man auch nicht. So kann man getrost im geliebten Baumwollpyjama mit der weiten Hose und dem höher geschlossenen Oberteil, in dem man weder friert noch darauf achten muss, dass die zwei besten Freundinnen des Mannes nicht aus dem Dekolleté purzeln, gemütlich unter die Decke schlüpfen.

Hat man einmal das passende Schlafoutfit gewählt und steht kurz davor, in die weichen Kissen zu hüpfen, folgt das erste Thema des gemeinsamen Schlafengehrituals mit Diskussionspotenzial: die Fensterdebatte. Schlafen Sie gerne bei offenem oder geschlossenem Fenster? Brauchen Sie frische Luft, um tief und fest schlafen zu können? Reißen Sie das Fenster am liebsten so weit wie möglich auf, egal wie kühl oder gar kalt es draußen ist, und wickeln sich dementsprechend dick in die Bettdecke ein, um den Temperatursturz im Schlafzimmer wieder auszugleichen? Oder reicht Ihnen ein kleiner Spalt, der gerade groß genug ist, um einen kleinen Zug frischer Luft hereinzulassen? Vielleicht geht es Ihnen auch ganz anders, und Sie reagieren empfindlich auf Kälte beziehungsweise Luftzüge, die Ihnen ins Gesicht wehen, und können deshalb unmöglich bei offenem Fenster schlafen, weil Sie sonst am nächsten Morgen mit kratzendem Hals und schmerzenden Ohren aufwachen. Jeder Mensch hat seine eigenen Vorlieben hinsichtlich des idealen Temperatur- und Lüftungszustandes in seinem Schlafzimmer. Überschneiden sich diese nicht mit jenen des Partners, wird das fast zwangsläufig zu Diskussionen und, im besten Fall, zu einem Kompromiss führen. Wie dieser Kompromiss aussieht beeinflusst folglich die Schlafqualität beider Partner.

Einer meiner früheren Partner wollte beispielsweise nur bei geschlossenem Fenster schlafen, weil er Angst davor hatte, sich zu verkühlen. Ich konnte indes ohne Frischluft überhaupt nicht schlafen, weil es dadurch im Schlafzimmer viel zu schnell viel zu warm und zu stickig für mich wurde. Schlafen zwei Menschen in einem nicht allzu großen Schlafzimmer, staut sich nun einmal die Luft, und die Temperatur steigt, vor allem in den Sommermonaten. Natürlich ließ sich ein Kompromiss finden (irgendein Kompromiss lässt sich fast immer finden, sofern beide dazu bereit sind) – in unserem Fall einigten wir uns darauf, das Schlafzimmerfenster geschlossen zu lassen und dafür die Schlafzimmertür zu öffnen, sodass zumindest das gekippte Fenster im Wohnzimmer ein klein wenig frische Luft in der Wohnung verteilen würde. Aber glücklich war ich mit dieser Lösung nicht; mir war es in der Nacht immer noch zu warm, und ich vermisste meine Frischluft. Eine Dauerlösung war es auch nicht; denn wenn es in manchen Nächten so warm wurde, dass ich kein Auge zumachen konnte, hatte ich keine andere Wahl, als darauf zu bestehen, das Fenster zu öffnen, um zumindest ein paar Stunden Schlaf zu bekommen. Und obwohl mein Freund mir diesen Gefallen lieberweise tat, was ich ihm auch sehr hoch anrechnete, war ich in diesen Nächten vom schlechten Gewissen geplagt, das mir ständig ins Ohr flüsterte: »Wenn er morgen krank ist, bist du schuld!« So hatte ich also die Wahl – selbst zurückstecken, und somit meine eigene Schlafqualität und -quantität opfern, oder ihn dem ungeliebten Luftzug aussetzen. Denn Vorhänge und Bettseitenwechsel hin oder her – es lief im Endeffekt immer darauf hinaus, dass mindestens einer von uns nicht so gut schlafen konnte, wie es für die eigene geistige wie körperliche Gesundheit eigentlich der Fall sein sollte. Genau gleich geht es meiner Freundin seit Jahren mit ihrem Freund, der sich ebenfalls davor fürchtet, bei offenem Fenster zu schlafen, weil er sich morgens möglicherweise krank fühlen könnte. Ich verkneife mir an dieser Stelle einen Kommentar zum Thema Männerschnupfen. Jedenfalls ignoriert auch sie ihre eigenen Bedürfnisse Nacht für Nacht; denn sobald er ins Schlafzimmer kommt, wird das Fenster zugemacht. Tja, was tut man denn nicht alles für die Partnerschaft?

Heute kann ich sagen, dass ich es außerordentlich genieße, das Fenster genau so weit, so oft und so lange zu öffnen, wie ich es für angenehm erachte, ohne damit jemand anderem auf die Nerven zu gehen. Ich schlafe herrlich in dem mit Frischluft gefüllten Raum, der für mich – soweit es sich eben kontrollieren lässt – genau die perfekte Temperatur hat. Das macht es mir leichter, problemlos einzuschlafen, und ermöglicht mir des Weiteren einen ruhigen, ungestörten, entspannenden Schlaf ohne das Risiko, mitten in der Nacht desorientiert mit Hitzewallungen aufzuwachen.

Aber nicht nur die Temperatur im Schlafzimmer kann den Schlaf negativ beeinflussen. Genug Paare haben damit zu kämpfen, dass mindestens einer der Partner im Bett wandert, sich ausbreitet, die Decke an sich reißt, im Schlaf redet, nachts auf die Toilette geht und die Türen knarzen lässt, im Schein der Nachttischlampe länger lesen möchte, als der andere aufbleiben will, oder auf sonst irgendeine

Art und Weise dem Schlaf des anderen im Wege steht. In diese Kategorie könnte man auch das allseits bekannte Thema Schnarchen einordnen, über das sich wohl die meisten Beschwerden zwischen Partnern anhäufen. Wie oft habe ich schon Pärchen zugehört, die sich über die Schnarchlautstärke oder die Schnarchgeräusche des Partners ausgelassen haben? Egal ob es der Mann oder die Frau ist – wenn einer der beiden schnarcht, ist das selbstredend für den anderen unangenehm und ein nicht zu unterschätzender Störfaktor für den eigenen Schlaf.

Ich kannte einmal eine Frau, die um nichts in der Welt einschlafen konnte, wenn ihr Freund neben ihr schnarchte. Nichts, was die beiden ausprobierten, half auch nur im Geringsten. Jedes Mal, wenn er schlief, schnarchte er. Und wenn er schnarchte, tat sie kein Auge zu. In ein anderes Zimmer zu wechseln kam nicht infrage, da die beiden zu jenem Zeitpunkt ein relativ frisches, schwer verliebtes Pärchen waren (und selbst wenn sie es nicht gewesen wären, ist es wohl kaum förderlich für eine Beziehung, in verschiedenen Zimmern zu schlafen). So gab es nur einen einzigen Weg für sie, um nicht die ganze Nacht lang wach zu liegen: Sie musste um jeden Preis vor ihm einschlafen. Theoretisch eine gute Lösung. Praktisch nicht immer leicht realisierbar. Denn sie musste alles daransetzen, so rasch wie möglich einzunicken. Und erst wenn sie tief schlief, durfte er die Augen schließen. Das ist auch nicht gerade die Art, wie man für den Rest seines Lebens einschlafen möchte – unter Zeitdruck und mit der Angst, den Partner um seinen Schlaf zu bringen.

Auch wenn das Schnarchen nur situationsbedingt stattfindet, ist es störend. So gibt es Männer, die sich darüber beschweren, dass ihre Partnerin, vor allem wenn sie verkühlt (oder schwanger) ist, wie ein Sägewerk klingt. Und umgekehrt gibt es zahlreiche Frauen, die unmöglich neben ihrem Partner schlafen können, wenn er einiges getrunken hat, weil die Wände in solchen Situationen zu beben beginnen, sobald er im Traumland versinkt; einmal abgesehen von der Alkoholfahne, die auch mit der minzigsten aller Zahnpasten

nicht vollständig weggeputzt werden kann. So habe auch ich schon die eine oder andere Nacht freiwillig auf der Couch verbracht, weil mich die fatale Kombination aus Kreissäge und Alkoholgeruch (der mir das Gefühl gab, meinen eigenen Promillegehalt zu heben, nur weil ich im selben Zimmer lag) aus meinem eigenen Schlafzimmer vertrieb.

Umso angenehmer ist es, zu wissen, dass man als Single einerseits mit seinen eigenen Schnarch- und anderen Tendenzen niemandem den Schlaf raubt und andererseits selbst in aller Seelenruhe schlafen kann. So gut wie jetzt habe ich in keiner meiner Beziehungen geschlafen. Und wir kennen ja alle die alte Weisheit: Frauen brauchen ihren Schönheitsschlaf!

WIE SINGLES DAS PERFEKTE WOCHENENDE GESTALTEN

Nach einer herrlich ruhigen Nacht hören Sie morgens mal keinen Wecker, der genau dann zu dröhnen anfängt, wenn Sie am allerwenigsten aufstehen wollen und vielleicht gerade mitten in einem schönen Traum stecken. Gleichfalls liegt auch niemand neben Ihnen, an dessen Schlaf- und Aufstehrhythmus Sie sich anpassen müssten. Denn bei zwei Menschen kann es schon mal vorkommen, dass nicht beide zu genau derselben Zeit schlafen gehen und aufstehen wollen. Im Extremfall ist der eine ein Nachtmensch, der morgens gern lang schläft, und der andere ein Morgenmensch, der auf keinen Fall den halben Tag verschlafen will. Aber auch jede nicht ganz so extreme Kombination aus Nachteule und Frühaufsteher schreit nach einem Kompromiss. Doch Kompromisse gibt es für Sie nicht. Wie lange wollen Sie schlafen? Wie viele Stunden brauchen Sie, um richtig ausgeschlafen zu sein? Ist Ihnen ein langer Abend oder ein früher Morgen wichtiger? Diese Fragen sind die einzigen, die bestimmen, wann Sie am Samstag- und Sonntagmorgen die Augen aufschlagen. Sind Sie erst mal wach, können Sie außerdem völlig entspannt sein. Sie müssen sich keine Sorgen darüber machen, jemanden mit Ihrem Mundgeruch aus dem Bett zu treiben – oder umgekehrt darauf achten, Ihren Kopf richtig zu neigen, um *seinem* fauligen Atem zu entgehen. Und Ihnen stehen alle Türen offen. Sie wollen noch nachmützeln? In Ruhe nachdenken? Ein bisschen lesen oder, dem heutigen Zeitalter entsprechend, Ihr Smartphone nach SMS, Schlagzeilen oder neuesten Instagram-Bildern durchsuchen? Oder doch gleich aufstehen?

In jedem Fall können Sie es einfach tun, ohne sich an den Rhythmus eines anderen halten oder sich schon frühmorgens über ihn ärgern zu müssen. Angenommen, Sie sind jemand, der den Morgen genießt, mit einem Lächeln aufsteht, genüsslich frühstückt und die Zeitung liest. Ihr Partner hingegen grunzt gerade mal, wenn er die Augen aufmacht, bringt (wenn es hoch kommt) vielleicht ein »Guten Morgen« heraus, steht eher ungewollt auf, und der Tag beginnt in Anbetracht dieser Diskrepanzen schon einmal wunderbar. Umgekehrt ist es ähnlich. Es gibt Leute, die direkt nach dem Aufstehen einfach nicht zum Plaudern aufgelegt sind; für diese ist es höllisch nervig, wenn sie vom gut gelaunten Partner zugequatscht werden, sobald sie die Lider aufschlagen.

Auch das Thema Frühstück, das wir Singles nach unseren eigenen Vorlieben gestalten, kann in einer Partnerschaft zu Ungereimtheiten führen. Der eine ist ein Frühstücker, der andere nicht. Gut, was tut man also? In den ersten Monaten der Beziehung gleicht man sich an; entweder werden beide zu Nicht-Frühstückern, oder es werden beide zu Frühstückern, weil man dem anderen ja nicht sagen will, dass man eine andere Routine bevorzugt. So hat das beispielsweise dazu geführt, dass mein Bekannter monatelang königlich frühstückte, obwohl er am liebsten gar nichts gegessen hätte – weil seine Partnerin dachte, sie würde ihm eine Freude machen, indem sie jeden Tag ein Frühstück für große Jungs auftischt, und er glaubte, er würde ihr eine Freude machen, indem er dieses Frühstück euphorisch lobt und genießt. Erst zu einem späteren Zeitpunkt (Stichwort Rosarote Brille) wird man sich trauen, dem Partner zu sagen, was man wirklich denkt und möchte. Und so dauert es in Fällen wie diesem Monate der Vortäuschungen, bis man irgendwann erkennt, dass man in Zukunft keine romantischen Frühstückszeiten mit seinem Partner verbringen wird, weil er einfach nicht der Typ dafür ist.

Natürlich handelt es sich hier um Kleinigkeiten. Aber unabhängig davon, wie störend solche minimalen Faktoren in einer Partnerschaft tatsächlich sind – ich möchte mit diesen Argumenten hauptsächlich aufzeigen, dass Sie sich mit keinem einzigen dieser Problemchen überhaupt erst auseinandersetzen müssen. Denn mit diesem Wissen beginnt Ihr Weg zu einem glücklichen Singleleben.

Sie müssen sich nicht nur die großen, sondern auch die kleinen Pluspunkte, die das Singleleben bietet, vor Augen führen. Alle noch so kleinen Vorzüge des Singlealltags, die Ihnen vor allem in Ihrer Freizeit auffallen werden, sollten Sie zu schätzen wissen. Seien Sie sich der schönen Tatsache bewusst, dass Sie ihrer eigenen Routine am Wochenende vollkommen frei, fröhlich und uneingeschränkt folgen können. Radio einschalten, Kaffeemaschine aufheizen, Balkontüre öffnen und frische Luft hereinlassen. Ganz nach Ihren eigenen Wünschen und Vorlieben. Führen Sie Ihre persönliche Routine fort, wie es nur einem Single möglich ist. Tun Sie das, was Sie morgens brauchen. Die Musik Ihrer Wahl aufdrehen und zwar so laut sie wollen, das Müsli einweichen, Eier kochen, ein Buch oder die Zeitung bereitlegen, gegebenenfalls auch den Fernseher oder Computer einschalten, wenn Sie ein wenig arbeiten oder sich zum Frühstück eine Serie ansehen möchten. Mal ausnahmsweise nicht sofort Zähne putzen (reicht doch nach dem Frühstück auch noch). Und dann?

Tja, wieder gilt das Motto: Alles, was Sie wollen. Sie haben alle Möglichkeiten. Egal, wie Sie sich Ihren perfekten Wochenendtag vorstellen, Sie können ihn sich genau so einrichten. Der Tag gehört Ihnen. Freuen Sie sich darauf, und zwar jedes einzelne Mal. Sehnen Sie sich beispielsweise nach Ruhe und Entspannung ohne jegliche Gesellschaft, genießen Sie Ihre Zeit für sich. Wären Sie in einer Partnerschaft, müssten Sie Ihrem Partner erst mal so liebevoll wie möglich erklären, dass Sie ein paar Stunden oder einen Tag für sich ganz allein brauchen und ihn einfach mal nicht sehen wollen (das kommt übrigens, egal wie lieb es ausgedrückt wird, nie gut an und führt eher zu Diskussionen als zu Entspannung). Als Single wird Ihnen niemand dazwischenfunken, wenn Sie einen Me-myself-and-I-Tag nötig haben. Ruhen Sie sich ohne schlechtes Gewissen aus. Kochen Sie, wenn Sie kochen wollen, oder bestellen Sie sich gemütlich etwas nach Hause. Und dann lesen Sie ein Buch oder gehen Sie nach Belieben Ihren Hobbys nach.

Gerade Hobbys kommen in einer Beziehung schnell zu kurz, weil der Partner Zeit einfordert, die Sie anderenfalls mit Ihrem Hobby verbringen würden. Diese Zeit verlangt Ihnen jetzt niemand mehr ab; außerdem müssen Sie sich mit keinem hinsichtlich der Zeiteinteilung abstimmen. Sie können reiten, klettern, Gitarre spielen, sich anderweitig künstlerisch betätigen, so viel Sie möchten. Sie können sich am Theaterspielen probieren, einen Malkurs machen, Fotoalben gestalten oder endlich lernen, mit dem Grafikprogramm auf Ihrem Computer richtig umzugehen. Sind Sie besonders tierlieb, haben und wollen jedoch kein eigenes Haustier, gehen Sie ins Tierheim; dort warten immer Hunde darauf, dass jemand mit Ihnen eine Runde spazieren geht. Sind Sie oder wären Sie gerne ehrenamtlich tätig, haben Sie alle Zeit der Welt, mit Ihren Kollegen von der Rettung oder freiwilligen Feuerwehr auszurücken und so etwas Gutes für andere zu tun. Sind Sie Hobbytänzerin, können Sie auch dieses Interesse voll und ganz genießen. Weder müssen Sie die Zeit, die Sie mit Tanzen verbringen, zurückschrauben, weil der Partner kein Tanzbegeisterter ist, noch müssen Sie mit jemandem diskutieren oder das Tanzen sogar für ihn aufgeben, weil der Partner ein Problem damit hat, dass Sie mit einem hübschen (wenngleich platonischen) Tanzpartner durch die Säle fegen. Ich kenne gleich drei Kandidaten (Männlein wie Weiblein), die ihr Tanzhobby aufgrund eines Partners zurück- beziehungsweise abdrehen mussten und, sobald sie wieder single waren, sagten: »Jetzt kann ich endlich wieder tanzen, soviel ich möchte!« Sei es nun Tanzen oder ein anderes Hobby Ihrer Wahl – gehen Sie ihm nach. Sie haben sowohl die Zeit als auch die Freiheit dafür. Sie haben kein begrenztes Zeitfenster und keine Deadline; keine bestimmte Uhrzeit, bis zu der Sie mit Ihren diversen Aktionen fertig sein müssen, weil dann der Partner wieder auf der Matte steht. Sie müssen nicht in zwei verschiedenen Zeitzonen leben – Alleinzeit und Pärchenzeit koordinieren. Diesen Stress gibt es nicht. Sie haben alle Zeit der Welt für sich selbst und Ihre eigenen Interessen.

Wollen Sie am Samstag etwas in Gesellschaft unternehmen, rufen Sie Ihre Freundinnen an. Gehen Sie gemeinsam schwimmen/eislaufen/rodeln (je nach Jahreszeit), ins Theater/Kino (wetterunabhängig), auf ein Getränk, Essen, oder gehen Sie mal wieder richtig feiern! Sie sind single. Sie können jede Bar, jeden Club, jedes Fest in absolut jeder Hinsicht genießen – bedenkenlos das eine oder andere Tränkchen konsumieren, bis in die Morgenstunden durchtanzen und sich den süßen Kellner schnappen oder auch den hübschen Kerl, der Sie vom Nebentisch anlächelt. Nützen Sie die Vorzüge des Singlelebens, in dem Sie keinem Partner verpflichtet sind, und flirten Sie hemmungslos drauflos. Sich einen Flirt oder auch mehr zu gönnen ist nicht nur gut für das Selbstbewusstsein; es macht einfach Riesenspaß, und zwar egal in welchem Alter.

Hat wirklich mal gerade keiner Zeit für Sie, obwohl Sie unbedingt rauswollen, tun Sie sich einen Gefallen und gehen Sie mit sich selbst aus! Gibt es ein Restaurant, das Sie schon immer einmal ausprobieren wollten? Gehen Sie hin. Sie müssen nicht darauf warten, bis jemand, der ebenfalls Lust auf dasselbe Lokal hat, Zeit findet, es mit Ihnen zu besuchen. Das können Sie auch alleine. Ich gebe zu, der Gedanke, allein in einem Restaurant zu essen, kann angsteinflößend sein – zumindest abends, wenn andere eher in Gesellschaft unterwegs sind. Aber wer sagt denn, dass Sie auf jemand anderen angewiesen sind, um sich in der Öffentlichkeit blicken zu lassen? Niemand! Wenn Sie Hemmungen haben, packen Sie sich ein Buch als Lektüre ein. Dadurch werden Sie sich nicht gezwungen fühlen, Ihre Augen von einem mit mindestens zwei Personen gefüllten Tisch zum anderen wandern zu lassen. Sie haben eine Beschäftigung. Und es ist ein befreiendes, guttuendes Gefühl, als selbstbewusste Frau an einem Tisch zu sitzen, das Wunschgericht aus der Karte zu bestellen, vielleicht ein Gläschen Wein dazu zu trinken und ein gutes Buch zu lesen. Außerdem kommen Sie so mal hinaus – raus aus Ihrer Wohnung, aus Ihrer Gewohnheit, aus Ihrer Komfortzone. Und wenn Sie diesen Schritt geschafft haben, wäre vielleicht ein Kinobesuch der nächste, auf den Sie sich freuen können. Es gibt bestimmt einen Film, den Sie sich gerne mit Popcorn auf dem Schoß und Surround Sound auf der großen Leinwand ansehen würden. Man muss nicht auf andere warten oder einen Partner haben, um das zu tun, worauf man gerade Lust hat. Man muss sich auch bei keinem melden, um ihm Bescheid zu geben, dass man später nach Hause kommt – oder gar um Erlaubnis fragen. Also genießen Sie den Abend in vollen Zügen, denn Sie sind absolut niemandem außer sich selbst verpflichtet.

Und Sonntagabend? Da läuft dasselbe Spiel wie am restlichen Wochenende. Sie können tun und lassen, was Sie wollen. Hätten Sie einen Partner, wäre das nicht ganz so einfach. Denn der eine will ein großes Abendessen, der andere nicht. Der eine will kochen, der andere will bestellen. Der eine will früh schlafen gehen, um am Montag Morgen fit zu sein, der andere will den letzten Abend des Wochenendes noch so lange wie möglich genießen. Viele Paare, die zusammenziehen wollen, sind bereits im Vorhinein nicht begeistert von der Aussicht, »sich den Schlafgewohnheiten des anderen anpassen« zu müssen.[17] Sie, als Single Lady, können hingegen schlafen gehen, wann Sie wollen, ohne sich an den Zeitplan eines Partners halten zu müssen. Sie können noch so lange fernsehen, wie sie wollen, bevor Sie ins Bett wackeln, oder den Laptop zum Serienstreamen sogar mit ins Bett nehmen, denn das wird niemanden stören. Sie können im Bett noch lesen, ohne die Nachttischlampe so weit nach unten drehen zu müssen, dass Sie damit Ihre Augen ruinieren, nur weil Ihren Partner das helle Licht sonst beim Einschlafen stört. Wenn Sie noch Lust auf einen Mitternachtssnack haben, ist das auch okay, denn Sie müssen mit keinem darüber diskutieren, ob im gemeinsamen Bett gegessen werden darf oder nicht. Dies mögen sehr feine Details des Alltags sein – aber es sind Details, die das Singleleben zu dem wunderbar freien, flexiblen und spontanen Lifestyle machen, der es ist. Genießen Sie sie!

WIESO EIN URLAUB ALS SINGLE STRESSFREIER IST

Was wäre Ihr persönlicher Idealurlaub? Sind Sie ein Fan des klassischen Strandurlaubs, präferieren Sie Städtetrips mit kulturellem Hintergrund, brettern Sie lieber auf Skiern oder Snowboard die Pisten hinab, oder ziehen Sie es eher vor, mit dem Rucksack die Welt zu erkunden und so viele Orte so spontan wie möglich zu sehen? Wären Sie am liebsten mit Zelt oder Wohnwagen unterwegs, um des Abenteuers willen? Oder sind Sie jemand, der eigentlich überhaupt keinen Urlaub braucht und sich einfach mit einem Gläschen Wein auf Balkonien entspannen möchte? Soll es ja geben – vor allem, wenn die Geldbörse gerade keine großartige Reise zulässt oder man einfach deshalb kein unnötiges Geld für einen Urlaub ausgeben möchte, weil es auf der privaten Terrasse im Sommer ja doch am schönsten und gemütlichsten ist. Diese Liste an Urlaubsvorlieben ist selbstverständlich nicht vollständig, aber sie zeigt auf, wie viele unterschiedliche Geschmäcker es beim Thema Reisen gibt. Gern scheiden sich die Geister hinsichtlich Destination, Klima, Jahreszeit, Aktivitätslevel und Tagesgestaltung.

Der eine brät gern in der Sonne und hüpft ab und zu ins Meer, höchstens mit Luftmatratze oder Schnorchel und Flossen bewaffnet; der andere ist gerne körperlich aktiv und würde sich am liebsten den ganzen Tag lang bewegen; der Dritte läuft begeistert von einer Sehenswürdigkeit zur nächsten; und der Vierte hätte vielleicht gern eine Kombination aus allem. Diese konträren Vorstellungen sind oft nicht einfach zu vereinen, wenn man in einer Beziehung zu zweit nächtelang vorm Bildschirm sitzt und versucht, eine Reise zu buchen, die beiden gefällt. Angefangen mit der Destination (den einen zieht es in die Ferne, der andere bleibt lieber in der gewohnten Umgebung) und dem Klima (der eine will Sommer, Sonne, Strand; der andere kriegt im Hochsommer einen Hitzekollaps und fährt lieber in den kühleren Jahreszeiten), über die Kulinarik (der eine isst gern schön und teuer, der andere günstig und simpel) und die Unterbringung (der eine will ein Hotel mit mindestens drei Sternen, der Zweite einen All-inclusive-Klub, der Dritte eine Selbstversorgerhütte), bis hin zum tatsächlichen Programm (Nichtstun oder doch lieber Action und so viel zu Fuß wie möglich?).

Meine Freundin liegt beispielsweise am liebsten mit einem Buch am Strand, während ihr Partner wahnsinnig wird, wenn er sich nicht bewegen kann. Im ersten gemeinsamen Urlaub lag er noch brav neben ihr am Handtuch (Gruß von der rosaroten Brille), aber seitdem verbringen die beiden ihre Urlaubstage größtenteils getrennt. Schließlich gibt keiner gern seine eigenen Vorlieben komplett für den Partner auf. So nimmt er sich für einen Nachmittag Aktivitäten vor, die sich nicht einmal an einem ganzen Tag ausgehen würden, während sie sich von ihm höchstens mal dazu überreden lässt, ihn zur Strandbar auf ein Getränk zu begleiten. Auch der Strandurlaub an sich ist eher ihr Anliegen als seines. Er würde liebend gerne eine Safari in Afrika ausprobieren oder zu einem Wasserrutschen- oder Achterbahnenpark auf Action-Abenteuer-Urlaub fahren, während sie schon Angst vor Husky-Schlittenfahrten hat und sich niemals auf einen seiner Traumurlaube einlassen würde; denn, wie sie sagt, war sie noch nie der Actiontyp und wird es ihm zuliebe auch nicht werden. So muss er seine Urlaubswünsche entweder komplett aufgeben oder andere Kumpane für einen Trip finden, den er eigentlich mit seiner Partnerin erleben möchte.

Dann gibt es noch Menschen, die ihren Urlaub ausschließlich nach kulinarischen Aspekten planen – sei es die Wahl der Destination selbst oder beispielsweise eine längere Bootsfahrt, bei der nur die Inseln angefahren werden, die ein ansprechendes Restaurant zu bieten haben. Einen Mann kenne ich sogar, der seine gesamte Hochzeitsreise nach einem einzigen Restaurant ausgerichtet hat, das er unbedingt mal besuchen wollte. Die Meinung seiner Frau dazu? »Ja, Flitterwochen … das hab ich mir einreden lassen.« Menschen haben nun mal unterschiedliche Erwartungen und Anforderungen an den idealen Urlaub. Wenn man nicht ausgerechnet ein Pärchen ist, das sich hinsichtlich aller Urlaubsaspekte absolut einig ist, ergeben sich unzählige potenzielle Streitpunkte, die entweder tatsächlich die Streitbombe zünden oder zu Urlaubskompromissen führen, mit welchen zumindest einer der Partner nicht besonders glücklich ist.

Und jetzt wird Ihnen hoffentlich bewusst, dass Sie all diesen Stress- und Streitfaktoren als Single natürlich entgehen! Zuerst einmal sind Sie nicht verpflichtet, mit einer bestimmten Person auf Urlaub zu fahren; Sie können sich selber aussuchen, ob Sie mit Ihren besten Freunden oder mit Familienmitgliedern verreisen möchten, die ähnliche Urlaubsvorlieben haben, oder ob Sie überhaupt lieber alleine Ihre Koffer packen. Des Weiteren müssen Sie das Reisedatum sowie das Reisebudget mit niemandem abstimmen außer mit Ihrem Chef, wodurch sie sich endlose Reisedebatten im Stil von »Ich kann da, aber da kannst du wieder nicht«, »Die Woche ist vielleicht für dich gut, aber für mich ist sie stressig«, oder aber auch »Ich will nicht so viel Geld für ein Hotel ausgeben« ersparen. Partner haben es diesbezüglich nicht so leicht. Vor allem das Reisedatum beziehungsweise die Reisezeit ist ein häufig genanntes Diskussionsthema. Der eine kann sich kurzfristig freinehmen, der andere muss länger vorausplanen. Der eine kann und möchte länger unterwegs sein, der andere höchstens eine Woche. Befreundete Pärchen haben diese Diskussion jedes Jahr, und jedes Mal ist es ein Theater. »Es ist ein Kampf. Ich will es nicht erkämpfen in einer Beziehung, dass man wo hinfährt«, sagt Tanja, 27, deren Freund arbeitstechnisch komplett anders eingeteilt ist als sie mit ihren flexibleren Arbeitszeiten. »Und das habe ich als Single nicht beachten müssen. Ich habe gesagt ›passt, ich fahre drei Wochen auf Urlaub‹. Dann war ich drei Wochen auf Urlaub.« Mit solchen Differenzen müssen Sie sich als Single, wie Tanja sagt, nicht mal im Traum herumschlagen. Singles haben den gewaltigen Vorteil, genau dann und genau so lange verreisen zu können, wann und wie es ihnen passt.

Sie können (Lehrerinnen ausgenommen) sogar in der günstigeren, touristenärmeren und generell schmutzfreieren Nebensaison fahren. Nützen Sie das doch aus! Wollen Sie Gesellschaft, suchen Sie sich Menschen, mit denen Sie genau den Urlaub planen können, den Sie sich vorstellen. Doch unterschätzen Sie die Option des Alleinverreisens nicht. Dann ist nicht nur die Reisezeit, sondern auch das Reiseziel sowie der Reisezweck allein von Ihren Wünschen und Ihren zeitlichen wie finanziellen Möglichkeiten abhängig.

Beispielsherr Sebastian aus meinem Familienkreis fährt seit Jahren mehrmals jährlich alleine auf Urlaub und genießt jeden Augenblick seiner Reisen. Ist ihm nach Skifahren zumute, fährt er für eine Woche nach Tirol, verbringt so viel Zeit auf der Piste, wie *er* möchte, und rast die Hänge hinab, so schnell *er* möchte. Hat er Hunger, geht er ins Lokal seiner Wahl und genießt gutes Essen, auch ohne Gesellschaft. Möchte er feiern, hüpft er allein von einer Bar in die nächste, wo er nicht das geringste Problem hat, Leute kennenzulernen. Will er Action, geht er in die Berge oder bucht sich eine Canyoning-Tour und gliedert sich mühelos in das Team aus fremden Teilnehmern ein. Zieht es ihn eher in wärmere Gefilde, steigt er in den Flieger nach Tunesien, Zypern oder sonst wohin – vollkommen egal, denn er kann sich das Urlaubsziel selbst aussuchen und muss sich bloß mit seinem Arbeitgeber hinsichtlich der Zeit absprechen. Er schätzt die Freiheit, die ihm das Alleinverreisen bringt, unheimlich. Von der Buchung bis zur Reise selbst; er kann sich seinen eigenen Plan zurechtlegen oder auch spontan in den Urlaubstag starten, ganz wie er möchte. Früh aufstehen, länger schlafen, er muss sich mit niemandem absprechen.

Ich selbst war kürzlich auf Urlaub in Amerika, um dort Freunde zu besuchen, und kann mich gar nicht mehr daran erinnern, wann ich jemals eine Reise so genossen habe! Vollkommen selbstständig zu sein, sich sein Reiseziel selbst auszusuchen, das Programm selbst zusammenzustellen und die Flüge ohne großartige Absprachen einfach buchen zu können, gibt einem ein herrliches Gefühl der Freiheit. Und ich habe bei Weitem nicht die ganze Zeit meiner Reise mit mei-

nen Freunden verbracht. Ich war oft genug alleine unterwegs, habe die Stadt erkundet, mit meinem Buch zu Mittag gegessen, die Shops abgegrast und bin in vollem Genuss meinen alten Unicampus abspaziert. Wenn Sie mich fragen, kann man seinen Urlaub, wenn man alleine ist, auf eine Art genießen, die sonst gar nicht möglich wäre.

Es gibt ohnehin immer mehr junge Menschen – es scheint gerade zu einem richtigen Trend heranzuwachsen –, die sich kaum etwas Besseres vorstellen können, als alleine auf Urlaub zu fahren. Ich kenne Frauen in ihren frühen 20ern, die freudenstrahlend davon erzählen, eine Weltreise auf eigene und alleinige Faust zu planen. Ich habe mit mehreren Leuten gesprochen, die bereits als Alleinreisende unterwegs waren und dieses Erlebnis jederzeit wiederholen würden. Selbst Frauen in Beziehungen kenne ich, die sich beizeiten alleine erholen wollen und sich beispielsweise selbst ein paar Spa-Tage gönnen – einfach die Sachen ins Auto werfen und losfahren, weil sie dringend Zeit für sich brauchen. Alleinreisenden geht auf ihren Trips überhaupt nichts ab. Abgesehen davon lernt man, wenn man es darauf anlegt, ja auch sehr schnell im Urlaub Menschen kennen. Ein Bekannter hat mir erzählt, er hätte in einem Café einfach den Herrn am Nebentisch angequatscht, der ihm wenig später beibrachte, wie man korrekt Whiskey trinkt und Zigarren raucht. Eine Erfahrung, die er auf keinen Fall missen möchte und zu der es gar nicht erst gekommen wäre, wenn er nicht auf sich allein gestellt gewesen wäre. Ein anderer Bekannter hat mir davon berichtet, auf seinen Trips durch Asien genauso problemlos andere Touristen oder Einwohner des Landes kennengelernt zu haben. In der Tat sind solche Urlaube (so schwören die Alleinreisenden, die ich kenne) oft bereichernder als ein Urlaub mit Partner, Familie oder Freunden. Damit möchte ich nicht sagen, dass ein Urlaub alleine zwangsläufig besser ist als ein Urlaub in Gesellschaft. Ich möchte aber sehr wohl behaupten, dass er genauso schön sein kann. Singles sollen nicht glauben, sie müssten auf Reisen verzichten, bloß weil ihnen der Partner fehlt. Ein Partner ist keine notwendige Zutat für einen gelungenen Urlaub.

WIE ANGENEHM EIN KOMPROMISSFREIES WEIHNACHTSFEST IST

In der Weihnachtszeit hat es ein Single nicht leicht. Als Familienfest betitelt, weckt der 24. Dezember in uns schon per definitionem ein – im Vergleich zum restlichen Jahr – ungewöhnlich ausgeprägtes Einsamkeitsgefühl, da wir im Gegensatz zu anderen ja noch keine eigene Familie samt Partner haben. Wir sehen vor unserem geistigen Auge, wie unsere Freunde und Verwandten mit ihren Partnern bei Kerzenschein und Plätzchenduft vor dem offenen Kamin kuscheln (wie realistisch dieses imaginäre Bild ist, sei jetzt mal dahingestellt), und sehnen uns auch nach jemandem, der uns liebt. Dabei vergessen wir, dass wir bereits zahlreiche Menschen in unserem Leben haben, die uns lieben. Wir dürfen das Fest daher nicht fehlinterpretieren und uns davon in den Graben der einsa-

men Traurigkeit jagen lassen, sondern sollten uns stattdessen auf die Familie stützen, die wir haben. Eltern, Großeltern, Geschwister, Cousins und Cousinen, Tanten, Onkel und natürlich unsere Freunde, denn auch sie können Familie sein – Freunde sind immerhin die Familie, die man sich aussucht. Wieso sollten wir Singles also mit einer vorweihnachtlichen Grunddepression in den Dezember starten, wenn wir ihn stattdessen mit allen, die uns nahe stehen, genießen könnten? Vom Besuch der Christkindlmärkte über den Geschenkeeinkauf bis zum Heiligen Abend selbst warten zahlreiche saisonale Highlights auf uns Singles ganz genauso wie auf Pärchen. Wir erleben sie eben mit Freunden, Bekannten oder Verwandten statt mit einem Partner, der das Getümmel im Einkaufszentrum ohnehin nicht ausstehen kann und am Punschstand bis zum grenzwertigen Promillegehalt hängen bleibt, sobald ihm dort Freunde über den Weg laufen. Es gibt also nicht den geringsten Grund, die Weihnachtsstimmung nicht auszukosten, bloß weil man keinen Partner an seiner Seite hat; denn auch als Single kann man zu den (je nach Vorliebe) aktuellsten oder klassischen Weihnachtshits leckere Linzeraugen backen, Apfelpunsch brauen und Päckchen mit Schleifen verzieren – und wissen Sie was? Ihre Freunde und Ihre Familie werden sich genauso sehr über Ihre Backkünste und Ihre Gesellschaft freuen, wie es ein Partner täte.

Im Übrigen ist Weihnachten als Single so dermaßen unkompliziert, dass man sich dieses immensen Vorteils unbedingt bewusst werden muss! Ist Ihnen das noch nicht so richtig klar, dann sprechen Sie einmal mit Ihren Freundinnen, die gerade in Beziehungen sind, und fragen Sie sie, wie sie die nächsten Weihnachtsfeiertage als Pärchen verbringen wollen. Aller Wahrscheinlichkeit nach werden Sie sich nach diesem Gespräch seufzend zurücklehnen und sich denken: »Gott sei Dank hab ich nicht solchen Stress!« Denn Pärchen werden sich immer mit folgenden Fragen herumärgern müssen: Wie wird gefeiert? Wo wird gefeiert? Wann wird gefeiert? Wann wird wo mit wem gefeiert? Eingeladen ist man überall, was soll man also tun? Zu ihrer Familie fahren oder zu seiner? Dann wären da auch noch Großeltern, Onkel und Tanten; einfach alle wollen das Pärchen gerne sehen. Gehen sich alle irgendwie hintereinander aus? Wenn ja, wann fängt man dann bei wem an? Und wie lange kann man hier und dort bleiben, bevor man wieder weiter muss? Am liebsten bliebe man an einem Ort, aber diverse Einladungen zwingen das Paar zum Weiterziehen. Und wo endet man dann? Wann fährt man wieder nach Hause und kommt endlich zur Ruhe? Geht sich das überhaupt aus? Oder soll man gleich ganz ohne Familie feiern und damit alle Mamas und Omas gleichzeitig beleidigen?

Das Theater zieht sich über die gesamten Weihnachtsfeiertage, vom Weihnachtsabend über den Christtag bis zum Stefanitag (manchmal wiederholt sich eine Lightversion der Besuchsdebatte noch zu Silvester oder später zu Ostern). Wie wäre es denn bei Ihnen, wenn Sie Teil einer Partnerschaft wären? Vermutlich würden Sie gerne mit Ihrer Familie feiern, weil es Ihr Leben lang so gewesen ist und Sie die lieb gewonnene Tradition ungern brechen wollen. Aber dasselbe will auch der imaginäre Partner. Und wenn Sie nicht gerade den perfekten Kompromiss finden, der Sie beide einigermaßen glücklich macht, wird einer triumphieren und der andere aufgeben.

Angelika und ihr Partner hatten ursprünglich vor, sich jährlich familienmäßig abzuwechseln – also den Weihnachtsabend einmal mit seiner, einmal mit ihrer Familie zu verbringen. Klingt fair. So weit, so gut. Allerdings hat dieser theoretisch gute Plan genau einmal funktioniert. Heiligabend bei seiner statt ihrer Familie war für sie, so lieb sie seine Familie auch hatte, letzten Endes unerträglich, weil sie ihre eigenen Eltern, Großeltern und Geschwister bei dieser für sie besonders wichtigen Feier viel zu sehr vermisste. Nach entsprechender Jammerei gewann sie schließlich die Wie-Wann-Wo-Weihnachtsdebatte, und das Pärchen verbringt seither jeden Weihnachtsabend bei ihrer Familie, während der Besuch bei seiner auf den Nachmittag verschoben worden ist. Weihnachten als Paar führt in fast jedem Fall zu viel zu vielen Fragen, für die es viel zu wenige Lösungen gibt. Denn egal, welchen Kompromiss man mit seinem Partner auch findet, mindestens einer von beiden wird dabei nicht vollkommen glücklich sein. Entweder vermisst sie ihre Familie und Traditionen, auf die sie sich zu freuen beginnt, sobald die Weihnachtslichter über den Straßen erleuchtet werden, die ersten Glühweinstände aufmachen oder zum ersten Mal ein Weihnachtslied im Radio gespielt wird, oder er vermisst die seinigen.

Haben Partner auch noch geschiedene Eltern, kommt mindestens ein zusätzlicher Familienzweig hinzu, den man zufriedenstellen muss – was die eigenen Nerven an die Grenzen treibt. Plötzlich summieren sich unzählige Einladungen, die unmöglich miteinander vereinbar sind; nicht zuletzt, weil die getrennten Eltern einander am Weihnachtsabend nicht freiwillig gegenübertreten. Folglich wird in solchen Konstellationen zwangsläufig irgendein Familienteil hintangestellt, der sich mit einem Kurzbesuch abspeisen lassen muss oder überhaupt erst am nächsten Tag besucht wird, weil er nicht mehr in den 24. Dezember-Terminplan des Paares gequetscht werden kann. Der klassische Weihnachts*abend* ist immerhin schwer teilbar. So gesellt sich zu dem sowieso schon nervenraubenden Mix aus Stress und Hektik auch noch eine nette Dosis Schuldgefühl dazu. Dennoch müssen alle irgendwie besänftigt werden. Und schon sind Sie mit Weihnachtsfeiertagen konfrontiert, die einem Europatrip der Japaner gleichen: möglichst viele Destinationen in möglichst kurzer Zeit.

Es gibt Diskussionen, Sie gehen halbherzige Kompromisse ein, und die Harmonie ist dahin. Alle Seiten der Familie zerren an Ihnen und wollen Ihre kostbare Zeit für sich beanspruchen, was ja auch völlig verständlich und gewissermaßen schmeichelhaft ist. Schließlich sind Sie all diesen Menschen so wichtig, dass sie unbedingt mit Ihnen die Feiertage verbringen wollen. Aber dadurch wird die Situation nicht unbedingt förderlicher für Ihr Nervenkostüm. Statt einem gemütlichen Weihnachtsfest im Kreise Ihrer Liebsten beginnen Sie also mit einem Weihnachtsbrunch hier, dem Nachmittagskaffee dort, dem Abendessen wieder woanders und der Christmette vielleicht an einem vierten Ort, um alle Verwandten unter einen Hut zu bringen. Ständige Autofahrerei, x-mal wiederholtes »Oh Tannenbaum«-Singen und Unmengen an Keksen, die jedes Mal aufgetischt werden, sodass Sie sich am Ende des Tages nicht glücklich und zufrieden, sondern eher fix und fertig und mit Übelkeit oder Bauchschmerzen auf den Heimweg machen. Ja, ich kenne Pärchen, für die *Four Christmases* nicht nur eine unterhaltsame Hollywood-fabrizierte Komödie mit Vince Vaughn und Reese Witherspoon, sondern pure Realität ist, die sie seit Jahren zu Weihnachten in den Wahnsinn treibt. Unter anderem, weil die Menschen, mit denen sie wirklich ein gemütliches Weihnachtsfest verbringen möchten, durch dieses Terminchaos zu kurz kommen. Statt also das zu tun, wofür Weihnachten eigentlich gedacht ist – Entschleunigung, Entspannung, Harmonie und Frieden –, rasen sie von einer Verpflichtung zur nächsten, ehe sie am 27. Dezember wieder mehr oder weniger motiviert und schon gar nicht erholt zur Arbeit hetzen dürfen.

Natürlich könnte man argumentieren, dass sie sich die Zeit besser einteilen und eben dem einen oder anderen Familienteil absagen sollten; aber das ist leichter gesagt als getan. Allein die Andeutung, man würde eventuell in Betracht ziehen, die Jahre alte Tradition des jeweiligen Familienzweigs zu brechen, lässt beim Gegenüber schnell die Krallen ausfahren. Denn wenn die Mutter ihren Sohnemann am Weihnachtsabend immer gesehen hat, dann hat das auch in Zukunft so zu bleiben; und wenn Heiligabend immer das Abendessen bei Opa inkludiert hat, dann muss man auch dafür herhalten. Traditionen zu brechen ist ein Thema, das man nur sehr vorsichtig in Erwägung ziehen darf, denn sonst hat man schneller Streit und Krise am Hals, als man »Alle Jahre wieder« ansingen kann.

Und es ist ja nicht einmal so, als ob die einzelnen Familienfeste, zwischen welchen man als Paar hin und her hetzt, ein großer Genuss wären. Man findet sich in einer überfüllten Wohnung nach der anderen wieder, in der die Küche schon aus allen Nähten platzt, weil sich die ganze Runde um den Esstisch versammelt hat und man bei der kleinsten Bewegung unabsichtlich dem Sitznachbar den Ellbogen in den Oberarm rammt. Statt sich gemütlich mit den Anwesenden unterhalten und auch mal das eine oder andere Gläschen Sekt trinken zu können, blickt man überdies ständig auf die Uhr und hält sich beim Alkoholkonsum zurück, weil man mit dem Auto unterwegs ist und nicht zu spät zum nächsten Termin kommen darf. Vom harmonischen, gemütlichen Weihnachtsflair kann man also nur träumen. Nicht zuletzt, weil eine der schönsten Seiten der Weihnachtszeit – Weihnachtsfilme – für Pärchen ebenfalls zu kurz kommt. Meine vergebenen Freundinnen können sich kaum an das letzte Mal erinnern, als sie sich genüsslich an den Weihnachtsfeiertagen *Kevin allein zu Haus* angesehen haben.

An dieser Stelle möchte ich hinzufügen, dass die Dreitagestour der Familienfeste noch ein harmloses Szenario ist im Vergleich zu der Horrorsituation, wenn die Familien der Partner auch noch in verschiedenen Städten oder Ländern leben. Was tun Sie denn, wenn seine Familie eine mehrstündige Autofahrt oder einen ganzen Flug entfernt ist? Dann lassen sich die Feiern nicht einmal innerhalb der drei Weihnachtsfeiertage vereinen, denn dann heißt es: Entweder wir verbringen die Tage in dieser Stadt oder in der. So schnell geht's, und schon sehen Sie Ihre Familie zu Weihnachten gar nicht mehr.

Feiertage in einer Beziehung sind daher meist nicht annähernd so romantisch und harmonisch, wie man sie sich als Single in seiner naiven Fantasie gern vorstellt – sondern eher mühsam, kompliziert und anstrengend. Fragen Sie ein Pärchen Ihrer Wahl, und es wird Ihnen diese Tatsache mit hoher Wahrscheinlichkeit bestätigen, sofern es nicht bereits aufgrund von jahrelanger Arbeit und Kompromissbereitschaft einen halbwegs stressfreien Weg gefunden hat, die alten Traditionen zu brechen und neue, zumutbarere zu etablieren.

Als Single hingegen haben Sie Weihnachten zurückerobert! Die Feiertage gehören Ihnen. Kein Druck, keine Hektik – sondern tatsächliche Erholung, kombiniert mit Freude, Liebe und viel Spaß. Ich persönlich genieße es unheimlich, mich am 24. Dezember auszuschlafen, gemütlich zu einem Weihnachtsfilm meiner Wahl zu frühstücken, dann zu meinen Eltern zu fahren und dort, im Kreise meiner Liebsten, mit Großeltern und Geschwistern, ein harmonisches Fest zu feiern. Kein Stress, nur pure Harmonie und zimtig duftende Weihnachtsstimmung. So freue ich mich auch schon auf die überfüllte Familienfeier am Christtag und den Besuch bei Oma am Stefanitag, weil es der jeweils einzige Programmpunkt an diesen Tagen ist. Eine Familienfeier pro Tag. Das ist doch optimal. Man kann es ruhig angehen lassen. Man kann gefahrlos ein Glas Wein trinken, weil man mit dem Auto nicht noch drei weitere Stationen abgrasen muss. Dazu genießt man im Vorhinein das Dekorieren, das Keksebacken, das Einpacken der Geschenke. Und der eine oder andere Weihnachtsfilm – der hat dazwischen auch noch Platz. Ja, für uns Singles sind die Feiertage nicht stressig, sondern einfach nur schön!

Warum sich Singles einiges an Kohle sparen

Schätzen Sie Ihren Geldbeutel. Hätten Sie einen Partner, wäre Ihr Sparschweinchen nämlich um einiges schlanker. Das liegt an diversen Gründen; beginnend damit, dass sich viele Frauen am Anfang einer Beziehung schon mal dazu verpflichtet fühlen, sich neu einzukleiden. Um einerseits dem Partner zu gefallen und andererseits allen Menschen, denen er seine neue Freundin vorstellt. Man will ihm ja nicht peinlich sein. Und wenn man genauer darüber nachdenkt, können sich diese Ausgaben, die man für die neue Beziehung auf sich nimmt, doch ganz schnell summieren. Überlegen Sie mal, wie viel Geld Sie sich hier als Single sparen …

Neue Pyjamas sind ein Muss, denn man wird ja bald gemeinsam übernachten und will sich nicht im Schlabber-T-Shirt an ihn rankuscheln müssen. Vielleicht noch ein hübscher Kimono und dazu neue, sexfähige Bettwäsche, damit dem romantischen Abend nichts mehr im Wege steht.

Outfits für spezielle Anlässe wie das Kennenlernen seiner Eltern oder eine Veranstaltung, zu der man zum ersten Mal zu zweit geht, finden auch rasch ihren Weg in die Geldbörse. Ob man ein neues Top zu dem Rock braucht, den man unbedingt anziehen möchte, oder die Schuhe schon peinlich abgelatscht sind, oder keine einzige Weste zu dem süßen Kleidchen passt, welches ideal für den Anlass wäre. Bei solchen Ereignissen am Beziehungsanfang soll ja alles perfekt sein – einschließlich des Eindrucks, den das Äußere hinterlässt.

Im Sommer muss unbedingt ein neuer Badeanzug oder Bikini her, denn in dem alten, verblichenen Teil, in dem man seit Jahren rumläuft, will man sich dem neuen Freund gewiss nicht am Badestrand präsentieren.

Das Allerwichtigste ist neue Unterwäsche. Man braucht hübsche BHs, idealerweise mit Spitze, mit dazu passenden Slips und

Strings – selber Schnitt, selbe Farbe, selbes Modell. Man will ja so sexy wie möglich aussehen, wenn die Beziehung intim wird.

Dann geht man vielleicht auch noch schnell zum Friseur, färbt sich vielleicht den Ansatz nach und tut, was man sonst noch für nötig hält, damit das Haar bei den ersten Dates perfekt sitzt.

Natürlich wird auch eine Singledame mal die Lust erfassen, shoppen zu gehen und sich das eine oder andere neue Teil zu kaufen. Auch um den Friseur kommt sie nicht herum. Der springende Punkt ist aber der, dass erstens nicht alles auf einmal gefragt ist und zweitens überhaupt nicht alles davon nötig ist. Keiner außer Ihnen selbst sieht Ihren Pyjama und Ihre Unterwäsche, also brauchen Sie auch nicht unbedingt das neueste, teuerste Spitzensortiment. Außerdem fallen druckgeladene Treffen weg, für welche Ihnen einfach nichts in Ihrem Schrank gut genug erscheint. So sparen Sie sich sowohl Zeit als auch Geld und Nerven im Gegensatz zu verliebten Rosa-Brille-Mäusen, die nichts anderes im Kopf haben, als ihrem neuen Partner in jeder Hinsicht zu gefallen und ihren Kleiderschrank dementsprechend dem Geschmack des neuen Mannes anzupassen.

Hinzu kommen Kleinigkeiten – Stichwort Verhütung, Waxing, Maniküren, et cetera –, die sich im Laufe der Zeit ansammeln. Plus gemeinsame Ausflüge, weil man mal hier was essen geht und sich dort auf ein Getränk trifft, außerdem da mal auf ein Eis und hier zu einem Kinofilm. Abgesehen davon häufen sich Geburtstage, Jahrestage, Feiertage und vielleicht noch andere Anlässe, den Partner zu beschenken. Und sie werden teurer, je länger man zusammen ist. Man macht ja gern kostspielige Geschenke, weil einem der Partner eben wichtig ist und man keine Ausgaben und Mühen für ihn scheuen möchte. Dazu gesellen sich noch andere Päckchen, denn man sollte sich ja auch für seine Eltern und Geschwister (unabhängig davon, ob man sie überhaupt leiden kann) zum Geburtstag und zu Weihnachten etwas überlegen. Vielleicht auch noch für seine Freunde, wenn man in seinen Freundeskreis aufgenommen worden ist. Hat man einen Partner, erweitert sich der Kreis der zu beschenkenden Personen beträchtlich.

Ist man nun in einer glücklichen Beziehung, kommen solche Gedanken selbstredend nicht einmal auf, da man ja selbst die größte Freude damit hat, für den Partner oder seine Familie das perfekte Geschenk zu besorgen, sich für ihn neu einzukleiden oder mit ihm Unternehmungen zu machen. Aber als Single kann man diese Thematik aus einer anderen Perspektive betrachten. Immerhin geht es ja darum, sich *aller* Vorteile des Singleseins bewusst zu werden, und da gehört dieses materialistisch angehauchte Thema nun einmal dazu. Vor allem, wenn man in einem Alter ist, in dem auf Pärchen noch ganz andere Ausgaben zukommen als die vorhin erwähnten Kleinigkeiten. Ein Langzeitsingle in meinem Bekanntenkreis erzählt euphorisch, dass er diesen Vorzug seines Singlelebens in vollen Zügen genießt: »Ich gehe oft und gerne auf Urlaub, oft und gerne gut essen. Ich bin ein Markenschwein, ich kaufe mir Markenklamotten. Ich arbeite dafür natürlich auch viel und hart. Und meine Freunde kommen immer wieder zu mir und sagen ›Alter, wie geht denn das bitte? Wie kannst du dir das, das, das, das, das leisten? Du bist zweimal, dreimal, viermal im Jahr irgendwo auf einer tropischen Insel oder dort oder dort. Und du kaufst dir sogar für deinen Hund Sachen von Luis Vuitton‹. Und dann sag ich: ›Na du, hör zu. Hast du dir ein Haus gekauft?‹ Sagt er ›Ja‹. ›Hast du eine Frau?‹ ›Ja.‹ ›Hast du Kinder?‹ ›Ja.‹ ›Ich nicht, ich kann's mir leisten!‹ Das ist der Unterschied, und ich will es mir auch weiterhin leisten.«

Das soll nicht egoistisch klingen, es ist einfach nur die Wahrheit. Sie werden früh genug wieder ständig an jemand anderen denken – wie es in einer Partnerschaft ja auch sein soll. Also genießen Sie doch die Vorteile, die Sie haben, solange Sie single sind. Nun sind Sie mal an der Reihe, verwöhnt zu werden! Sie haben genug gelitten. Gönnen Sie sich etwas Tolles. Etwas, wovon Sie schon lange träumen. Sei es die Designer-Handtasche oder das Paar Lederstiefel, die Sie gern in der Auslage beäugeln, ein Trip ins Spa-Paradies oder das DVD-Set Ihrer neuen Lieblingsserie, den Alleskönner-Kochtopf oder das praktisch zusammenklappbare Fitnessgerät. Wenn Sie die Zeit und das Geld zur Verfügung haben, auch gern etwas Großzügigeres, das Sie glücklich macht. Und zwar ohne jedes schlechte Gewissen.

WIE SCHÖN EIN LEBEN OHNE GEZANKE IST

Ein wahrlich harmonisches Leben führt man ausschließlich als Single. Warum? Beziehungen gibt es nicht ohne Konfliktpotenzial. Streit ist in eine Partnerschaft integriert wie Kalorien in die beste Schokolade. Die wenigsten Pärchen zanken nur selten; die meisten diskutieren regelmäßig. Entweder streitet man gleich von Anfang an und merkt dadurch zumindest rasch, wie ein Krach mit dem Partner abläuft (übersetzt: worauf man sich einlässt). Oder man sonnt sich viel zu lange am Strand des Rosarote-Brille-Clubs und erkennt erst nach vielen Monaten oder gar Jahren, wenn zum ersten Mal ein Streit ausbricht, was das eigentlich bedeutet. Auch wenn eine solche Beziehung anfangs überglücklich wirken mag, ist das Nichtvorhandensein von Konflikt in den ersten Monaten nicht zwangsläufig ein gutes Zeichen. Hat man nämlich erst das Vergnügen, wenn man bereits viele Monate zusammen ist, so ist es ein umso härterer Schlag ins Gesicht, wenn man schockiert feststellen muss, wie unausstehlich der eigene Partner im Streit wird. Auf einmal realisiert man, dass er sich vollkommen lächerlich verhält, und fragt sich, wie man das auf lange Sicht durchstehen soll, denn der erste Streit wird mit Sicherheit nicht der letzte sein. Werner Bartens, Autor von *Was Paare zusammenhält*, erklärt: »Manchmal reizen sich Menschen, die sich lieben, bis aufs Blut. Das belastet nicht nur ihre Beziehung, sondern auch den Organismus«, weil jede Streiterei sich nicht nur auf die Psyche, sondern eben auch auf den Körper negativ auswirken kann.[18] »In solchen Momenten ist eine Partnerschaft alles andere als wohltuend oder gar gesund. Aggressionen sind Gift für Herz und Seele.«[19] Er stützt sich auf die Aussagen der Wissenschaftlerin Janice Kiecolt-Glaser, der zufolge »Stress und Unzufriedenheit im Körper eine Kaskade von Reaktionen auslösen, die andere Erkrankungen wahrscheinlicher machen und den

Organismus insgesamt schwächen«.[20] Konflikt in der Beziehung ist also nicht nur lästig, unangenehm, frustrierend und nervenraubend – er kann auch die Gesundheit schädigen. Kiecolt-Glaser und ihr Team haben genauer untersucht, welche Auswirkungen Beziehungsprobleme auf den Körper haben können, und kamen zu dem Schluss, dass eheliche Konflikte eine Hauptursache für Stress an sich darstellen, jedoch zusätzlich auch die Wundheilung verlangsamen und das Risiko für Depressionen, erhöhten Blutdruck und Herzkrankheiten erheblich steigern können.[21]

Konflikte fangen bereits mit Kleinigkeiten an. Ständig liegt einem der Partner im Ohr. »Was machst du jetzt? Warum bist du nicht zu Hause? Wieso bist du nicht bei mir? Warum hast du Zeit für deine Freunde, aber nicht für mich? Wieso bist du jetzt schon wieder [Ort oder Tätigkeit nach Wahl einfügen]?« Und nicht einmal mit böser Absicht. Die eine Person möchte eben so viel Zeit wie möglich zu zweit verbringen, während die andere Person schon gerne mal alleine oder mit anderen unterwegs ist. Dieses Thema ist übrigens alters-, beziehungsdauer- und geschlechtsunabhängig. Solche Beschwerden habe ich, wie auch immer formuliert, bereits von Männern wie Frauen in jedem Alter, einschließlich lang verheirateter Pärchen, gehört. Und sie sind zwar bis zu einem gewissen Grad verständlich; dennoch sind sie lästig für den Partner, der nicht ständig unter Beobachtung stehen möchte und schon gar keine Lust darauf hat, sich für die Einteilung seiner »freien« Zeit rechtfertigen zu müssen – was in den meisten Fällen spätestens beim Nachhausekommen zu Diskussionen führt und einem die »freie« Zeit richtig verderben kann.

Diese eher belanglosen Diskussionen ebnen schnell den Weg zu tiefgehenden Konflikten, die auf gewissen (und wie sich erst später herausstellt, ziemlich nervigen) Charakterzügen des anderen basieren. Persönlichkeitsfehler wie Ungeduld, Faulheit, Unhöflichkeit, Oberflächlichkeit, Eifersucht, Neid, Unverlässlichkeit, Unselbstständigkeit sowie ein Mangel an Manieren oder ein Hang zum

Fremdschämen wurden mir von Bekannten als häufige Konfliktauslöser in ihren eigenen Beziehungen genannt. Genauso problematisch sind Partner, die übersensibel sind, schnell beleidigt reagieren und keinen Spaß verstehen, die gerne die Wahrheit verdrehen oder dem anderen direkt ins Gesicht lügen, oder die ständig nur am Handy oder iPad hängen, um zu facebooken oder Zeitung zu lesen statt die Aufmerksamkeit der Gesellschaft zu widmen. Menschen, die ihre Partnerin vernachlässigen, im Haushalt nicht ausreichend mithelfen, regelmäßig die Zeit übersehen, dauernd nur mit Freunden unterwegs sind und die Freundin allein daheim sitzen lassen, ausnahmslos jeden Sonntag um fünf Fußball spielen gehen, sodass man nichts anderes planen kann, und in der Kindererziehung völlig anderer Meinung sind. Auch ein gemeinsames Tier bringt das Konfliktpotenzial mit ins Haus, weil der Mann zwar unbedingt eins wollte und jegliche Warnungen seiner Partnerin hinsichtlich der damit verbundenen Arbeit gekonnt überhört hat, und folglich die Arbeit letzten Endes an niemand anderem als der Frau hängen bleibt. Oft entwickelt sich Streit auch einfach durch die Tatsache, dass Frauen mitdenken und vorausplanen und sich beispielsweise auf einen gemeinsamen Abend freuen, der aus welchen Gründen auch immer schon lange nicht mehr stattgefunden hat, während der Mann nicht einen Gedanken an potenzielle Zweisamkeit verschwendet und stattdessen etwas anderes ausmacht.

All diese Probleme können in Partnerschaften die Konfliktbombe zünden, auch wenn das Theater mit einer eigentlich unwichtigen Kleinigkeit beginnt. Damit, dass er abends nach einem kommunikationsreichen Tag in der Arbeit nicht mehr reden will, sie aber durchaus ihre Tageserlebnisse besprechen möchte, zum Beispiel. Aber anfangs verkneift man sich noch viel, weil man noch im rosafarbenen Glücksrausch umhertaumelt. Man beschwert sich nicht, sondern steckt seine eigenen Bedürfnisse eher zurück, um den anderen glücklich zu machen. Doch irgendwann schwinden nun einmal diese Hemmungen, und man tendiert mit der Zeit immer mehr dazu, dem Partner die eigene Meinung direkt ins Gesicht zu sagen. Auch wird man trotziger, wenn bereits ein gewisses streitbelastetes Fundament vorhanden ist. »Wenn er spinnen will, soll er spinnen«, sagt meine Freundin. »Man wird [mit der Zeit] gemeiner. Man denkt nicht mehr so sehr daran, dass man den anderen verletzen könnte.« Das hebt das Konfliktpotenzial weiter an, und es kommt zu Streitigkeiten aufgrund von (aus der Sicht des Mannes) klitzekleinen Alltagsdingen, die einer Frau jedoch so richtig auf die Nerven gehen.

Solche und jegliche andere Diskussionen zwischen Partnern bringen Singles höchstens zum Augenrollen oder Schmunzeln, weil uns mehr als bewusst ist, dass uns dieser ganze Krisenkram glücklicherweise erspart bleibt und wir ohne jedes Streitgespräch gemütlich unseren Alltag leben können. Erst kürzlich habe ich mir ins Fäustchen gelacht, als ich mit zwei Pärchen an einem Tisch saß und mit den Damen in diverse Gespräche vertieft war. Als es 23:00 Uhr schlug, hatten beide Männer bereits die Augen geschlossen und waren kurz vorm Einnicken, was ihre Frauen alles andere als begeisterte. Die folgenden Diskussionen liefen parallel und fast identisch ab …

Frau: »He, sei nicht unhöflich.«
Mann: Grunzen.
Frau: »Wehe du schläfst da jetzt ein.«
Mann: »Ich schlaf eh nicht.«
Frau: »Setz dich jetzt auf!«
Mann: Keine Reaktion.
Frau: »Du bist peinlich!«
Mann: Keine Reaktion.
Frau: »He, was ist mit dir?«
Mann: »Ich bin eh wach …«
Frau: »Du bist in Gesellschaft! Da schläft man nicht ein.«
Mann: Grunzen.
Frau: »Du bist unhöflich!«

Mann: Keine Reaktion.
Frau: »Fahren wir heim?«
Mann: »Hä?«
Frau: »Oder nicht? Willst du hier übernachten?«
Mann: Keine Reaktion.
Frau: »Entscheid dich jetzt!«
Mann: Keine Reaktion.
Frau: »Hallo? Bleiben wir da?«
Mann: »Nein ...«
Frau: »Dann steh auf und pack deine Sachen zusammen.«
Mann: Grunzen. »Mach du ...«

Sie überdreht die Augen. Er schläft weiter. Sie ärgert sich, und eine Stunde später diskutieren sie immer noch (es sei angemerkt: Sie wären bis zu diesem Zeitpunkt längst zu Hause, wenn sie gleich gefahren wären). Und ich sitze mit meinem Gläschen Wein daneben, sehe mir das Ganze amüsiert an und grinse in mich hinein – genau wissend, dass *ich* jederzeit gehen kann, und zwar sobald ich will und ohne mit auch nur irgendjemandem zuerst stundenlang darüber diskutieren zu müssen. Wie uns diverse visuell gestalteten Sprüche auf Online-Plattformen informieren, ist es nun einmal so: »Beziehung heißt, Kompromisse einzugehen und sich auf den Gegner einzustellen. Partner, ich meine Partner!«

Um Streit zu verhindern, muss man als Paar ein »Wir« bilden und darf sich nicht egoistisch verhalten; schließlich geht es um zwei Menschen, die sich einigen müssen, nicht nur um einen. Und genau darum muss man sich als Single nicht die Bohne scheren. Sie dürfen ichbezogen sein! Damit meine ich natürlich nicht, dass Sie einen Freischein für egoistisches Verhalten anderen Menschen gegenüber haben. Aber Sie sind nicht an andere gebunden. Sie können kommen und gehen, wann Sie wollen, und müssen nicht ständig auf jemand anderen Rücksicht nehmen. Sind Sie müde und wollen nach Hause, dann fahren Sie. Würden Sie gerne noch bleiben, müssen Sie sich nicht nach einem Partner richten, der schon neben Ihnen

einschläft. Sie müssen auch allgemeiner gesehen keinen Aspekt Ihrer Persönlichkeit opfern/ändern/anpassen (je nachdem, was der Partner von Ihnen verlangt), um die Harmonie der Beziehung zu gewährleisten. Sie dürfen absolut Sie selbst sein, zu sich stehen, und es ist vollkommen in Ordnung, dass Sie sich selbst an die erste Stelle stellen. Denn das Leben anderer mag sich um deren Partner drehen – Ihres dreht sich um Sie.

Sophie, die ihren Partner zwar von Herzen liebt, ihn aber trotzdem oft am liebsten auf den Mond schießen würde und keinen Hehl daraus macht, dass ein Leben als Single für sie deutlich einfacher wäre, fasst das Thema mit folgenden Worten zusammen: »Als Single hast du die Probleme nicht. Da bist du unabhängiger. Deine Wohnung ist geputzt, und sie bleibt sauber, Punkt. Wenn ich single bin und das Bedürfnis nach Sex habe, gehe ich fort, lerne jemanden kennen, nehme ihn mit nach Hause, habe einen One-Night-Stand und schicke ihn wieder heim, danke. So. Abhaken, abhaken, abhaken, abhaken. Beziehungen sind Woche um Woche um Woche eine Gratwanderung zwischen ›Wird heute wieder diskutiert?‹, ›Bleibt die Wohnung sauber?‹, ›Gibt's heute Sex oder nicht?‹. Es ist eine Never Ending Story mit denselben Problemen in einer Dauerschleife.« Konflikt ist einer der ersten Punkte, die jeder Single an der Vorstellung einer Beziehung bekrittelt; selbst Menschen, die sich eigentlich schon nach einer Partnerschaft sehnen, sagen definitiv: »Wenn ich manche Paare sehe, wie die streiten, bin ich gerne single.« Ohne Drama und Komplikationen kommt keine Beziehung aus. Meine Freundin Emma, die zahlreiche Beziehungen hinter sich hat, wovon eine problematischer war als die nächste, bringt es auf den Punkt: »Single zu sein ist der friedlichste Zustand, den es gibt«.[22]

WIE UNPROBLEMATISCH DER SINGLE-HAUSHALT IST

Bevor ich in das Thema »Haushalt« eintauche, sei ein durchaus positiver Aspekt der männlichen Evolution anzuerkennen, wofür wir Frauen Jamie Oliver nicht herzlich genug danken können. Dank des Trends, den er in die Welt gesetzt hat, weiß heutzutage eine wachsende Anzahl von Männern, wie man mit Töpfen und Pfannen umgeht. Und sie greifen die Dinger sogar freiwillig an. Gratulation Männerwelt, das nennt man Fortschritt! Gut, es gibt nach wie vor genügend umgekehrte Beispiele. Beziehungen, in denen der Mann nichts außer Frankfurter, Rührei oder (wenn man sehr viel Glück hat) Tiefkühlpizza und Spaghetti zubereiten kann; wenn er nicht sogar dermaßen hilflos ist, dass er nicht mal einkaufen geht, solange ihm die Freundin nicht eine detaillierte Liste, am besten noch mit handgezeichneten Karikaturen, in die Hand drückt. Aber ja, die Männerwelt sei definitiv gelobt dafür, dass sie diesbezüglich endlich einen Schritt in die Gleichberechtigung gesetzt hat. Schließlich arbeiten auch wir Frauen untertags. Wieso sollten wir also gleichzeitig zwei Jobs (denn der Haushalt zählt definitiv als Job) nachkommen, während der Mann sich abends auf das Sofa pflanzt, die Beine hochlegt und darauf wartet, dass wir ihm das Abendessen auf dem Silbertablett servieren? In einem Interview sagte Jamie Oliver: »Am Anfang hassten mich die Männer. They fucking hated me! Sie machten mich dafür verantwortlich, dass ihre Frauen nicht mehr jeden Tag in der Küche stehen wollten. Viele Männer waren wütend. Ich wurde regelrecht misshandelt. Sie haben mich bedroht, verfolgt, sogar verprügelt« – doch ein paar Jahre später »merkten Männer, dass sie Frauen mit ihrer Kochkunst verführen konnten. Als sie das begriffen hatten, war ich plötzlich ihr bester Freund«.[23] Und das muss man ihnen auch wirklich lassen: Männer, die gerne kochen, sind meist verdammt gute Köche!

Jetzt, wo wir die Männlein der Erde brav gelobt haben, kommen wir zu den Haushaltsbereichen, die weniger in ihr Fachgebiet fallen und daher sehr gut aufzeigen, wie glücklich wir Singles uns eigentlich schätzen dürfen, uns damit nicht täglich rumärgern zu müssen. Ich kenne zahlreiche vergebene Frauen, die bei dem Wort »Haushalt« einen Würgeanfall bekommen. Nicht, weil sie sich ungern um den Haushalt kümmern, sondern weil es anstrengend (um nicht zu sagen frustrierend) ist, sich mit einem Partner diesbezüglich zu arrangieren – einen gemeinsamen Rhythmus zu finden, in dem geputzt, gekocht, eingekauft und Wäsche gewaschen wird. Was grundsätzlich schon einmal so gut wie unmöglich ist, weil wir es hier mit Männern zu tun haben. Männer haben von Grund auf nicht dieselben Prioritäten, Werte und Gepflogenheiten wie Frauen, wenn es um den Haushalt geht. Schon vor dem Zusammenziehen machen sich viele Paare berechtigte Sorgen darüber, dass es aufgrund von Differenzen in Hinsicht auf Ordnung und Unordnung zu Konflikten kommen wird.[24] Tatsächlich kenne ich kein einziges Paar, das noch nie mit Problemen aufgrund des gemeinsamen Haushalts zu kämpfen hatte.

Das beginnt mit kleinen Vergehen, die das Nervenkostüm schon einmal reizen – zum Beispiel, wenn man als Frau auf dem Boden verteilte Kuchenbrösel zusammenkehren und in der ganzen Wohnung verstreute Socken aufklauben darf. Oder wenn man sich tagtäglich denkt, »wenn jemand es schafft, die dreckige Kaffeetasse in die Spüle zu stellen, sollte es ihm doch auch ohne körperliche Überanstrengung gelingen, sie gleich im Geschirrspüler (der sich direkt neben der Spüle befindet) unterzubringen. Oder?«

Männer scheinen in Bezug auf gewisse Dinge einfach nicht mitzudenken oder klassische Klappen vor den Augen zu haben. Daher muss ich sie hier sogar ein wenig in Schutz nehmen. Als Frau denkt man sich schnell, der Mann sähe durchaus, was gemacht werden müsse, und ignoriere es mit voller Absicht. Aber ich glaube, dass diese Ignoranz gar nicht immer bewusst stattfindet.

Dinge, die Frauen sofort ins Auge stechen, *sehen Männer einfach nicht*. Sonja, 31, erzählt die lustigste Anekdote darüber, dass ihr Mann seine Brille jeden Tag am Küchentisch direkt neben dem Topf mit angesetzter Kresse ablegt; und zwar ohne dass ihm auch nur im Ansatz auffallen würde, dass die grünen Blätter – die sich ganze zwei Zentimeter neben seiner Brille befinden – bereits bis zur Tischplatte hängen und der Topf dringend gegossen werden müsste. Lenkt sie dann seine Aufmerksamkeit darauf, dass sich das Pflänzchen eigentlich im selben Blickfeld wie seine Brille befindet und jeder normale Mensch daher nach der Gießkanne greifen würde, behauptet er stur (und absolut ehrlich), dass er die halb tote Pflanze einfach nicht gesehen habe. Da schüttelt man als Frau nur mehr den Kopf. Dieser unfassbare Tunnelblick ist für uns nicht einmal, wenn wir uns noch so sehr bemühen, nachzuvollziehen. Mit dem Kühlschrank ist es übrigens ein ähnliches Thema. Der Mann sieht vielleicht, dass er leer ist, doch diese Erkenntnis scheint ihm bereits im nächsten Moment wieder aus dem Hirn zu flattern, denn er geht trotzdem nicht einkaufen. Als Frau sieht man, dass der Kühlschrank leer ist, und setzt im Gegensatz zum Mann den Gedanken auch in die Tat um. Vor allem, wenn ein Wochenende vor der Tür steht, ist die Frau geneigt, die nötigen Einkäufe davor zu erledigen, um sich nicht am Samstag durch den prall gefüllten Supermarkt kämpfen zu müssen. Der Mann hingegen denkt nicht voraus, sondern wartet so lange, bis auch der letzte Tropfen Milch aufgebraucht ist und er notfalls sonntags zur Tankstelle fahren muss. Wo er natürlich nicht die anderen drei Dinge, die ebenfalls ausgegangen sind, auch gleich mitnimmt; das Einzige, was er besorgt, ist das, was er in dem Moment unbedingt braucht. Immerhin kann man notfalls ja auch um die Ecke einen Kebap holen oder Pizza bestellen. Ein überquellender Mülleimer entgeht dem Mann übrigens genauso gern wie halb tote Pflanzen oder leere Kühlschränke; die Verpackungen seiner Fischfilets können problemlos tagelang im Müll vergammeln, bis die ganze Küche stinkt. Da stellt sich doch wirklich die Frage, inwiefern Männer die Arbeit nicht sehen *wollen* und inwieweit sie die Arbeit einfach nicht *sehen* (oder riechen).

Anfangs unterliegt frau allerdings noch dem Irrglauben, die Erziehung des Mannes bezüglich Haushaltsführung müsse irgendwann einmal erfolgreich abgeschlossen sein. Aber wenn sich diese Problemchen täglich oder wöchentlich wiederholen, weil er einfach nicht lernen will, den Klodeckel runterzuklappen oder die Barthaare nach dem Rasieren nicht im Waschbecken liegen zu lassen, muss man sich früher oder später schweren Herzens eingestehen, dass die Idee des perfekt geführten und gerecht aufgeteilten Haushalts nichts weiter als ein naives Hirngespinst ist, das nun von dem desillusionierenden Aha-Erlebnis, dass Männer in vielerlei Hinsicht einfach nicht lernfähig sind, abgelöst wird. Und hier ist noch nicht mal die Rede vom Putzen …

Selbstredend ist es angenehm, sich in einer Beziehung die Putzarbeit aufteilen zu können. Der eine macht Bad und Klo, der andere übernimmt Staubsaugen und Staubwischen, und die Fenster – na ja, wer putzt denn wirklich regelmäßig seine Fenster? Die Vorzüge dieser geteilten Hausarbeit setzen allerdings voraus, dass man sich auf das Werk des Mannes auch verlassen kann. Wie realistisch ist das? Nun, wie eine landesweite Umfrage in Österreich ergeben hat, betonen Damen, die alleine leben, gern den ultimativen Vorteil, dass »sie hinter niemandem herräumen und somit auch keine Abstriche in Sachen Hygiene und Ordnung machen müssen«.[25] Auch ich habe aufgehört, mitzuzählen, wie oft ich von meinen Freundinnen und weiblichen Verwandten Aussagen gehört habe wie …

»Wenn ich nichts sage, rührt er nicht einmal den kleinen Finger.«

»Wenn er die Wohnung saugt, ist unsere Wohnung rund. Ecken gibt es nicht.«

»Er saugt um Deko und Möbel herum. Sie hochzuheben oder unten durch zu saugen ist ihm zu viel Arbeit.«

»Wenn er saugt, vergisst er die halben Räume.«

»Er saugt nur das weg, was er sieht. Er geht mit dem Staubsauger in der Hand durch die Wohnung, und dort, wo er Dreck sieht, saugt er ihn halt punktweise weg.«

»Er schaltet den piepsenden Trockner aus, kommt aber nicht auf die Idee, die Wäsche vielleicht rauszunehmen und zusammenzufalten.«

»Wenn er kocht, hinterlässt er einfach immer einen Saustall.«

»Wenn er die Küche putzt, darf ich sie nachher noch mal putzen.«

»Selbst wenn ich ihm eine Liste schreibe, muss ich nachkontrollieren, ob die Arbeit wirklich gemacht wurde.«

Und der Klassiker, den man von so ziemlich jeder Frau zu hören bekommt, ist eine Variation von: »Bevor ich ihn dies oder jenes machen lasse, mach ich's dann doch lieber selbst; dann weiß ich wenigstens, dass es richtig gemacht wird.« Klar könnte man argumentieren, dass Männer lernfähige Wesen sein sollten und man ihnen auch einfach beibringen könnte, wie was wann wo zu machen ist, sodass man sich nicht mehr über ihren Mangel an Haushaltsarbeit blau und grün ärgern muss. Aber darin steckt auch schon die Frage: Wie lernbereit sind Männer? Frau kann sie instruieren, ihnen hinterherrennen, ihnen eine To-do-Liste schreiben. Aber wenn die Hälfte davon (und zwar im *besten Fall* nur die Hälfte) ignoriert wird – wenn der verdreckte Griller nach zwei Wochen und unzähligen Bitten immer noch ungeputzt auf der Terrasse steht, wenn der haustierbehaarte Teppich trotz genauer Anleitung nicht effektiv gesaugt wird, wenn er nach mehrmaliger Aufforderung immer noch keinen Teller verwendet, oder wenn er den Brotlaib auf den Küchentisch wirft, sodass er richtig schön steinhart ist, bis die Frau nach Hause kommt – und jeder erneute Instruktionsversuch erfolglos verläuft oder zu einer neuen Diskussion mutiert, denkt man sich als Frau irgendwann aus reinen Selbsterhaltungsgründen: »Da mach ich es lieber gleich selbst.« Man sollte meinen, erwachsene Männer würden mitdenken, mithelfen, auch mal freiwillig einen Finger rühren. Denkste. Meist wirkt es eher, als könne man noch so geduldig und häufig versuchen, dem Mann etwas beizubringen;

er wird nie lernen, wie der Geschirrspüler platzsparend eingeräumt wird, oder dass schmutzige Wäsche nicht von selbst in den Wäschekorb wandert.

Und was ist denn eigentlich ihr Problem mit der Kloschüssel? Versteht irgendeine Frau, aus welchen egotechnischen Gründen Männer darauf bestehen, im Stehen zu pinkeln? Ist ja nicht so, als würde ihnen jemand dabei zusehen, vor dem sie sich beweisen müssten. Und wenn sie schon nicht anders können, als bei ihrem Geschäft zu stehen, was genau ist dann bitte so schwierig daran, das Ziel zu treffen? Um meine äußerst kreative Freundin Sophie zu zitieren: »Spätestens, wenn wir Kinder haben [die dem Vater alles nachmachen] und er sich vor dem Klo hinstellt, installiere ich auf beiden Seiten eine Schere, die herauskommt und ihm den Schniedel abschneidet.«

Es gibt einfach nichts Ekelhafteres als die stinkenden Spritzer, die der Mann in der Toilette hinterlässt, auf die man sich anschließend als Frau setzen muss. Und wie kommen wir Frauen denn dazu, den Männern aufgrund ihrer Egoprobleme hinterherzuputzen während wir den Brechreiz runterwürgen?

Viele Männer (nicht alle, aber seeehr viele) sind also weder besonders lernwillig noch lernfähig. »Er tut's schon, wenn ich ihm etwas sage«, erzählt Sophie, »aber mich nervt es, dass ich immer zuerst etwas sagen muss. Dann hoffe ich, dass er sich's merkt. Dann merkt er sich's aber nicht, und es ist so, als ob ich nie etwas gesagt hätte. Er hat wieder alles vergessen. Wie beim Reset-Knopf – und noch einmal von vorn. Ich kann ihm noch mal alles sagen, und ich denke mir ›ja passt, jetzt geht's wieder‹. Dann vergisst er's wieder, und es fängt wieder von vorne an!« Einige Frauen, mit denen ich gesprochen habe, fühlen sich fast, als hätten sie ein Kind zu Hause, das sie bemuttern und dessen Pflichten sie übernehmen müssen, statt einen Partner, auf den sie sich verlassen können.

Vor allem ein Mann, der noch nie alleine gelebt hat, ist wie ein Baby, das aus dem gemachten Nest schlüpft und sich bei der neuen

Partnerin ein neues gemachtes Nest à la Hotel Mama erwartet. Er hat nicht mal eine theoretische Ahnung davon, wie oft eine Wohnung so im Allgemeinen durchgesaugt werden sollte, weil er es nie selbst tun musste. Eine gewisse Chance auf einen halbwegs funktionierenden Haushalt hat man daher nur, wenn der Mann vor der Partnerschaft selbst lange Zeit single war, allein gewohnt hat und daher seinen eigenen Haushalt schupfen musste (und zwar ohne dass Mami jede Woche zu ihm kam, um den Kühlschrank zu füllen, die Wäsche zu bügeln und die Wohnung zu putzen – ja, man glaubt es kaum, aber das gibt es tatsächlich). Doch nicht mal das ist eine Garantie dafür, dass die neue Partnerin keinen Ärger mit ihm hat. Der Ich-kann-die-Kresse-nicht-sehen-obwohl-ich-genau-in-ihre-Richtung-blicke-Herr, der früher erwähnt wurde, war jahrelang auf sich selbst angewiesen und war es daher gewohnt, selbst Hand anzulegen. Trotzdem ist er bis heute nicht fähig, den Müll rechtzeitig rauszutragen, Brösel artgerecht zu entsorgen oder Pflanzen vor einem trockenen Tod zu bewahren. Er geht mit offenen Augen an der ausgetrockneten Pflanze vorbei, ohne auch nur einen Gedanken daran zu verschwenden, dass die grünen Mitbewohner Lebewesen sind, die Wasser brauchen. Seine Partnerin kann es ihm noch so oft nahelegen, und trotzdem wird sich an seinem Verhalten nichts ändern. Wenn einem Mann die Pflanze nicht wichtig ist, wird es ihm völlig egal sein, ob sie austrocknet und stirbt, geschweige denn, ob sie sich überhaupt in der Wohnung befindet. Nur weil der Frau etwas wichtig ist, heißt das noch lange nicht, dass es dem Mann ebenfalls am Herzen liegt und er gewillt ist, sich darum zu kümmern.

Ein Mann rechnet auch nicht eins und eins zusammen, wenn ein Putzmittel ausgegangen ist und dafür ein neues im Putzkasten steht. Dann ist er verwirrt und tut lieber gar nichts, bevor er sich überlegt, welcher wohl der neue Badreiniger (auf dem groß und fett »Badreiniger« geschrieben steht) sein könnte. Meine Freundin klagt: »Von selbst würde kein Mann auf die Idee kommen, dich zu fragen: ›Schatzi, kann ich dir dein Leben erleichtern? Womit kann ich dir helfen? Zeig mir mal, wie du das machst.‹« Ein Mann wird sich nicht freiwillig im Haushalt verausgaben, wenn man ihn nicht auf irgendeine Art und Weise dazu zwingt. Er wird sich nicht von sich aus denken: »Meine Freundin ist noch im Bad. Ich könnte ja in der Zwischenzeit schon mal die Küche zusammenräumen, damit ihr nachher die Arbeit erspart bleibt.« Was wiederum sie ärgert, wenn sie aus dem Bad kommt und erkennt, wie viel Arbeit noch zu tun ist, welche er in der letzten halben Stunde problemlos hätte erledigen können, statt mit seinem Handy spielend auf dem faulen Hintern zu hocken. Genauso sollte einem Mann eigentlich klar sein, dass keine Frau erfreut sein wird, wenn sie spätabends nach Hause kommt und seine beschmutzte Pfanne, seinen klebrigen Teller sowie die komplette Küche noch putzen darf. Ungeachtet dessen lässt er sowieso alles stehen und liegen, wenn er mit dem Essen fertig ist. Und schon winkt der nächste Krach ins Haus, denn auch der harmoniebedürftigsten Frau wird irgendwann vor Gereiztheit der Geduldsfaden reißen. Und dann wundert sich der Mann auch noch, dass sie nicht in der Stimmung ist, Zärtlichkeiten auszutauschen oder intim zu werden. Denn der Ansicht des armen männlichen Opfers nach ist die Furie ja ohne Grund stinksauer. Ihm ist nicht ganz klar, dass die Freundin oder Ehefrau sich nicht schon den ganzen Tag darauf freut, abends noch seinen Dreck beseitigen zu dürfen. Es ist wohl unnötig, zu erwähnen, wie sehr dieser ständige Ärger vergebenen Frauen irgendwann aufs Gemüt schlägt.

Und da denkt man sich als Single schon … »*Gottseidank* muss ich mich mit diesen Dreckbeuteln nicht rumärgern.« Ich habe mit voller Absicht all die unterschiedlichen und, zugegeben, zahlreichen Problemchen erwähnt, die im Pärchenhaushalt am Tagesplan stehen können, damit Ihnen klar wird, wie viel Ärger Ihnen als Single eigentlich entgeht. Denn wenn ich mir die Jammereien meiner Bekannten in Beziehungen anhöre, komme ich zu dem Schluss, dass sie dank ihrer Männer nicht *weniger* Arbeit im Haushalt haben, sondern einfach nur *mehr* Ärger. All die unendlichen Debatten über den männerbedingten Sauberkeitsmangel, die ich regelmäßig von Pärchen aller Altersklassen mitbekomme, bleiben uns Singles erspart, gemeinsam mit den Nerven, die den armen Frauen in Beziehungen haushaltsmäßig verloren gehen. Ich komme gar nicht erst in die Situation, mich auf jemand anderen zu verlassen, nur um dann herauszufinden, dass eh nichts so geschehen ist, wie es gedacht war, und erst alles selbst machen zu müssen. Ich bin nicht die Putzfrau für einen Partner, der, sobald ich fertig bin, innerhalb von Sekunden die Küche wieder verdreckt. Ich putze für mich. Ich mache von Anfang an alles selbst, und zwar genau so, wie es mir passt, und ohne falsche Hoffnungen, heruntergeschluckten Ärger oder nervenzehrende Streitgespräche. Ich weiß, wie meine Wohnung geputzt gehört, und sorge dafür, dass ich mich darin wohlfühle. Daher ist meine Bestecklade so eingeräumt, wie ich es mag, und niemand bringt mit seinen chaotischen Händen meine Kühlschrankordnung durcheinander. Wie eine Leserin der *Kleinen Zeitung* in einer Online-Umfrage bestätigte: »Als ordentlicher Mensch muss man kein erwachsenes Gegenüber ermahnen und deutlich zu späte und unwirksame Erziehungsmaßnahmen anwenden. So umgeht man Stress und auch Konflikte. Man richtet den Haushalt einfach so ein, wie man möchte, und führt ihn nach den eigenen Vorstellungen«.[26]

Die Problematik kann – auch wenn es erfahrungsgemäß eher seltener vorkommt – natürlich auch umgekehrt aussehen, wenn der Mann ordnungsliebend und die Frau chaotisch ist. Wobei ich dazu fast erwähnen muss, dass solche Männer meiner Erfahrung nach ihre monkistischen Werte oft nur auf das Äußere beziehen; auf das, was der Besucher sieht. Denn öffnet man bei ihnen auch nur eine Lade oder einen Kasten, fällt einem der ganze Krempel um die Ohren, den sie lediglich vor Besuchern versteckt, statt ordentlich weggeräumt haben. Dennoch: Auch Männer erzählen davon, wie sie sich im Bad der Ex-Freundin vor der Duschkabine grausten, beim Öffnen der Küchenkästen vor Spinnweben zurückschreckten oder vor lauter Hundehaaren und Staub beim Schlafen kaum Luft bekamen. Hygiene ist nicht einem Geschlecht vorbehalten. Aber unabhängig davon, welcher Partner der belastete und welcher der belastende ist – der Punkt ist, dass sich Singles mit dem Sauberkeits- beziehungsweise Ordnungsüberfluss oder -mangel einer anderen Person überhaupt nicht auseinandersetzen müssen. Dieses Problem entsteht erst gar nicht, weil in unserem eigenen Zuhause alles genau nach unserer Nase läuft. Wir müssen niemandem beibringen, das und das so oder so zu machen, nur um dann festzustellen, dass die Information beim einen Ohr hinein und beim anderen genauso schnell wieder hinausgeflutscht ist.

Davon abgesehen hat man als Single den weiteren Vorteil, dass die Wohnung ohnehin seltener geputzt werden muss. Jetzt bitte keine Vorurteile, mir ist eine saubere Wohnung durchaus wichtig. *Aber*: Zum einen entsteht weniger Dreck, wenn nur eine Person in einer Wohnung lebt. Zum anderen macht es einen Unterschied, ob man das Heim für sich selbst sauber halten möchte oder für Besuch. Man wird für andere immer penibler sein als für sich selbst, weil man ja einen guten Eindruck machen möchte. Da man als Single nicht mit täglichem Besuch rechnen muss, darf es ruhig mal ein paar Tage länger dauern, bis man wieder den verhassten Staubsauger auspackt. Einem Single entgeht in jeder Hinsicht, den Haushalt betreffend, unfassbar viel Arbeit sowie Ärger; vor allem kann man sich jederzeit absolut sicher sein, dass man seine Wohnung wieder genau so vorfinden wird, wie man sie verlassen hat.

WARUM MAN SCHWIEGERMONSTER NICHT VERMISST

Ein Freund kommt selten allein. Hat man einen Partner, bekommt man seine Freunde und Familie gleich gratis mitserviert. Man kann Glück haben und in diesen Menschen die Familie finden, die man sich immer gewünscht hat; man kann sich wunderbar mit ihnen verstehen und vollkommen freiwillig Zeit mit ihnen verbringen. Das ist leider nicht immer der Fall. Hat man weniger Glück, kann es schon vorkommen, dass sich der Magen jedes Mal zusammenzieht, wenn die Schwiegermutter anruft, um ihren Sohn zu betüddeln, oder wenn er wieder mal auf die Idee kommt, gemeinsam seine Familie zu besuchen. Und das sind die Beispiele, an die Sie denken sollten, wenn Sie beim nächsten Mal Ihre vergebene Freundin um ihren Schwiegertochter-Status beneiden.

Man glaubt, das »Schwiegermonster« sei ein Klischee. Ein ausgereizter, gnadenlos übertriebener Stereotyp, made by Hollywood. Das mag zwar sein, aber den meisten Klischees liegt zumindest ein Fünkchen Wahrheit zugrunde. Und Schwiegereltern-in-spe, die einem das Blut in den Adern gefrieren lassen, gibt es mehr als genug auf dieser Welt. Angefangen mit relativ harmlosen Exemplaren, deren Leben einfach langweilig ist und die auf Grund dessen auf die Unterhaltung durch ihren Sohn und seine Freundin angewiesen sind.

Diese rufen viel zu regelmäßig an, hören ungern auf zu reden und erwarten prinzipiell, dass das junge Paar nichts lieber täte, als den Großteil seiner freien Zeit, einschließlich aller möglichen Feiertage, ausschließlich mit den (Schwieger-)Eltern zu verbringen. Schwiegermütter, die einfach vor der Tür des Pärchens aufkreuzen, sich selbst zu dessen Urlaub einladen oder immer und überall auf ihre Mama-Sohn-Zeit bestehen, gibt es häufiger, als man glaubt. Genauso sind Schwiegermütter, welche die Freundin des Sohnes über Monate und Jahre hinweg siezen, kein Mythos. Aber es geht krasser auch.

Tanjas Schwiegereltern haben eine Landwirtschaft, um die sich heute der Sohn kümmert. Das Mama-Kind aus ihm zu entfernen ist allein schon deshalb schwierig, weil er selbst kein Problem damit hat, zweimal am Tag von Mama angerufen zu werden oder Mamas Einmischen in diverse Themen, die sie eigentlich nichts angehen, zu akzeptieren. Seine Mutter behandelt ihn wie ein Kind, dem man hinterherlaufen muss – was ihn natürlich nicht gerade dazu motiviert, selbstständig zu werden. Zusätzlich passt es der Schwiegermutter ganz und gar nicht in den Kram, dass Tanja nicht das geringste Interesse daran hat, im familiären Stall mitzuarbeiten. Tanja will keine Bäuerin sein, was ihr Freund von Anfang an wusste. Seine Eltern machen ihr das Leben diesbezüglich aber alles andere als leicht. So darf sich Tanja immer wieder und noch nach Jahren unterschwellige Kritik in Form von scheinheiligen Fragen und Andeutungen anhören, die ihr durch die Blume klarmachen, dass sie sich gefälligst an der Erhaltung der Landwirtschaft beteiligen sollte. Selbst in Form von Präsenten hat sie diese »zärtlichen« Stupser der Schwiegereltern schon erhalten, die der Schwiegertochter ein Geschenk verpackt in einen Schubkarren, einen Heuballen und Gummistiefel präsentierten.

Sophie, damals Anfang 20, hat es noch schlimmer erwischt. Sie war so ganz und gar nicht das, was sich die Mutter ihres Ex-Freundes für ihren Jungen vorgestellt hatte – was die Mutter dazu veranlasste, dem armen Mädchen das Leben zur Hölle zu machen. Statt die Freundin des Sohnes herzlich willkommen zu heißen oder zumindest halbwegs freundlich zu begrüßen, wenn sie zu Besuch kam, verhielt sie sich bis zum Ende der Beziehung distanziert und sprudelte nur so vor versteckten Vorwürfen und implizierten Beleidigungen. Sie erklärte dem Mädchen vorwurfsvoll, wie genau sie für den Sohn eine Gemüsesuppe zu kochen hatte, und kam provokant zu Besuch, um die Wohnung des Paares richtig zu putzen – wofür

Sophie ihres Erachtens nicht fähig genug war. Subtile und weniger subtile Kritik standen sowieso bei jedem Besuch auf der Speisekarte. Abwertende Aussagen wie »Willst du wirklich noch einen zweiten Knödel essen? Willst du nicht auf deine Linie achten?« durfte sich Sophie anhören, ehe sie extra genüsslich den zweiten Knödel auf die Gabel spießte und ein freundliches Lächeln aufsetzte. Hintenrum erfuhr sie auch noch, dass das Schwiegermonster in Vieraugengesprächen mit ihrem Sohn die Wahl des jungen Mannes explizit infrage stellte.

Doch selbst dieses Monster lässt sich toppen. Mir ist sogar eine Schwiegermutter bekannt, die zur Hochzeit ihres Kindes provokativ Schwarz tragen wollte, zum Zeichen der Trauer. Ob Hollywood-inspiriert oder nicht – anscheinend geschieht es auch im echten Leben, dass sich in gewissen Fällen zukünftige Schwiegereltern vollkommen irrational, ungerecht und einfach nur bösartig verhalten.

Selbst Schwiegereltern-in-spe, die es eigentlich gar nicht böse meinen, können Schäden verursachen, welche sich noch Monate oder Jahre später auf die Psyche der potenziellen Schwiegertochter auswirken. So lernte beispielsweise meine Freundin Mia den Vater ihres ehemaligen Freundes unter so unglücklichen Umständen kennen, dass sie sich von diesem Erlebnis nie wirklich erholte. Beim gemeinsamen Mittagessen wurde sie von ihm darüber ausgefragt, wie oft sie denn ihre Familie bekoche und was ihrer Ansicht nach ihre schlechtesten Eigenschaften seien. Darüber hinaus stellte er ihre beruflichen Entscheidungen infrage, und sie fühlte sich, als säße sie bei einem Bewerbungsgespräch mit einem stählernen Gegenüber, das nur darauf wartete, von ihr genau die falsche Antwort auf seine provokativen Fragen zu bekommen. Von der ersten bis zur letzten Minute des Treffens wurde sie von ihrem Schwiegervater-in-spe gelöchert, gegrillt und flaniert, bis ihr Selbstbewusstsein in tausend Stücke zerschmettert worden war, sodass sie nach zwei Stunden auf zittrigen Beinen nach Hause ging. Zur Ehrenrettung ihres Schwiegervaters betont sie glücklicherweise, dass sich diese Erfahrung danach nicht wiederholte und im Gegenteil alles getan wurde, um dafür zu sorgen, dass sich Mia in der Familie ihres Freundes wohlfühlte. Trotzdem: Wenn das Kennenlernen der Eltern so kritisch abläuft – zu einem Zeitpunkt, wo die Beziehung zu ihrem Sohn ohnehin noch relativ neu ist und man sich daher speziell verwundbar fühlt –, lassen sich diese Schäden nur schwer wieder reparieren.

Auch der Freundeskreis des Göttergatten kann einer Frau schnell das Gefühl geben, unerwünscht, irrelevant oder nicht gut genug zu sein. Hier spielen Alter und Reifegrad natürlich eine große Rolle, auch wenn es wohl in jedem Alter schwarze Schafe gibt. Ist der Freund noch in seinen 20ern, kann es schon relativ leicht zu dem einen oder anderen nicht allzu erfolgreichen Event kommen. Der Partner einer Bekannten von mir, um nur ein Beispiel zu nennen, hatte ja gute Absichten, als er sie in seinen Freundeskreis inkludieren wollte. Doch unter »Ich möchte, dass du mitkommst, denn ich will dich meinen Freunden vorstellen« hatte sie eigentlich nicht verstanden, dass er sie, ohne sie jemandem vorzustellen, mitten im Raum abstellen und sich mit seinen Freunden in einen anderen Raum verziehen würde; nur um zwei Stunden später wiederzukommen und sich im Nachhinein bei ihr darüber zu beschweren, dass sie zu introvertiert sei.

Stellt sich die Frage: Wofür das alles? Warum sollte ich mir das antun? Als Single kann ich meine Abende mit Menschen verbringen, die mir wichtig sind und von denen ich bereits weiß, dass sie gerne mit mir zusammen sind. Ich muss mich nicht verstellen, um dazuzugehören. Ich muss mir keine Sorgen darüber machen, ob sie mich mögen oder verabscheuen werden. Ich brauche mir nicht darüber den Kopf zu zerbrechen, was sie sich wohl über mich denken und was sie folglich meinem Freund einreden könnten. Ich kann einfach ich selbst sein. Und sorglos den Abend genießen. Mit meinen Freunden. Meiner Familie. Menschen, die mich niemals exkludieren, mit kritischen Blicken mustern oder bis auf die Knochen zersetzen würden. All diese endlosen Sorgen, ob man sich wohl mit der Familie und den Freunden eines Mannes verstehen wird, bleiben mir erspart. Und Ihnen auch. Seien Sie froh! Niemand zwingt Sie, Zeit mit Leuten zu verbringen, die Ihnen den Tag ruinieren. Niemand zwingt Sie überhaupt zu irgendetwas. Sie suchen sich Ihre Gesellschaft selbst aus und müssen absolut niemanden beeindrucken.

WIE KARRIEREHEMMEND BEZIEHUNGEN SIND

Die Liebe ist wie ein kleiner Holzwurm, der ungehörig früh damit beginnt, sich kaum merkbar in die Karriereleiter zu fressen, ehe er langsam, doch stetig – manchmal auch rasant und fatal – zuerst die effiziente Arbeit, folglich die Effektivität der Tätigkeit und schließlich den Erfolg behindert. Das fängt bereits beim Kennenlernen eines potenziellen Partners und der anfänglichen Verliebtheitsphase an: Sie treffen jemanden, der ihnen gehörig den Kopf verdreht. Grundsätzlich ja ein herrliches Gefühl. Doch auf einmal ertappen Sie sich dabei, wie sich Ihre Gedanken selbstständig machen und Sie nur noch an ihn denken statt an das, woran Sie denken sollten. Dabei ist es egal, in welch hoch konzentrierte und zeitsensible Arbeit Sie gerade vertieft sein mögen. Der Holzwurm, der Ihnen Herzchen in die Augen zaubert, diskriminiert nicht. Ihm ist es völlig gleich, ob Sie eine Deadline haben. Alles, was ihn interessiert, ist das Objekt Ihrer (beziehungsweise seiner) Begierde. Er wird Sie von jeder noch so wichtigen Arbeit ablenken und in die luftigen Höhen der Tagträumerei entführen, sobald Sie den möglichen neuen Partner halbwegs gern gewonnen haben. Machen Sie gerade eine Ausbildung, die Ihre volle Aufmerksamkeit erfordert, beansprucht der liebeswütige Wurm rasch einen Großteil der Zeit, die Sie eigentlich für Ihre Bücher eingeplant haben; und wenige Wochen später sitzen Sie vor einem Stapel nicht gelesener Werke und Skripte, die Sie längst verinnerlicht haben sollten. Stehen Sie bereits mit beiden Beinen mitten im Berufsleben, sind die Folgen längerer Konzentrationsschwäche und folgenden Aufholbedarfs gleich um eine Liga schwerwiegender. Nun riskieren Sie nicht »nur« schlechte Noten, sondern ganz andere Konsequenzen, wenn Sie Ihrer Arbeit nicht mehr so nachgehen können, wie Sie es gerne tun würden und wie es Ihr Chef von Ihnen erwartet.

Doch fröhliche Tagträume sind im Grunde noch harmlos, verglichen mit dem Masochismus, den die Anfangsphase einer möglichen neuen Beziehung gerne mit sich bringt. Viel ist vonseiten der anderen Person nämlich nicht nötig, um einen angenehmen Seelenstreichler in emotionales Gemetzel zu verwandeln. Warum? Weil Sie sich selbst mit Fragen löchern, die Sie ohnehin nicht zu Ihrer Zufriedenheit beantworten können. Will er mich? Will er mich nicht? Sieht es vielleicht nur so aus, als ob er mich will, obwohl er mich in Wirklichkeit nicht will, zumindest für nichts Ernstes? Wie wird es weitergehen? Ist er zu alt? Ist er zu jung? Könnte ich wirklich damit leben, dass …? Was, wenn er das oder das über mich herausfindet? Wird er mich so akzeptieren, wie ich bin? Was wäre, wenn ….? Und überhaupt, wieso schreibt er nicht? Vor allem, wenn wir schon die eine oder andere Enttäuschung hinter uns haben, machen wir Frauen uns am Anfang einer Kennenlernphase endlose Gedanken darüber, was dies oder das bedeuten könnte, ob wir wohl wirklich alles richtig interpretieren, ob wir nicht einfach nur naiv sind und ob wir uns seine Zuneigung vielleicht sowieso nur einbilden – was sich ja auch nicht so selten als wahr herausstellt. Und es gibt nichts Erfolghemmenderes, als ständig von Fragen, Sorgen und Ängsten, die im Kopf umherspuken, abgelenkt zu werden. Von der täglichen Arbeit und von den kurz- wie langfristigen Zielen. Es kann überraschend wenige Tage oder Wochen dauern, um eine zufriedene und fleißige Arbeitsbiene zu einem nervlichen Wrack zu degradieren, das sich den Kopf über ihre eigene Dämlichkeit und Gutgläubigkeit zerbricht und sich einfach nur wünscht, sie hätte sich erst gar nie Hoffnungen gemacht.

Selbst, wenn aus dem Geflirte tatsächlich eine langfristige Beziehung wird, ziehen sich die brutalen Beißerchen des Holzwurms nicht zurück. Im Gegenteil; jetzt haben sie einen noch fundamentaleren Einfluss auf die Karriereleiter. Schließlich haben Sie einen Traum. Einen Wunsch. Eine »Ideal-Karriere«. Das ist die eine Laufbahn, die Sie sich beruflich für sich besser vorstellen können als jede andere; vielleicht die Aufgabe, von der Sie schon als Kind geträumt haben. Sei es, dass Sie Journalistin werden wollen, Ärztin, Sängerin, Regisseurin, Sportlerin; oder dass Ihnen eine ganz bestimmte Firma am Herzen liegt, in deren modernem verglasten Eckbüro im obersten Stock Sie sich in Ihren Träumen emsig in die Tasten klackend und Unmengen an Kaffee schlürfend sitzen sehen. Oder es ist das Gegenteil der Fall, und Sie haben nicht die geringste Ahnung, was Sie beruflich mit Ihrem Leben anstellen wollen, weil Sie so viele Interessen haben und bisher einfach nicht zu der Kreuzung gelangt sind, an der Ihnen klar geworden ist, welchen Weg Sie am liebsten einschlagen möchten. Vollkommen egal, aus welcher Richtung Sie kommen – wenn es um die Karriere geht, sind Sie in jedem Fall als Single besser dran. Und dabei geht es meiner Ansicht nach gar nicht mal um die Zeit, die Sie als Single im Gegensatz zu Pärchen zur Verfügung haben und in die Karriere stecken können. Immerhin braucht auch ein Single seine Freizeit und sollte nicht sein ganzes Leben dem Beruf verschreiben.

Es geht hier eher um Opfer, die diesbezüglich häufig erbracht werden müssen, wenn es einen Partner gibt. Manche Pärchen haben das Glück, ihren Traumjob in derselben Stadt zu finden oder aufzubauen. Wie viele in diese glückliche Gruppe fallen, mag nach diversen demografischen Faktoren variieren, aber ich persönlich kenne nicht viele Paare, bei welchen das Thema Beruf und, damit zusammenhängend, Wohnort überhaupt nie eine Rolle gespielt hat. Ich habe eher das Gefühl, dass heutzutage immer mehr Menschen in Partnerschaften mit dieser Problematik zu kämpfen haben und sich früher oder später in der unangenehmen Situation wiederfinden, sich die ultimative Frage stellen zu müssen. Die essenzielle, geladene, kritische, gefährliche, möglicherweise beziehungstödliche Frage: Was ist wichtiger, Beziehung oder Karriere?

Unzählige Menschen geben für ihre Beziehungen vieles auf, was ihr Leben ausmacht. Wohnort, Job, Freunde, Familie. Weil der Partner woanders lebt, einen Job in einer anderen Stadt angeboten bekommt oder sich aus sonstigen Gründen an einem neuen Ort verwirklichen will; der Komparativ dazu wäre ein anderes Land, der Superlativ ein anderer Kontinent, was beides bereits bei mir bekannten Pärchen vorgekommen ist und nicht gerade rosig geendet hat. Am neuen Wohnort steht derjenige, der seinem Partner gefolgt ist, im schlimmsten Fall mit leeren Händen da – ohne Arbeit, ohne Freunde, ohne Routine, vielleicht höchstens mit einem Stadtplan in der Hand. In solchen Situationen frage ich mich schon des Öfteren, ob diese Menschen es denn jemals wirklich verkraften werden, die ganze Heimat samt allem, was dazugehört, für eine andere Person geopfert zu haben. Das Gleiche gilt auch umgekehrt, wenn sich der Partner weigert, mitzugehen, und der andere seine große Chance aufgibt, um bei ihm zu bleiben. Ein beruflich erfüllter Mensch kann seinen Partner doch sicher glücklicher machen als jemand, der ihm bewusst oder unbewusst Vorwürfe dafür macht, wegen ihm eine große Chance verpasst zu haben. Genauso wie ein heimatverliebter Mensch seinen Partner gewiss glücklicher machen kann, wenn ihm nicht fast alles, was ihm am Herzen liegt, durch einen Umzug weggenommen worden ist.

Meine Kollegin Astrid ist der Situation, die eigenen Träume für ihren Partner opfern zu müssen, zum Glück rechtzeitig entkommen. Der junge Arzt hatte vor, eine ihm angebotene Arztpraxis zu übernehmen, die nicht in Astrids Heimatstadt angesiedelt war, sondern in einem Geisterstädtchen, ein paar Autostunden entfernt … Autostunden durch die Berge und Wälder, vorbei an Klippen und Hängen, bis man zu dem Ort gelangte, den nicht mal ein Zug erreicht hat; der zwar wunderschön für einen Wochenendbesuch, aber für einen Stadtmenschen keinesfalls ein Ort zum Leben war. All das war ihr ein Dorn im Auge, doch nicht ihm. Die Arztpraxis war dort, also würde er auch bald dort leben. Und sie würde dort mit ihm hinziehen, nicht wahr? Im ersten Moment wusste sie überhaupt nicht, was sie sagen sollte, denn mit diesem Überfall hatte sie nicht gerechnet. Doch als der Überraschungsmoment vorüber war und sie etwas Zeit hatte, um ernsthaft darüber nachzudenken, was er da von ihr verlangte, wurde ihr erst klar, wie sehr sie sicher *nicht* in diese gottverlassene Ortschaft ziehen würde. In ihrer Heimatstadt hatte sie ihren Job, ihre Freunde, ihre Familie, ihre Wurzeln. Auch er hatte in derselben Stadt bereits seit Jahren sein Leben aufgebaut. Tatsächlich war das Einzige, was das Städtchen hinter den sieben Bergen ihrer Ansicht nach zu bieten hatte, die Arztpraxis – welche eine großartige Chance für ihren Freund bot, gar kein Zweifel. Schon lange hatte er davon geträumt. Doch das war's. Eine eigene Arztpraxis, dazu ein paar Hügel, Wald- und Weidetiere und etwa 20 andere Einwohner. (Das ist jetzt natürlich leicht ironisch untertrieben, aber Sie wissen, was gemeint ist. Dort kannte sich jeder und jede beim Namen. Also gut, so untertrieben ist es wohl auch wieder nicht.)

Und wie ging die Geschichte weiter? Nun, es war letztendlich ein unlösbares Problem, und irgendwann fand Astrid die Kraft, aufgrund der unüberbrückbaren Differenzen mit Tränen in den Augen die Reißleine zu ziehen. Denn sie konnte noch so sehr an ihrem Freund hängen; sie wusste, dass sie bei den Kühen und Schafen ohne alles, was ihr in ihrem Leben wichtig war – mit der einen Ausnahme ihrer Partnerschaft – unmöglich langfristig glücklich werden konnte. Deshalb sah sie keine andere Möglichkeit, als die Beziehung zu beenden, um beiden ein problematisches Leben zu ersparen.

Diese Anekdote soll aufzeigen, wie konfliktgeladen das Thema Karriere in einer Partnerschaft sein kann, und dass unterschiedliche Vorstellungen der beiden Partner diesbezüglich in jedem Fall dazu führen, dass mindestens einer ein nicht zu unterschätzendes Opfer bringen muss. Und egal, wer in diesem Fall für wen das Opfer erbracht hätte – einer von beiden hätte die Entscheidung früher oder später bereut. Wäre Astrid mit ihrem Freund gegangen, hätte sie fast alles verloren, was ihr wichtig war. Wäre er bei ihr geblieben, hätte er seinen Traum nicht verwirklichen können. Im Nachhinein ist sie daher sehr froh darüber, dass alles so kam, wie es gekommen ist. Denn sie hätte nicht dafür verantwortlich sein wollen, dass er das Leben und die Karriere aufgab, welche er sich erträumt hatte. An alle Rosa-Brille-Verfechter gewandt möchte ich an dieser Stelle noch hinzufügen, dass ihre beste Freundin, die in einer ähnlichen Situation die gegenteilige Entscheidung getroffen und ihrem Partner zuliebe Heimatort samt Job aufgegeben hatte, Astrid zu ihrem Entschluss Folgendes zu sagen hatte: »Ich wünschte, ich hätte deine Stärke.« Ich denke, diese Reaktion spricht für sich.

Karriere und Liebe sind leider zwei Themen, die sich gegenseitig gewaltig im Weg stehen können. Dabei geht es bei dem Wort »Karriere« meiner Ansicht nach weder um Geld noch darum, ein Workaholic sein zu wollen, dessen Leben sich um nichts anderes als die Arbeit dreht. Es geht darum, seinem Traum zu folgen. Ihn zu verwirklichen. Das zu erreichen, was man schon immer erreichen wollte. Eine Arbeit zu finden, die einen erfüllt, erfreut und jeden Morgen motiviert aufstehen lässt. Es geht darum, mindestens 40 Stunden pro Woche mit einer Tätigkeit zu verbringen, die man gerne tut, die einem ein Lächeln statt Tränen, Ärger oder Frust ins Gesicht zaubert. Ich denke, das ist ein durchaus respektables, verständliches Ziel im Leben eines Menschen; speziell, wenn man bedenkt, dass die Arbeitszeit heutzutage ja generell eher maximiert als minimiert wird. Diese Zeit sollte man schon so froh wie möglich verbringen; idealerweise sollte man den eigenen Job wirklich lieben. Hat man das geschafft, hat man – meiner Meinung nach – seinen Karrieretraum verwirklicht. Und einen solchen Traum für eine Beziehung aufzugeben ist ein gewaltiges Opfer. Ein Opfer, das sich als äußerst destruktiv erweisen und einen nicht zu unterschätzenden Effekt auf das eigene Leben haben kann. Der Partner allein kann das Glück, das eine zufriedene Arbeitssituation mit sich bringt, schließlich niemals 100-prozentig ersetzen. Wenn man weder mit seinem Wohnort noch mit seinem Job glücklich ist, wird auch eine noch so gute Beziehung kaum die fehlende Zufriedenheit des Alltagslebens und der Umstände wettmachen.

Seine eigenen beruflichen Wünsche für die seines Partners zurückzustecken ist höchstens dann nicht glücks- und beziehungsgefährdend, wenn man ohnehin nicht genau weiß, was man möchte, und bereit ist, an welchem Ort auch immer mit der Suche anzufangen. Aber im Normalfall hat doch jeder einen Wunschtraum – beziehungsweise in unserem Alter bereits einen festen Job, den er sich hart erarbeitet hat und nicht unbedingt aufgeben möchte. Unter diesen Umständen wird es schon deutlich schwieriger. Beziehung oder Karriere? Was ist die Priorität? Ist es die Karriere, wird die Beziehung darunter leiden. Ist es die Beziehung, wird die Karriere darunter leiden. Sind beide gleich wichtig, wird man sich im Tornado der miteinander in Konflikt stehenden Prioritäten selbst nicht auskennen – was die Situation auch nicht gerade entschärft. In jedem Fall ist man in mindestens einem Bereich seines Lebens, wenn man eine solche Entscheidung zu treffen hat, nicht so glücklich und erfüllt, wie man es sein könnte und wie man es sich wünschen würde.

Dieses Problem haben Sie als Single nicht. Sie müssen sich gar nicht erst entscheiden zwischen unglücklicher Fernbeziehung und unglücklichem Berufsleben. Das hat auch ein 41-jähriger Singleherr in meinem Bekanntenkreis erkannt, der ausgesprochen gerne single ist: »Die Vorteile [des Singlelebens] sind besonders mit meinem Job verbunden. Da mein Job und eine Beziehung sehr schwer zu kombinieren sind, ist es zur Zeit eh gut so [single zu sein].« Regelmäßiger Kontakt mit fremden Damen und ein zu allen Tages- und Nachtzeiten klingelndes Handy sind aus seiner Arbeit unmöglich wegzudenken, hätten jedoch einen vernichtenden Effekt auf jede Partnerschaft – wie er aus Erfahrung weiß. Doch sein Beruf liegt ihm so sehr am Herzen, dass er nun lieber im Vorhinein auf eine feste Bindung verzichtet, als Karriere und Beziehung miteinander in Konflikt treten zu lassen und die Partnerin durch sein arbeitsfokussiertes Leben zu verletzen. Er steht zu seiner Absicht, single zu bleiben, und stellt eindeutig klar, »dass ich lieber single bin – mit diesem Leben, das ich jetzt führe, beziehungsweise mit diesem

Job, den ich habe«. Einem 44-jährigen Singleherrn geht es ähnlich: »Ich habe nicht genug Zeit für eine Beziehung. Ich arbeite sehr viel und ich bin sehr viel unterwegs.« Auch ein mir bekannter Single in seinen späten 20ern würde seinen Job um nichts in der Welt für eine Beziehung aufgeben. Seine Ex-Partnerin verlangte vom ersten Tag an, dass er sich einen anderen Job sucht. Nicht zuletzt deshalb, weil sie von 8 bis 17 Uhr im Büro saß und damit immer zur selben Zeit Feierabend hatte, während seine Arbeitszeiten deutlich flexibler waren und er auch des Öfteren an Abenden und Wochenenden gebraucht wurde. Das war ein großes Problem, denn sie hätte sich nach ihrem Arbeitstag Pärchenzeit gewünscht, die er ihr aber nicht garantieren konnte, weil er auch abends für seinen Chef erreichbar sein musste und sein wollte. Er weigerte sich, seine Arbeit für sie hintanzustellen; wie gesagt, sie ist nun seine *Ex*-Freundin. Und er ist nach wie vor überglücklich in seinem Beruf und bereut seine Entscheidung nicht im Mindesten. Der Beruf hat für viele glückliche Singles einen Stellenwert, den die Vorstellung einer Beziehung im Vergleich eben nicht hat.

Das kann ich gut verstehen, denn ein glückliches Berufsleben ist ja nicht so mir nichts, dir nichts zu erreichen; es ist alles andere als die Norm. Wenn man sich nun tatsächlich seinen Traum erfüllt und ein Arbeitsleben gefunden hat, welches man liebt und schätzt, sollte man es meines Erachtens nicht bedenkenlos für eine andere Person wieder aufgeben. Nicht, wenn das Opfer völlig einseitig erbracht werden müsste und von der anderen Seite vielleicht nicht einmal großartiges Verständnis aufgebracht wird. Schließlich verbringen wir den Großteil unserer Woche mit unserem Job. Abgesehen davon ist es ja so, dass man sich auf eine Karriere schon ein bisschen besser verlassen kann als auf eine Beziehung. Über die eigene Arbeit und den beruflichen Erfolg hat man meist schon eine gewisse Kontrolle, während man nie wirklich wissen kann, welchen mentalen oder emotionalen Weg der Partner zu jedem gegebenen Zeitpunkt einschlagen könnte. Daher ist es ganz objektiv und logisch betrachtet für mich der sicherere Weg, glücklich zu sein, als sich auf die unberechenbaren und oft unbeständigen Gefühle eines anderen Menschen zu verlassen. Das mag misstrauisch klingen, aber es ist die Wahrheit.

Ich kenne genug Leute, deren Zukunft als Paar nicht unwahrscheinlich früher oder später die Frage aufwerfen wird, ob und zu welchen Bedingungen sie mit ihrem Partner den Wohnort wechseln werden. So etwas betrifft mich als Single jedoch nicht. Ich muss niemandem folgen. Ich muss mit niemandem diskutieren. Ich kann tun und lassen, was ich möchte. Und zwar ohne jedes schlechte Gewissen. Und diese Freiheit genieße ich aktiv, jeden einzelnen Tag. Macht mein Berufsleben maßgebliche Veränderungen durch, muss ich dafür niemanden konsultieren außer mir selbst. Ich kann die Faktoren abwägen, die mir wichtig sind – einschließlich meiner Freunde und Familie. Aber die Entscheidung kann ich alleine treffen, denn ich bin nicht gebunden. Ich muss keine Sekunde darüber nachdenken, ob ich spontan beruflich für ein paar Wochen wegfliegen kann oder nicht. Denn was hält mich zurück? Nichts und niemand. Meine Karriere kann jeden Weg einschlagen, den ich möchte – der einzige, und allereinzigste, Aspekt, den ich dabei beachten muss, ist: Will ich das denn? Ist das die Karriere, die ich möchte? Würde mich das glücklich machen? Ich muss mich nicht fragen: Aber was ist mit meiner Beziehung? Ich kann doch nicht einfach für Wochen am Stück weg sein, das würde der Beziehung schaden. Ich kann nicht woanders hinziehen. Was ist mit meinem Freund? Wäre er damit einverstanden? Würde er mitziehen? Und wenn ja, würde er mir das später vorhalten? Würde diese Entscheidung irgendwann unsere Beziehung zerstören? Die Tatsache, dass ich ihn von seinem Leben, seinem Beruf, seinen Freunden weggezerrt hätte?

Fragen über Fragen, eine furchteinflößender als die andere, denn wir wollen unseren Partner ja nicht verlieren. Und schon wird das ekstatische High, das uns eine Karrierechance gibt, zu einem kleinen, verkorksten, in unbeantwortbare Fragen verwickelten Knäuel zusammengestampft, das uns keine Freude mehr, sondern nur noch Sorgen und ein schlechtes Gewissen macht. Auch im Falle einer bereits bestehenden Karriere schleichen sich diese Fragen ein, wenn der Beruf nicht beziehungsförderlich ist – während Ihnen als Single jedoch alles weit offen steht. Sie können das tun, was Sie möchten. Sollte Ihnen ein Angebot ins Haus flattern, von dem Sie begeistert sind, müssen Sie sich keine Lösungsvorschläge und Kompromisse ausdenken. Sie können einfach nur die Augen aufreißen, sich dumm und dämlich freuen und voll überzeugt »Ja!« sagen.

Die Tatsache, dass Sie an keinen Partner gebunden sind, sollten Sie diesbezüglich unbedingt auskosten. Nicht zuletzt, weil es unabdingbar ist, als Single ein erfülltes Berufsleben zu haben. Eine wesentliche Voraussetzung dafür, als Single glücklich sein zu können, ist es, dass die anderen (nicht partnerschaftlichen) Aspekte Ihres Lebens Sie nicht unglücklich machen. Denn wenn Sie Ihre Arbeit unglücklich macht, wird dies Ihre Allgemeinverfassung beeinflussen; es wird Ihnen fast unmöglich sein, sich in Ihrem Singledasein halbwegs zufrieden zu fühlen, weil Sie eine negative Grundeinstellung zu Ihrem ganzen Leben haben. Da Sie einen Großteil Ihrer Zeit mit Ihrer Arbeit verbringen, muss die Arbeitssituation schon passen, wenn Sie eine Chance haben wollen, ein glücklicher Mensch zu sein. Also seien Sie mutig. Fragen Sie sich, ob Ihr Beruf Sie erfüllt. Wenn nicht, überlegen Sie sich ernsthaft, dem nachzugehen, was Sie erfüllen würde. Schließlich werden Sie noch einige Jahrzehnte lang arbeiten. Und Single oder nicht, wollen Sie diese Zeit wirklich in einem Job verbringen, für den Sie jeden Morgen unfreiwillig aufstehen? Ich wollte das nicht, daher habe ich meinen Karrierewagen in eine andere Richtung gelenkt; ich habe die Projekte abgeworfen, die mir keine Freude bereiteten, und mich auf die konzentriert, an welchen ich gerne arbeitete. Und innerhalb von wenigen Monaten fand ich mich in einer beruflichen Situation, die mich morgens gern aufstehen und an die Arbeit gehen ließ. Ich will Ihnen natürlich nicht einreden, Ihren Job zu kündigen, ohne eine Alternative parat zu haben, mit der Sie Ihr Leben finanzieren können. Aber Ihnen stehen alle Türen offen. Sie sind der Entscheidungsträger in Ihrem Leben – der einzige Entscheidungsträger. Sie müssen Ihre Pläne nicht mit einem Partner abstimmen. Wenn Sie in Ihrer aktuellen Position nicht zufrieden sind, denken Sie über eine Veränderung nach. Sehen Sie sich um; sei es in der aktuellen Firma oder auf diversen Jobportalen. Sie können sich bewerben, wo Sie wollen. Sie können jede Chance nutzen, die sich Ihnen bietet. Sie sind frei, umzuziehen, wenn es der Job verlangen sollte und Sie dafür offen sind. Selbst, wenn Sie überhaupt nicht mehr angestellt sein und stattdessen den Traum der Selbstständigkeit verwirklichen wollen – tun Sie es jetzt! Als Single haben Sie die Zeit, neben Ihrem Brotjob etwas Selbstständiges aufzubauen. Sie können Ihre Mühen und finanziellen Mittel auf sich selbst, auf Ihren eigenen Traum konzentrieren. Worauf warten Sie noch?

WIE MAN SELBST ZUM MITTELPUNKT SEINES LEBENS WIRD

Oscar Wilde sagte einst: »Ehe ist gegenseitige Freiheitsberaubung in beiderseitigem Einvernehmen.« Zugegeben, das klingt relativ zynisch. Doch nach langem Nachdenken komme ich zu dem Schluss, dass es sich in Wirklichkeit lediglich um die provokative Formulierung einer wahren Tatsache handelt; dafür hatte Wilde einfach ein Händchen. Die Wahrheit ist: In einer Partnerschaft dreht sich Ihr Leben nicht um Sie, sondern um jemand anderen – darum, den anderen glücklich zu machen, Kompromisse zu finden, eigene Wünsche zurückzuschrauben, um für seine Platz zu machen.

Zusätzlich ist ein Partner – den Worten vergebener Damen zufolge – in vielerlei Hinsicht jemand, um den man sich kümmern muss. Sofern der Mann nicht außergewöhnlich selbstständig ist und lange allein gelebt hat (und nicht mal das ist eine Garantie), wird man als Frau schnell in die Rolle der Mama und Organisatorin rutschen. Derjenigen, die kocht, die einkauft, die putzt, die Termine koordiniert; derjenigen, die den Mann daran erinnert, seine Gutscheine einzulösen, bevor sie ablaufen; derjenigen, die ihn dazu bewegt, auf seine Gesundheit zu achten; und in manchen Fällen sogar derjenigen, welche die Finanzen im Griff hat. Wie oft hört man von Frauen, dass sie in Wirklichkeit statt eines Partners ein großes Baby zu Hause haben? Nicht umsonst kursieren diverse Sprüche durchs Netz: »Männer werden sieben. Danach wachsen sie nur noch.« Oder »Männer werden nicht erwachsen, nur die Spielzeuge werden teurer.« Viele Männer haben schon einiges mit Kindern gemeinsam – speziell, wenn es um die besonders gut ausgebildete Fähigkeit geht, Instruktionen zu überhören, Bitten zu ignorieren und Chaos zu hinterlassen. Die endlosen zusätzlichen Aufgaben, welche so manche Frau in einer Beziehung sukzessive zu übernehmen beginnt, können für sie äußerst belastend sein. Vor allen

Dingen rauben sie Zeit und Nerven, die sie sonst auf sich selbst konzentrieren könnte. Eine Partnerschaft wird immer bedeuten, dass man die eigenen Bedürfnisse zum Wohl des anderen und der Beziehung auf die Rückbank steckt.

Hat der Partner nun auch noch gröbere Probleme – ist er zum Beispiel im Job unglücklich oder leidet er unter gesundheitlichen Beschwerden – und muss daher täglich emotional mit sich selbst ringen, wird auch das an der Zeit und den Nerven der Partnerin zehren. Er wird seine entsprechende Stimmung nämlich nicht nur an der Partnerin *auslassen*, sondern sie sehr wahrscheinlich mit sich in die Tiefen der Frusthölle hinunterziehen. Ein Single in meinem Bekanntenkreis erklärt: »Heutzutage sind die Menschen sehr sehr belastet, obwohl sie nicht mehr so belastbar sind. Sie haben ein sehr anstrengendes, stressiges Leben. … Die meisten Menschen können die Arbeit nicht bei der Arbeit lassen und nehmen ihre Arbeit und [ihren] Stress noch dazu mit nach Hause. Und dann, wenn der Zweite das auch noch mit nach Hause nimmt, hast du einen riesengroßen Krach und [eine] Explosion.« Ich kenne mehrere Pärchen verschiedener Altersgruppen, in deren Beziehungen der Frust des Mannes die Frau so fertigmachte, dass sie weder ein noch aus wusste und schließlich ernsthaft in Erwägung zog, die Beziehung zu beenden; nicht, weil sie ihm nicht helfen wollte, sondern weil sie ihm nicht helfen konnte. Konflikte summierten sich. Was auch immer sie tat und sagte, um ihn zu unterstützen und ihm auf jede erdenkliche Weise zu helfen – er ließ nichts davon gelten, nahm ihre Vorschläge nicht ernst, nahm ihre Ratschläge nicht an, sondern versank tiefer in seinem deprimierten Loch. So lange, bis beide Partner irgendwann tief unglücklich waren. Bei einem Pärchen führte diese Abwärtsspirale sogar fast bis zum finanziellen Ruin, weil seine beruflichen Selbstverwirklichungsprojekte eins nach dem anderen untergingen und seine Partnerin ihn mitfinanzieren musste. Die verzweifelte Aussichtslosigkeit einer Frau, die ihrem Partner nicht helfen kann, den Kampf mit sich selbst zu bestreiten, ist anfangs hauptsächlich emotionaler Natur; aber wenn sie zusätzlich zu ihrer Psyche auch noch ihre körperliche Gesundheit und/oder ihr Konto belastet, wird die Sache noch wesentlich besorgniserregender. Dennoch kommt die Frau dem Problem und dessen Konsequenzen für sich selbst nicht aus, solange sie in der Beziehung verweilen möchte. Schließlich gehören solche Risiken zu einer Partnerschaft nun einmal dazu. »In guten wie in schlechten Zeiten«, nicht wahr?

Nun, so sehr dieser Faktor auch zu einer Beziehung gehört, so wenig gehört er zum Singleleben. Liebend gerne und ohne zu zögern sind wir Singles natürlich für unsere Familie und Freunde da, sollten diese unter Problemen leiden und unsere Hilfe brauchen. Aber da es niemanden gibt, mit dessen Problemen wir tagtäglich konfrontiert sind und dessen miese Stimmung daher regelmäßig an uns ausgelassen wird, kommen wir gar nicht erst in die Situation, in der unsere eigene geistige und, wenn das Problem lange genug andauert, auch körperliche Gesundheit in ernsthafte Mitleidenschaft gezogen wird. »Mach die Probleme anderer nicht zu deinen eigenen!«, pflegte mein ehemaliger Kollege zu sagen. Klingt hart, aber im Endeffekt läuft es genau darauf hinaus – lieber allein glücklich als zu zweit unglücklich. Als Partner macht man automatisch die Probleme des anderen zu den eigenen; diese gegenseitige Stütze ist eines der Dinge, die eine Beziehung ausmachen. Als Single hat man diese Sorgen jedoch nicht, denn man hat von Grund auf im Alltag ausschließlich mit den eigenen Problemchen zu kämpfen. Solange nicht gerade die beste Freundin oder ein enges Familienmitglied Ihre ständige Betreuung braucht, können Sie sich als Single fast exklusiv um sich selbst kümmern; das heißt im befreienden Klartext: Der Zustand Ihrer eigenen Psyche ist nicht von der eines anderen abhängig.

WARUM ALL DAS NICHT BEDEUTET, BEZIEHUNGEN WÄREN DER TEUFEL

Um jeglichen Missverständnissen vorzubeugen, möchte ich einmal eindeutig klarstellen, dass ich nicht behaupte, in einer Beziehung könne man *nicht* glücklich sein. Im Gegenteil; ich denke und weiß aus eigener Erfahrung, dass eine Partnerschaft unheimlich viel Glück bringen kann, vorausgesetzt, die Partner passen halbwegs zueinander und treiben sich gegenseitig nicht die Wände hoch. Meine Absicht ist eher die, Ihnen zu zeigen, dass man nicht *ausschließlich* in einer Beziehung sein Glück finden kann. Dass das Singleleben genauso viel Freude bereithält wie das Leben in einer Beziehung und man somit auch als Single die Möglichkeit hat, ein glückliches Leben zu führen. Auch wenn es teilweise so klingen mag, geht es mir nicht darum, Beziehungen generell schlechtzumachen, sondern darum, anderen Single-Ladys Folgendes vor Augen zu führen:

1) Dass Beziehungen kein Alles-in-einem-Geschenk des Himmels mit integriertem Glücksversprechen sind. Man kann sich nicht darauf verlassen, mit einem Partner automatisch auf Dauer das ultimative Glück und den Sinn des Lebens zu finden; denn dies ist zwar eine Möglichkeit, aber definitiv keine Garantie. Tatsächlich handelt es sich dabei, in den Worten US-amerikanischer Wissenschaftler, eigentlich eher um eine Illusion, welche die fehlerbehafteten Institutionen Ehe und Nuklearfamilie am Leben erhält.[27]

2) Dass genau dieses ultimative Glück, das man sich von einer Partnerschaft gern erwartet, genauso gut durch ein zufriedenes, ambitioniertes Singleleben erreicht werden kann. Ist es eine andere Art von Glück? Natürlich. Trotzdem ist es Glück. Und ist man als Single glücklich mit sich, mit seinem Leben, seiner Wohnung, seinem Beruf, seinen Hobbys, seinen Freunden und seiner Familie, verschwindet automatisch der Alleinseinsfrust. Daher ermutige ich Sie auch dazu, dafür zu sorgen, dass Sie Ihre Wohnung genau

nach Ihrem Geschmack gestalten, dass Sie Ihren Job lieben, dass Sie Ihren liebsten Beschäftigungen nachgehen und dass Sie Zeit mit Ihren Freunden und Ihrer Familie verbringen. Passen all diese Bereiche Ihres Lebens, geht Ihnen die partnerschaftliche Beziehung gar nicht ab, weil Sie sie nicht als Glücksbringer *brauchen*. Wird es dennoch nach wie vor Momente geben, an denen Sie sich einen Partner an die eigene Seite wünschen? Ja. Vermutlich, wenn Sie sich in Gesellschaft anderer Pärchen befinden und sich ausgeschlossen fühlen. Vielleicht noch am 24. Dezember oder am 14. Februar, seit jeher emotionsgeladenen Tagen. Aber in etwa dort endet die Liste. Diese Momente kommen in Wirklichkeit herzlich selten vor. Wenn mich jemand fragt, ob ich mich denn nie nach einer Beziehung sehne, sage ich (absolut wahrheitsgetreu): »Ja. Manchmal. Aber auch nur manchmal.« Denn in 98 Prozent meines Alltags fällt mir nicht einmal auf, dass ich single bin; ich lebe einfach mein Leben, und mein Leben macht mich glücklich. Punkt. Kein Mann notwendig.

3) Dass das Singledasein, verglichen mit Beziehungen, sogar deutliche Vorzüge vorweist, die eigentlich in einem Wort zusammengefasst werden können: Freiheit. Die Freiheit, alles tun und lassen zu können, was man möchte, ohne darüber mit irgendjemandem diskutieren oder sich nach irgendjemandem richten zu müssen.

Ich persönlich genieße all die Freiheiten, die mir das Singledasein bietet, in vollen Zügen. Meine Zeit fülle ich mit meiner Arbeit sowie mit meinen liebsten Freizeitbeschäftigungen – von Treffen mit Freunden und Familie über diverse Hobbys und sportliche Tätigkeiten (wenn mir gerade danach ist), bis hin zu Stunden, in denen ich mich einfach nur entspanne; sei es mit meinen Lieblingsserien, Lieblingsbüchern oder mit guter Musik. Wider Erwarten der Rosa-Brille-Club-Mitglieder ist es definitiv nicht so, als wäre mir ohne Beziehung langweilig, als wäre ich einsam und hätte das Gefühl, ich bräuchte unbedingt einen Mann. Ganz im Gegenteil. Ich weiß genug mit meiner Zeit anzufangen und bin stolz zu sagen, dass ich meine eigene Gesellschaft sehr genieße und mich als Single selbst ganz neu kennengelernt habe. Als Single hat man die Chance, sich selbst auszuprobieren, seine eigenen Grenzen zu entdecken, neue Seiten an sich zu erblicken und so ein besseres Verständnis für die eigene Persönlichkeit sowie den eigenen Körper, die eigenen Ziele und Wünsche zu bekommen.

Genießen Sie das! Jetzt haben Sie die Zeit, alles auszuprobieren, was Sie fasziniert. Auch gern eines nach dem anderen, bis Sie herausgefunden haben, was Sie wirklich ausmacht, was Ihnen gefällt, was Ihnen Freude und Zufriedenheit bringt. Das kann jedes Hobby und Interesse genauso wie Ihre Arbeit betreffen. Sie wollten immer schon malen? Kaufen Sie sich Leinwand und Farben! Sie denken

schon ewig darüber nach, ein Buch zu schreiben? Jetzt ist die Zeit! Sie träumen schon lange vom Reiten oder wollten immer schon mal Yoga ausprobieren? Suchen Sie sich einen Reitstall oder ein Yogastudio, und legen Sie los. Sie wollen anderen helfen und spielen mit dem Gedanken, sich ehrenamtlich zu betätigen? Gehen Sie raus, und finden Sie eine Organisation, in der Sie sich wohl, nützlich und geschätzt fühlen. Sie werden sehen, es wird Sie nicht nur ablenken von allen Gedanken, die Sie als Single möglicherweise belasten. Diese Offenheit und Bereitschaft für Neues wird Ihnen auch dabei helfen, ebendiese Gedanken und Sorgen zu verarbeiten und bewusst, aktiv, voller Tatendrang die nächste Stufe Ihres Lebens zu erklimmen. Eines besseren, zufriedenen, glücklichen Lebens. Wenn Sie einmal erkannt haben (was zum jetzigen Zeitpunkt hoffentlich der Fall ist; ansonsten würde ich Ihnen dringend empfehlen, dieses Kapitel noch einmal durchzulesen), dass ein glücklicher Single kein sich selbst eingeredeter Mythos, sondern eine tatsächlich realistische, erreichbare und überlebensfähige Lebensform ist, haben Sie bereits gewonnen. Mit dieser neuen Lebensansicht wissen Sie genau, welche großartigen Chancen das Singleleben für Sie bereithält, denen Sie mit freudigen Augen entgegenblicken können. Früher oder später kommt die nächste Beziehung bestimmt. Genießen Sie bis dahin Ihre Freiheit, und finden Sie Ihr Glück – als fabelhafte Single-Lady!

3. KAPITEL

EIN BEZIEHUNGSSTATUS, DER ENDLICH GLEICHSTELLUNG VERDIENT

Nehmen Sie sich Mickie Krause zum Vorbild, der lauthals singt: »Ich bin soooooolooooo. Scheißegaaaal!« Wie Sie gesehen haben, gibt es unzählige positive Aspekte des Singledaseins, die das Leben als Single in jedem Sinn wünschenswert machen – auf jeden Fall so lange, bis die nächste Beziehung an die Tür klopft. Doch nicht nur Sie selbst sollten von Ihrem Leben überzeugt sein. Auch Ihr Umfeld – unser aller Umfeld – darf ruhig erkennen, dass der Singlestatus ein vollkommen akzeptabler und erstrebenswerter Zustand ist. Schließlich leben wir nicht im viktorianischen England, sondern im 21. Jahrhundert.

Leider gestaltet sich dieser Prozess der Erleuchtung etwas schwierig, weil Singles ab einem gewissen Alter (spätestens ab Anfang 30) von ihren kritischen Mitmenschen, deren Kritik häufig als Sorge oder pure Neugier getarnt ist, immer noch von oben herab betrachtet und beurteilt werden. Sei es nun ehrliches Mitleid oder wirkliche Kritik – diese Behandlung von der Gesellschaft ist für Singles nicht angenehm. Verstärkt wird diese Hexenjagd aber auch dadurch, dass eben so viele Singles selbst unglücklich, frustriert und deprimiert mit ihrem Singlelos sind. Die einzige Chance, die ich daher sehe, um die Art und Weise, wie wir von den Menschen rund um uns behandelt werden, maßgeblich zum Besseren zu verändern, besteht darin, selbst ehrlich und authentisch glückliche, überzeugte, selbstbewusste Singles zu sein. Der Welt auf diese Weise klarzumachen, dass man auch als Individuum wertvoll ist, nicht nur als Pärchen. Und vielleicht erreichen wir dann irgendwann, in einer weit, weit entfernten Galaxie, einmal den Punkt, an dem Singles so akzeptiert und respektiert werden, wie sie sind.

Folgendes Zitat zweier US-amerikanischer Wissenschaftler finde ich nicht nur augenöffnend, sondern wegweisend: »Enlightened citizens come to realize that you don't need to be a man to be a leader, you don't need to be straight to be normal, you don't need to be White to be smart, and you don't need to be coupled to be happy.«[28] Übersetzt heißt das so viel wie: Aufgeklärte Menschen begreifen, dass man kein Mann sein muss, um zu führen, dass man nicht hetero sein muss, um normal zu sein, dass man nicht weiß sein muss, um klug zu sein, und dass man keinen Partner braucht, um glücklich zu sein.

WIE HOLLYWOOD UNS VERARSCHT UND WARUM MÄRCHEN LÜGEN

Wenn es nach den Geschichten geht, die uns tagtäglich über diverse Kanäle eingebläut werden, sieht die Sache ja folgendermaßen aus: Von der Bücherwelt übers Radio bis nach Hollywood wird das Pärchenleben auf einen Sockel gestellt und als der einzig wahre Glücklichmacher im Leben eines Menschen zelebriert. Es ist egal, wohin man sieht, die Liebe ist allgegenwärtig: Ob man sich gemütlich in klassische oder moderne Romane vertieft, mehr oder weniger freiwillig den Radioshows über die Liebeserfolgschancen gewisser Sternzeichen oder die landesweit diskutierten Beziehungsprobleme eigentlich privater Individuen lauscht, oder der Tendenz der Filmproduzenten ausgesetzt ist, jedem, aber auch jedem Film zumindest eine kleine und selbstredend letztendlich glückliche Liebesgeschichte beizufügen. Anscheinend füllen Filme ohne Liebesaspekt nicht die Kinokassen? Wie dem auch sei, in ausnahmslos jeder gelungenen Geschichte muss auch eine Love Story vorkommen. Sei es in Form einer angeknacksten Beziehung, die sich bis zum Ende wieder flicken lässt, einer gerade erst aufkeimenden und komplett neuen Liebe, oder auch mal einer zerbrochenen Partnerschaft, die schließlich durch eine neue ersetzt wird. Es wirkt, als hätte Hollywood es sich zur Lebensaufgabe gemacht, die ganze Welt dazu zu bringen, indirekt durch die glücklichen Stellvertreter auf der Leinwand das großartige Liebesglück zu erleben.

Vor allem Frauen sind für solche Geschichten besonders anfällig. Alles, was wir uns während der ganzen 90 Minuten fragen, ist: »Werden sie zusammenkommen oder nicht?« Und das, obwohl wir natürlich ganz genau wissen, dass die beiden Protagonisten mit sehr hoher Wahrscheinlichkeit in spätestens einer Stunde glücklich verliebt auf dem weißen Ross in den Sonnenuntergang reiten werden. Vor allem, wenn der Film das Genre »Romanze« oder »Romantik-

komödie« aufgedruckt bekommen hat. Aber selbst andere Genres können nicht ohne Romantik. Es geht uns gar nicht mehr so sehr darum, herauszufinden, *ob* die beiden Charaktere zusammenkommen werden, sondern primär darum, *wie*.

Kein Wunder also, dass die ganze Welt der Ansicht ist, es könne kein glückliches Leben geben, ohne dass eine harmonische Partnerschaft ein Teil davon ist. Genau so wie die Medien unser Selbstbild beeinflussen (Stichwort Body Shaming), so haben sie einen nicht weniger bedeutenden Effekt auf unsere Erwartungen, was das Liebesleben angeht. Sie zeigen uns eine Idealwelt, in der die Liebe über alles andere triumphiert. Und genau das ist es, was die Kinobesucher sehen wollen. Ein Film hat nur dann ein Happy End, wenn das Liebespaar zueinander findet. Ansonsten verlassen wir das Kino mit hängenden Schultern und die Enttäuschung ist uns ins Gesicht geschrieben.

Schon als kleine Mädchen sind wir dem Prinzessinnentraum verfallen und haben dabei gar nicht realisiert, welch unrealistische Erwartungen an die Liebe uns Disney und Hollywood eigentlich einbrennen. Im Volksschulalter haben wir bereits mit Barbie und Ken die Liebesgeschichten aus diversen Disneyklassikern nachgespielt und hätten nicht im Traum gedacht, dass wir uns damit aktiv ein Leben voller zerstörter Hoffnungen prophezeien. Doch nachdem wir die Liebe an der eigenen Haut erfahren haben, sind wir ja ein wenig schlauer, denn wir wissen inzwischen wenigstens: Das mit der Liebe läuft in den meisten Fällen nicht ganz so ab wie im Disneyfilm, in dem der edle Prinz zur Rettung der Prinzessin eilt, sie aus den Klauen des Biests befreit und mit dem Kuss der wahren Liebe wieder zum Leben erweckt, ehe schließlich das ganze Königreich bei der Hochzeit applaudiert … und sie lebten glücklich bis in alle Ewigkeit … Mal abgesehen von der fragwürdigen Tatsache, dass sich Märchenpärchen einfach immer auf den ersten Blick Hals über Kopf ineinander verlieben und somit automatisch für den Rest ihres Lebens füreinander bestimmt sind (vollkommen logische Schlussfolgerung, oder?), setzen diese überaus optimistischen Geschichten voraus, dass ein Mann ausnahmslos alles für eine Frau tun würde. Wir Langzeitsingles können da nur lachen; denn wir sind aus dem Traum, der uns in unserer Kindheit mit Gesang und Glitzer eingebläut wurde, bereits brutal geweckt worden. Wir haben durch eigene Erfahrungen erkannt, dass die Liebe bei Weitem nicht so rosig ist, wie sie in Filmen und Büchern meistens dargestellt wird.

Verfolgen wir die Geschichte dieser Märchen zurück zu ihrem Ursprung, werden wir übrigens in unserer Erkenntnis bestätigt, dass Disneys Versionen von »Happily ever after« ganz besonders naive Repräsentationen von Fantasiekram sind. Haben Sie beispielsweise gewusst, dass das vergiftete Schneewittchen eigentlich nicht durch den Kuss des Prinzen wieder zum Leben erweckt wurde, sondern einfach nur, weil die Sargträger über einen Strauch gestolpert sind? Dass die kleine Meerjungfrau am Ende nicht im Hochzeitskleid mit ihrem Prinzen der Sonne entgegenfährt, sondern mit gebrochenem Herzen stirbt und zu Meerschaum zersetzt wird? Oder dass ein Frosch sich in Wirklichkeit nicht durch einen Kuss in einen Prinzen verwandelt, sondern erst, wenn man ihn mit voller Wucht gegen die Wand schleudert?

In Serien und Filmen, die wir uns als Erwachsene ansehen, ist es nicht anders. Männer, die in Lichtgeschwindigkeit zum Flughafen düsen, um die Angebetete gerade noch im letzten Augenblick vom Boarding abzuhalten, gehören zur Tagesordnung. Männer, die mit aller Kraft um ihre Liebe kämpfen, mit großartigen Gesten ohne Rücksicht auf Verluste, sind hier keineswegs die Ausnahme, sondern die fragwürdige Norm. Aber die Liebesaspekte, die sich von der Leinwand mit Garantie nicht ins echte Leben transferieren lassen, können auch wesentlich banaler sein. Ist Ihnen zum Beispiel schon einmal aufgefallen, dass Dates in Filmen und Serien sehr häufig vom mehrgängigen Abendessen direkt ins Bett führen? Wie realistisch ist das denn – mit vollem Bauch sofort zum Liebesspiel überzugehen, ohne dass sich einer von beiden angegessen, gebläht oder sogar übel fühlt? Werden die Glucksgeräusche, die ein angefüllter Bauch von sich geben kann, dann mit Musik übertönt? Ist das der Sinn eines Soundtracks?

Lassen wir uns nichts einreden. Es ist in Wirklichkeit nun einmal so, dass viel zu wenige Ehen ewig halten; dass selten ein Lebenspartner gefunden wird, mit dem man auch nach mehreren Jahrzehnten noch (glücklich) zusammen ist.[29] Selbst Frauen, die mit ihrem Partner glücklich verheiratet sind, leben in keiner Märchenwelt. Statt Rosenblättern und Liebesschwüren dürfen sie sich mit Schmutzwäsche und »Was, das war ausgemacht?«, »Nein, keine Schnulze!«, »Was, in dem Raum ist was neu?«, »Wie? Putzen?« und »Ach so, da hab ich nicht zugehört« herumärgern. Wenigstens gibt es auch ein paar Filme, die von den weniger erfreulichen Aspekten des Pärchenlebens berichten und das Thema Liebe realistischer betrachten (*Trennung mit Hindernissen* ist hier ein gutes Beispiel). Solche Geschichten stellen klar, dass nicht alle Partner, die sich ineinander verlieben, für den Rest ihres Lebens auf Wolken tanzen. Doch diese Message schicken leider herzlich wenige Hollywoodproduktionen an ihre Zuseher. Es darf uns also gar nicht wundern, dass die Gesellschaft das Pärchenleben derartig glorifiziert.

WIESO SINGLES NICHT SINGLE SEIN DÜRFEN

Wir schreiben das Jahr 2011 (wenn ich mich richtig erinnere): einen Zeitpunkt, zu dem ich selbst noch ein sehr unglücklicher und frustrierter Single bin; ein Single, der sich wie ein Versager vorkommt, der sich unter Pärchen unwohl fühlt und der es so gar nicht brauchen kann, von Verwandten und Bekannten auf seinen ewigen Singlestatus angesprochen zu werden. Natürlich kommt es beim Familienfest so, wie es kommen muss …

»Und wie geht's dir so, hm? Bist du *immer noch* alleine …?« Besorgte Stimmlage, mitleidiger Blick. Ich starre meine Tante an, die gerade gefühlvoll die Klinge in meine Brust gebohrt hat, und denke mir einfach nur: »What the fuck?« Ich meine, im Ernst, was soll das denn jetzt? Der Weihnachtsbaum funkelt, die Familie isst fleißig

und trinkt noch mehr, wie das in unserer Familie eben so läuft, die Stimmung ist angenehm und feierlich, und alle haben Spaß. Und dann so was? Muss das denn wirklich sein? Nicht mal durch die Blume, eine höfliche Formulierung, eine geschickt verkleidete Frage oder ein zärtlicher Stupser. Nein, für so was bin ich jetzt wohl schon zu lange single. Für mich gibt's kein »durch die Blume« mehr. Für mich gibt's nur noch das eiskalte Messer – rasierklingenscharf und so direkt, dass mir das Blut in den Adern gefriert und ich für einen Moment nicht annähernd weiß, wie ich reagieren soll. Was soll man auf so eine idiotische Frage, noch dazu inmitten der ganzen Familie, denn bitte antworten? Eine Frage, die so dermaßen mitleidsvoll und provokant formuliert und betont ist, dass sie gar keinen anderen Zweck haben kann, als Salz in die offene Singlewunde zu streuen. Alles, was mir einfällt, ist daher ein unbeholfenes »Ich hab im Moment keine Zeit für Männer«, verziert mit einem so freundlichen Lächeln, dass es meinen Ärger, der in meinem Inneren schon die Zähne fletscht und meine Tante am liebsten in Stücke reißen würde, bravourös maskiert. Denn das ist ja die Standardantwort, oder? Wenn einem Single die stets gefürchtete Frage nach seinem Liebesleben gestellt wird. Vor allem bei Familientreffen voller neugieriger Tanten und Großmütter, die nichts Besseres zu tun haben, als sich am Leid anderer zu ergötzen und jede Neuigkeit, die sie ausfindig machen, augenblicklich brühwarm in die Welt hinauszutragen. In solchen Situationen haben wir gar keine andere Wahl, als auf Standardfloskeln zurückzugreifen; denn diese Fragen kommen so schnell und direkt, dass uns in dem Moment ohnehin nichts Besseres einfallen würde. Also haben wir

a) »keine Zeit für Männer«,
b) »keine Lust auf eine Beziehung«, oder
c) ganz einfach nur »die Nase voll«.

Irgendeine dieser Antworten, in unterschiedlichsten Formulierungen, passt meistens. Sie sind in unserem Gehirn eingenagelt wie vorformulierte E-Mails, die wir auf Wunsch abrufen und je nach

Situation einsetzen können, wenn sich wieder mal jemand einbildet, mit seiner lästigen Neugier in unser Privatleben eindringen zu müssen. Recht praktisch eigentlich.

Blöd nur, dass uns diese Aussagen nicht abgekauft werden. Keine Chance. Von praktisch niemandem. Ich gebe zu: Zu dem Zeitpunkt, als mir vor Jahren die Frage so skrupellos gestellt wurde und ich mit einer Standardantwort reagierte, befand ich mich tatsächlich im verbitterten Redet-mich-bloß-nicht-drauf-an-Stadium meines Singlelebens. Meine Antwort war daher nichts weiter als reiner, gelogener Irgendwas-muss-ich-jetzt-sagen-sonst-fange-ich-vor-der-ganzen-Familie-an-zu-heulen-Selbstschutz-Reflex. Verständlich also, dass mir damals nicht geglaubt wurde. Aber meine Einstellung zu meinem eigenen Singleleben hat sich seither um 180 Grad gedreht; und deshalb habe ich inzwischen kein Verständnis mehr dafür, als Lügnerin hingestellt zu werden. Gebe ich nämlich heute solche Antworten auf provokante Fragen, handelt es sich um keine Scheinwahrheit mehr, sondern um meine Überzeugung. Wenn ich heute sage, ich habe a) »keine Zeit«, b) »keine Lust« oder c) »die Nase voll«, meine ich das auch so. Es ist kein Euphemismus für »Ich möchte unbedingt einen Partner und weine mich nachts in den Schlaf, aber das sage ich dir nicht«. Es ist die pure Wahrheit. Ich bin inzwischen gerne single. Aber das glaubt ja keiner. So gut wie keiner. Niemand ist absichtlich single, wenn man Menschen in Beziehungen fragt. Und selbst, wenn diese Menschen den Eindruck machen, sie würden dem Single die jeweilige Behauptung (sei es a, b oder c) eventuell abkaufen – in Wirklichkeit tun es die meisten nicht. Die einen sagen dem Single eben direkt, dass er Blödsinn labert, dass er die Wahrheit verdrängt oder nicht so verbittert reden soll. Die anderen nicken freundlich und denken sich: »Das redet sie sich bloß ein.« Keine Zeit? »Jeder hat Zeit für eine Beziehung. Und wer glaubt, sie nicht zu haben, sollte sie sich nehmen.« Keine Lust? »Jeder hat Lust auf eine Beziehung, belüg dich nicht.« Die Nase voll? »Ach, es sind doch nicht alle Männer gleich.«

Und warum? Warum werden unsere sorgsam ausgeklügelten Standardantworten nicht von unseren ach so sehr um unser Liebesleben besorgten Mitmenschen akzeptiert? Hauptsächlich, weil es in unserer Gesellschaft nun einmal erwartet wird, dass man früher oder später seinen festen Partner findet, heiratet, mit ihm brav Häuschen baut und Kinder macht.

Um es in den scharfen, aber treffenden Worten der Psychologie-Professorinnen Bella DePaulo und Wendy Morris auszudrücken, sind erwachsene Singles die Opfer von Stereotypen, Vorurteilen und Diskriminierung.[30] Ab den späten 20ern, allerspätestens aber ab Anfang 30, hat man doch gefälligst einen Partner zu haben, so wie alle anderen auch.

Als ich rundherum Menschen in Beziehungen fragte, wie sie das Singledasein denn eigentlich so sähen, erntete ich dezent entmutigende Antworten wie:

»Ich erzähle dir mal die Nachteile vom Singleleben.« Danke, aber danach hatte ich nicht gefragt.

»Das ist nicht normal.« Danke vielmals. »[Einen Partner zu haben] gehört in unserer Gesellschaft dazu. Es ist in unserer Gesellschaft nicht normal, alleine zu sein.«

»Es ist mir so vorgelebt worden. Sich für einen Mann zu entscheiden und mit dem sein Leben zu verbringen, das gehört in unsere Gesellschaft.« Und weil es unsere Eltern so gemacht haben, müssen wir das natürlich auch.

»Singlesein ist bis zu einer gewissen Altersgrenze okay.« Bis Mitte 20. Im besten Fall.

»Wenn mir eine 50-Jährige erzählt, sie braucht keinen Mann, sie ist single und glücklich, dann ja okay. Aber es fühlt sich nicht richtig an für eine 30-Jährige.« Das heißt, es gibt ein Zeitfenster (zwischen 25 und 50), in dem man nicht single sein darf. Wenigstens ist es danach wieder erlaubt.

»Ich glaube, es ist nicht so schlimm, wenn man ein soziales Netzwerk hat.« Nicht so schlimm. Als wäre Singlesein eine Krankheit.

»Man kann sich alles schönreden.« Das ist mein absolutes Lieblingsstatement. Als wären wir Fälle für die Nervenheilanstalt, die in einer imaginären Welt leben und sich ihre eigenen Gefühle einreden, vielleicht noch mit John-Nash-Komplex. Die Behauptung eines Singles, glücklich zu sein, wird leider wirklich häufig als übertrieben bewertet; man geht grundsätzlich davon aus, dass Singles in Wirklichkeit nicht annährend so glücklich sind, wie sie vorgeben, zu sein.[31]

»Ich sehe da einen gesellschaftlichen Auftrag. Einen volkswirtschaftlichen. Wenn wir keine Kinder haben, dann sterben wir irgendwann aus. Wer wird das alles am Leben erhalten?« Offenbar gibt es die Meinung, Singles sollten auch noch (in jedem Sinne des Wortes) dafür bezahlen, dass sie single sind, mit höheren Steuern zum Beispiel; weil sie ihren Beitrag zur Gesellschaft, zum Funktionieren von Vater Staat, nicht leisten, indem sie Kinder bekommen. Singles sind also Egoisten und Pärchen mit Kindern die Moralapostel der heutigen Welt. Auch gut zu wissen.

Vor allem Tanten und Großeltern, die jedes Mal aufs Neue fragen: »Was ist jetzt los? Wo ist dein Mann?«, machen den Eindruck, die Meinung zu vertreten, dass man als Single kein respektwürdiges Gesellschaftsmitglied im Vergleich zu denjenigen ist, welche brav die sozialen Erwartungen erfüllen. In einem Artikel, auf den ich kürzlich gestoßen bin, kam das Wort »*#Singleshaming*« auf, das ich sehr passend finde.[32] Denn speziell Singledamen sind enormem Druck ausgesetzt. Wenn man nicht von den eigenen Verwandten belästigt wird, hört man gern mal hinten rum, vor allem in ländlicheren Gegenden, wie von anderen Ortsbewohnern über einen gelästert wird. »Und die Peppi-Tochter ist auch noch nicht verheiratet« – mit 32 Jahren – »und hat noch keine Kinder.« Stell dir vor! Ein Skandal! So wird man mit jungen Jahren, wenn das ganze Leben noch vor einem liegt, schon durch die Gossipmühle des Heimatortes gewalzt, bloß weil man keinen festen Partner hat. Es scheint gesellschaftlich, vor allem für Singlefrauen, leider nicht annähernd so akzeptabel zu sein, als Single durch die Welt zu gehen, wie es sein sollte. Im April 2017 sagte die bayerische Wirtschaftsministerin Ilse Aigner in einem Interview mit dem *Spiegel*: »Offenbar ist eine alleinstehende Frau für viele noch immer das Schlimmste, ein vollkommen inakzeptabler Zustand. Man kann geschieden sein, zum vierten Mal verheiratet, man kann schwul, lesbisch, irgendwas sein, aber alleinstehend, das geht nicht, da ist was faul.«[33]

Aus diesem Grund fühlen sich viele Vergebene bemüßigt, bei Singles entweder blöd nachzufragen, Kuppelversuche mit unpassenden Kandidaten zu starten oder unerwünschte Motivationsstrategien anzubringen. »Probier doch mal Tinder aus, oder Lovoo oder Parship. Dort hat meine Freundin auch ihren Freund kennengelernt! Online Dating ist ja voll im Kommen. Das macht heute eh schon jeder. Bla. Bla. Bla.« Das stimmt zwar, aber dazu später mehr (siehe viertes Kapitel). Der Punkt ist, dass man als Single oft das Gefühl bekommt, von allen vergebenen Mitmenschen nur mitleidig angesehen, mit unnötigen Fragen gelöchert oder unerwünscht verkuppelt zu werden. Sobald sie hören, jemand ist single, scheint ihr Hirn den automatischen Connect zur Frage herzustellen: »Kennen wir nicht jemanden, mit dem wir sie verkuppeln könnten?« Ist ja in gewisser Weise lobenswert – der Wunsch, uns Singles mit gut gemeinten Ratschlägen und Beziehungsaufzwingung unter die Arme zu greifen. Und wenn selbige erwünscht sind, dann nur zu! Doch sind sie unerwünscht, weil derjenige Single wirklich gerne single ist und kein Interesse an einer erzwungenen Partnerschaft hat, sollten sie sich einfach zurückhalten, statt einem Single einzureden, was er braucht.

Aber das fällt ihnen nicht leicht. Denn zusätzlich zu der Tatsache, dass man aufgrund gesellschaftlicher Normen und Erwartungen bis 30 gefälligst einen Partner zu finden hat, gibt es noch einen weiteren Grund für die allgemeine Skepsis, die unseren »Wir-wollen-ja-gar-keinen-Partner«-Standardantworten entgegengebracht wird. Und das ist die weit verbreitete Annahme, eine Beziehung mache per definitionem glücklich (diese Annahme sei jetzt mal so dahingestellt) – einschließlich der Schlussfolgerung, als Single könne man *nicht* glücklich werden.

In der heutigen Welt wird generell angenommen, dass man ausschließlich in einer romantischen Beziehung das große Glück finden kann. Wie auch Wissenschaftlerinnen DePaulo und Morris basierend auf ihrer extensiven Recherche bestätigen, wird eine Partnerschaft im Allgemeinen als die eine wahrlich wichtige menschliche Beziehung gesehen, die Menschen glücklicher und erfüllter macht, als es Singles je sein können.[34] Wir lassen mal den weiterführenden Gedanken beiseite, dass diese Einstellung nicht gerade das positivste Licht auf alle anderen Arten von Beziehungen (beispielsweise mit Eltern, Geschwistern und Freunden) impliziert, die meiner Ansicht nach mindestens genauso wichtig sind wie eine romantische Partnerschaft. Wenn Sie mich fragen, kann eine Frau nämlich durchaus ohne Mann überleben, aber kann sie es auch ohne die beste Freundin? Ich könnte es nicht. Unabhängig davon, die Tatsachen scheinen klar: Glücklich als Single? Unmöglich!

DePaulo und Morris haben einen Artikel über Singles in der heutigen Gesellschaft veröffentlicht, in welchem sie dieses Phänomen auf die Ideologie von Ehe und Familie zurückführen, die sich unerkannt und unbestritten in die Einstellungen der Menschheit eingeschlichen hat. Diese Ideologie bedeutet Folgendes: Die Gesellschaft (in ihrem Fall die amerikanische, aber das ist meiner Erfahrung nach in der deutschsprachigen Welt nicht anders) geht davon aus, dass sowieso jeder Mensch heiraten und Kinder kriegen möchte und dieses Ziel auch tatsächlich erreicht. Alles Schöne, was das Leben zu bieten hat, wird auf den Status »Pärchen, Eltern, Nukleare Familie« reduziert. Singles laufen folglich Gefahr, verurteilt zu werden, weil sie den Meilenstein, der ihnen von den vorherrschenden kulturellen Normen auf den Lebensplan gesetzt wird, nicht erreichen. Denn die Ehe wird als Erfolg beziehungsweise Ziel verstanden, der beziehungsweise das bis zu einem gewissen Alter im Erwachsenenleben einfach erreicht worden sein muss. Selbst diejenigen, die bereits verheiratet waren und wieder geschieden sind, werden positiver betrachtet als vergleichbare Menschen, die schon immer single waren; weil die »Leistung« der Ehe (selbst wenn sie nicht gehalten hat) zumindest bestätigt, dass diese (ehemals) verheirateten Menschen fähig sind, den allen aufgezwungenen Meilenstein zu erreichen. Alles scheint darauf hinauszulaufen, dass vergebene Menschen als »besser« gelten, bloß weil sie die eine Beziehung haben, die Singles nicht vorweisen können.[35]

Vor allem Vertreter der älteren Generationen wollen einfach nicht verstehen, dass Singles nicht zwangsläufig zu verhärmten alten Jungfern werden, sondern durchaus zufrieden und aktiv ihr Leben leben können. Aber die Einzigen mit dieser Einstellung sind unsere besorgten Omas, Opas, Tanten, Großonkel et cetera bei Weitem nicht. Laut einer Untersuchung von Studenten in den USA tendieren selbst junge Menschen dazu, Vergebene mit positiven Eigenschaften wie glücklich, liebevoll, fürsorglich, sicher, nett, großzügig, treu und loyal zu assoziieren, während sie Singles eher mit Beschreibungen wie einsam, schüchtern, unglücklich, unsicher, unflexibel und auf Partnersuche in Verbindung bringen.[36]

Zum Glück gibt es aber auch vergebene Menschen, die glückliche Singles sehr wohl für möglich halten – auch wenn sie sich trotzdem einen Partner für ihre ledigen Freunde wünschen würden. Diese Menschen werden zumindest nicht versuchen, jemandem eine Beziehung aufzuzwingen, wenn sie merken, dass der Single eher davon genervt als darüber erfreut wäre. Maria, 36, selbst mit Partner und Kind, kann gut zwischen glücklichen und unglücklichen Singles und der Art, wie sie behandelt werden wollen, unterscheiden. Für Singles, die ihr ehrlich sagen, dass sie sich einen Partner wünschen, versucht sie gerne, neue Bekanntschaften zu arrangieren. Doch sie sagt auch: »Es gibt Leute, die allein glücklicher sind und niemanden brauchen. Und die würde ich auch unter keinen Umständen versuchen zu verkuppeln.« Marias Einstellung ist unter anderem deshalb so löblich, weil sie die eine Wahrheit erkannt hat, vor welcher so viele vergebene Menschen die Augen verschließen: »Ich glaube, dass man generell als Single genauso glücklich sein kann wie in einer Partnerschaft, und dass man in einer Partnerschaft genauso unglücklich sein kann wie als Single.« Genau das ist der Punkt. Partnerschaft ist genauso wenig synonym mit dem Wort »glücklich«, wie Singlesein gleichbedeutend mit dem Wort »unglücklich« ist.

Bloß weil zwei Menschen schon seit vielen Jahren zusammen sind, bedeutet das keineswegs, dass sie nach wie vor glücklich miteinander sind. In einer Studie, die über 20 Jahre verheiratete Paare untersucht hat, kam heraus, dass definitiv nicht alle deshalb noch verheiratet waren, weil sie miteinander das große Glück gefunden hatten: »Im Gegenteil: Ein Drittel war ›stabil unglücklich‹ oder ›unsicher und resigniert in der Beziehung‹. … 37 Prozent der untersuchten Ehemänner wurden nach Auswertung der Bindungsfragen sogar als ›ungelöst-traumatisiert‹ eingestuft.«[37]

Dennoch betrachten Menschen, die selbst vergeben sind, Singles ab einem gewissen Alter, als würde ihnen das ultimative Etwas fehlen. Denn das ist es ja, nicht wahr? Man ist als Single *un*verheiratet. Man wird also demnach definiert, was man *nicht* hat, was man *nicht* ist. Dabei ist es ja nicht so, als ob wir vergeben auf die Welt kommen würden; unser natürlicher Zustand ist der des Individuums, das nicht an einen romantischen Partner gebunden ist. Dieser (ich nenne ihn) »Urstatus« als Single wird irgendwann durch die Ehe zerstört. Daher stellt sich die naheliegende Frage: Wieso ist es denn eigentlich nicht umgekehrt? Wieso werden nicht verheiratete oder vergebene Menschen *un*single genannt?[38]

Das alles mag sensibel klingen – als wäre die Welt darauf aus, uns Singles das Leben schwer zu machen. Natürlich kann man niemals alle Menschen in einen Topf werfen. Dennoch möchte ich anmerken, dass die ungerechte Behandlung von Singles nicht eingebildet ist, sondern tatsächlich der traurigen Wahrheit entspricht.

In einem äußerst spannenden amerikanischen Experiment ging es um das Thema Diskriminierung am Wohnungsmarkt. Wie sich herausstellte, waren die Teilnehmer in der Rolle des Vermieters eher bereit, Wohnungen an verheiratete Bewerber zu vermieten als an Singles. Aber es wird noch besser: Allgemeine Empörung folgte, wenn Vermieter weiße Mieter den schwarzen oder dünne Mieter den schwergewichtigen vorzogen. Doch niemanden störte es, wenn gegen Kandidaten aufgrund ihres Beziehungsstandes diskriminiert wurde; die Entscheidung, einem verheirateten Mieter gegenüber einem ledigen den Vorzug zu geben (selbst wenn der Single anbot, einen höheren Mietpreis zu zahlen), wurde als richtig empfunden.[39]

Überall wird politische Korrektheit fast schon übertrieben großgeschrieben. Niemand darf mehr aufgrund von Rasse, Geschlecht, Religion, sexueller Präferenz, Alter oder Behinderung diskriminieren; aber der Beziehungsstatus scheint unter dem kulturellen Radar hindurchgerutscht zu sein.[40] Verlieben, verloben, heiraten, Haus bauen oder kaufen, Kinder kriegen, die sich wiederum verlieben, verloben, heiraten … Die Hochzeit in Weiß ist nach wie vor ein vollkommen normaler und dadurch auch von jedem erwarteter Schritt im Laufe des Lebens. Spätestens aber in den 30ern, wo man beginnt, schiefe Blicke zu ernten, wenn man noch nicht alle dieser Stufen erklommen und in einem Prinzessinnenkleid mit dem allseits bewunderten Brillanten am Finger gefunkelt hat. Ist man single, dann ist man »anders«. Ist das fair? Wohl kaum.

WARUM DIE GESELLSCHAFT SICH IHR MITLEID SPAREN KANN

Warum? Weil glückliche Singles gerne single sind. Der Versuch, andere darauf hinzuweisen, dass Singlesein in der Tat nicht nur *nichts Schlechtes*, sondern etwas *durchaus Gutes* sein kann, hat jedoch meist leider nicht die erwünschte Wirkung. Unzählige Male habe ich die Ansicht präsentiert bekommen, dass Singles, die behaupten, sie wollen gerade keinen Partner, sich selbst oder das Gegenüber belügen. »Ich glaube, dass viele sich was vorreden, obwohl sie es insgeheim gerne anders hätten«, sagt eine Bekannte älteren Semesters. Laut solchen Leuten gibt es keine authentisch glücklichen Singles. Punkt. Da kann ich nur mit den Augen rollen, denn das nenne ich ein ganz gewaltiges und unfaires Vorurteil gegenüber den Singles, die ehrlich zufrieden mit ihrem Leben sind.

Aber wie kann man es wagen, sich der Meinung aller entgegenzusetzen? »Aller« – das sind auf der einen Seite die jahrelang verheirateten Oldies, die es einfach nicht anders kennen, und auf der anderen Seite der Rosarote-Brille-Club der frischen Beziehungen, die es nicht anders kennen wollen (all jene, die entweder in einer brandneuen Beziehung oder Ehe sind oder kurz davor stehen, in einer zu sein). Zum Glück gibt es auch Ausnahmen, die selbst seit Jahrzehnten glücklich verheiratet sind und Langzeitsingles dennoch nicht verurteilen, sondern meinen: »Als Single kann man genauso glücklich sein. … [Ein Single] hat sich das Leben so gerichtet, wie er es haben will, und es ist sein Leben.« Aber in der Gesellschaft im Großen und Ganzen sind wir Singles mit einem Stigma behaftet. Alle gehen davon aus, dass wir im Frustloch versinken, zutiefst unglücklich sind und keinen Sinn im Leben haben.

Fragt man aber Singles selbst, sieht die Sache oft anders aus. Natürlich kommt es immer darauf an, wen man fragt, denn auch Singles lassen sich in Gruppen einteilen. Es gibt diejenigen, die gerade eine gescheiterte Beziehung hinter sich haben und unbedingt sofort eine neue Beziehung wollen. Verständlich. Denn nichts heilt ein gebrochenes Herz wie ein neuer Liebhaber. Allerdings hat die herbeigesehnte neue Beziehung rein gar nichts damit zu tun, tatsächlich bereit für einen neuen Partner zu sein, sondern drückt lediglich die Macht des Lückenbüßer-Faktors aus. Dann gibt es die Singles, die noch nie eine Beziehung hatten. Und da sie noch nicht persönlich miterlebt haben, was eine Beziehung eigentlich mit jemandem anstellt, sind sie überbegeistert von dem Gedanken, endlich einen festen Freund zu haben (was sie spätestens nach acht Monaten der ersten Beziehung infrage stellen werden, wenn ihnen klar wird, dass das Ganze doch nicht so romantisch ist, wie es ihnen die herzbesetzten Luftschlösser vorgeträumt haben).

Dann gibt es noch die letzte Gruppe: die armen, das Mitleid aller erregenden Langzeitsingles. Hierzu gehören einerseits die unglücklichen Singles, die selbst zu den schärfsten Kritikern des Singledaseins zählen; überraschenderweise verurteilen nämlich gerade Singledamen Singles äußerst gern.[41] Andererseits zählen die glücklichen Singles zu dieser Gruppe. Und die haben ein ganz anderes Verständnis davon, was es heißt, single zu sein: Natürlich würden sie nicht »nein« sagen, wenn plötzlich der Richtige vor ihnen stünde, um ihr Herz zu erobern; ein glücklicher Single zu sein bedeutet ja nicht, nie wieder lieben zu wollen, sondern sein Glück nicht von der Liebe abhängig zu machen. Daher suchen sie nicht vehement nach einem Partner, weil sie eben keinen brauchen. Ihnen ist klar, dass das Singlesein etwas absolut Herrliches sein kann – etwas Angenehmes, Befreiendes, ja sogar Empfehlenswertes.

Doch dieses Wissen ist tatsächlich den glücklichen Langzeitsingles vorbehalten. Denn die erste Gruppe, die gerade mit einem frisch gebrochenen Herzen durch die Straßen zieht, kann ja eigentlich nicht gezählt werden. In den Monaten nach einer zerbrochenen Beziehung sind die eigenen Gedanken, Wünsche und Taten in etwa so glaubwürdig, wie sie es in den ersten Monaten einer neuen Beziehung sind, wenn sich beide Partner noch endlos für den anderen bemühen, ehe sie irgendwann unweigerlich beginnen, ihre Masken abzunehmen und ihre wahren Gesichter zu zeigen. Ähnlich geht es der zweiten Gruppe, die noch keine realistischen Vergleichswerte zwischen dem Singledasein und dem Beziehungsleben hat und daher noch gar nicht in den Genuss des wahren Singlelebens gekommen ist (ausgenommen sind hier natürlich die wenigen jungen Menschen, die schon im Teenageralter wissen, dass sie sich lieber ausleben als an einen Partner binden wollen). Aber die dritte Gruppe, die Gruppe der Langzeitsingles, hat eine wahre Chance, zu lernen, dass das Singledasein völlig zu Unrecht verschrien ist.

So erzählt Klaus, 44: »Am Anfang war ich nicht gerne single, aber mittlerweile bin ich gerne single. Das Leben hat sich geändert, die Ansicht zum Leben hat sich geändert.« Heute ist er ein selbstdeklarierter glücklicher Single. »Wenn ich nach Hause komme, habe ich meine Ruhe. Ich habe meine Hunde. Ich kann kochen, was ich will. Ich koche gern. Ich habe eine super Waschmaschine, die wäscht gern. Ich habe einmal die Woche eine Putzfrau. Ich hoffe, sie putzt gern, denn sie macht ihre Arbeit richtig gut, muss ich sagen. Ehrlich gesagt: Ich habe sehr viele Freunde, ich bin nie alleine. Wenn ich rausgehe, sehe ich an jeder Ecke irgendeinen Freund. Ich habe sehr viele Freundinnen; darunter gibt's auch Freundinnen [mit] Freundschaft Plus. … Ich habe niemanden, der eifersüchtig ist. … Ich muss in meinem Leben auf niemanden Rücksicht nehmen. Ich kann leben, wie ich will. Am Wochenende muss ich keine Pläne machen. … Ich steh auf an dem Tag – [egal] auf was ich Lust habe, ich kann es machen. Ich muss nicht mit jemandem darüber diskutieren, machen wir das oder das? Wenn ich ins Kino gehe, muss ich nicht diskutieren, schauen wir eine Schnulze an oder einen Actionfilm? Wenn ich für zu Hause etwas einkaufe, muss ich niemanden fragen, welche Farbe die Bettwäsche haben soll. Ich muss nicht in rosa oder himmelblauer Bettwäsche liegen. Ich muss nicht extra einen Weichspüler und einen Duftgeber in meine Waschmaschine

geben, weil es mir egal ist. … Ich brauche kein Rudel, um stark zu sein.«

Auch De Paulo und Morris stellen zu diesem Thema berechtigte Fragen: Wenn Singles wirklich die eine Beziehung fehlt, die das ultimative Glück verspricht, wie kommt es dann, dass das Wohlbefinden von Singles eigentlich nicht großartig von dem verheirateter Menschen abweicht? Wie kann es sein, dass es vor allem Singles, die nie verheiratet waren, besonders gut geht? Und dass gerade Frauen, die mit am meisten gesellschaftlichem Druck belastet sind, heiraten zu müssen, speziell hohe Chancen haben, ein besonders gutes Leben zu führen?[42]

Eben genau deshalb, weil die Vorurteile der Gesellschaft nicht der Wahrheit entsprechen. Weil Singles eben nicht zwangsläufig das große Glück fehlt, das angeblich eine Beziehung bringen soll. Denn sie finden dieses Glück genauso, wenn sie das wollen, nur auf andere Art und Weise – in ihrer Arbeit, ihren Hobbys, ihrer Freiheit, ihren Freunden, ihrer Familie. Singles haben entgegen allen Erwartungen, und obgleich sie keinen gleichbleibenden sexuellen Partner haben, nämlich sehr wohl dauerhafte, positive und bedeutsame Beziehungen.[43]

Partnerschaften werden ja gern als Alles-in-einem-Lösung verstanden, die multiple Rollen in einer Person vereinigt: Sexspielzeug, bester Freund, Seelenverwandter, und so weiter und so fort – also quasi das menschliche Äquivalent zum Handy, das fotografieren, E-Mails verschicken, Nachrichten aufnehmen, Faxe empfangen und außerdem noch als ganz normales Telefon fungieren kann. Solange es funktioniert, ist es effizient und praktisch, aber wenn es mal defekt ist, hat der Besitzer mit einem Mal Kamera, E-Mail, Anrufbeantworter, Faxmaschine und Telefon verloren. Im Gegensatz dazu haben Singles mehrere bedeutsame Menschen in ihrem Leben statt nur einen – was deutlich erfolgversprechender ist. Immerhin kann keine Einzelperson ständig präsent und psychisch belastbar sein beziehungsweise für alle Lebensbereiche die richtigen Ideen,

Fähigkeiten und Ratschläge parat haben; und von keinem einzelnen Menschen sollte so etwas überhaupt erwartet werden.[44]

Wenn Sie mich fragen, klingt der Gedanke, dass unser Glück nicht von uns selbst oder unserem ganzen Leben und Umfeld, sondern von einer einzigen anderen Person abhängig sein soll, ohnehin ziemlich frustrierend. Ich persönlich möchte mich nicht auf einen einzelnen anderen Menschen verlassen müssen, um ein glückliches Leben führen zu können. Möchten Sie das? Wir sind selbstständige, aktive, fähige Frauen. Frauen, die ihr Glück selbst in die Hand nehmen!

Abgesehen davon, und egal ob es die liebestrunkenen Täubchen im Rosarote-Brille-Club glauben wollen oder nicht: Das Singledasein *hat auch Vorteile* (siehe vorhergehendes Kapitel, »Singlesein ist großartig«). Singles sind nicht unbedingt einsam und verhärmt; im Gegenteil. Tatsächlich gibt es zahlreiche Gründe, warum man als Single nicht verzweifeln, sondern *glücklich* sein und sein Leben in vollen Zügen genießen kann. Eine Leserin der *Kleinen Zeitung* betont: »Manchmal habe ich das Gefühl, dass es andere mehr stört und beschäftigt, dass ich alleine lebe, als mich selbst. Obwohl ich gerne von Familie und Freunden umgeben bin, ist das ›Alleinesein‹ ein Bedürfnis, das ich schon immer habe.«[45] Selbst die Partneragentur Parship hat erkannt: »Zu den deutschen Alleinlebenden zu gehören, bedeutet keineswegs unglücklich zu sein. … In unserer Parship-Studie konnte es deutlich widerlegt [werden], dass Singles generell unglücklich sind.«[46]

Denn die Tatsache, die ja viele unterschätzen, ist folgende: Wir sind nicht single, weil uns keiner will, sondern *weil uns nicht jeder bekommt*. Wir Singles sind keine tragischen Fälle, die um jeden Preis einen (Hauptsache irgendeinen) Partner wollen. Wir haben keinen Stress. Wir haben alle Zeit der Welt, zu heiraten, wenn wir das wirklich möchten. Aber wir warten lieber auf den Richtigen, als uns auf irgendjemanden einzulassen, bloß um einen Partner zu haben. Meine glücklich vergebene Freundin rückt meinen Glauben an die Menschheit wieder ein wenig ins Gleichgewicht, indem sie sagt: »Wenn der Mensch glücklich ist, dann soll man ihn zu nichts anderem drängen. Warum? Wenn er so glücklich ist, dann passt es eh.« Vielleicht kommt ja doch irgendwann der Zeitpunkt, an dem Singles als gleichwertige und für ihr Leben respektierte Menschen in der Gesellschaft zählen werden!

Übrigens – als kleine Notiz am Rande – entwickelt sich seit einigen Jahren ein spannender Trend, der die Unabhängigkeit der Frau von einem Mann nun symbolisch vervollständigen soll: Die Selbstheirat, auch unter den Begriffen »Soloheirat« oder »Sologamie« auffindbar. Meiner Ansicht nach ein recht eindeutiges Zeichen dafür, dass Singles genug davon haben, stigmatisiert zu werden. Egal, was man von dem zugegebenermaßen sonderbaren und gewöhnungsbedürftigen Trend, sich selbst zu heiraten (und zwar mit allem Drum und Dran, einschließlich Hochzeitskleid, -gelübde, -feier und -torte) auch halten mag; er zeigt zumindest öffentlich, dass frau auch mit sich alleine glücklich sein kann, ganz ohne Märchenprinz – denn wieso auf den einen hoffen, wenn man selbst die eine ist?[47]

WIE DIE EMANZIPATION FRAUEN SINGLEFÄHIG MACHTE

Wie anfangs erwähnt leben wir nicht im viktorianischen England. »Emanzipation« bedeutet »Befreiung aus einem Zustand der Abhängigkeit«.[48] Seit den Zeiten der Bevormundung, Unfreiheit und Ungerechtigkeit vor 100, 200 und mehr Jahren hat sich, wie wir wissen, einiges getan, und Singlesein ist definitiv nicht mehr das, was es einmal war.

In den vorigen Jahrhunderten musste frau heiraten – je jünger, desto besser. Und damit war ihr Leben, abgesehen vom Großziehen der Kinder, eigentlich komplett. Es gibt einen Grund, warum Gustave Flauberts berühmtes Meisterwerk nicht »Emma«, sondern »Madame Bovary« heißt. Emmas Existenz, ihr ganzes Leben, hängt am Namen ihres Mannes; Emma ist keine eigenständige Person, sie ist nicht mehr und nicht weniger als Charles Bovarys Ehefrau.

So ging es vielen Frauen, welche voll und ganz durch die Männer definiert wurden, die in ihrem Leben die zentrale Rolle innehatten. Frau ging von der »Schirmherrschaft des Vaters« anhand einer Heirat direkt in die des Ehemannes über, sodass die schwache Frau stets von einem starken Mann vor der großen bösen Welt beschützt werden konnte. Autorin Barbara Sichtermann, die sich ausführlich mit dem Thema Emanzipation befasst hat, schreibt: »Die Abhängigkeit der Frauen von den Männern – rechtlich, ökonomisch, lebenspraktisch – war total«.[49]

Im 19. Jahrhundert wurden unverheiratete Frauen bereits ab Mitte 20 als »alte Jungfern« betrachtet.[50] Laut gesellschaftlicher Ansicht befanden sich solche Frauen in einer beklagenswerten Lebenssituation, der es um jeden Preis zu entkommen galt; bis ins 20. Jahrhundert wurde eine ledige Frau »als unglückliche Existenz, die ihren Lebenszweck verfehlt hatte«, gesehen.[51] Kein Wunder also, dass es das primäre Ziel jeder Frau war, einen möglichst gut situierten Mann zu finden, der bereit war, sie zu ehelichen.[52]

War man nicht verheiratet, zählte man buchstäblich nicht einmal als Frau. Erst wenn man geheiratet hatte, wurde man als »Frau« angeredet; ansonsten als »Fräulein«, ganz egal, ob man 20 oder 60 war. Wie Autorin Monika Wienfort interessanterweise anmerkt: »Der Unterschied in der Anrede von verheirateten und unverheirateten Frauen, Frau und Fräulein, Mrs und Miss, Madame und Mademoiselle, Signora und Signorina, war überall in Europa vorhanden, während der Familienstand des Mannes in der Anrede keine Berücksichtigung fand.« Die Art und Weise, wie eine Frau adressiert wurde, war also ausschließlich von ihrem Beziehungsstatus abhängig. Und bei ihrem eigenen Familiennamen hatte sie ohnehin nicht mitzureden, denn Frauen nahmen gesetzesgemäß automatisch den Nachnamen ihres Gatten an.[53]

Beim Thema Heirat ging es allerdings nicht annähernd darum, sich zu verlieben, sondern um eine Entscheidung der Vernunft. Mann wie Frau wollte sich durch die Ehe ein, praktisch gesehen, möglichst angenehmes Leben sichern. Statt um Herzklopfen ging es um den wirtschaftlichen Nutzen und den gesellschaftlichen Rang. Heute könnte sich beispielsweise niemand mehr vorstellen, was damals gang und gäbe war – dass eine Braut »50 Taler Bargeld, ein Pferd, zwei Ochsen, zwei Kühe, vier Schweine, vier Schafe, ein Bett und ein Ehrenkleid« mit in die Ehe bringt.[54]

In den 20ern begannen zwar immer mehr Frauen, sich gegen die teils buchstäblichen Fesseln, in die sie gespannt waren, zur Wehr zu setzen: Weder ließen sie ihre Oberkörper weiterhin bis zur Atmungsunfähigkeit einschnüren, noch waren sie bereit, nach wie vor jedes Stückchen Haut zu verdecken und ihre Schränke auf Kleider und Röcke zu limitieren; stattdessen begannen sie, ihre maskuline Ader zu betonen, um der Welt klarzumachen, dass ihre Fähigkeiten durchaus mit denen der Männer vergleichbar waren.[55] Dennoch hatten sie im Vergleich zu den Männern die minderwertigen Jobs und wurden, sobald sie heirateten, wieder in die altbekannte Schublade in Form von Heim und Herd gesteckt.[56] Von ihnen wurde erwartet, dass sie ihren Gatten, die sie versorgten und über alles, was das gemeinsame Leben betraf, bestimmten, wahrlich zu Füßen lagen; im Endeffekt war die Frau immer noch lediglich »Anhängsel, abgeleitete Existenz … das andere, das zweite, das relative Geschlecht«.[57]

Erst in der zweiten Hälfte des 20. Jahrhunderts, als die körperliche Überlegenheit des Mannes am Arbeitsmarkt an Bedeutung verlor – unter anderem, weil immer mehr Muskelarbeiten maschinell ausgeführt werden konnten –, rückten Frauen deutlicher in den Vordergrund; denn nun waren eher mentale und charakterbezogene als körperliche Fähigkeiten gefragt. Endlich kamen Frauen in der Arbeitswelt an die Reihe. Sie erhielten hervorragende Berufsausbildungen, studierten, schlossen mit besten Noten ab und erhielten entsprechende Jobs.[58]

Und so hat sich auch alles rund um Ehen und Beziehungen geändert. Wir leben in einer neuen Ära. Frauen haben mehr Pläne, Wünsche und Perspektiven als lediglich Ehefrau, Hausfrau und Mutter zu werden. Die Heirat ist nicht mehr das Einzige, was im Frauenleben zählt. Heute haben wir die freie Wahl: Wir müssen nicht heiraten, um unsere Zukunft zu sichern. Wir nehmen selbst das Ruder in die Hand. Wir sind für unser eigenes Leben verantwortlich und müssen nicht mehr von einem Mann behütet werden. Auch müssen wir keinen Ehemann finden, um es uns mit der Gesellschaft nicht zu verscherzen. Leider hat sich die Ansicht, dass frau grundsätzlich heiraten sollte, bis heute gehalten – vor allem in den älteren Generationen, die von den damaligen Zeiten wohl noch so manches Denkmuster mitbekommen haben. Doch der Zwang ist nicht mehr derselbe, die Konsequenzen für Alleinstehende sind nicht mehr dieselben. Früher war es die größte Schande, wenn man keinen Mann fand. Heute bedeutet es hauptsächlich Mitleid von den Außenstehenden, wenn man sich ab einem gewissen Alter noch als Single vorstellt. Die Zeiten haben sich diesbezüglich glücklicherweise massiv geändert. Heute *muss* eine Frau gar nichts mehr. Heute sind Scheidungen akzeptabel. Heute sind uneheliche Kinder okay. Heute sind Patchworkfamilien im Trend. Heute können Frauen über ihr eigenes Leben bestimmen, alle erdenklichen Laufbahnen verfolgen und sogar ohne großartige Kritik den Kinderwunsch für die Karriere hintanstellen.[59]

Der gleiche, faire, geschlechterneutrale Lohn wäre natürlich noch wünschenswert. Aber aufgrund der Emanzipation ist Mann wie Frau heutzutage zumindest so weit selbstständig, dass sie einander nicht mehr so dringend brauchen, wie es früher mal der Fall war; sie können ihr eigenes Leben finanzieren und organisieren, ohne in ihren Fähigkeiten vom anderen Geschlecht ergänzt werden zu *müssen*.[60] Dadurch, dass es nicht mehr unbedingt notwendig ist, zu heiraten, hat auch die Beziehung einer Frau zu einem Mann eine ganz andere Bedeutung erhalten. Denn statt um praktische Faktoren geht es heute darum, mit der anderen Person um ihrer selbst willen liiert zu sein. Deshalb hat sich auch die Tradition der Mitgift inzwischen verabschiedet, seit die Ehe nicht mehr von praktischen, wirtschaftlichen Hintergedanken dominiert wird.[61] Hanna Rosin, Verfasserin des Buches *Das Ende der Männer und der Aufstieg der Frauen*, trifft den Nagel auf den Kopf, indem sie sagt, Frauen »*brauchen* nicht mehr einen Mann, um vorwärtszukommen, also können sie sich einen suchen, mit dem sie wirklich zusammen sein wollen. Und ist das nicht ohnehin eine reinere Form von Liebe?«[62]

Warum Singles ohne Partner (im wahrsten Sinn des Wortes) überleben

Zitat meiner Freundin: »Was bringt dir eine Ehe? Du bist verheiratet = du hast fix jemanden, der sich um dich kümmern muss, wenn du in die Windel machst. Es ist extrem ausgedrückt, aber im Prinzip – die Sicherheit, dass jemand da ist, wenn du älter wirst, der auf dich ein bisschen schaut. … Dass einfach jemand da ist, der sich sorgt um dich. Der weiß, du atmest noch, wenn du daneben liegst, oder wenn du krank bist; der einfach ein bisschen schaut auf dich. Das ist praktisch. Aus praktischen Gründen [ist ein Partner sinnvoll]. Einer, der schaut, dass du nicht krepierst.« Meine andere Freundin bestätigt diesen primären Vorteil einer Beziehung: »Es kommt spätestens am Abend jemand herein bei der Tür.« Man muss also nicht fürchten, erst von jemandem gefunden zu werden, wenn man bereits halb verwest und von den eigenen Katzen gefressen worden ist.

Gut, damit stellt sich für mich die Frage: Kann ich denn nicht überleben, ohne einen Partner an meiner Seite zu wissen, der für mich mitverantwortlich ist? Der mein Überleben nach bestem Wissen und Gewissen garantiert? So mag es früher mal gewesen sein. Aber heute sind Frauen emanzipiert, und vor allem Singles üben sich über die Jahre in der beneidenswerten Fähigkeit, allein zu überleben. Sie haben das Wissen und das Können, um sich selbst ohne jegliche Hilfe eines Partners am Leben zu halten. Sie verdienen ihr eigenes Geld, bezahlen ihre eigenen Rechnungen, waschen ihre eigene Wäsche. Sie killen ihre eigenen Spinnen, ohne in einen Schreikrampf auszubrechen und wie auf heißen Kohlen herumzuhüpfen. Sie machen sich ihren eigenen Tee, wenn sie krank sind. Sie pflanzen ihre eigenen Pflanzen um, wenn die Erde verseucht ist, dreckige Hände und schwere Töpfe hin oder her. Sie pumpen ihr eigenes Fahrrad auf und lernen selbst, die herausgesprungene Kette wieder einzulegen. Sie leeren ihre eigenen Abflüsse. Sie wechseln Ihre eigenen Glühbirnen. Sie hängen ihre eigenen Bilder auf. Sie reparieren Defekte bei diversen elektrischen Geräten. Und ich sage Ihnen mal etwas: Es funktioniert, und zwar ohne gröbere Probleme. Egal, was es auch ist, Singles finden einen Weg. Sie improvisieren, sie googeln, sie fragen einen Freund oder Angehörigen um Rat. Wie auch immer sie es anstellen, im Endeffekt lösen sie das Problem. Irgendwie geht es immer. Als Single werden Sie zum Multitalent!

Wenn man in einer Beziehung ist, verlässt man sich in vielerlei Hinsicht auf den Partner – wodurch man als Einzelperson nicht gerade überlebensfähiger wird. Weil es eben bequemer ist und weil es ja immerhin Männersache ist, Achtbeiner zu töten und das Heavy Lifting zu übernehmen. Aber das ist doch völlig unnötig. Wären Sie nicht lieber eine Frau, die auf eigenen Beinen steht und sich in jeder Situation selbst zu helfen weiß, als jemand, der immer und überall auf jemand anderen angewiesen ist? Mal abgesehen davon, dass man sich in einer Beziehung natürlich auch umgekehrterweise um den Mann kümmern muss. Hauptsächlich, wenn der arme Patient die Männergrippe hat und leidend in sein Taschentuch bläst, während er die Partnerin mit herzzerreißendem Blick ansieht und sie bittet, ihm eine Tasse Tee zu kochen; denn dazu ist der sterbenskranke Mann mit seinen 37,2 Grad Fieber ja völlig verständlicherweise nicht mehr in der Lage.

Im Übrigen ist man heutzutage auch im Alter nicht mehr zwangsläufig auf einen Partner angewiesen. Diese Zeiten sind vorüber. So betont mein Bekannter: »Vorher hat man gesagt, wenn du alt bist, brauchst du jemanden an der Seite« – was heute nicht mehr der Fall ist, weil ältere Menschen sozial gesehen allein aufgrund ihrer Wohnlage besser aufgehoben sind. Man wohnt näher aneinander, »nicht mehr so wie damals in den Dörfern, wo du auf dem Berg alleine gelebt hast im Winter«. Selbst wenn ältere, alleinstehende Menschen nicht mehr kochen können, ist es heute keine Zauberei

mehr, sich fertiges Essen nach Hause zu bestellen. Immer mehr Lokale liefern in immer entferntere Gegenden. Außerdem gibt es heutzutage hervorragende Heimpflege, falls dies wirklich irgendwann notwendig sein sollte.

Natürlich ist diese Problematik hier vereinfacht zusammengefasst, aber der Punkt ist, dass das Leben als Single in jedem Alter immer einfacher und machbarer wird. Während man in einer Beziehung oft nicht für voll genommen wird und sich arrangieren muss, weil der Partner die Hosen anhat, sind Singles voll und ganz selbstständig. Wir brauchen niemand anderen, um zu überleben. Ein Single ist sein eigener Mensch. Wir müssen uns um alles selbst kümmern. Daher sind wir deutlich fähiger als die von ihren Männern abhängigen Ehefrauen. Was in einer Ehe zu einem großen Problem werden kann, ist für uns deutlich einfacher hinzunehmen, ganz nach dem Motto: Hinfallen, aufstehen, Problem richten, weitergehen!

WIE SICH SINGLES LANGSAM IN DER WELT AUSBREITEN

Die Partneragentur Parship hat festgestellt: »Emanzipation sorgt für einen Anstieg der Singles in Deutschland: Frauen wählen häufig eine Karriere und suchen nicht länger die finanzielle Stabilität einer Beziehung.«[63] Weiter führen sie aus: »Alleinstehende sind in Deutschland keine Minderheit. Knapp 17 Millionen Menschen im Alter zwischen 18 und 65 Jahren sind derzeit allein. Gemessen an einer Bevölkerungszahl von etwa 52,6 Millionen, handelt es sich um eine Single-Rate von 32 Prozent. Unstrittig ist demnach, dass das Solo-sein derzeit ein verbreiteter Lifestyle-Trend ist.«[64] Eine Studie, die in Zusammenarbeit von den Agenturen Parship und Elitepartner unter fast 12.000 Deutschen durchgeführt wurde, zeigte, dass diese Singles auch relativ lange alleine sind – durchschnittlich sind sie seit fünf bis sechs Jahren, ein Fünftel ist bereits seit über 10 Jahren single.[65] Die steigende Anzahl der Singlehaushalte bestätigt diesen Trend: Laut Statistischem Bundesamt waren im Jahr 2017»Einpersonenhaushalte der häufigste Haushaltstyp in Deutschland« geworden, der etwa 41 Prozent aller Haushalte ausmachte.[66]

In Österreich sieht es ähnlich aus. Nicht einmal 50 Prozent teilen sich ein Heim mit einem Partner; wie die Zeitung *Der Standard* berichtet, sehen wir »eine Verdopplung der Singlehaushalte in den letzten 30 Jahren.«[67] Sogar EU-weit lebten 2017 in einem Drittel aller Haushalte alleinstehende Erwachsene ohne Kinder, und diese Zahl steigt.[68] Auch auf der anderen Seite des großen Teiches macht sich dieses Phänomen breit. In den Vereinigten Staaten steigen die Singlezahlen seit den 60ern kontinuierlich, während immer weniger Amerikaner das Ziel verfolgen, irgendwann zu heiraten; heute ist rund ein Drittel der amerikanischen Bevölkerung single und etwa die Hälfte davon beschäftigt sich nicht einmal aktiv damit, einen Partner zu finden.[69]

Es ist nicht zu bestreiten: Die Anzahl der Singles wächst; die Anzahl der Pärchen, die keine Kinder wollen, wächst; und die Anzahl der traditionellen Nuklearfamilien (zwei biologische Eltern und ihre Kinder) sinkt.[70] Tatsächlich scheint inzwischen die Partnerschaft, nicht das Singledasein, der »Übergangsstatus« geworden zu sein.[71] Es wirkt also kontraintuitiv, dass sich alle nach wie vor so sehr an dem traditionellen Bild der Familie aufhängen, wenn man sich die wachsende Tendenz zum Singledasein ansieht. Selbst der Immobilientrend bewegt sich eindeutig in Richtung Singles. Wo früher drei Generationen in einem Haushalt gelebt haben, werden heute immer mehr Mikro-Apartments gebaut, die genau auf Singles ausgerichtet sind – sie sind gerade groß genug für einen Bewohner und werden alles inklusive vermietet.[72] Weil eben immer mehr Menschen die Vorzüge des Alleinlebens genießen.

Parship gibt zu: »Der Single-Trend der Deutschen ist trotz der Beliebtheit von Online-Dating nicht rückläufig. In Zukunft wird es immer mehr Singles geben.«[73] Eines steht fest: »Wer keinen Partner findet, ist ganz sicher kein Exot oder Versager«, denn der Status »single« verbreitet sich unter Männern wie Frauen mehr als rasant.[74]

WARUM MAN DIE BIOLOGISCHE UHR IGNORIEREN SOLLTE

Die große Angst der Langzeitsingles oder generell aller Singles ab einem gewissen Alter ist verwurzelt in dem Gefühl, unter Zeitdruck zu stehen. Ständig hört man unterschiedlich ausgedrückte Variationen der Aussage »Die biologische Uhr tickt«. Und am liebsten würde man denjenigen, die nichts Besseres zu tun haben, als einem diese Worte unter die Nase zu reiben, einen nassen Fetzen um die Ohren hauen. Ja, wir haben verstanden. Die Uhr tickt. Am fruchtbarsten sind wir in den frühen 20ern, danach sinkt die Fruchtbarkeit stetig.[75] Diese Tatsache ist uns mehr als bewusst. Und im Endeffekt wollen viele Frauen ja nicht nur einen Partner, sondern eine Familie. Sie wollen eine Hochzeit mit allem Drum und Dran, gefolgt vom Hausbau in der Vorstadt und einer Vorzeigeschwangerschaft. Aber das bedeutet nicht, dass es sinnvoll ist, sich von diesem Stress zu irgendetwas zwingen zu lassen. Zu diesem Zweck einen so fundamentalen Kompromiss einzugehen, dass man sich den nächstbesten zur Familiengründung bereiten Mann als Partner schnappt, bloß weil der Countdown schon fast abgelaufen ist und man sich davor fürchtet, dem Richtigen nicht mehr früh genug zu begegnen, ist wohl kaum die empfehlenswerteste Option; klar könnte man dadurch seinen Kinderwunsch verwirklichen, aber das Ziel einer wahrlich liebeserfüllten Beziehung würde man dafür wahrscheinlich opfern.[76]

Elena Sohn betreibt die Agentur »Die Liebeskümmerer« in Deutschland und sieht viele Kundinnen, die genau von der Angst, nicht mehr rechtzeitig den einen zu finden, geplagt werden. In einem Fernsehinterview betont sie, dass Ü30-Singles gern glauben, »Alle kriegen plötzlich Kinder, alle sind verheiratet«, und verneint: »Kann nicht sein, dann würden nicht so viele bei mir sitzen.« Damit widerlegt sie schon einmal den ersten falschen Eindruck, den wir

Singles gerne haben – dass alle rund um uns nur mehr heiraten und Kinder kriegen, während wir als Einzige noch übrig sind. »Es ist absolut ein gesamtgesellschaftliches Problem. Es ist kein individuelles Versagen«, sagt Sohn. »Die Wissenschaft sagt, die Beziehungen werden immer kürzer. Die Halbwertszeit von Beziehungen quasi beträgt heute nur noch zwei Jahre. Früher waren wir lange, lange, lange in Partnerschaften. Heute sind Partnerschaften kürzer. Wir wechseln öfter den Partner. Das heißt, die Wahrscheinlichkeit, dass man auch in diesem Alter dann plötzlich wieder alleine dasteht, ist groß.« Des Weiteren stellt sie klar: »Vierzig ist das neue Dreißig.«[77]

Letzten Endes bringt es ohnehin nicht viel, sich in dieser Hinsicht unter Zeitdruck zu setzen. Im Gegenteil, das ist meist eher kontraproduktiv. Gerade wir Singles wissen: Wenn man es sich verzweifelt wünscht, wird es unwahrscheinlich funktionieren. Abgesehen davon, dass Stress und Sorgen unser Leben nicht gerade verschönern; Sie werden sich bestimmt nicht besser fühlen, wenn Sie sich ständig selbst daran erinnern, mit welcher Wahrscheinlichkeit Ihre Chancen mit jedem weiteren Lebensjahr sinken und wie viele Eier weniger Ihre Eierstöcke heranreifen lassen. Und stellen Sie sich mal vor, Sie stressen sich selbst so sehr, dass Sie zu schnell zugreifen und dann für den Rest Ihres Lebens einen Mann an der Backe haben, der Ihnen zwar vielleicht ein Kind geschenkt hat, Sie jedoch langfristig gesehen nicht glücklich macht. Tatsächlich ist die Wahrscheinlichkeit, das zu bekommen, was wir wirklich wollen, meiner Ansicht und Erfahrung nach größer, wenn wir uns nicht zu viele Sorgen darum machen.

Wie viele glückliche Pärchen gibt es denn, die so verzweifelt »basteln«, dass für eine gefühlte Ewigkeit genau gar nichts weitergeht? Wochen vergehen, und die monatliche rote Freundin taucht uneingeladen doch jedes Mal wieder auf. Und wenn körperlich alles in Ordnung ist, woran kann es denn dann liegen? Nach meiner völlig unmedizinisch fundierten Meinung (ich bin ja kein Arzt, aber ich habe genug (mit-)erlebt, was diese Theorie unterstützt):

an der Psyche. Es ist immer die Psyche. Die Psyche macht uns fertig. Sind wir psychisch gestresst, badet es unser Körper aus. Psychosomatische Schwangerschaftsverspätung überrascht mich daher überhaupt nicht. Vor allem, wenn man bedenkt, wie oft man von Pärchen hört, die ganz plötzlich schwanger werden, sobald sie den Kinderwunsch und damit den Stressfaktor aufgegeben haben. Das sollte Ihnen als Single zwei Dinge sagen: Zum einen, dass selbst glücklichen Paaren keine Kinderfreuden garantiert sind, und zum anderen, dass der Stressfaktor nicht zu unterschätzen ist. Also Ladys, hören Sie auf damit, sich selbst mit Ihrem mentalen Timer in den Wahnsinn zu treiben.

Außerdem ist das Leben als Tante (als biologische oder auch gern als symbolische »Tante«, wenn beispielsweise die beste Freundin ein Kind bekommt) auch unheimlich schön! Denn so sehr wir auch Mütter werden wollen, und so sehr man die kleinen Zwerge auch abknutschen möchte, eines ist nicht zu bestreiten: Hat man erst ein eigenes Kind, ist das Leben nicht mehr dasselbe. Man ist vollkommen eingeschränkt. Jede Spontanität verschwindet, alles hängt von den Launen des Babys ab, und Zeit für sich selbst gibt es fast überhaupt keine mehr. Von so banalen Dingen wie allein aufs Klo gehen zu können über eine entspannte Dusche bis hin zu gemütlichen Serienabenden oder einer überfälligen Shoppingtour – das, was *Sie* brauchen, ist als Mutter schwierig. »Ich kann nur kommen, wenn der Kleine nicht schreit.« – »Ich muss jetzt gehen, weil die Kleine müde ist.« – »Ich kann nicht mitessen, das Baby hat jetzt Hunger.« – »Ich kann nicht arbeiten, das Baby muss beschäftigt werden.« So geht es tagein und tagaus. Erst ab fünf oder sechs Jahren ist das Kind mal viertelwegs selbstständig – also selbstständig genug, nicht ständig im Auge behalten werden zu müssen …

Mütter haben es in jedem Fall nicht leicht. Neben dem Haushalt, den Kindern und gegebenenfalls dem Beruf gilt es ja auch stets, bestens informiert zu sein, was die neuesten Erkenntnisse zu allen möglichen Aspekten der Kindererziehung betrifft: vom empfohlenen Stillverhalten über die Risiken von Gelen zur Linderung von Zahnschmerzen bis hin zu den Vor- und Nachteilen von Kinderkrippen. Mütter werden für jedes Problem, welches das Kind betrifft, zur Rechenschaft gezogen. Von ihnen wird immer mehr und immer Unmöglicheres erwartet. Aber während sie gern für ihre Erziehungsfehler kritisiert werden, brauchen sie umgekehrt nicht den geringsten Beifall für ihr Engagement, ihre Qualität und ihre harte Arbeit als gute Mutter zu erwarten – wodurch sie schnell das Gefühl bekommen, nicht gut genug zu sein. Laut Christina Mundlos, der Autorin von *Dann mache ich es halt allein – Wenn Singlefrauen sich für ein Kind entscheiden und so ihr Glück selbst in die Hand nehmen*, ist es ein wahrer »Muttermythos«, demzufolge alle Frauen Mütter werden und darin ihr Glück finden *müssen*: »Es handelt sich um den Mythos von der Glückseligkeit, die sich angeblich bei jeder Mutter einstellt, wenn sie total übermüdet einem schreienden Baby die übel stinkende Windel wechseln darf, während sich der Große gerade auf Bettwäsche und Teppich erbricht. Bei frisch gebackenen Müttern kommt dann oft langsam die leise Ahnung auf, dass Kinderbetreuung vor allem eins ist: verdammt anstrengend. Dass es auch schöne Momente gibt, will niemand in Abrede stellen. Aber das Schöne macht das Anstrengende nicht weniger anstrengend.« Es mag hart und unglaubwürdig klingen, aber es ist eine Tatsache: »Es gibt unglückliche Mütter und sogar bereuende Mütter.«[78]

Ja, das klingt unheimlich hart. So hart, dass man es eigentlich gar nicht hören möchte. Dass man sein eigens Kind endlos lieben wird, unabhängig von der emotionalen wie körperlichen Anstrengung und den Einschränkungen für das eigene Leben, steht außer Frage. Trotzdem halte ich es für wichtig, sich als Single vor Augen zu führen, dass die heiß ersehnte Mutterschaft nicht zwangsläufig ganz so rosig ist, wie man sie sich aus der Ferne vorstellt. Denn dieses Wissen kann dabei helfen, sich selbst ein wenig von dem Druck zu nehmen, der von dem Wunsch herrührt, unbedingt jetzt sofort ein Kind zu bekommen. Die Erkenntnis, dass die Elternschaft nicht ausschließlich Schönes mit sich bringt, befähigt uns nämlich, zu erkennen, dass die Tantenschaft sehr wohl genau das tut!

Als Tante können Sie sich mit größter Freude die Rosinen herauspicken; mit dem Zwerg knuddeln und spielen, wenn er gut gelaunt ist, und ihn wieder abgeben, sobald die Schreierei beginnt oder riskante Entscheidungen getroffen werden müssen. Sie sind nicht erziehungsberechtigt – Sie sind *verziehungsberechtigt*. Sie haben all den Spaß und nichts von der Verantwortung. An Ihrem eigenen Leben ändert sich im Übrigen nichts. Sie sind nach wie vor so flexibel wie vorher und können Ihren Tag so gestalten, wie Sie möchten. Trotzdem haben Sie ein kleines Kind in Ihrem Leben, welches Sie über alles lieben und dem Sie Ihre ganze Zuneigung schenken können. Diese Kombination ist herrlich. Ich hüpfe bei jeder Chance, mit meinem Neffenzwerg Zeit zu verbringen, und genieße jede einzelne Minute dieser Zeit; vor allem, wenn der Kleine nach meiner Hand greift und mich wie die Sonne anstrahlt. Dennoch würde ich lügen, wenn ich behaupten würde, dass ich am Ende des Tages – wenn der Spatz dann müde und grantig ist und es Stunden dauern kann, ihn zum Schlafen zu bringen – nicht froh bin, allein in aller Ruhe nach Hause fahren und den Abend nach meinen eigenen Gelüsten ausklingen lassen zu können.

Christina Mundlos sagt definitiv: »Es ist möglich, auch ohne Kind ein glückliches Leben zu führen.« Um vom Stressfaktor Babywunsch loszukommen, kann es helfen, sich die Frage zu stellen, welche anderen Tätigkeiten – außer ein Kind zu bekommen und großzuziehen – Ihnen Freude bereiten und einen Lebenssinn vermitteln würden. Dabei kann es eben auch hilfreich sein, die Sehnsucht nach einem eigenen Kind umzulenken: Helfen Sie beruflich oder in Ihrer Freizeit in einer Volksschule oder einem Kindergarten, einem Hort oder anderen Einrichtungen aus, in welchen Kinder Betreuung brauchen. Am besten funktionieren Beschäftigungen, die nicht auf Sie selbst fokussiert sind (wie sportliche Betätigung), sondern auf andere – seien es Zwei- oder Vierbeiner. Verbringen Sie

Zeit mit den Kindern Ihrer Geschwister und Freunde. Laut Mundlos ist es wichtig, »dass man dem Leben und den Menschen zugewandt bleibt und sich nicht in Einsamkeit und Isolation flüchtet«. Leben Sie Ihr Verlangen, für jemand anderen da zu sein, einfach auf andere Art und Weise aus.[79]

Vielleicht hilft Ihnen der Gedanke, dass man auch ohne eigenes Kind seine mütterliche Ader ausleben kann, dabei, sich nicht mehr ganz so sehr zu stressen, was das Kinderkriegen anbelangt, oder sich gar komplett von Ihrem Kinderwunsch zu lösen, jedenfalls für die nähere Zukunft. Grundsätzlich sollten Sie sich ohnehin die Frage stellen, warum Sie denn eigentlich ein Kind wollen. Ist es deshalb, weil man es eben einfach so macht? Weil es die Gesellschaft und die eigene Familie von Ihnen erwarten? Sehen Sie einmal tief in sich hinein, und fragen Sie sich, ob Sie wirklich bereit für ein Leben sind, welches sich für die nächsten 10 bis 18 Jahre um ein Kind dreht. Sind Sie bereit, Ihre Karriere gegebenenfalls aufzugeben und Ihre eigenen Wünsche und Hobbys zurückzustecken? Fragen Sie sich ernsthaft, wie sehr Sie wirklich ein eigenes Baby möchten. Denn wie gesagt: Die Zeit und Liebe, die mit einem Kind einhergehen, genießen Sie auch als Tante. Nicht im selben Maß wie als Mutter, ganz klar; dafür dürfen Sie den kleinen Racker aber auch wieder abgeben, wenn es Ihnen zu viel wird. Ist es eher die Gesellschaft, die Ihnen diesen Wunsch einredet, überdenken Sie ihn noch einmal; das wird Ihnen einen großen Teil Ihrer Torschlusspanik nehmen. Denn wenn Sie nicht unbedingt ein Kind wollen, haben Sie alle Zeit der Welt, auf den perfekten Mann zu warten. Meine Freundin, die selbst Mann und Kind hat, sagt sowieso: »Als Pärchen bist du nur dann wirklich besser dran, wenn du einen Familienwunsch hast.« Übersetzt: Will man nicht unbedingt ein Kind, hat man als Single ohnehin ein besseres Leben.

In jedem Fall sollten Sie sich, was die biologische Uhr betrifft, mal ordentlich entstressen. Die Devise lautet: ruhig bleiben, Tee trinken. Denn wer weiß? Vielleicht kommt ja früher als gedacht, wenn Sie es am wenigsten erwarten, der zukünftige Babypapa daher; vielleicht lernen Sie später jemanden kennen, der bereits ein Kind hat, das in Ihnen eine liebende Stiefmama sehen wird, oder mit dem zusammen Sie an Adoption denken könnten.[80] Möglicherweise wird sogar das Thema »Social Freezing« in Zukunft eine valide Chance für Singles sein, die es ihnen erlaubt, »ihre Eizellen einfrieren [zu] lassen und diese später – auch jenseits der Menopause – für eine Schwangerschaft verwenden [zu] können«.[81] Und wenn keine dieser Optionen Sie anspricht, können Sie immer noch die Möglichkeit, als Single Mum zu werden, in Betracht ziehen (siehe nächster Abschnitt, »Wie man zur Single Mum wird«).

WIE MAN ZUR SINGLE MUM WIRD

Sie müssen Ihren Kinderwunsch nicht aufgeben, bloß weil Sie single sind. Natürlich ist die Idealmethode die, den richtigen Partner zu finden – und zwar rechtzeitig, solange Ihre Gebärmutter noch für Kinder empfänglich ist. Doch was, wenn der zukünftige Babypapa nicht mehr rechtzeitig durch die Tür spaziert? Selbst dieses »rechtzeitig« ist ja ein komplexer Begriff. Denn nur weil sich der Kerl in Sie verliebt, bevor Sie X [selbst gewähltes Deadline-Alter bitte einfügen] Jahre alt sind, ist er noch lange nicht »rechtzeitig«. Auftauchen, verlieben und eine Partnerschaft starten reicht noch lange nicht. Er muss auch bereit sein, Vater zu werden. Und zwar bald, sonst gehen die Wie-lange-noch-bevor-meine-Gebärmutter-austrocknet-Sorgen trotz Beziehung von vorne los.

Denn was bringt Ihnen ein Partner, der in naher Zukunft keine Kinder in die Welt setzen möchte – wie es in der immer bindungsunwilligeren Männerwelt von heute häufig der Fall ist? Er bringt Ihnen nicht viel, in Hinsicht auf Ihren Kinderwunsch. Und da es dem Countdown des weiblichen Körpers herzlich egal ist, was der männliche Part der Kindergleichung von einer festen Partnerschaft einschließlich Elternwerden hält, hat frau manchmal nur eine Wahl: und zwar, ohne Mann Mutter zu werden. Tatsächlich haben es immer mehr Frauen satt, ewig herumzuwarten und zu hoffen, dass ihr Wunsch nach einer Vater-Mutter-Kind-Familie auf natürlichem Wege erfüllt wird.[82]

Wollen Sie um alles in der Welt ein Kind, kann die Entscheidung, Single Mum zu werden, Ihnen dabei helfen, Ihre Torschlusspanik loszuwerden. Denn das Kinderkriegen ist es ja, was uns wirklich stresst – die biologische Uhr. Wenn Sie diesen Stress also nicht einfach so ablegen können (ich weiß, das ist leichter gesagt als getan), dann erwägen Sie, in die andere Richtung zu gehen und sich den Stress zu nehmen, indem Sie selbst die Initiative ergreifen und das

Thema »erledigen«. Elena Sohn ist Expertin auf dem Gebiet Liebe, Liebeskummer und Singles. Sie rät Kundinnen, die unbedingt Mutter werden wollen und ungeheure Angst davor haben, nicht mehr rechtzeitig den richtigen Partner zu finden, genau das: »Überleg mal, ob du den Kinderwunsch vielleicht abkoppeln kannst vom Partnerschaftswunsch.« Indem man diese beiden Wünsche voneinander trennt, eliminiert man nämlich den Stressfaktor, was das Kinderkriegen sowie das Partnerfinden angeht. Ist man bereit, ohne Partner ein Kind zu bekommen, hat man sich Wunsch 1 (das Kinderkriegen) bereits erfüllt oder ist auf dem Wege, ihn sich zu erfüllen. Was Wunsch 2 (das Partnerfinden) betrifft, ist man nun deutlich entspannter. Man muss nicht mehr auf der Stelle den richtigen Partner finden, der auch noch zum baldigen Vaterwerden bereit sein muss; stattdessen kann man in aller Ruhe, ohne unüberhörbares Ticken im Ohr, nach dem Mann fürs restliche Leben Ausschau halten. Schließlich braucht man ihn jetzt nur noch für die Liebe, nicht für die Reproduktion. So steht jede neue Bekanntschaft nicht automatisch von Beginn an unter dem Spannungsfaktor »Kinder«, der beide unter Druck setzt, denn der potenzielle Partner wird völlig unabhängig vom Kinderwunsch evaluiert.[83]

Seinen Kinderwunsch ohne Partner zu verwirklichen ist inzwischen eine durchaus realistische Möglichkeit. Leider handelt es sich dabei auch um eine teure und schwierige Angelegenheit. Außer Sie gehen in eine Bar, suchen sich einen willigen One-Night-Stand-Partner, haben ungeschützten Geschlechtsverkehr und fahren am nächsten Tag mit potenziellem Baby im Bauch wieder nach Hause. Eine wohl moralisch einwandfreiere Variante wäre es, sich beispielsweise das Dasein als Pflegemutter zu überlegen, sofern Sie sich dafür eignen und alle notwendigen Bedingungen erfüllen.

Eine weitere, wenngleich nach heutigem Stand noch leicht fragwürdige Option ist das entstehende »Modell der Co-Elternschaft«: Interessanterweise geschieht es immer öfter, dass sich Menschen (oft Freunde; doch auch Fremde, die sich übers Internet gefunden haben) zusammentun, um gemeinsam ein Kind zu zeugen und großzuziehen, ohne miteinander eine romantische Partnerschaft einzugehen. Auf diese Weise erfüllen sie sich ihren Wunsch nach einem Kind und haben auch noch einen Partner, mit dem sie sich die elterlichen Aufgaben und Verantwortungen teilen können – nur eben ohne den romantischen Aspekt. Auch wenn diese Methode noch kein Massenphänomen sein mag, ist sie doch gar nicht einmal so abwegig, wenn man darüber nachdenkt. Immerhin gibt es auch zahllose Kinder traditioneller Pärchen, deren Mutter und Vater aufgrund einer Trennung nicht mehr als Liebespaar zusammenleben.[84]

Die Variante, die von Christina Mundlos in ihrem Buch über Single Mums angepriesen wird, ist die künstliche Befruchtung mittels Samenspende. Diese Option ist längst keine Fantasie mehr, die hübschen Latinas in Hollywoodromanzen vorbehalten ist, sondern Standard in der realen Welt. Promis wie die Schwester von Penélope Cruz haben es bereits im echten Leben getan, und auch immer mehr deutsche Singles nützen den Fortschritt der Medizin, welcher es ihnen nun ermöglicht, ohne Sex schwanger zu werden und so ohne Partner ein Kind zu zeugen.[85] Mundlos sagt sogar: »Die Reproduktionsmedizin kann als eine der größten Wachstumsbranchen der deutschen Gesundheitsindustrie bezeichnet werden.«[86]

Single Mums haben ja sogar gewisse Vorzüge gegenüber traditionellen Müttern in Partnerschaften. Zuerst einmal gibt es keine Konflikte darüber, welcher Elternteil welche Rolle erfüllen sollte; man muss seinen Alltag mit keinem Partner abklären oder sich nach seinen Wünschen richten; und den Dreck des Vaters muss man auch nicht beseitigen, bloß den eigenen und den des Kindes.[87] Erziehungsfragen müssen nicht erst ausdiskutiert werden. Man muss sich nicht mit einem Partner streiten, der sich weigert, dem Kind Grenzen zu setzen, und der eigentlich dauernd gegen die Mutter arbeitet, statt mit ihr an einem Strang zu ziehen. Im Gegenteil. Die Meinung der Frau als Single Mum ist die einzige, die zählt. Abgesehen davon passiert es auch genügend Frauen in Partnerschaften, dass der Kindsvater ihnen in der Erziehung nicht ausreichend unter die Arme greift oder sie irgendwann plötzlich ganz allein mit ihrem Kind dastehen; Single Mums hingegen sind nicht unerwarteter- und unerwünschterweise alleine mit ihrem Kind und dadurch von heute auf morgen so frustriert wie überfordert, denn ihr Mutter-Kind-Leben war von Anfang an als 2-Personen-Club gedacht.[88]

Bevor Sie sich für den Schritt entscheiden, ohne Partner Mutter zu werden, sollten Sie sich jedoch über einiges im Klaren sein. Zuallererst ist es in Deutschland aus rechtlichen Gründen leider nicht so einfach, einen Arzt zu finden, der an einer ledigen Frau eine künstliche Befruchtung durchführt. Daher kann es notwendig sein, für die Befruchtung in ein anderes Land zu reisen, wo dieses Verfahren auch für Singles angeboten wird. Des Weiteren müssen Sie sich der psychischen Nebenwirkungen einer solchen Behandlung bewusst werden. Vom nervenzehrenden Warten auf ein Ergebnis bis zu möglicherweise wiederholten und erfolglosen Befruchtungsversuchen ist ein unvorstellbares Durchhaltevermögen notwendig. Dazu kommen unerwünschte physische Symptome, die sich aufgrund der Hormonverabreichung bemerkbar machen können, sodass sich eine solche Behandlung als enorme Belastung für Geist wie Körper erweisen kann. Auch der finanzielle Aspekt ist nicht von der Hand zu weisen und muss gründlich durchdacht werden. Von den Behandlungen zur künstlichen Befruchtung bis zum Kindererziehen selbst summieren sich die Ausgaben, welche sogenannte »Single Mums by Choice« erwarten. Schließlich müssen Alleinerziehende mindestens dasselbe leisten wie liierte Mütter, wofür sie jedoch im Vergleich weniger Zeit und Geld zur Verfügung haben, da kein Partner zur Unterstützung an ihrer Seite steht. Und da bei künstlicher Befruchtung das Risiko der Mehrlingsschwangerschaften erhöht ist, kommt gar nicht unwahrscheinlich auch noch die doppelte Anforderung auf eine Single Mum zu.[89]

Sie sollten das Thema daher unbedingt von allen erdenklichen Seiten genauestens betrachten, ehe Sie diese lebensverändernde Entscheidung treffen. Sprechen Sie mit einem Therapeuten, und setzen Sie sich ergiebig mit der Frage auseinander, ob Sie sich das Leben als Single Mum wirklich leisten können. Sind Sie gefühls-, zeit- und geldmäßig stark genug dafür? Sie sollten sich über die Frage, woher Ihr Kinderwunsch eigentlich kommt, ernsthafte Gedanken machen, sich über die nötigen Ressourcen und emotionalen Risiken sowie über die moralische Verantwortung im Klaren sein und sich auch über rechtliche Aspekte informieren. Von der Frage, wo Sie sich befruchten lassen können, bis zu den Rechten des Samenspenders und des Kindes, das künstlich gezeugt wurde. Und da Sie als Single Mum grundsätzlich allein die Verantwortung für absolut alles das Kind Betreffende tragen, was schon einmal überfordernd sein kann, sollten Sie auch darüber nachdenken, ob Sie ein funktionierendes, verlässliches Netz aus Unterstützern und Nannys (auch bekannt als Geschwister, Eltern, Freundinnen, et cetera) zur Verfügung haben.[90]

Unzählige Informationen, Gedanken und Fragen gehen mit diesem Thema einher. Aber Sie sehen, wenn Sie nun wirklich gerne Mutter werden wollen, muss Sie Ihr Singledasein nicht davon abhalten. Und wer sagt denn, dass der Vater nicht im Nachhinein in Ihr Leben treten und die Paparolle übernehmen kann? Wie Mundlos schreibt: »Singlefrauen, die sich künstlich befruchten lassen, drehen häufig nur die Reihenfolge um. Während andere Frauen erst einen Partner finden und dann gemeinsam ein Kind bekommen, bekommen sie zuerst das Kind und finden später einen Partner.«[91] Von der Gesellschaft sollten Sie sich auch nicht entmutigen lassen. Schließlich bedeutet die traditionelle Vater-Mutter-Kind-Vorgehensweise keineswegs, dass Vater und Mutter für immer zusammenbleiben und dem Kind eine funktionierende Elternkonstellation bieten werden; zahlreiche Kinder aus diesen »normalen« Nuklearfamilien stehen früher oder später mit nur einem Elternteil da.[92] Weshalb sollte es also kritikwürdig sein, sich von vorneherein dafür zu entscheiden, alleine Mutter zu werden?

Sind Sie ernsthaft am Thema künstliche Befruchtung interessiert, würde ich Ihnen das hier zitierte Buch *Dann mache ich es halt allein* von Christina Mundlos als Lektüre empfehlen. Es stellt die unterschiedlichen Behandlungsmethoden der künstlichen Befruchtung vor und beleuchtet dieses komplexe Thema aus allen erdenklichen Blickwinkeln. Selbstverständlich lege ich Ihnen auch nahe, sich ausführlich von Experten diesbezüglich beraten zu lassen. Aber in jedem Fall ist allein die Möglichkeit, als Single ein Kind zu bekommen, ein Schritt in die richtige Richtung. In Mundlos' Worten: »Weiblich, ledig, trotzdem schwanger – [das ist] die Antwort starker Frauen auf beziehungsunfähige Männer«.[93]

WARUM MAN AUCH OHNE EIGENE KINDER EINE GUTE BABYSITTERIN IST

»Haben wir mal gemeinsam Kinder, dann können wir Playdates machen und gegenseitig auf die Kinder aufpassen.« Wie oft träumen Freundinnen von dem Tag, an dem sie das perfekte Leben führen, sich regelmäßig samt Kind mit der Freundin treffen und gemütlich Kaffee trinken, während die Kinder sich blendend miteinander unterhalten; oder von dem Tag, an dem sie das Kind einfach bei der Freundin abliefern und die freien Stunden für sich selbst zum Arbeiten, Relaxen oder für diverse Erledigungen nutzen? Es klingt ja himmlisch, dieser Plan. Man hat einen Babysitter, dem man von vornherein vertraut, der selbst ein Kind hat, und man bekommt ein bisschen Mädelstratsch noch obendrauf. Die Realisierbarkeit dieses Traumes setzt allerdings voraus, dass beide Freundinnen auch tatsächlich zu einem halbwegs ähnlichen Zeitpunkt Kinder bekommen, dass diese Kinder sich verstehen und dass es keine Problemkinder sind. Kriegt man das alles hin, oder hat man das Glück, dass sich alles so entwickelt, wie man es schon immer geplant hat, ist das natürlich wunderbar. Aber was, wenn nicht? Und was ist eigentlich mit uns Singles? Ich sage allen Müttern mal was:

Ich kann auch auf Kinder aufpassen. Man muss keine eigenen Kinder haben, um zu wissen, wie man eine Windel wechselt oder einen Brei anrührt. Dass man ein kleines Kind nie aus den Augen lässt, ist wohl für jeden selbstverständlich. Und auch wenn ich nicht ein Jahr als Aupair mit der Verantwortung für einen Neugeborenen verbracht hätte, das mich wohl alles gelehrt hat, was man so im Allgemeinen über Babys wissen muss, und wenn ich keinen kleinen Neffen hätte, durch den ich sehr vieles mitbekomme, wäre ich allein durch mein Alter und die damit einhergehende Reife durchaus dafür qualifiziert, auf einen süßen Zwerg zu achten. Denn mit dem Alter kommen die Vertrauenswürdigkeit und der Instinkt; und alles andere kann sich jeder Babysitter von den Eltern des Kindes erklären lassen. Wie man es am besten zum Schlafen bringt, wie man auf Tobsuchtsanfälle reagiert, was in dieser und jener Situation zu erwarten und zu tun ist.

Ich sehe ein, dass Mütter generell eher dazu tendieren, anderen Müttern – einschließlich oder hauptsächlich ihren eigenen – ihr Baby anzuvertrauen. Dabei übersehen sie jedoch manchmal das ungenützte Potenzial der Singles; das heißt, der kinderaffinen Singles. Ich möchte natürlich nicht sagen, dass Singles automatisch fähig sind, auf Kinder aufzupassen. Aber wenn sie den Willen, die Liebe, den Instinkt, die Geduld und die Reife haben, können sie wahrlich nützliche Babysitter darstellen. Denn vielleicht ist es genau dieser Singlestatus, der sie zu guten Babysittern macht. Ich möchte an dieser Stelle erwähnen, dass ich hier Singles mit Nicht-Müttern gleichstelle. Natürlich gibt es zahlreiche alleinstehende Mütter; aber um der Aussage willen, die ich in diesem Abschnitt mache, werde ich Mütter von der Definition der Singles ausnehmen.

Erstens haben wir Singles Zeit. Wir haben eindeutig mehr Freizeit als Mütter, die in Wirklichkeit 24 Stunden am Tag an ihre kleinen Käfer gebunden sind. Wir müssen uns außerdem nicht an Schlafens- oder Essenszeiten unserer eigenen Schützlinge halten, sondern höchstens an unsere Arbeitszeiten, was uns deutlich mehr Flexibilität garantiert. Zweitens sind wir mobil. Zumindest in dem Sinn, dass wir aus dem Haus gehen können, ohne erst die halbe Wohnung in die Wickeltasche zu packen, das eigene Kind herzurichten, den Maxicosi einzustellen und dann noch mit Geschrei im Auto zur Freundin zu fahren. Das bedeutet, dass es für uns grundsätzlich ein Leichtes ist, die Freundin mit Kind in ihrer eigenen Wohnung zu besuchen, und wir nicht darauf bestehen müssen, dass sie sich selbst die Arbeit antut und ihr Kind mit Sack und Pack zu uns bringt. Drittens bieten wir ein Level an Enthusiasmus, das eine andere Mutter niemals aufbringen könnte, auch wenn sie den Schützling noch so lieb hat. Für sie ist Babysitten ja das tägliche Brot; und noch ein zweites Baby dazuzubekommen macht ihr Leben nicht unbedingt spaßiger. Sie wird es eher tun, um ihrer Freundin damit unter die Arme zu greifen; nicht weil sie es nicht erwarten kann, noch ein weiteres Kind unter ihre ohnehin bereits geforderten Fittiche zu nehmen.

Aber wir Singles haben keine Kinder. Aus Sicht einer Mutter ist das vielleicht ein Grund, ihr Kind eher einer anderen Mutter zu geben. Doch nicht, weil sie einem Single nicht vertraut. Sondern oft einfach deshalb, weil eine andere Mutter das Geschrei und den Kinderstress gewohnt ist und sie ihr das Theater daher mit weniger Skrupel antun wird als einem Single, den sie ja nicht überfordern will. Es ist eher ein Schutzinstinkt der Mutter, und zwar uns gegenüber. Aber das bedeutet nicht, dass sie uns das Kind nicht liebend gern zum Babysitten überlassen würde. Aus demselben Grund tendieren die Mütter, die ich kenne, eher dazu, ihr Kind einem Pärchen anzuvertrauen als einem Single, weil sich dann zwei Personen die Arbeit teilen können und sie somit einer einzelnen Person nicht den kompletten Stress antun. Das hat nichts damit zu tun, wer fähiger ist, sondern oft einfach nur damit, wem sie den kleinen Bengel mit dem geringsten schlechten Gewissen übergeben können.

Daher ist alles, was Sie tun müssen, wenn Sie es denn so wollen, Ihre Dienste anzubieten. Und schon bald wird der Mutter klar werden, dass sie Singles nicht vor dem Babygeschrei bewahren muss, sondern stattdessen aus einer bisher weitgehend ungenutzten Babysitterquelle schöpfen kann. Denn ja, es stimmt, wir haben keine Kinder. Aber dadurch freuen wir uns besonders, wenn wir die kleinen Racker mal sehen.

Wir sind begeistert von der Aussicht darauf, auf unseren kleinen Neffen, unsere Nichte oder das Kind unserer Freundin aufzupassen, weil es bei uns nicht zum Alltag gehört. Für uns ist es eine Ausnahme, selbst wenn sie regelmäßig stattfindet – was das Ereignis zu einem besonderen macht. Dieser zusätzliche Eifer entsteht natürlich auch dadurch, dass wir noch nicht ausgebrannt sind. Damit meine ich, dass wir noch über Energien verfügen, die Mütter bereits den ganzen Tag lang eingesetzt und verwertet haben. Wenn wir dann zum Babysitten vorbeikommen, sind unsere Energien noch frisch. Kombiniert mit der Freude und dem Optimismus, den wir mit uns bringen, werden wir so zu den perfekten Kindermädchen. Außerdem müssen wir unsere Aufmerksamkeit nicht zwischen mehreren Kindern oder dem Kind und einem Partner aufteilen. Sie gilt einzig und allein unserem Schützling – was wiederum die Gefahr reduziert, abgelenkt zu werden oder das Kind aus den Augen zu verlieren. Wie ich von Müttern weiß, haut sich ein Kind schon deutlich öfter mal irgendwo an, wenn mehr als eine Person auf ihn oder sie achtet.

Uns selbst gibt unsere Babysittbereitschaft übrigens die Chance, in das Leben mit Kindern mal hineinzuschnuppern. So bekommt man ein ganz gutes Gespür dafür, wie das Leben mit eigenen Kindern vielleicht so ablaufen könnte … Und am Ende des Tages sind wir, so sehr wir die Stunden mit dem kleinen Spatz auch genossen haben, dann doch irgendwie froh, in die eigene leere, ruhige Wohnung zurückkehren zu dürfen.

WIE NÜTZLICH DER SINGLESTATUS SEIN KANN

»Wo treffen wir uns diesmal? Ihr könnt schon zu mir kommen, dann muss ich eben den Mann ausquartieren.« Ein Tag oder Abend mit den Freundinnen ist gar nicht mal so einfach zu organisieren, wenn alle Partner haben, mit denen sie zusammenleben. Schließlich möchte man beim Mädelstratsch ja nicht von neugierigen Ohren belauscht werden. Für Mädelstreffen ist es daher schon von Vorteil, wenn man als Single seine männerfreie Wohnung für solche Anlässe anbieten kann. Kein Mann muss weggeschickt werden und sich einen Aufenthaltsort suchen, während die Freundin Besuch bekommt. Und die Damen können sich unkompliziert treffen, bleiben, solang sie wollen, und sich in aller Ruhe über alle möglichen für Männerohren nicht bestimmten Themen unterhalten.

Zudem hat die eigene Wohnung auch andere Vorteile. Beispielsweise kann man in aller Seelenruhe für diverse Feierlichkeiten Kuchen backen oder Essen vorbereiten – ohne dabei abgelenkt, gestört oder kritisiert zu werden – und anderen so die Arbeit abnehmen. Zugegeben, wenn ich als Single Kuchen backe, läuft das hinsichtlich der Küchenexplosion, die nachher bereinigt werden muss, und der Arbeitsschwierigkeiten, wenn man sich mit nie zuvor verwendeten Zutaten auseinandersetzt, nicht zwangsläufig stressfrei ab. Aber ich kann mir grundsätzlich Zeit lassen und halbwegs in Ruhe backen, weil ich meine eigene Küche, die außer mir niemand sieht, nicht so schnell wie möglich säubern muss. Und ich mache mir keine Gedanken darüber, was ein Partner wohl sagen oder denken könnte, wenn er in das Land des Chaos eintritt; vor allem, wenn es sich auch noch um seine Küche handelt, die zerstört wird. Außerdem ist es mir herzlich egal, wenn mal etwas nicht so schmeckt wie gedacht – dann esse ich es eben selbst und überlege mir einen Plan B, den ich aber niemandem gegenüber rechtfertigen muss, weil

ich ja die Einzige bin, die von Plan A überhaupt wusste. Bis jetzt sind meine Kreationen immer noch recht gut angekommen, und meine Nerven sind dabei einigermaßen heil geblieben (ich erspare Ihnen an dieser Stelle eine Anekdote darüber, wie stressintensiv, streitfördernd und nervenzerstörend solche Vorhaben in meiner früheren Partnerschaft vonstattengegangen sind).

Egal ob Essen vorbereiten, Kuchen backen, Geschenke besorgen beziehungsweise basteln, babysitten oder seine Wohnung für Mädelstreffs zur Verfügung stellen – man ist als Single schon sehr nützlich für die Gemeinschaft. Dabei muss man nur darauf achten (und das lege ich Ihnen wirklich ans Herz!), für seine Hilfsbereitschaft wertgeschätzt und auf keinen Fall ausgenutzt zu werden. Denn auch wenn man mehr Zeit hat, all die Dinge zu tun, für die andere mit ihren Ehemännern und Kindern ohnehin keinen Nerv haben, bedeutet das nicht, dass es Spaß macht, diese Dinge automatisch aufgetragen zu bekommen. Schließlich haben wir Singles auch unsere Arbeit und andere Verpflichtungen, oder auch einfach mal nur keine Lust. Aber wenn man sich die Zeit nehmen will und seine Dienste anbietet, dann hat es durchaus seine Vorteile, Single zu sein, über einen freien Zeitplan zu verfügen und die passende Location zur Verfügung zu haben.

WIE UNFAIR ES IST, DASS FREUNDSCHAFTEN UNTERBEWERTET WERDEN

Die generell verbreitete Annahme, dass sich praktisch jeder nach einer romantischen Partnerschaft sehnt, ist nicht nur singlefeindlich. Sie führt auch direkt zur nächsten anmaßenden Vermutung: dass eine solche Beziehung die einzige wirklich wichtige zwischenmenschliche Beziehung ist, die es gibt. Man geht davon aus, dass Menschen in partnerschaftlichen Beziehungen bessere Menschen sind; wertvoller und wichtiger im Vergleich zu denjenigen, welchen diese eine Partnerschaft fehlt, die im Leben wirklich zählt – und deren Leben, so meinen Leute, nicht so sinnvoll und komplett ist wie das der Vergebenen.[94]

Der Ursprung der Freude, der eigenen Identität und des Lebenssinns waren früher einmal Freunde, Gemeinschaft, Verwandte, genauso wie Leidenschaften und Arbeit; heute sind diese Dinge eher an den Rand gedrängt worden und haben an Bedeutung verloren, im Vergleich zu Ehe und Familie.[95] Speziell Freundschaften haben eine traurige Statuseinbuße erlitten. Wenn man beispielsweise mit einer Person des präferierten Geschlechts unterwegs ist, wird schnell angenommen, dass mit dieser Person etwas läuft. Unverzüglich stellt man klar: »Wir sind nur Freunde.« Achten wir hier doch einmal auf die Wortwahl. »Nur« ein Freund. »Nur« eine Freundin. Es klingt ja ziemlich abschätzig, wenn man so etwas sagt; als würde das ja eigentlich nicht zählen. Genauso fühlt man sich als tatsächlich potenzieller Partner verletzt, wenn man »nur« als »Freund/Freundin« vorgestellt wird. Als wäre die Freundschaft etwas Minderwertiges, was erst mit dem Status »Beziehung« zu etwas wirklich Wertvollem angehoben würde. Der Status »Freund(in)« wird im Vergleich zum Status »feste(r) Freund(in)« tendenziell im Wert herabgesetzt. Schließlich wird auch bei einer »Plus One«-Einladung erwartet, dass man seinen Partner, nicht eine Freundin, mitbringt. Wieso eigentlich? Ich habe mindestens genauso viel Spaß mit meiner Freundin, wie ich es mit einem Partner hätte, vielleicht sogar mehr; und das sage ich als jemand, der beides erlebt hat.

Dabei ist es ja so: Freunde, Geschwister, Cousins und Cousinen, Eltern, Großeltern. Diese Menschen zählen genauso zu unseren wahren Glücklichmachern. Solche Beziehungen können mindestens gleich viel Glück bringen wie eine romantische Partnerschaft. Vielleicht nicht dieselbe Art von Glück. Aber wenn wir »Glück« in dem Sinne definieren, dass es ein Gefühl ist, das »glücklich macht«, auf welche Art auch immer, dann ist es durchaus für alle möglichen Beziehungen anwendbar. Hier sei am Rande erwähnt, dass ich auch zum – eigentlich für romantische Partnerschaften reservierten – Valentinstag schon einmal von einer lieben Freundin eine Aufmerksamkeit erhalten habe. Wer sagt denn, dass Liebe sich nur auf partnerschaftliche Liebe beziehen muss? Freundschaften können genauso glückbringend, spaßig, emotional, humorvoll und verständnisvoll sein, wie es Partnerschaften sind. Außerdem sind Freundschaften die Beziehungen, die mit wesentlich höherer Wahrscheinlichkeit auf Dauer halten. Wie oft haben Sie schon Sprüche gehört wie »Männer kommen und gehen, aber Freunde bleiben«? Das liegt daran, dass diese Sprüche einen wahren Kern haben.

Aber es ist nicht nur die Tatsache, dass man sich auf Freunde und Familie verlassen kann, wenn Männer einen im Stich lassen. Es geht auch um die Freundschaft selbst. Mir wurde im Laufe meines Lebens das Herz von Partnern und von Freundinnen gebrochen. Und wissen Sie, was mehr schmerzte? Einmal dürfen Sie raten. Eines kann ich Ihnen sagen: Vom Freund das Herz gebrochen zu bekommen tut weh. Schrecklich weh. Aber von der besten Freundin das Messer in den Rücken gerammt zu kriegen ist noch zehnmal schlimmer. Außerdem dauert dieser Zustand des Schmerzes länger an, weil man einander, sofern man sich im selben Freundeskreis befindet, wahrscheinlicher wieder über den Weg läuft. Ich kann

aus Überzeugung und Erfahrung sagen, dass der Bruch einer innigen Freundschaft mehr mit der eigenen Psyche und den eigenen Emotionen anstellt als der Verlust eines Partners. Das mag sich ändern, wenn man erst mal verheiratet beziehungsweise wenn die Beziehung mit einem Partner besonders glücklich und gefestigt ist. Aber dann ist man ja normalerweise bereits an dem Punkt angelangt, an dem der Partner zugleich der beste Freund geworden ist und man somit ohnehin beides verliert, wenn es wirklich zur Trennung kommen sollte.

Ich gebe zu, dass sich Beziehungen zu geliebten Menschen verändern, wenn erst mal alle anderen vergeben sind und man selbst der einzige Single ist. Zum einen haben vergebene Freunde und Verwandte weniger Zeit, weil sich alles nur noch um ihre Partner dreht. Das Wochenende gilt als Partnerzeit, die Abende unter der Woche vielleicht auch noch, und schon kann es äußerst schwierig werden, zwischen Arbeit und Partner noch irgendwo Zeit für die Freundinnen zu finden. Das ist ja auch bis zu einem gewissen Grad verständlich; aber es ist eben etwas, was die Beziehung zwischen uns Singles und unseren vergebenen Freunden und Verwandten negativ beeinflusst.

Zum anderen haben sie jetzt eine neue Vertrauensperson und werden ihre Gedanken, die sie früher mal sofort der besten Freundin mitgeteilt haben, jetzt zuerst (oder ausschließlich) mit ihrem Partner teilen. Auch ein Punkt, der die freundschaftliche Beziehung nicht gerade positiv beeinflusst, denn wir Singles fühlen uns dadurch nicht nur vernachlässigt, sondern auch »nicht gebraucht«. Hinzu kommt ein weiterer Faktor, der die Dynamik durcheinanderbringt. Weil die Freundin uns als ihren ersten Vertrauenspartner eliminiert hat, fühlen wir uns seltsam, sie nach wie vor als *unseren* ersten Vertrauenspartner zu sehen. Diese Diskrepanz, die sich dadurch in eine Freundschaft einschleicht, kann sehr langsam kommen oder plötzlich; sie kann kaum erwähnenswert sein oder die ganze Beziehung umkrempeln. Das kommt darauf an, wie sehr wir uns von der jeweiligen Person vernachlässigt fühlen. Ich habe schon erlebt, wie Freundschaften komplett zerstört wurden, weil eine der Freundinnen einen neuen Partner hatte und die andere Freundin dadurch augenblicklich auf ihrer Wertigkeitsskala nach unten ins Nichts sank, weil sie durch den neuen Partner vollständig ersetzt wurde. Gut, nicht vollständig. Schließlich bleibt immer noch der eine Aspekt, der immer der Freundin vorbehalten sein wird – und zwar die Gespräche über den Partner, die man nicht mit dem Partner direkt führen kann. Aber wenn das Einzige, was an der ehemals besten Freundin noch interessant ist, die Tatsache ist, dass man mit ihr über den eigenen Freund reden kann, läuft in der Freundschaft schon sehr viel falsch, wenn Sie mich fragen.

Dennoch: Nur weil sich Freundschaften verändern, bedeutet das nicht, dass sie nicht halten können. Wenn die Freundschaft tief genug ist, schon über viele Jahre hinweg andauert und von beiden Seiten wertgeschätzt wird, dann wird der Auftritt eines Mannes sie nicht gefährden. Wirklich gute Freunde werden nach wie vor für Sie da sein, wenn Sie sie brauchen, auch wenn sie längst verheiratet sind und andere Prioritäten haben. Gefühlvolle Freunde werden sich auch bemühen, nicht ausschließlich über ihre Beziehungen zu sprechen, wenn eine Person in der Runde als einzige gerade keinen Partner hat. Und wenn nicht, sollte man sie vielleicht einfach mal darauf hinweisen; das funktioniert sehr gut, denn oft ist Vergebenen ja nicht einmal klar, wie sehr sie mit ihren eintönigen Gesprächsthemen die Singles am Tisch nerven oder verletzen.

Jedenfalls müssen Freundschaften keineswegs schwächer werden, wenn die halben Freundinnen plötzlich vergeben sind; tatsächlich können sie dadurch auch stärker werden, wenn von allen Seiten ausreichend Verständnis für die Situation des jeweils anderen aufgebracht wird.

Seien wir ehrlich: Wenn wir unseren Freundeskreis auf Basis des Beziehungsstandes dezimieren, haben wir bald keine Freunde mehr. Und unsere Freunde sind unser Halt. Dazu zähle ich in diesem Sinne auch Geschwister, Cousinen, Cousins – einfach alle Vertrauenspersonen, mit denen uns ein enges Band verbindet. Wir haben keinen Partner, der unser bester Freund ist. Bekannte und Kollegen sind zwar oft ganz angenehme Gesprächspartner und können zu Freunden heranwachsen, wenn die Umstände passen, aber die wenigsten würden ihnen ihre tiefsten, grauenvollsten, peinlichsten Gedanken und Geheimnisse anvertrauen. Des Weiteren ist unsere eigene Gesellschaft zwar sehr wertvoll, doch über gewisse Dinge muss man einfach mit richtigen Vertrauenspersonen sprechen. Wie zum Beispiel über potenzielle neue Partner.

An diesem Punkt möchte ich übrigens darauf hinweisen, dass ich nicht empfehlen würde, jede einzelne neue Bekanntschaft mit Potenzial im Freundeskreis breitzutreten. Aus dem simplen Grund, dass Ihre Freunde, wenn daraus erst nichts wird, umso mehr Mitleid mit Ihnen als Single haben werden. Natürlich halte ich es für sinnvoll und auch für wichtig, um der Freundschaft willen, Erfahrungen zu teilen, wenn sie teilenswert sind oder man einfach nur den Rat der Freundin braucht. Aber dieser Punkt ist meist erst nach einiger Zeit erreicht; wenn man sich wirklich relativ sicher ist, dass der Kerl, mit dem man sich gerade trifft, auch an etwas Ernsthaftem interessiert ist. Für mich hat sich einfach herausgestellt, dass es mir persönlich am besten geht, wenn ich nicht bei jeder Bekanntschaft Hoffnungen darauf, mich endlich als Pärchen zu sehen, in meinen Freunden und Familienmitgliedern wecke – bevor ich mir wirklich sicher bin, dass daraus mehr werden kann.

Die zuerst hoffnungsvollen und dann mitleidigen Blicke erspare ich mir lieber.

In jedem Fall müssen wir Singles uns des Wertes der Freundschaft bewusst sein. Freunde sind essenziell, um als Single glücklich sein zu können. Haben Sie in Ihrem Leben niemanden, den Sie als wirklich guten Freund oder enge Freundin bezeichnen würden, empfehle ich Ihnen, diesen Umstand zu ändern. Freunde zu finden ist nicht schwer, wenn man weiß, wo man sucht. Melden Sie sich für einen Sprachkurs an, gehen Sie zum Yoga oder Zumba, oder folgen Sie sonst einem Hobby, das für Gruppen angeboten wird. Suchen Sie sich einen Sportpartner über eine Sportpartner-App, treten Sie einer Organisation bei, engagieren Sie sich ehrenamtlich. Es gibt unzählige Wege, neue Leute kennenzulernen, und zwar in jedem Alter. Sie müssen lediglich offen dafür sein, die Menschen in Ihrer Umgebung auch ansprechen, sich auf Gespräche einlassen. Sie sind nicht mehr 14 und werden von anderen Kindern belächelt oder gemobbt; ab spätestens 18 wird es deutlich einfacher, Freundschaften zu schließen. Und diese Freundschaften sind unheimlich wichtig für einen Single. Unsere Freunde sind die Menschen, mit denen wir Tränen lachen und hemmungslos weinen können; mit denen wir über alles reden können, was uns belastet, erfreut, verwirrt oder verletzt; die immer für uns da sein werden, ganz egal, wie lange sie bereits vergeben oder gar verheiratet sind.

Aus diesem Grund möchte ich abschließend Folgendes noch einmal festhalten, weil es meiner Ansicht nach einfach öfter gesagt werden muss, um es auch wirklich zu verstehen: Keinen Partner zu haben bedeutet nicht, keine Liebe im Leben zu haben. Es bedeutet nicht, keine Vertrauensperson zu haben. Es bedeutet nicht, keine Menschen zu haben, mit denen man freudige und traurige Momente teilen kann. Und es bedeutet auch nicht, niemanden zu haben, der uns zu Hilfe eilen würde, wenn wir jemanden brauchen. Wir haben das alles. Nur eben nicht in einer einzigen Person konzentriert, mit der wir uns nachts das Bett teilen. Was natürlich auch bedeutet, dass wir nicht alles auf einmal verlieren können, wenn diese Person unser warmes Bettchen einmal verlassen sollte … Die Menschen, die wir in unserem Leben haben, werden uns nicht alle von heute auf morgen in hohem Bogen von Wolke 7 schleudern. Auf sie können wir uns verlassen. Sie werden für uns da sein, auch wenn es ein Partner nicht mehr ist.

4. KAPITEL

DEN ALLTAG LEBEN & DAS HERZ ÖFFNEN

Selbst der überzeugteste Single findet sich hier und da in einer Situation, die seine Zufriedenheit mit dem eigenen Beziehungsstatus nicht gerade fördert. Das ist völlig normal; niemand kann 24 Stunden am Tag, sieben Tage die Woche freudestrahlend durch die Gegend rennen. Doch es gibt verschiedene Möglichkeiten, mit solchen entmutigenden Momenten umzugehen. Man kann sich davon verunsichern lassen und in den Tiefen des Singlefrustloches versinken. Was folgt ist Trauer, Ärger, Depression. Oder aber man geht die Sache mit einer gesünderen Mentalität an. Das heißt, man lässt sich nicht ins Bockshorn jagen, sondern findet eine Lösung für das jeweilige Problem oder macht das Beste draus. Einem Single muss klar sein, dass er sich immer wieder mal irgendwo unwohl, einsam, ängstlich oder ausgeschlossen fühlen wird; doch ob er sich davon den Tag beziehungsweise das Leben ruinieren lässt, hängt ganz von ihm selbst ab. Alles dreht sich letztendlich um die eigene Ansichtsweise, mit welcher man an den Singlealltag herangeht.

Ebenso verhält es sich mit der Frage, die wohl jeden Single mal mehr und mal weniger beschäftigt, selbst wenn er an seinem Singleleben überhaupt nichts auszusetzen hat. Die allbekannte Frage: Finde ich jemals wieder einen Partner? Natürlich ist eine glückliche Partnerschaft etwas unglaublich Schönes, Erwünschtes, Erstrebenswertes – das ist jedem Single bewusst. Auch die zufriedenste Singledame wird sich freuen, wenn endlich der Richtige vor ihr steht und wie ein Wirbelwind ihr Herz erobert. Jeder wünscht sich tief im Innersten die große Liebe, das steht außer Frage. Was jedoch einen glücklichen Single auszeichnet ist die Tatsache, dass er sich den Traumpartner zwar bewusst oder unbewusst ersehnen mag, ihn aber nicht *braucht*, um ein glückliches Leben zu führen. Er weiß: Man kann in einer Beziehung sehr glücklich sein – aber man braucht keine Beziehung, um glücklich zu sein. Dieses Wissen ist unbezahlbar, denn es nimmt den Zwang, unbedingt jemanden finden zu müssen. Das Leben mit dem richtigen Partner zu teilen wäre zwar schön; doch notwendig ist es nicht, um jeden Tag mit einem Lächeln zu beginnen. Schließlich ist das Singleleben mindestens genauso großartig, genauso bereichernd, genauso glücklich machend und genauso erstrebenswert, nur eben auf andere Art und Weise. Das ist die Einstellung, die ich jedem Single nur ans Herz legen kann, denn sie hat mein eigenes Leben in jedem Sinne positiv beeinflusst.

Daher geht es im Endeffekt darum, im Gefühlschaos des Lebens zwischen den beiden Extremen – der Verzweiflung auf der einen und der Härte auf der anderen Seite – die richtige Position zu finden. Bleiben Sie offen für die Liebe. Sich für immer und ewig zu verschließen lässt Sie innerlich erkalten, und als komplett emotionsloser Mensch hat man es auch nicht leicht. Aber erzwingen Sie nichts, denn Liebe auf Zwang wird Ihnen langfristig gesehen nicht das geben, was Sie sich erhoffen. Die Liebe lässt sich weder planen noch arrangieren noch herbeiwünschen. Sie taucht auf, wenn sie auftauchen will, beziehungsweise (für diejenigen, die an das Schicksal glauben) wenn sie auftauchen soll. Sie können die Chancen erhöhen, indem Sie aktiv versuchen, neue Leute kennenzulernen. Alternativ, wenn Sie sich die Emotionsachterbahn der aktiven Partnersuche lieber ersparen, können Sie in dieser Hinsicht auch gerne passiv bleiben; aber seien Sie emotional gesehen offen für das, was die Zukunft bringt. Geben Sie potenziellen Anwärtern eine Chance. Doch suchen Sie nicht verzweifelt nach jemandem, der Sie glücklich machen soll; denn das wird niemand können, wenn Sie es nicht auch mit sich alleine sind. Genießen Sie stattdessen Ihr facettenreiches Singledasein in all seiner Großartigkeit. Dann werden Sie entweder als Single ein äußerst glückliches Leben führen oder irgendwann vielleicht doch noch von der Liebe überrascht werden. In jedem Fall können Sie nur gewinnen.

WIE MAN MIT DEM ALLEINSEIN FERTIG WIRD

Unabhängig davon, ob Ihre letzte Beziehung gerade erst wenige Tage oder Wochen her ist, oder ob Sie nun schon seit Monaten oder Jahren single sind – das Gefühl des Alleinseins kann Sie rasch und unerwartet überfallen. Meiner Erfahrung nach wirkt sich dies, situationsbedingt, auf zweierlei Weise aus. Entweder, indem Sie ein ganz klassisches Einsamkeitsgefühl verspüren, wenn Sie abends allein auf der Couch liegen, der Fernseher nichts zu bieten hat außer der 170. Version von »Leute, die an Toten herumstochern, um Verbrechen aufzuklären« und Sie einfach gern mit jemandem reden oder kuscheln würden. Oder aber, indem Sie nachts im Bett liegen, plötzlich ob eines verstörenden Knarrens in irgendeinem anderen Zimmer hochschrecken und sich absolut sicher sind, dass ein Serienmörder jeden Moment in Ihr Schlafzimmer stürzen und Sie in 100 Stücke zerhacken wird.

Sprechen wir über die verstörendere Variante zuerst. Mir persönlich ist es nachts schon mehrmals so ergangen, nachdem ich alles abgedreht und mich ins Schlafzimmer begeben hatte. Plötzlich ertappte ich mich dabei, wie ich die Schlafzimmertür noch ein Stückchen weiter zumachte; sodass der Spalt gerade groß genug war, dass das Fernbedienungssignal noch durchging, damit ich morgens vom Bett aus das Radio einschalten konnte, aber auf keinen Fall weiter. Ich wollte die Tür nicht sperrangelweit offen lassen, weil ich dadurch beinahe die ganze Wohnung sehen konnte – bis zum Vor-

zimmer. Und diese visuelle Nähe zur Eingangstür jagte mir enorme Angst ein; der Gedanke, quasi direkt mit dem Raum verbunden zu sein, der von einem Einbrecher als erster betreten werden würde. (Ich nehme ja nicht an, dass er über die Hausmauer in den dritten Stock zu meinem Balkon klettern und dort einsteigen würde; so weit triumphiert auch im verängstigten Zustand noch meine Logik.) Aber nicht nur das. Auch nachts bin ich des Öfteren mit einem mulmigen Gefühl aufgewacht, das mich entweder schnell wieder die Augen schließen ließ (denn wenn ich schlafe, bekomme ich es ja nicht mit, wenn mich jemand abmurkst) oder das so lange an mir genagt hat, bis ich es tatsächlich wagte, mit pochendem Herzen alle Zimmer durchzuchecken und am Ende den Wohnungstürschlüssel noch ein drittes Mal herumzudrehen. Es ist leider wahr: Man ist als Single zwar grundsätzlich selbstständiger und hält gewiss deutlich mehr aus als vergebene Frauen, aber manchmal ist man auch ängstlicher. Jedes Knarren, jedes kaum wahrnehmbare Geräusch lässt einem schnell das Blut in den Adern gefrieren. Schließlich hat man ja keinen starken Mann neben sich, der einen verteidigen würde, oder den man zumindest rausschicken könnte, um nachzusehen, ob auch alles in Ordnung ist.

Plagt Sie des Öfteren diese unlogische, aber starrköpfige Angst, die mit dem Alleinsein einhergeht, gebe ich Ihnen folgenden, zugegebenermaßen nicht besonders originellen, aber dafür effektiven Ratschlag: Überlegen Sie sich, eine Alarmanlage installieren zu lassen. Diese Entscheidung kann Wunder wirken, und die Investition ist es allemal wert, dass Sie dafür nicht jede Nacht erschrocken aufwachen und sich davor fürchten, ausgeraubt oder angegriffen zu werden. Dann kann die Fantasie noch so sehr mit Ihnen durchgehen – Sie werden immer wissen, dass Sie in Sicherheit sind, solange sich der Alarm nicht gemeldet hat.

So viel zum Thema Angst vor bösen Menschen. Nun kommen wir zur klassischeren Interpretation des Ich-bin-so-allein-Gefühls. Ein Heilmittel, das nicht nur die Angst vor Einbrechern besiegt, sondern auch der tief sitzenden Einsamkeit – dem simplen Sehnen nach Gesellschaft – entgegenwirkt, ist ein Haustier. Ein vierbeiniger Kamerad kann ein überraschend guter Partnerersatz sein! Wenn Sie sich einsam fühlen, der Richtige nicht daherkommen will und Sie einfach gern jemanden hätten, der Ihnen beim Fernsehen die Zehen kitzelt – dann ist ein Kätzchen, Hündchen, Meerschweinchen oder anderes Haustier nach Wahl zumindest eine Überlegung wert.

Einerseits werden Sie jedes Knacksen und Knarren, das Ihnen früher Angst eingejagt hat, nun dem Tierchen in die Schuhe schieben – was Sie gleich viel ruhiger schlafen lässt. Andererseits haben Sie jemanden, der zu Hause auf Sie wartet und immer da ist, wenn Sie Gesellschaft brauchen. Jemanden, mit dem Sie reden können. Er wird nicht in einer Sprache antworten, die Sie verstehen, aber zumindest reden Sie nicht gegen eine Wand, sondern mit einem Lebewesen, das Ihnen etwas bedeutet.

Diese Lösung hat mehreren mir bekannten Singles sehr geholfen; Leuten, die gern oder ungern single sind, aber in jedem Fall vierbeinige Gesellschaft schätzen. Die Wissenschaft hat ja bereits bewiesen, dass Haustiere eine beruhigende Wirkung auf den Menschen haben können und Stressgefühle abschwächen.[96] Haustierbesitzer erklären selbst, dass sie mit ihren Tieren reden, ihnen ihre Gedanken anvertrauen und sich in ihrer Nähe einfach besser fühlen; die Tiere sind ein wichtiger Teil ihres Lebens, der ihnen nicht nur emotionale Unterstützung gibt, sondern sogar bemerkenswerte gesundheitliche (beispielsweise den Herzkreislauf betreffende) Vorteile für die Besitzer mit sich bringt.[97]

Wenn Sie also Ablenkung von der Einsamkeit brauchen und generell ein Tierfreund sind, überlegen Sie sich doch wirklich einen Mitbewohner. Könnte sogar noch besser für Ihre psychische und körperliche Gesundheit sein als ein Partner. Werner Bartens, Autor von *Was Paare zusammenhält*, erklärt: »Wahrscheinlich liegt das daran, dass man sich mit dem Wellensittich wie mit dem Dobermann nur schlecht streiten kann. Haustiere widersprechen viel seltener, und man kann sich kaum gekränkt von ihnen fühlen.«[98]

Ich muss jedoch auch eine kleine Warnung zum Thema »Singles und Haustiere« aussprechen. Überlegen Sie sich diesen Schritt. Doch überlegen Sie ihn sich sehr gut, und zwar bis ins letzte Detail. Wägen Sie die Vor- und Nachteile ganz genau ab. Sich ein Haustier anzuschaffen bedeutet immerhin, nicht unähnlich einem Partner, auch Verantwortung und Einschränkung. Ein Kätzchen und vor allem ein Hund, um bei den naheliegenden Beispielen zu bleiben, bedeutet Arbeit. Zeitaufwand. Geldaufwand. Putzaufwand. Mit einem Haustier sind Sie angebunden und geben einen großen Teil Ihrer Singleselbstständigkeit auf. Sie müssen mit einem Hund tagtäglich spazieren gehen und einen Hundesitter besorgen, wenn Sie mal etwas Längeres unternehmen oder auf Urlaub fahren möchten; natürlich gibt es auch die Den-Hund-mit-in-den-Urlaub-nehmen-Option, die den ersehnten Erholungsfaktor aber gleich mal um mindestens die Hälfte reduziert, wenn der Hund nicht außergewöhnlich gut erzogen ist. Sie können auch nicht einfach mal spontan über Nacht wegbleiben, wenn Ihnen zu Hause sonst das Hündchen in die Wohnung pinkelt oder das Kätzchen verhungert. Auch die nötige Putzaktion vermehrt sich gewaltig, denn die Wohnung ist nicht erst nach einer Woche voller Staubhäschen, sondern innerhalb eines Tages voller Haare. Hunde verbreiten überdies, je nach Rasse und Hygiene, ganz gern eine Duftnote im ganzen Haus, die etwaige Besucher abschreckt. Außerdem können Sie jegliche Dekorationsartikel sowie möglicherweise Vorhänge, mit welchen Sie Ihr Singleheim so liebevoll und ganz ohne Kritik eines Spitalswohnung-bevorzugenden Partners ausgestattet haben, entfernen, weil sie sonst mit hoher Wahrscheinlichkeit zerkratzt, zerbissen oder auf sonst eine Weise zerstört werden. Gut, Käfigtiere mögen weniger Aufwand bedeuten; dafür stellt sich hier für mich die umgekehrte Frage: Das Tier mag Sie vielleicht nicht so sehr Ihrer Freiheit berauben, wie es ein größerer Vertreter der Tierwelt tun würde, aber wollen Sie wirklich dem Hamster, Meerschweinchen oder Kaninchen *seine* Freiheit nehmen und es hinter Gitterstäbe sperren?

Wie auch immer Sie diesbezüglich denken mögen, betrachten Sie die potenzielle WG mit einem Vierbeiner aus allen möglichen Blickwinkeln, ehe Sie sich dafür oder dagegen entscheiden. Sie können ihn nicht einfach wieder zurückgeben, wenn Sie die Nase voll haben; zumindest nicht, wenn Ihr moralischer Kompass nach Norden zeigt. Sind Sie sich daher nicht absolut sicher, dass Sie einen haarigen Kameraden in Ihrem Zuhause haben möchten, sollten Sie sich vielleicht eher einen Alternativplan überlegen – und sich beispielsweise Alexa oder sonst einen digitalen Mitbewohner zulegen, mit dem Sie auch mehr oder weniger sinnvolle Konversationen führen können und der Ihnen einen gewissen Unterhaltungswert bietet. Falls Sie ein Computerfreak sind, könnten Sie sich auch einer Online Community anschließen und sich beispielsweise durch gemeinsames Computerspielen samt Chatfunktion regelmäßig die Gesellschaft anderer (wenn auch fremder) Spieler »nach Hause« holen. Wenn Sie sich hingegen sehnlichst tägliche Gesellschaft mit Seele wünschen, ohne aber in eine menschliche WG umsiedeln oder sich an einen unpassenden Partner binden zu wollen; wenn Sie sich ein Zusammenleben mit Tierchen tatsächlich vorstellen und der Vorstellung hauptsächlich Gutes abgewinnen können – dann ziehen Sie einen Vierbeiner in Erwägung. Sie können dem Tier Ihre verrücktesten Gedanken erzählen, ohne dass es Sie verurteilen wird; Sie können es knuddeln und verwöhnen, wie es Ihnen beliebt; Sie können die Vorteile der Kameradschaft genießen, ohne regelmäßig mit Streit und Kritik belastet zu werden. Ich kenne männliche wie weibliche Singles aller Altersklassen, die als Singles unter anderem deshalb sehr glücklich sind, weil zu Hause ihre Hunde oder Katzen auf sie warten, die sozusagen als angenehmer, im Großen und Ganzen konfliktfreierer Partnerersatz fungieren.

WIE MAN AUCH ALS SINGLE EIN BLÜHENDES SEXLEBEN HAT

Nicht nur für die emotionalen, auch für die körperlichen Begierden gibt es Männerersatz. Meine Damen, man braucht keinen Mann, um die eigenen Bedürfnisse zu befriedigen. Es gibt sie in allen Größen, Formaten und Variationen und mit allen möglichen Extrafeatures. Das Rundherum, das tatsächlicher Sex einschließlich Vorspiel bietet, fehlt natürlich, klar. Aber den Höhepunkt kann frau auch ganz gut ohne Mann erreichen.

Sehnen Sie sich dennoch nach einer menschlichen Person, fühlen Sie sich vielleicht eher bei dem Wort One-Night-Stand heimisch. Nicht unbedingt mein Ding – aber wenn es für Sie funktioniert, kann ich Sie nur dazu ermutigen. Machen Sie das, was Ihnen guttut, Ihr Selbstbewusstsein stärkt und Sie befriedigt. Grundsätzlich würde ich mal sagen, dass die meisten Männer bei One-Night-Stands ohnehin nicht davon ausgehen (geschweige denn wollen), dass etwas Ernsteres aus dem Abenteuer entsteht; höchstens eine Art Freundschaft Plus, wenn das Erlebnis einprägsam genug war und wiederholt werden möchte. Die wollen meistens ja auch bloß Ihren Spaß. Es gibt zahlreiche Männer wie Frauen, die bei einer neuen Bekanntschaft von Anfang an ehrlich und direkt abklären, dass sie nur auf Sex aus sind und sich nichts Weiteres vorstellen können. Ist diese Grundehrlichkeit gegeben, was soll denn dann bitte falsch sein an zwanglosen Bettgeschichten, die abends beginnen und spätestens am nächsten Morgen enden? Sie machen dem anderen ja keine leeren Hoffnungen, sondern geben ihm glasklar zu verstehen, dass Sie an nichts Ernstem interessiert sind. Somit kennt die andere Person alle Fakten und hat die Wahl – gehen oder bleiben? Männer legen es oft genug darauf an; wieso sollten Singlefrauen das also nicht auch dürfen? Bloß weil sich irgendwann im Laufe der Jahrzehnte die Mentalität eingebürgert hat, dass Männer für ihre Eroberungen ge-high-fived werden, während Frauen für ähnliches Verhalten herabwürdigende Titel kassieren? Lassen Sie sich davon nicht abschrecken. Wenn Sie single und ehrlich sind, ungebundenen Sex wollen, dabei verhütungstechnisch vorsichtig sind und sich nicht jedes Mal im selben Lokal einen Spielkameraden suchen, sodass Sie sich dort langsam, aber sicher ein negatives Image aufbauen, kann Ihnen niemand etwas vorwerfen.

Meine verheiratete Freundin sagt sogar: »Ich glaube, ich hätte mehr Sex, wenn ich single wäre.« Und damit hat sie wahrscheinlich recht. Sex muss doch nicht immer zu SMS, Anrufen, erhofften Dates und letzten Endes einer Beziehung führen; vorausgesetzt, beide Beteiligten sind sich diesbezüglich einig. Und auch, wenn es oft einen anderen Anschein macht, sind es definitiv nicht nur Männer, die Sex ohne feste Bindung wollen. Mein Bekannter Anfang 40, der in dieser Hinsicht immer vom ersten Anzeichen des gegenseitigen Interesses an vollkommen ehrlich ist und damit noch sehr selten das Interesse der anvisierten Frau verloren hat, sagt aus

jahrelanger Erfahrung über Singlefrauen: »Sehr viele finden es angenehm. Nicht danach irgendwie belästigt zu werden, angerufen zu werden, angeschrieben zu werden.« Es muss sich dabei ja nicht mal um eine Kennenlernen-und-noch-am-selben-Abend-mit-nach-Hause-nehmen-Geschichte handeln. Tatsächlich wurde mir von einem männlichen Langzeitsingle erklärt, es komme häufiger vor, dass man sich erst langsam im Laufe von mehreren Abenden kennenlernt; nicht in Form von Dates, sondern einfach nur, indem man sich in der selben Bar trifft und miteinander eine Zeit lang redet, bis sozusagen eine Fast-Freundschaft entstanden ist. Basierend darauf kommt es dann zu einem One-Night-Stand mit einer Person, mit der man sich auch auf anderen Ebenen gut versteht – mit der man sich aus diesem Grund auch nach der einmaligen Bettgeschichte noch völlig normal und zwanglos unterhalten kann, wenn man sich wieder über den Weg läuft.

Sofern nicht einer der beiden Beteiligten bei dem One-Night-Stand emotional verletzt wird, weil im Vorhinein nicht die Grenzen korrekt, ehrlich und fair abgesteckt worden sind, steht einer Fast-Freundschaft oder Freundschaft mit Vorzügen (auch wenn diese nur einmalig sind) nichts im Weg. Also trauen Sie sich ruhig, wenn Ihnen danach ist. Gehen Sie in die nächste Bar und suchen Sie sich den Sexualpartner Ihrer Begierde aus, wenn Sie sich das wünschen. Sie müssen gar nicht viel tun, um Ihre Absichten klarzumachen; Männer merken schnell, was Sache ist und worauf es die Frau abgesehen hat. Spätestens, wenn sie scheinheilig fragt, wo er denn eigentlich wohnt, ist dem Mann ihre Absicht klar. Und solange die Frau halbwegs in den Rahmen seiner Vorstellungen, also in sein Schema, passt (und nicht das komplette Gegenteil von dem ist, was ihm gefällt), wird er nicht »nein« sagen. Man darf als Frau gern die Initiative ergreifen und dem Mann damit die Anfangsarbeit abnehmen, sodass er sie dann nur noch mit nach Hause nehmen muss. Tatsächlich beschweren sich Männer im Allgemeinen ja ganz gern darüber, dass Frauen viel zu selten selbst den ersten Schritt tätigen.

Haben Sie allerdings keine große Lust darauf, sich die One-Night-Stand-beschaffende »Arbeit« anzutun, gibt es noch eine weitere Möglichkeit, welche für viele heutzutage zwar befremdend wirken mag, jedoch zumindest erwähnt werden muss. Statt Aufwand, Zeit und vielleicht noch Nerven zu opfern, ziehen es gewisse Frauen vor, die Sache praktischer anzugehen. Sie investieren lieber Ihr Geld. Und zwar in einen Callboy, der ihnen jegliche Wünsche und Sehnsüchte erfüllt. Solche Adonis-Klone kann man heutzutage leicht online bestellen, ohne lange nach Angeboten suchen zu müssen. Man mag von dieser Herangehensweise halten, was man möchte, aber man sollte sich zumindest über seine Optionen im Klaren sein. Schließlich muss man ja niemandem erzählen, wo und wie man seine erotischen Gelüste stillt. Daher ist es im Endeffekt egal, ob Sie eher zu einem elektrischen oder einem menschlichen Sexspielzeug tendieren, ob Sie die klassische Aufrissmethode anwenden oder lieber per Mausklick ein Abenteuer ordern – Sie sind single! Holen Sie sich das, was Sie brauchen!

WIE MAN PÄRCHENABENDE ALS SINGLE ÜBERLEBT

Leider sind wir Singles in der vorurteilsbehafteten Welt von heute diejenigen, die spätestens ab 30 überall als »anders« gelten. Daher hat es unsereins oft wirklich nicht leicht in gesellschaftlichen Situationen. Solange man kein absolut von seinem Leben überzeugter Single ist, der sich von keinen blöden Fragen und Kommentaren verunsichern lässt, fühlt man sich in so manchem Umkreis wie ein Aussätziger. Zum Beispiel, wenn man als einziger Single aus einer Runde Pärchen hervorsticht; wenn die Freundinnen einen Pärchenabend planen, zu dem man nicht eingeladen wird; wenn ein Hochzeitspaar einem den kleinen Bruder als Tischpartner zuteilt, um den Achtertisch, der sonst nur aus Paaren besteht, zu füllen. Man fühlt sich wie ein halber Mensch, von dem sich insgeheim alle wünschen, er käme zu zweit. Dabei hat unsere Auffassung des Verhaltens anderer natürlich extrem viel mit unserer eigenen Einstellung zu tun: Sind wir als Singles glücklich, wird es uns weniger ausmachen, und wir werden uns in den meisten Fällen gar nicht erst exkludiert fühlen. Dennoch gebe ich Ihnen ein paar Tipps, die mir persönlich geholfen haben.

Egal, um welche Art von sozialer Zusammenkunft es geht: Grundsätzlich einmal hilft es Ihrem eigenen Selbstbewusstsein maßgeblich, wenn Sie als der selbstständige Single auftreten, der Sie sind – und sich gar nicht erst aktiv in die Position des unnötigen dritten Rads am Wagen begeben. Das meine ich ziemlich wörtlich. Tun Sie sich nicht unbedingt (zumindest nicht am Anfang Ihrer Singlezeit oder in einer deprimierten Phase) mit einem Pärchen zusammen, um zu einem Event zu kommen. Fahren Sie alleine hin. Nehmen Sie Ihr eigenes Auto, nehmen Sie das Rad, nehmen Sie die Öffis, ganz egal. Oder schließen Sie sich anderen Singles an; das ist auch eine Option. Aber vermeiden Sie es, sich von der verheirateten

Schwester, den eigenen Eltern oder der vergebenen Freundin mit ihrem Partner abholen zu lassen. Ich will nicht behaupten, dass dies ein Wunderheilmittel ist, welches Ihnen jegliche Scham ersparen wird. Aber aus eigener Erfahrung kann ich sagen: Es ist alles andere als egofördernd, auf der Rückbank hinter der vielleicht noch jüngeren Schwester und ihrem Freund zu sitzen, die Ihnen dadurch einen Gefallen tun wollen. Sich zu viert ein Auto zu teilen ist wiederum kein Problem, denn damit sind Sie schon nicht mehr allein mit einem Pärchen unterwegs. Auch zu zweit im Auto zu kommen, indem Sie sich nur einer anderen Person anschließen – egal, ob diese vergeben ist oder nicht –, ist etwas anderes. Aber zu dritt, Sie und ein Pärchen? Das ist kein guter Anfang für einen gelungenen, frustfreien Abend. Es mag vielleicht praktisch sein, weil es Benzin spart und mehreren Gästen den uneingeschränkten Alkoholgenuss ermöglicht; aber einer der schönsten Aspekte des Singledaseins ist doch die Selbstständigkeit. Nützen Sie diese aus! Machen Sie sich nicht von Pärchen abhängig, wenn es nicht unbedingt sein muss. Denn damit geben Sie genau diese Unabhängigkeit aus eigenem Antrieb auf. Als Single haben Sie den großen Vorteil, kommen und gehen zu können, wann Sie wollen und sich nicht dem Willen der Fahrer beugen zu müssen. Wenn Sie aber diese Selbstständigkeit freiwillig opfern, dann ist es kein Wunder, dass Sie sich schrecklich (und dämlich, und irgendwie wie ein Kind) fühlen werden.

Gut, so viel zum dritten Rad bei einem Event, das noch nicht mal begonnen hat. Nun kommen wir zum Verlauf des Events an sich. Beginnen wir mit intimen Familienfeiern, die im Alltag tendenziell am öftesten vorkommen – Eltern, Geschwister mit Partner, vielleicht noch Großeltern. Menschen, die Sie so oft sehen, dass es für Sie alltäglich ist, mit ihnen Zeit zu verbringen. In diesen Situationen sollten Sie sich wirklich nicht wie ein Außenseiter fühlen, auch wenn Ihre Geschwister bereits alle vergeben sind und Sie sich vorkommen wie der letzte Mohikaner. Warum? Weil in so kleinen und intimen Runden die Familie im Vordergrund steht – schließ-

lich ist das der Grund für das Zusammenkommen – und nicht die Pärchenauslastung. Die Betonung liegt auf dem Wort *Familie*. Eine Familie besteht nicht aus drei Pärchen und einem Single; sie besteht aus so und so vielen einzelnen Familienmitgliedern, die alle in einer besonderen Beziehung zueinander stehen. Die einen mögen miteinander liiert sein, die anderen sind Schwestern, die nächsten sind Mutter und Kind, Schwager und Schwägerin oder Vater und Schwiegersohn, völlig egal. Das Netz der Familienmitglieder verlinkt alle auf eine ganz besondere, einzigartige Weise. Konzentrieren Sie sich nicht darauf, welche *Pärchen* anwesend sind, sondern darauf, welche einzelnen *Personen* anwesend sind. Ihre Geschwister haben eben einen Partner, na und? Die älteren Generationen (Eltern und Großeltern) sind ohnehin zu zweit. Das war schon immer so. Vorausgesetzt, sie sind nach wie vor verheiratet; und selbst wenn nicht, haben sie irgendwann wahrscheinlich einen neuen Partner. Das sind Tatsachen, die Sie einfach akzeptieren müssen, denn Sie haben gar keine andere Wahl. Aber Sie gehören genauso zur Familie wie jeder andere am Tisch. Sie sind Teil des Teams. Sie sind vollkommen gleichwertig wie alle anderen. Sie haben vielleicht, im Gegensatz zu ihrem Geschwisterchen, dessen Liebesglück Ihrem angeknacksten Ego gerne mal eins auswischt, keine romantische Partnerschaft mit einem der Mitglieder dieser Familie; aber Sie haben Ihre eigenen speziellen Beziehungen mit jedem einzelnen von ihnen. Der Beziehungsstatus ist gerade in der engen Familie absolut sekundär, denn Ihre Liebsten wollen ja Zeit mit *Ihnen* verbringen, und zwar um *Ihretwillen*; das Interesse an Ihnen ist nicht abhängig davon, ob Sie einen oder keinen Mann neben sich sitzen haben.

Genauso verhält es sich im Freundeskreis. Bloß weil Ihre halben Freundinnen schon über Brautjungfernkleider oder Babyklamotten diskutieren, sollte das überhaupt kein Grund für Sie sein, sich aus der Runde auszuklinken. Gleich wie bei Familientreffen, wo die Familie im Vordergrund steht, geht es hier um Freundschaften, nicht um Pärchenstatistiken. Ich weiß, dass man sich als einziger

Single sehr leicht einbildet, nicht mehr dazuzupassen. Auch als ich bereits mit meinem Singledasein sehr zufrieden war, lehnte ich Einladungen zu klassischen Pärchenabenden noch häufig ab. Nicht einmal, weil ich auf die Paare neidisch gewesen wäre (zu diesem Zeitpunkt in meinem Leben ganz gewiss nicht mehr), sondern eher, weil ich der Ansicht war, mich nicht anschließen zu können beziehungsweise zu dürfen. Aber wissen Sie, was mir inzwischen klar geworden ist? Erstens, dass die Pärchen mich gar nicht erst fragen würden, ob ich mitkommen möchte, wenn sie mich nicht dabeihaben *wollten*. Sie sind offensichtlich nicht der Meinung, dass ich nicht dazugehöre; wieso rede ich mir das also ein? Überdies möchte ich meinen Freunden durch meine Gesellschaftsverweigerung nicht das Gefühl geben, Pärchenzeit und Freundezeit trennen zu müssen, wenn sie eigentlich gern all ihre Liebsten dabeihätten; denn das macht die ganze Situation nicht gerade angenehmer für alle Beteiligten. Zweitens, dass ein Abend, an dem ich anderen absage, weil ich Angst davor habe, mich nicht dazugehörig zu fühlen, auch nicht vergnüglicher ist, wenn ich allein zu Hause bleibe. Denn dann weiß ich ganz genau, dass meine Freunde in der Stadt einen netten Abend gemeinsam verbringen und ich nicht dabei sein kann. Der Gedanke deprimiert mich dann auch; vor allem, je länger ich darüber nachdenke. Und schon sitze ich allein im Wohnzimmer, als frustrierter Single, in meinen Ängsten bestätigt – obwohl ich genau das durch meine Absage eigentlich vermeiden wollte. So erfüllt sich die Prophezeiung ganz von selbst, und ich denke mir im Nachhinein: »Dann hätte ich ja eigentlich auch gleich mitgehen können. So hätte ich wenigstens einen lustigen Abend gehabt.«

WARNUNG! Das Thema wird deutlich komplexer, wenn Ihre Freunde noch nicht lange vergeben sind. Handelt es sich bei der Frage, ob Sie denn zum cocktailreichen italienischen Abend in der Stadt oder zur Vorstellung des neuesten Hollywood-Brüllers mitkommen wollen, nämlich um frische Pärchen, die gerade erst zusammengekommen sind (und damit meine ich in den letzten drei, streng gesehen sechs oder sogar acht Monaten), dann würde ich jedem halbwegs unglücklichen Single ohne Zweifel empfehlen: Lassen Sie die Finger davon! Lassen Sie sich nicht darauf ein, den Abend mit einem oder mehreren überglücklichen, rosa bebrillten Verliebten zu verbringen. Denn egal, worauf diese Pärchen schwören, wenn sie Ihnen mit voller Überzeugung versprechen, dass sie nicht wie Panzerband aneinanderkleben werden – dieses Versprechen fällt innerhalb der ersten Stunde aus dem Fenster, und sie werden ganz genau so anstrengend, nervig und ekelerregend sein, wie Sie befürchtet haben. Gar nicht mal mit Absicht; Ihre Freunde wollen Ihnen selbstverständlich nicht mutwillig ein Messer ins Herz rammen. Aber sie können eben nicht anders. Sie befinden sich gerade in der ersten Phase ihrer Beziehung. Sie sind Hals über Kopf verliebt; was bedeutet, dass sie einander ständig berühren müssen, liebevolle Blicke zuwerfen werden und 90 Prozent des Abends über beziehungsfokussierte Themen plaudern. Wenn Sie also nicht ein selbstsicherer und unmöglich aus dem Konzept zu bringender Single sind, rate ich Ihnen, sich solche Treffen zu ersparen. Sie machen keinen Spaß. Zumindest hört der Spaß auf, sobald eins der Paare zu liebäugeln anfängt.

ENTWARNUNG! Sind die Pärchen schon seit vielen Monaten oder (noch besser) Jahren ein »Wir«, fällt es einem Single deutlich leichter, sich in ihrer Gegenwart aufzuhalten, ohne wiederholt den Drang zu verspüren, sich auf die Toilette zu verziehen – sei es zum Heulen oder zum Kotzen. Die meisten Paare, die nicht gerade erst frisch zusammengekommen sind, werden sich vor Ihnen sicher nicht gegenseitig verschlingen oder Ihnen Händchen haltend und einander in die Augen starrend gegenübersitzen. Zumindest nicht im selben Ausmaß wie am Anfang und eher auf eine Art und Weise, an welche Sie sich zu diesem Zeitpunkt ohnehin längst gewöhnt haben. Die rosarot bebrillten Monate sind für solche Pärchen längst vorbei, wodurch sie für alle Anwesenden und hauptsächlich für Singles um sehr vieles leichter zu ertragen sind.

Als ich schon länger vergebene Bekannte dazu befragt habe, wie sie denn zu Singles in pärchenlastigen Runden stehen, bekam ich von allen dieselbe Antwort in diversen Formulierungen: »Ich finde es absolut nicht schlimm, wenn Singles in der Gruppe dabei sind. Und nein, ich bemerke da auch keinen Unterschied. Aber bei uns ist das auch nicht so, dass die Pärchen sich in der Gruppe halb auffressen und nur miteinander beschäftigt sind. Da geht es allgemein um Freundschaften pflegen; da macht es keinen Unterschied, ob jemand vergeben ist oder nicht. Es werden alle gleich behandelt, und jeder tratscht mit jedem.« Die Freundinnen von Julia, Mitte 20, sind bereits alle vergeben. Ihr ist es jedoch völlig egal, ob sie als einziger Single dabei ist. Sie bestätigt: »Das merkst du, wenn du etwas trinken gehst oder so, gar nicht. Sie sind nicht die, die ständig aufeinanderpicken und immer nur alles zusammen machen müssen. Du kannst voll klasse mit ihnen so auch was machen. Und auch wenn alle etwas unternehmen – es fühlt sich nicht ungut an … Du hast nicht das Gefühl, du störst da, sondern du gehörst einfach dazu.« Sie betont, dass man sich eben nicht zu sehr in die Gehöre-ich-jetzt-hierher-oder-nicht?-Ängste hineinsteigern darf: »Einfach Spaß haben und dabei sein. Da darf man sich einfach nicht zu viele Gedanken darüber machen, dass man jetzt als Single da ist. Sondern einfach die Zeit mit den Freunden genießen.« Und sie hat völlig recht.

Wieso sollten Sie sich denn selbst ausschließen? Diese masochistisch angehauchte Haltung kann ich zwar nachvollziehen, aber definitiv nicht empfehlen. Versuchen Sie es doch einmal. Sagen Sie »ja«, wenn Sie das nächste Mal gefragt werden. Und gehen Sie mit Freude, nicht mit Furcht, auf den Abend zu. Wenn es nicht das Ihre ist, müssen Sie es ja nicht wieder tun, aber probieren Sie es zumindest einmal aus. Sie werden sehen, es ist gar nicht so schlimm, wie Sie ahnen. Im Gegenteil; Sie werden wahrscheinlich einen Heidenspaß haben und im Nachhinein froh sein, dass Sie mitgegangen sind.

Wenn Sie noch zögern, fangen Sie eben mit einem einzigen Pärchen an und arbeiten sich langsam vor. Bei zwei oder mehr Paaren ist die Gefahr nach reiner Wahrscheinlichkeitsrechnung größer, dass eines davon nervig wird. Ein einzelnes Pärchen hingegen ist deutlich leichter auszuhalten. Und haben Sie das mal überstanden, steigen Sie ins nächste Level auf. So schwer ist das nicht. Als ich erst einmal begriffen hatte, dass ich nicht sterben werde, wenn ich zum Abendessen, Landfest, Maturaball oder sonst einer Verabredung mitgehe, habe ich extrem unterhaltsame Abende als einziger Single in Pärchenrunden verbracht. Selbst Orte, an denen getanzt wurde, haben mich nicht davon abgehalten, selbst das Tanzbein zu schwingen; denn Männer tanzen nicht nur mit ihren eigenen Frauen, sondern werden auch sehr gerne den Single in der Runde zum Tanz auffordern. Wieso sollten Sie sich also all das nehmen lassen, bloß weil Sie single sind? Sie sollten erst recht auf den Putz hauen!

Würde ich mit lauter Pärchen auf Urlaub fahren? Eher nicht. Man muss es ja nicht übertreiben. Egal ob als glücklicher oder unglücklicher Single – ein Pärchenurlaub plus Single ist sehr riskant, auch wenn Sie noch so zufrieden mit Ihrem Singleleben sind. Denn im Urlaub (so stelle ich es mir zumindest vor, da ich es nie selbst gewagt habe) wird einem wohl so richtig bewusst, dass man alleine ist. Wenn sich die anderen in ihre Schlafzimmer verkriechen und man selbst ein Einzelzimmer buchen musste; oder wenn sich die anderen im Flugzeug aneinanderkuscheln, während man selbst einen professionellen Clown mit religiösen Tendenzen neben sich hat, der mit einem über die Existenz Gottes zu diskutieren anfängt (dieser Teil ist übrigens nicht imaginär; ja, es gibt komische Leute in Flugzeugen). Ich bin zwar davon überzeugt, dass eine solche Reise viel Spaß bereithalten kann und auch das von der persönlichen Einstellung abhängt – aber ich muss ehrlich sagen, dass ich mich da wohl nicht drüber trauen würde, um den Frust, der mich nun glücklicherweise schon so lange nicht mehr belästigt, nicht herauszufordern. Aber wenn Sie sich selbst dafür begeistern können, ziehe ich den Hut vor Ihnen und sage »Nur zu, ab in den Flieger!«

Immerhin laufen solche Konstellationen sowieso häufig darauf hinaus, dass alle Mädels auf einem Haufen sitzen und sich über Fantasyserien, Hautpflegewunderprodukte, unerwartete Treffen mit verhassten Ex-Schulkollegen oder bevorzugte Sex- und Selbstverwöhnungspraktiken austauschen, während sich die Männer ihrem Geschlecht zumutbareren Themen zuwenden. Tatsächlich kommt es eher selten vor, dass Pärchen wirklich als solche aneinanderkleben. Meiner Erfahrung nach ist es deutlich wahrscheinlicher, dass sich die Gruppe nach Geschlechtern oder gegebenenfalls nach Altersgruppen teilt. Oder man sitzt in der kompletten Gang zusammen, in welcher keinem außer Ihnen überhaupt bewusst ist, dass es hier bloß einen Single gibt. Diese Tatsache muss Ihnen wirklich klar sein: Sie sind die Einzige, der das überhaupt auffällt. Alle anderen genießen einfach nur Ihre Gesellschaft – und zwar gleichermaßen wie die der verpartnerten Beteiligten.

WIE MAN GRÖSSERE EVENTS ALS SINGLE ÜBERSTEHT

Auf großen Feiern spielen Sie in einer etwas anspruchsvolleren Liga als bei kleinen Pärchenevents. Hier herrschen andere Umstände, und es gelten andere Regeln. Zum einen gibt es einen wesentlich größeren Pool an Menschen, von welchen Sie fürchten müssen, mit mehr oder weniger Taktgefühl auf Ihr Liebesleben angesprochen und für das Nichtvorhandensein dessen durch mitleidige Blicke gedemütigt zu werden. Zum anderen sind natürlich mehr Gäste und daher sehr viel mehr Pärchen anwesend als bei intimen Zusammenkünften. Lässt man den Blick durch einen ganzen Raum schweifen, in dem zahlreiche Tische klassisch im Männchen-Weibchen-Männchen-Weibchen-Männchen-Weibchen-Muster besetzt sind, fühlt man sich als Single gleich so richtig in der Unterzahl. Das Potenzial für eine rapide Abwärtsspirale des Selbstbewusstseins ist somit besonders hoch. Dementsprechend gebe ich Ihnen für solche Events noch ein paar zusätzliche Tipps und hoffe, dass sich der eine oder andere für Sie als hilfreich erweist.

Familienzusammenkünfte, für die gern und weniger gern gesehene Verwandte aus allen Löchern des Landes dahergekrochen kommen und auf denen Sie sich plötzlich in einer Runde von 30+ Familienmitgliedern wiederfinden, sind prädestiniert dafür, dass Sie sich zu irgendeinem Zeitpunkt unwohl fühlen werden. Gerade bei solchen Feiern werden Sie recht wahrscheinlich früher oder später mit der unerwünschtesten aller Fragen konfrontiert werden. Es sei denn, Sie wissen inzwischen ganz genau, welche Verwandten Sie von vorneherein meiden sollten, und schaffen es auch von der Begrüßung über den Kaffeeklatsch bis zum Abendessen, selbigen Nervensägen aus dem Weg zu gehen. Normalerweise gestaltet sich das jedoch eher schwierig; nicht zuletzt, weil ja auch immer mal ein anderer auf die glorreiche Idee kommt, die Alleinstehende nach ihrem nicht vorhandenen Liebesleben zu fragen. Daher empfehle ich für diese Fälle, die eine oder andere Standardantwort abrufbar zu halten, wenn Sie keine große Lust darauf haben, die Einzelheiten Ihres Singledaseins Ihren weitschichtigen Verwandten gegenüber breitzutreten. Wählen Sie einfach nach persönlichen Präferenzen zwischen »Ich habe gerade keine Zeit für eine Beziehung«, »Ich hab gerade wirklich keine Lust auf eine Beziehung«, »Ich genieße mein Singleleben!«, »Es interessiert mich momentan einfach nicht«, und so weiter und so fort. Kommen Sie einer Konfrontation nicht aus, ballern Sie die erstbeste Antwort so überzeugt wie möglich heraus und klinken Sie sich dann in Sekundenschnelle in ein anderes Gespräch mit weniger neugierigen Personen ein. Plötzlich auf die Toilette zu huschen, dringend einen Koffeinnachschlag zu brauchen oder von einer Sekunde zur nächsten das Buffet zu stürmen können auch sinnvolle Methoden sein, um von der ungeliebten Person wegzukommen. Bleiben Sie nämlich aus Höflichkeitsgründen bei der taktlosen Tante sitzen und geben ihr das Gefühl, Sie seien tatsächlich interessiert an ihrer Meinung, ist jede Hoffnung verloren – dann sind Sie in der Hölle. Und kommen nie wieder raus. Das heißt, solange sich keine rücksichtsvolle Cousine dazu erbarmt, sich dem Schreckensgespräch anzuschließen und Ihnen zuliebe raffiniert das Thema zu wechseln. Wie auch immer Sie es angehen – eine kurze Anerkennung (im Sinne von »Ja, ich habe deine Kritik verstanden, und hier ist meine Antwort«), gefolgt von einem Ablenkungsmanöver oder geschickt getarnter Flucht ist meiner Erfahrung nach der beste Weg, eine Person, die ihre Zunge nicht zügeln kann, ruhigzustellen.

Steht ein noch größeres Event an, welches sich nicht

bloß auf die Familie beschränkt, ist der Abend relativ unberechenbar, und Sie sollten für alles gewappnet sein. Daher erfragen Sie am besten im Vorhinein, wie die Gästeliste aussieht. Damit fällt schon einmal die Ungewissheit weg, ob Sie der einzige Single sein werden oder nicht. Grundsätzlich ist das bei großen Feiern ja relativ unwahrscheinlich. In dieser Hinsicht sind solche Events oft vorteilhafter für Singles als kleinere; denn wenn aufgrund der großen Gästezahl mehr Pärchen anwesend sind, dann ist eine größere Anzahl an Singles ebenso wahrscheinlich. Tatsächlich können Sie meist davon ausgehen, dass mindestens eine andere Person geladen ist, die ebenfalls solo oder zumindest als Fake-Single auftauchen wird, weil der Partner zufällig genau an diesem Tag eine Nachtschicht einlegen muss, mit Zehennagelschmerzen zu Hause liegt oder aus sonst einem wahren oder erfundenen Grund verhindert ist. Selbst wenn es Ihr 10 Jahre jüngerer Bruder ist, der sich mit Ihnen im Singleclub befinden wird, kann das schon helfen; es ist zwar nicht unbedingt Balsam für Ihr Selbstbewusstsein, aber es ist besser als nichts. Dadurch haben Sie wenigstens mit Gewissheit jemanden, an den Sie sich halten und mit dem Sie sich über andere Dinge als Babyplanung, Hausbau und Verlobung unterhalten können. Vor allen anderen Dingen gibt es Ihnen in jedem Fall das Gefühl, nicht die einzige Außenseiterin zu sein, die ohne Partner gekommen ist. Und vielleicht teilen sich die Anwesenden ja ohnehin so auf, dass Sie sich einfach einer Damenrunde anschließen können, während sich deren Männer an der Bar die Kanne geben.

Sind diese Optionen nicht gegeben – was ja in Ausnahmefällen mal vorkommen kann, wenn wirklich die gesamte Gesellschaft ein Turtelhaufen ist oder Sie mit den wenigen anwesenden Singles einfach nichts anfangen können – dann rate ich Ihnen Folgendes: Suchen Sie sich die Menschen, die Ihnen am nächsten stehen. Freunde oder, noch besser, Familienmitglieder, mit denen Sie ohnehin so eng verbunden sind, dass es für niemanden seltsam aussehen wird, wenn Sie sich zu dieser Gruppe stellen; denn dort gehören

Sie sowieso dazu, egal ob mit Partner oder allein. Niemand wird irgendetwas hinterfragen. Und abgesehen davon, wie Sie von den (eingebildeten oder tatsächlichen) neugierigen Augen rundherum wahrgenommen werden, wird sich der Abend auch unterhaltungstechnisch für Sie angenehmer gestalten, wenn Sie sich an Ihre Liebsten halten. Die werden Sie überdies sicher nicht ausgerechnet an diesem Abend mit Fragen löchern; sie kennen Sie gut genug, um zu wissen, dass sie diesbezüglich besser die Klappe halten sollten. Der Rückzugsort »Eltern und Geschwister« kann somit eine recht nützliche Option darstellen.

WIE MAN IM NOTFALL SEINEN GEISTESZUSTAND RETTET

Hoffentlich sind Sie ein zufriedener Single, und es ist Ihnen vollkommen egal, ob Sie bei einer Veranstaltung der einzige sind. Haben Sie diesen Zustand mental und emotional jedoch noch nicht erreicht und befinden Sie sich bei einem gesellschaftlichen Treffen, das Ihnen Schauer über den Rücken jagt, weil Sie einfach nicht anders können, als sich unwohl, ungewollt und nicht dazugehörig zu fühlen, dann müssen Sie wohl oder übel die schweren Geschütze auffahren – Verleugnung, Schadenfreude, Frontalkollision oder Ex-Geschichten.

Sind Sie mit Ihrem Singledasein nicht glücklich, so reden Sie sich zumindest für diesen Abend ein, Sie seien es. Sitzen Sie nämlich an dem Tisch und haben nichts Besseres zu tun, als sich selbst bewusst zu machen, wie arm und alleine Sie sind, weil es rund um Sie nichts als Pärchen gibt, werden Sie natürlich frustriert sein, und dieser Frust wird Sie in den nächsten Stunden kaum loslassen (und den anderen wird er übrigens genauso auffallen). »Ich werde mich sicher mies fühlen«, »Die werden mich sicher wie einen Aussätzigen behandeln«, »Die werden sicher herumturteln« – das sind alles Annahmen, die logischerweise wahr werden, wenn man sie sich lange genug einredet und alles mit dieser Annahme im Hinterkopf überanalysiert.

An dieser grauenvollen Situation sind Sie demnach, so hart es klingt, selbst schuld. Setzen Sie sich im Gegensatz dazu ohne jegliche Angst, Voreinnahme oder sich selbst erfüllende Prophezeiung an den Tisch, sieht die Welt schon ganz anders aus: Sie haben Spaß. Und das sollten Sie auch. Denn wirklich, wieso sollten Sie sich selbst fertigmachen? Warum sollten Sie sich denn *absichtlich* schlecht fühlen wollen? Eleanor Roosevelt sagte: »No one can make you feel inferior without your consent.« Und sie hatte recht. Ohne Ihre

Zustimmung kann Ihnen überhaupt niemand das Gefühl geben, minderwertig zu sein.

Stellen Sie nicht die Pärchen rundherum auf ein Podest. Denken Sie nicht an die Gründe, warum der Abend für ein Paar schöner ist als für Sie, sondern gehen Sie die Sache umgekehrt an. Ein jüngerer Singleherr in meinem Bekanntenkreis macht es vor: In Gesellschaft lauter Pärchen zu sein »macht mir gar nichts aus. Da bin ich manchmal sogar froh. Denn die Leute, die nicht single sind, müssen sich dann irgendwie zurückhalten und können nicht ganz sie selbst sein.« Machen Sie sich bewusst, dass jeder, der mit seinem Partner anwesend ist, immer zumindest ein kleines bisschen eingeschränkt sein wird, während Sie niemanden beeindrucken und sich nicht vor späteren Diskussionen fürchten müssen. Wie oft habe ich es erlebt, dass Gespräche abrupt abgebrochen wurden oder einer der Partner eindeutig weich gekochte Aussagen machte, während er oder sie mir einen Du-weißt-schon-was-ich-meine-aber-ich-rede-jetzt-mal-lieber-nicht-weiter-sonst-krieg-ich-später-eine-auf-den-Deckel-Blick schenkte? Zahllose Male. Vor allem bei Paaren, die schon länger miteinander liiert sind. Aber auch, wenn man frisch zusammen ist, passt man auf; der Partner darf ja nichts Falsches von einem denken, also hält man sich bei gewissen Themen oder auch beim Alkohol gerne zurück. Kein Wunder, denn »Trink nicht so viel« ist ein Ausspruch, den Männlein wie Weiblein dem Partner generell ganz gern an den Kopf wirft. *Sie* können hingegen reden, wie Ihnen der Schnabel gewachsen ist, und essen oder trinken so viel Ihnen beliebt, denn Sie sind niemandem Rechenschaft schuldig, und es gibt keinen Mann, dem Sie peinlich sein könnten. Genießen Sie die nicht vorhandenen Einschränkungen, die Ihren Abend im Gegensatz zu dem der anwesenden Pärchen auszeichnen. Sie werden sicher nicht aufgrund eines schreienden Babys gezwungen sein, früher zu fahren. Sie müssen sich nicht mit Magenschmerzen auf den Heimweg machen, weil Sie genau wissen, dass zuhause entweder Kinderstress oder eine Diskussion auf Sie wartet, weil an diesem Abend irgendetwas falsch gelaufen ist. Sie können in aller Ruhe, entspannt und gelassen, nach Hause fahren und sich noch auf den Film freuen, den Sie sich im Bett reinziehen werden. Wenn Sie sich also schwertun, einfach so Ihre Perspektive von einer pessimistischen in eine optimistischere umzulenken, versuchen Sie's eben mal mit ein bisschen Schadenfreude, indem Sie an das denken, was Ihnen offen und Pärchen an jenem Abend verwehrt bleibt; beziehungsweise was Pärchen nach dem Abend möglicherweise noch blüht. Ist zwar nicht die moralischste Option – aber wenn's funktioniert, probieren Sie es mal aus, und pflanzen Sie am nächsten Tag einen Baum, um Ihr Karmakonto wieder aufzufüllen.

Sie können es auch gegenteilig angehen, wenn Sie die Kraft dafür aufbringen. Statt sich auf die negativen Aspekte von Beziehungen zu konzentrieren, die Ihnen an diesem Abend erspart bleiben, können Sie an die positiven denken und die Gesellschaft als Inspiration nützen. Dieser Frontalangriff könnte Ihnen ganz guttun. Meine gute Freundin legt es mit voller Absicht darauf an, in Gegenwart von Pärchen über das Thema Liebe und Beziehungen zu sprechen. Sie fragt, wie die Pärchen sich kennengelernt haben, und bittet sie um Ratschläge. Denn sie möchte herausfinden, wie die beiden es schaffen, dass ihre Beziehung funktioniert. Ihrer Ansicht nach haben diese Pärchen Antworten, die sie selber noch nicht gefunden hat, denn sie haben das Ziel erreicht, das sie selbst gern erreichen würde – eine glückliche Beziehung. Sie steht dazu, wissen zu wollen, wie Beziehungen funktionieren können. Die gefragten Paare werden die Fragende auch gewiss nicht herablassend behandeln, sondern ihr ehrliche Ratschläge geben und liebend gern ihre eigenen Erfahrungen mit ihr teilen. Außerdem werden sie sich im Gegenzug auch für das Datingleben des Singles interessieren und mehr darüber hören wollen. »They get a kick out of hearing about their single friend's single life«, so meine Freundin, die Pärchen ausgesprochen bereitwillig mit Erlebnissen aus ihrem Singleleben Spaß und Entertainment bietet. So können beide Parteien voneinander lernen und sich gegenseitig herrlich unterhalten.

Dieser Ansatz, vor dem Single-versus-Pärchen-Problem nicht davonzulaufen, sondern die Situation mit offenen Armen anzunehmen und für sich zu nutzen, ist eine empfehlenswerte Möglichkeit, sich nicht wie ein drittes Rad vorzukommen. Fühlen Sie sich für diese frontale Konversation allerdings nicht emotional gewappnet, versuchen Sie's vielleicht zuerst mit einer etwas zurückhaltenderen Variante – der des simplen Mitredens. Bloß weil man single ist, bedeutet das ja nicht, dass man bei Pärchengesprächen in Gesellschaft nicht auch den Mund aufreißen kann; es heißt nicht annähernd, dass man nichts zu Beziehungsthemen zu sagen hätte. Man hat ja auch Erfahrungen gesammelt und kann zwar nicht über einen aktuellen Partner reden, aber über einen ehemaligen sehr wohl. Und wenn man über den Verflossenen bereits hinweg ist, hat man auch, wie ich gemerkt habe, nicht das geringste Problem, über die Beziehung zu sprechen, ohne emotional zu werden. So reden die anderen darüber, was sie mit ihrem Partner dann und dort erlebt haben – erzählen Sie, was Sie mit Ihrem damaligen Partner erlebt haben! Auf diese Weise fühlen Sie sich nicht ausgeschlossen, sondern können trotz Singlestatus bei vielen auf den ersten Blick für Vergebene reservierten Themen mitreden. Kein Drittes-Rad-Gefühl notwendig.

WIE MAN LERNT, SICH FÜR BRECHREIZERREGENDE TURTELTÄUBCHEN ZU FREUEN

Machen wir uns nichts vor, der Anblick Verliebter kann hart sein. Sehr hart. Oft unerträglich hart. Je unglücklicher man als Single ist, desto schwerer wird einem das Ertragen turteltäubiger Situationen fallen. Wenn möglich, kann man sich ja aus dem Staub machen, kurz auf die Toilette verschwinden oder solche Konstellationen von vorneherein meiden. Aber manchmal kommt man nicht aus. Man wird durch äußere Umstände dazu gezwungen, zuzulassen, dass Pärchen einem mit ihrer Verliebtheit und Euphorie eine schmieren. Zum Beispiel, wenn eine Hochzeit ansteht und man auch noch in die Planung involviert ist.

Auch ich habe lange damit gerungen. Es war schrecklich für mich, dem Glück anderer zuzusehen, das mir selbst nicht vergönnt war. Meine frühere Beziehung endete keine zwei Monate bevor meine kleine (!) Schwester heiratete. Das war nicht leicht. Das war einfach nur deprimierend, und ich habe unzählige Stunden lang ein Lächeln für die beiden aufgesetzt, während ich Give-aways gebastelt und Trauungsprogramme geschrieben habe, nur um mich dann später im ruhigen Kämmerchen auszuheulen. In den Folgejahren haben meine besten Freundinnen geheiratet. Und inzwischen kommen schon die kleinen Schwestern meiner Freundinnen ins Gespräch; immerhin werden sie die nächsten sein, die bald vor dem Traualtar stehen. Ich kann mich gar nicht mehr an das letzte Jahr erinnern, das nicht von Hochzeitsplanungsgesprächen einer lieben Schwester, Freundin oder Cousine geprägt war. Aber hier habe ich inzwischen einen Weg gefunden, mit dem Liebesglück anderer in Anbetracht meines eigenen langjährigen Singlestatus umzugehen. Wie? Tja, irgendwann ist es einfach passiert. Mir ist etwas klar geworden.

Wie wohl sehr vielen Singles ist es mir so ergangen, dass ich irgendwann den Glauben an die Liebe verloren habe. Ich war frustriert, verbittert und konnte kein positives Wort über Männer oder Beziehungen oder auch nur irgendetwas damit Verbundenes über die Lippen bringen. Ich konnte nicht einmal mehr Tränen vergießen, weil der Impuls einfach verloren gegangen war. Die vielen Jahre der Enttäuschung und der lange Frust des Singledaseins hatten mich, zumindest im Hinblick auf das Thema Liebe, emotional zum Stein gemacht; mein Cousin nannte es liebevoll den »Panzer«, den ich angelegt hatte und den kein Mann auch nur die geringste Chance hatte, zu durchdringen. Das wurde mir selbst erst bewusst, als mir eine Bekannte erzählte, dass sie für ihren Freund in eine andere Stadt ziehen würde. In diesem Moment war meine instinktive Reaktion: »Wirklich? Wofür denn? Das verdient ein Mann doch gar nicht.« Denn alle Männer sind schließlich Arschlöcher. Und alle Ehen werden irgendwann geschieden, keine Beziehung hält ewig, wir machen uns nur was vor. Ihre Antwort (nachdem sie mich schockiert angesehen hatte) war vollkommen überzeugt: »Doch, er verdient es.« Die beiden sind inzwischen glücklich verheiratet.

Da wurde mir klar, dass meine Bitterkeit nicht gut für mich oder für andere war und dass mit meiner Einstellung etwas Grundlegendes nicht stimmte. Also begann ich, mich im Freundes- und Bekanntenkreis genauer umzusehen. Langsam erkannte ich, dass es durchaus auch Männer gibt, die keine Arschlöcher sind. Je mehr glückliche Beziehungen ich rund um mich sah, desto mehr öffnete ich mich der Möglichkeit, die Existenz der Liebe nicht mehr von Grund auf zu verneinen. Sind Beziehungen kompliziert, schwierig und oft konfliktgeladen? Ja natürlich. Bringen sie Einschränkungen und Kompromissnotwendigkeit mit sich? Selbstverständlich. Haben viele Männer einen Knall? Definitiv. Aber die Liebe ist trotzdem da; und im Idealfall ist sie unheimlich stark. Sie komplett zu negieren bringt niemanden weiter, wie ich auch selbst schließlich eingesehen habe. Der entscheidende Moment war für mich interessanterweise

ein fiktiver. Ich war in Jane Austens *Persuasion* vertieft, als mir zum ersten Mal seit langer Zeit Tränen über die Wangen kullerten. Ich war so gerührt von den Worten, die aus der liebestrunkenen Feder eines Mannes entspringen konnten (wenn auch aus der Feder eines erfundenen Mannes … in einem anderen Land … vor 200 Jahren), dass diese wenigen Minuten meine Lebenseinstellung zu verändern begannen. So gab mir langsam, aber sicher die Liebe anderer, die in mir bis dahin nichts als einen Würgereflex ausgelöst hatte, den Glauben an die Liebe wieder. Ich begann, zu verstehen, dass es die Liebe wirklich gibt. Nicht für mich, zumindest nicht jetzt. Aber es gibt sie für andere. Und die verdienen es.

Das ist die Einstellung, die Ihnen in Momenten des Neides das Leben retten wird. Sehen Sie es nicht als Demütigung, als Provokation oder als Versuch der anderen, Ihnen ihr Glück unter die Nase zu reiben; denn das ist es ganz gewiss nicht, das bilden Sie sich höchstens ein. Sehen Sie es stattdessen als Beweis dafür, dass es die Liebe gibt und dass jeder sie eines Tages finden kann – einschließlich Ihnen, wenn der richtige Zeitpunkt gekommen ist. Beneiden Sie die anderen nicht um ihr Beziehungsglück, sondern gönnen Sie den verliebten Turteltäubchen ihre Freude. Und das funktioniert am besten in Kombination mit dem Wissen, dass Sie selbst ein zufriedener Single sind. Denn wenn Sie es tatsächlich geschafft haben, über das Liebesglück Ihrer Schwester oder besten Freundin ehrlich froh zu jauchzen, während Sie sich in Ihrer eigenen Singlehaut trotzdem wohlfühlen, weil Sie wissen, dass *Sie* keinen Mann *brauchen*, um glücklich zu sein – dann haben Sie den Punkt erreicht, an dem selbst die Gesellschaft der verliebtesten Täubchen Ihnen kaum mehr etwas ausmachen wird. Sie werden sich einfach nur für die beiden freuen.

Warum man für die Liebe offen bleiben, aber nichts erzwingen sollte

Das Singleleben hat endlose Vorzüge. Es erspart Ihnen grauenvollen Herzschmerz, Diskussionen und Kompromisse. Es bietet die größte Freiheit, die ein Beziehungsstatus nur bieten kann. Ja, Sie sollten Ihr Singledasein zur Gänze auskosten und in all seinen Einzelheiten schätzen! Doch hüten Sie sich vor dem einen Fehler, den so mancher Single früher oder später aufgrund des wachsenden Frustanteils seines emotionalen Ichs gerne macht und der bereits kurz angesprochen wurde: Die Tatsache, dass das Singlesein unheimlich toll sein kann, bedeutet nicht, dass man sich für immer vor der Liebe verschließen soll. Ist man nämlich der Meinung, man möchte überhaupt nie wieder einen Mann, weil alle Männer böse sind, dann kann ich diese Angst zwar nachvollziehen; aber sie wird auch dazu führen, dass Sie sich selbst einen Schutzpanzer aufbauen und möglichen Partnern gar nicht erst die geringste Chance geben. Ich weiß, wovon ich spreche. Mögliche Beziehungen sabotieren, sich in Schüchternheit verkriechen und eine grundsätzliche Haltung der Ablehnung einnehmen – ich kenne das alles. Und ich habe daraus gelernt. Heute bin ich der lebende Beweis dafür, dass man sein Singleleben genießen und trotzdem offen dafür bleiben kann, jemand Besonderen kennenzulernen.

Tun Sie es nur bitte nicht mit Zwang. Jeder kennt doch den Ausspruch: »Es kommt, wenn man nicht danach sucht.« Ich weiß, diesen Satz können Singles schon nicht mehr hören, und er stimmt auch nicht immer. Aber der Grundgedanke ist meiner Ansicht nach durchaus sinnvoll. Läuft man einem sympathischen Kerl über den Weg, der eine gewisse Anziehungskraft ausübt, muss man erst mal Zeit miteinander verbringen, sich ausführlich austauschen und so richtig kennenlernen. Bis man im schlimmsten, doch auch häufigsten Fall merkt, dass man doch nicht füreinander geschaffen ist, hat man bereits viel zu viel Zeit und Emotionen investiert. So viel, dass man der Person allein deshalb noch eine zweite Chance gibt. Und vielleicht eine dritte. Denn man möchte ja nicht, dass die investierte Zeit für nichts war und die Investition keine Früchte trägt. Außerdem wünscht man sich ja schon irgendwie einen Partner. Und bald findet man sich in einer Beziehung mit jemandem wieder, zu dem man überhaupt nicht passt, bloß weil man sich das Ganze aus Verzweiflung schöngeredet hat. Wenn man so zielorientiert nach einer Beziehung sucht und unbedingt möchte, dass es funktioniert, ist man eher bereit, über Dinge hinwegzusehen, die man eigentlich nicht möchte. Man ist willig, Kompromisse einzugehen, die man so früh nicht eingehen sollte. Es passt zwar irgendwo, aber eben nicht so gut, wie man es sich wünschen würde. Also denkt man sich, »so schlimm kann es [Verhaltensweise oder Charaktereigenschaft nach Wahl einsetzen] ja nicht sein« – und kommt später drauf, »doch, ist es«. Denn wenn etwas bereits am Anfang immens stört, wird sich das später nicht ändern. Die Aspekte der anderen Person oder der Beziehung, über die man anfangs hinwegsieht, weil man vom Endlich-wieder-eine-Beziehung-und-nicht-mehr-allein-sein-Gedanken so begeistert ist, holen einen irgendwann ein. Krampfhaft nach einer Beziehung zu suchen und eine entgegen jedem Instinkt herbeizuführen, führt relativ selten (wenn überhaupt) zur wahren Liebe.

Jede Frau weiß, wie herrlich es sich anfühlt, gemocht zu werden. Angestarrt zu werden. Auserwählt zu werden. Die Person zu sein, die jemandem den Kopf verdreht hat. Es streichelt die Seele und boostet das Ego. Als Frauen werden wir gern umworben; wir genießen die Aufmerksamkeit und die Offensichtlichkeit, mit der gewisse Männer uns umgarnen. Vor allem als Langzeitsingles sind wir ganz besonders anfällig dafür, weil es schon viel zu lange her ist, dass uns das letzte Mal »der Hof gemacht« wurde. Deshalb sehnen wir uns nach der Bestätigung, dass wir immer noch hübsch, anziehend und auf jede erdenkliche Weise attraktiv auf Männer wirken. Aus diesem Grund ist es auch logisch, dass wir uns leicht dazu verführen lassen, uns auf etwas einzulassen, was uns in Wirklichkeit nicht zur Gänze überzeugt. Doch nur weil es sich gut anfühlt, gemocht zu werden, bedeutet das nicht, dass es eine gute Idee ist, mit der jeweiligen Person etwas Ernsteres einzugehen. Sich für einen Partner zu entscheiden, bloß weil man gerne *einen* (quasi egal welchen) Partner hätte, ist höchstens dann in Ordnung, wenn beide mit offenen Karten spielen. Ansonsten seien Sie bitte vorsichtig. Der arme Kerl, der sich in Sie verguckt hat, kann an nichts anderes mehr denken als an Sie. Und das lässt er Sie auch auf subtile oder weniger subtile Art und Weise wissen. Lassen Sie sich nicht vom Teufel des Egoboosts verführen. Einen Mann als Ihr persönliches Spielzeug zu betrachten, das rein für sexuelle Zwecke da ist, Ihr Ego streicheln oder Ihnen die Einsamkeit nehmen soll, ist ihm gegenüber einfach nicht fair – auch wenn es noch so unbewusst geschieht, weil Ihnen eigentlich selbst nicht klar ist, dass Sie gerade jemandem eine Chance geben, für den Sie nicht annähernd die richtigen Gefühle hegen. Denn wenn er Sie wirklich aufrichtig gern hat, wird er sich ernsthafte Hoffnungen machen, wenn Sie sich darauf einlassen, mit ihm Zeit zu verbringen oder auch einfach nur zurückzuflirten.

Kommt jemand daher, der Ihnen die Füße küsst, zu dem Sie sich jedoch nicht ebenso sehr hingezogen fühlen wie er sich zu Ihnen, dann ist es letzten Endes ohnehin sinnlos, sich auf ihn einzulassen, weil er Ihre Erwartungen ja doch nicht erfüllen wird. Bleiben Sie Ihrem Instinkt treu. Wenn Ihr Bauchgefühl nicht in die Richtung dieses Mannes deutet, stellen Sie sich ihm nicht in die Quere. Ich weiß, wie schwer das ist – beziehungsweise wie verführerisch es sein kann, dem süßen Geruch einer potenziellen Beziehung zu folgen, bis man das Innere der Fuchshöhle erreicht hat und realisiert, dass man hier niemals hereinkommen hätte dürfen. Denn der Kerl, der sich in Sie verliebt hat, ist einfach nicht der Richtige für Sie. Das haben Sie ja auch von Anfang an gefühlt. Und früher oder später sehen Sie sich mit der Situation konfrontiert, ihm das Herz zu brechen und nicht zu wissen, wie Sie das am besten anstellen sollen; vor allem, da er dieses Spielchen (denn das ist es ja eigentlich) ganz und gar nicht verdient hat.

Ich spreche hier aus Erfahrung. Es tut mir heute noch außerordentlich leid, den Opfern meines eigenen Egoboosts so etwas angetan zu haben. Meine Absichten waren zwar nicht bösartig; was sagt frau denn zu jemandem, der ihr erklärt, er sei seit vielen Jahren in sie verliebt? In meinem Hirn gab ich ihm die Chance, die er sich seit Jahren erhofft hatte. Doch im Endeffekt war es vollkommen sinnlos und brach ihm das Herz. Seien Sie also vorsichtig. Wenn Ihr Herz nicht in den höchsten Tönen schlägt, dann ist es vollkommen egal, wie sehr er an Ihnen zu hängen scheint. Lassen Sie sich nicht darauf ein; machen Sie ihm keine Hoffnungen, die Sie mit sehr hoher Wahrscheinlichkeit wieder enttäuschen müssen. Seien Sie ehrlich. Sagen Sie ihm, dass Sie sich Ihrer Gefühle nicht im Klaren sind oder dass Sie nur an einer Freundschaft interessiert sind. Denn raten Sie mal was: Er wird es verstehen. Er wird es nicht gern hören, aber er wird es verstehen. Ihm anfangs das Herz zu brechen schmerzt ihn um Welten weniger als später, wenn er sich ein Leben ohne Sie nicht mehr vorstellen kann. Und Sie werden sich nicht irgendwann wie ein grauenvoller Mensch fühlen, der doch lieber auf sein Bauchgefühl hören hätte sollen.

Daher geht es hier genau um das Thema, mit dem sich das Kapitel »Singlesein ist großartig« befasst hat. Wenn Sie einen Partner brauchen, um glücklich zu sein, sind die Aussichten nicht die rosigsten, zumindest langfristig gesehen. In diesem Fall ist es eher so, dass Sie mit sich selbst nicht wirklich im Reinen sind und es daher, zumindest unbewusst, als notwendig empfinden, sich von jemand anderem Bestätigung und Liebe zu holen; doch wie Autorin Christina Mundlos erkannt hat – »wer sich auf eine Verbindung nur einlässt, weil er den anderen als Spiegel bzw. Vergrößerungsglas seiner selbst bzw. als Ersatz für die fehlende Selbstliebe braucht, um das Loch in seinem Herzen zu stopfen, dem geht es eben auch nicht um die andere Person. Sie ist austauschbar. Es handelt sich nicht um Liebe.«[99] Aber wenn Sie nicht vom anderen erwarten, Sie glücklich zu machen, sieht die Sache schon ganz anders aus; denn dann werden Sie sich nicht auf jeden einlassen, bloß weil er Ihnen die Aussicht auf eine Beziehung bietet, sondern werden besser wählen.[100] So werden Sie auch fähig sein, einen Mann, der sich als der Falsche herausstellt, rechtzeitig wieder loszulassen. Eben weil Sie ja kein Problem damit haben, single zu sein. Weil Sie mit Ihrem eigenen Leben auch ohne Mann absolut zufrieden sind und nicht auf einen Mann angewiesen sind wie »ein Ertrinkender [auf] die Schwimmweste. Der andere kann einen nicht heilen oder einen Mangel an Selbstliebe ausgleichen. Das ist die Aufgabe eines jeden Einzelnen.«[101]

Sie müssen sich selbst mögen, schätzen, lieben und Ihr Singledasein mögen, schätzen, lieben. Dann werden Sie automatisch damit aufhören, verzweifelt den einen zu suchen oder, im Gegenteil, alle Männer abzuschreiben. Sie werden einfach offen bleiben für das, was die Zukunft bringt. Und das ist die beste Voraussetzung, um früher oder später wieder jemanden kennenzulernen, der Sie wirklich begeistert.

WO UND WIE MAN DIE GRÖSSTEN CHANCEN HAT, JEMANDEN KENNENZULERNEN

Ab den späten 20ern ändert sich für die meisten sehr viel im Hinblick auf Datingchancen; für manche schon früher, für andere ein wenig später, aber eine Lebensveränderung findet in allen Fällen statt, wenn die Ausbildung und das exzessive Fortgehalter erst einmal vorüber sind. Wir lernen nicht mehr mit regelmäßiger Häufigkeit am Campus, in Seminaren, beim Feiern oder an sonstigen univerwandten Orten neue Leute kennen. Dadurch sinken die Chancen, den einen so ganz nebenbei zu treffen, rasant, sobald wir in hoffentlich sturzfreier Manier über die Bühne spaziert sind und unserem Dekan die Hand geschüttelt haben. Denn damit ist der Spaß vorbei, der Ernst des Lebens kann beginnen. Grundsätzlich natürlich nicht schlecht, ja eigentlich durchaus erwünscht; wir wollen ja unsere eigene Kohle verdienen, uns die Miete samt Strom und idealerweise WLAN leisten können, nicht mehr wöchentlich den Kühlschrank der Eltern plündern müssen und, kurz gesagt, ein selbstständiges Leben auf den eigenen zwei Beinen führen. Aber für unser Liebesleben ist diese Prioritätenänderung von »Eine Runde geht nooooch, ex ex ex ex ex!« zu »Ich eskaliere lieber auf dem Sofa, mit einer Tasse Tee, sonst bin ich morgen arbeitsunfähig« fatal. Die regelmäßigen Möglichkeiten, uns unter die Leute zu mischen, schrumpfen auf ein Minimum zusammen, wenn wir nicht gerade berufsbedingt in der Weltgeschichte herumfliegen oder bei der Arbeit einen sehr sozialen Kollegenkreis um uns scharen. Tatsache ist, dass die Freunde, mit denen wir früher noch jedes Wochenende Gas gegeben haben, inzwischen genauso wie wir berufstätig und dazu vielleicht auch noch vergeben, verheiratet oder Eltern geworden sind. Sie haben also deutlich weniger Zeit, mit uns um die Häuser zu ziehen. Hinzu kommt, dass wir ja auch selbst nicht mehr großartig motiviert für jugendliche Eskapaden sind. Vor allem jenseits der 30 merken wir, wie der Fortgehdrang uns langsam verlässt und wir uns abends lieber daheim ausruhen, als in der nächstgelegenen Bar die Shots runterzuwürgen.

Somit müssen wir, wenn wir trotzdem hier und da neue Menschen kennenlernen wollen, auch andere Optionen in Erwägung ziehen. Das Erste, was einem dabei einfällt, ist Speed Dating, Online Dating oder eine der anderen Datingalternativen, die auf einem Sympathie-auf-den-ersten-Blick-Konzept basieren. Erstaunlich viele Menschen (2017 waren es mehr als ein Fünftel aller Deutschen, laut Parship-Statistik) haben ihre aktuelle Beziehung online gefunden.[102] Online Dating ist wohl eine der erfolgversprechendsten Arten, heutzutage neue Bekanntschaften zu knüpfen. Aber dazu später mehr. Fürs Erste konzentrieren wir uns einmal auf die konventionelleren Methoden, die auch im Zeitalter der charakterverschluckenden Wisch-links-wisch-rechts-Substanzlosigkeit nicht außer Acht gelassen werden sollten, weil sie doch immer ein gewisses Potenzial halten werden.

Hobbys sind immer eine gute Möglichkeit, unter die Leute zu kommen; vorausgesetzt, das Hobby ist keine Einsiedlerbeschäftigung. Sei es ein Teamsport oder die Mitarbeit in einem Club, eine ehrenamtliche Betätigung, ein Kochkurs, eine Weiterbildung oder die klassische Mitgliedschaft in einem Verein; man knüpft in jedem Fall Kontakte. Man glaubt ja kaum, welch skurrile Gruppierungen sich allein in Deutschland finden lassen. Da kann mir keiner mehr erzählen, es gäbe für ihn keinen passenden Verein. Wer suchet, der findet. Selbst so verrückte Gruppen wie der Bobby-Car-Sport-Verband, die Zuckersammler, der Verein gegen betrügerisches Einschenken oder die Freunde der Zahl Pi bringen Menschen zusammen.[103] An Möglichkeiten mangelt es nicht; irgendein Club oder Verein lässt sich bestimmt finden, der Sie mit anderen Menschen in Berührung bringt.

Möchte man sich eher auf die Erweiterung des bestehenden Bekanntenkreises verlassen, kann das auch sehr gut funktionieren.

Man hört ohnehin des Öfteren, dass die beste Methode, jemanden kennenzulernen, das eigene Netzwerk ist. So trifft man bei einem Event ganz unerwartet einen Freund der ehemaligen Mitbewohnerin des Bruders der besten Freundin oder den Friseur des Cousins zweiten Grades et cetera et cetera, mit dem man sich überraschend gut versteht. So etwas lässt sich nicht vorausplanen oder arrangieren (wie oft haben tatsächliche Kuppelversuche denn wirklich funktioniert?) – es passiert einfach. Über den Freundes- und Familienkreis, doch auch in der Nachbarschaft – generell über Bekannte – entstehen viel häufiger Pärchen, als man glaubt. Dies ist sogar eine noch bessere Kuppelmaschine als die doch oft fragwürdige Fortgeh- oder Online-Dating-Szene.[104]

Dennoch hat das klassische Weggehen durchaus auch seine Erfolgschancen. Wer sich trotz Faltenbildung und beginnender Rückenschmerzen hier und da mal zum Fortgehen aufraffen kann, öffnet sich damit definitiv erwähnenswerten Kennenlernmöglichkeiten. Es gibt nämlich tatsächlich Orte, an denen man sich, wenn man ab Ende 20 feiern geht, nicht fühlt wie eine Kindergartentante. Es gibt Bars, in welchen sich hauptsächlich älteres Publikum aufhält, und es gibt Events, die speziell auf Ü30er ausgelegt sind – die man als U30er nicht einmal betreten darf. Man muss sie bloß finden. Also, an mit dem Computer und Nase rein in die Recherche! Klar, es ist nicht ganz einfach, in unserem Alter einen Ausgehabend zu organisieren, wenn die üblichen Verdächtigen zwischen Ehemann und Schichtbetrieb schon im Alltag nicht wissen, wo sie ihre Zeit hernehmen sollen. Dennoch lege ich den Finger dafür ins Feuer, dass Sie irgendjemanden in Ihrem Bekannten-, Familien- oder Freundeskreis finden werden, der es kaum erwarten kann, mit Ihnen die Bars abzugrasen. Und zwar ganz einfach deshalb, weil das eben nicht mehr regelmäßig vorkommt. Gerade Menschen in Beziehungen sind oft besonders begeistert, wenn man als Single auf sie zugeht und vorschlägt, gemeinsam wieder mal Party zu machen. Die Zeiteinteilung mag schwieriger sein; aber das macht der Enthusiasmus, den diese Freunde alle heiligen Zeiten mal aufbringen können, dafür wieder wett.

Nun, da wir über das »Wo« gesprochen haben, wenden wir uns an das »Wie«. Grundsätzlich rate ich Ihnen Folgendes: Erwarten Sie nichts außer einem lustigen Abend mit Ihren Freunden. Setzen Sie es sich nicht zum Ziel, in einer überfüllten Bar Ihren Traummann zu treffen. Erhoffen Sie sich nämlich eine neue Bekanntschaft, werden Sie nur enttäuscht sein, wenn der Plan nicht aufgeht. Abgesehen davon ruinieren Sie sich mit dieser Einstellung selbst den Abend, weil Sie ständig nur den Blick durch den Raum schweifen lassen und ungeduldig darauf warten, von irgendjemandem angesprochen zu werden, statt sich auf das Gespräch mit Ihren Freunden einzulassen und die Zeit tatsächlich (nicht nur körperlich, sondern auch mental) mit den Menschen zu verbringen, mit denen Sie eigentlich unterwegs sind. Sich ihnen dauernd abzuwenden, weil Sie nichts anderes im Kopf haben als den »Der da drüben sieht hübsch aus, wann kommt er endlich her?«-Gedanken, ist außerdem äußerst unhöflich; und es wird Ihren Freundinnen mit Sicherheit nicht verborgen bleiben, dass sie an dem Abend nicht Ihre Priorität sind. So sehr Ihre Freundinnen Sie vielleicht auch gern verkuppeln möchten – niemand mag es, ignoriert zu werden. Schon gar nicht, wenn sie Ihnen zuliebe mitgekommen sind.

Auch folgende Info, die ich wieder und wieder von redseligen Männern erhalten habe, kann sich für uns Frauen als äußerst nützlich erweisen: Die Herren der Schöpfung trauen sich tendenziell eher ungern an eine Runde Mädels heran, in der bereits andere Männer präsent sind. »Sobald ich sehe, dass irgendein Mann in der Runde ist – besonders, wenn ich sehe, dass er Interesse hat –, gehe ich nicht einmal in die Nähe, das interessiert mich überhaupt nicht«, sagt Alex, Anfang 40. Je mehr Männer in einer Runde dabei sind, desto unwahrscheinlicher wagen sich fremde Männer ran. Sind beispielsweise drei Männer und vier Frauen miteinander unterwegs, dann sind mindestens zwei der Männer an einer der anwesenden Frauen interessiert; Fazit: »Da geh ich nicht hin«, sagt Alex lachend. Am liebsten sind den Herren nicht nur reine, sondern auch noch möglichst kleine Mädelsrunden – also Hauptsache Mädels, und wenn möglich nur ein oder zwei. Die Gruppendynamik bei Frauen kann anscheinend überraschend behindernd sein. Die besten Chancen haben Sie dieser Theorie zufolge, wenn Sie mit einer einzigen Freundin als »Wingwoman« auf Achse sind, denn auch Männer auf der Pirsch sind gern im Duo unterwegs. Wenn einem der beiden eine Frau gefällt, werden beide auf das Frauenduo zugehen; schließlich ist man als »Wingman« ja für den anderen da und unterstützt ihn bei der Annäherung an das weibliche Objekt der Begierde. Sind beide an je einer der Frauen interessiert, ist es ohnehin die perfekte Situation (immer vorausgesetzt, das Interesse beruht auf Gegenseitigkeit). Ist nur ein potenzielles Pärchen unter den vieren, muss der Freund trotzdem herhalten und die Freundin der Angebeteten seines Freundes unterhalten, während der andere seinen Annäherungsversuch wagt. Das Balzverhalten der Männer mag zwar nicht immer nachvollziehbar für uns sein, aber es ist so, wie es ist. Und es ist schon verständlich, dass sich Männer eher an zwei Frauen herantrauen als an eine größere Frauenrunde oder eine Runde, die auch Männer inkludiert.

So viel zur Sicht der Männer. Aus der Sicht einer Frau ist das Thema komplexer. Denn für uns stellen sich ja auch Fragen wie: Sollten wir uns eher mit alleinstehenden oder vergebenen Mädels zusammentun? Und wenn wir nur zu zweit losziehen, fühlt sich die Begleiterin dann nicht unwohl, wenn man mit jemandem zu flirten beginnt, der nicht zufällig einen Wingman parat hat, um inzwischen die Freundin zu unterhalten? Eine vergebene Freundin wird vielleicht nicht so verständnisvoll sein wie ein Single, wenn Sie Ihre Aufmerksamkeit an einen Mann haften. Oder aber sie bringt besonders viel Verständnis auf, weil sie nichts lieber täte als ihre Singlefreundin zu verkuppeln. Umgekehrt kann es bei Singlerunden schon mal vorkommen, dass sich die Frauen gegenseitig im

Weg stehen, denn öfter als man denkt tendieren Singlefreundinnen dazu, einander einen potenziellen Partner nicht zu gönnen. Lernt eine in der Runde jemanden kennen, wird automatisch der »Wir müssen das gleich stoppen, sonst verlieren wir sie«-Schalter oder auch nur der »Warum soll Sie jemanden finden und ich nicht?«-Neid-Schalter im Hirn der anderen Mädels umgelegt, und schon beginnen sie, der Freundin den Mann auszureden. Das führt dazu, dass zahllose Mädelsrunden, die nur mit dem Finger schnippen müssten, um jemanden kennenzulernen, jeden Abend das Lokal allein verlassen, weil sie sich gegenseitig den Erfolg ruinieren. So unmoralisch es auch sein mag, es ergibt ja irgendwie Sinn: Welche Frau will schon ihre beste Freundin an einen Mann abtreten, wenn sie selbst keinen hat? Andererseits hat man mit anderen Singlemädels wieder den Vorteil, gemeinsam Ausschau halten zu können. Was natürlich auch das Risiko erhöht, dass zwei Frauen am selben Mann interessiert sein könnten. Aber zugleich steigt die Chance, dass man mit jemandem ins Reden kommt, der eigentlich nur der Wingman seines Freundes ist, dem wiederum die Freundin gefällt, und sich letztendlich überraschend gut mit jenem Wingman zu verstehen.

Man sieht, das Thema ist endlos kompliziert, und es gibt wohl keine Lösung, die in jeder Situation anwendbar ist und zweifellos funktioniert. Denn alle Männer, Frauen und Freundschaften sind letzten Endes unterschiedlich; sehr viel hängt vom Alter, Reifegrad und Charakter der Begleiterinnen sowie vom Mut der Männer ab. Was sich für mich persönlich als am angenehmsten erwiesen hat, ist die Zwei-vergebene-Freundinnen-und-ich-Methode. Erstens vermindert sich durch vergebene Begleiterinnen die Konkurrenz. Zweitens wollen Ihre Freundinnen ja, dass Sie auch jemanden kennenlernen. Auch wenn diese Tatsache im Alltagsleben lästig sein kann, ist sie in diesem Fall nützlich. Denn Ihre Freundinnen werden Ihnen nicht nur niemanden ausreden (außer er ist wirklich ehrlich der Falsche für sie, was Freundinnen ja immer schneller sehen, als man es selbst erkennt); sie werden Sie auch noch ermutigen und vielleicht noch Männer für Sie anreden. Sie werden sich auch nicht querstellen, wenn Ihre Aufmerksamkeit zu einem Mann wandert; vorausgesetzt, sie werden nicht links liegen gelassen. Doch genau hier kommt Ihnen der Mehrheitsaspekt zugute. Sitzt nur eine Freundin neben Ihnen, kann sie sich schnell gelangweilt fühlen. Doch haben Sie zwei Freundinnen an Ihrer Seite, werden die beiden immer jemanden haben, mit dem sie sich unterhalten können. Auch wenn Sie stundenlang mit einer neuen Bekanntschaft plaudern oder sonst wie abgelenkt sind, werden Ihre Freundinnen sich höchstens für Sie freuen und sich entweder miteinander oder mit den Freunden Ihres Aufrisses beschäftigen (bloß weil sie vergeben sind, heißt das ja nicht, dass sie sich nicht zwanglos mit Fremden unterhalten dürfen). Ich habe schon zahlreiche Partynächte in genau so einer Konstellation, mit unterschiedlichen – aber immer vergebenen – Begleiterinnen, verbracht. Und jedes einzelne Mal war die Gruppenzusammenstellung sehr förderlich für potenzielle neue Männerbekanntschaften. Doch wie gesagt gibt es kein wasser- und feuerfestes Rezept, um Männer kennenzulernen. Im Endeffekt kennen Sie Ihre Freundinnen am besten und können am ehesten abschätzen, welche Personen beim Fortgehen ermutigend und welche eher zerstörerisch wirken werden.

Eines möchte ich dem Thema »Bekanntschaften in der Bar/Disco/et cetera« noch hinzufügen. Nur weil man jemanden in Feierlaune und unter Alkoholeinfluss kennenlernt, bedeutet das nicht zwangsläufig, dass er nur an Sex interessiert ist. Und selbst wenn er bloß auf ein Abenteuer aus ist, heißt das noch lange nicht, dass es dabei bleiben muss. Mein Bekannter hat in den 17 Jahren, die er in dieser Szene beruflich verbracht hat, äußerst viel beobachtet und kommt zu dem Schluss, dass unerwartet viele Beziehungen aus ursprünglich einmalig gedachten Bettgeschichten entstanden sind. Mehrere Männer haben mir diese Theorie bestätigt. Ein One-Night-Stand kann sich, wenn nicht nur der Sex, sondern auch die

Sympathie und die Gesprächsbasis stimmen, durchaus zu einer Partnerschaft entwickeln. Sollten Sie grundsätzlich erwarten, dass Ihr Aufriss mehr möchte? Auf keinen Fall. Tun Sie das, ist die Enttäuschung vorprogrammiert. Aber Sie müssen nicht von vorneherein davon ausgehen, dass ONS übersetzt »mit absoluter Sicherheit entsteht hier nicht mal im entferntesten Traumuniversum eine Beziehung« heißt.

Die traditionelle (also nicht Internet-basierte) Herangehensweise, um neue Bekanntschaften zu schließen, muss sich natürlich nicht aufs Nachtleben beschränken. Meine Bekannte hat eine Masche, mit der sie einfach immer und überall neue Leute kennenlernt – sei es bei der Arbeit, beim Reiten, auf der Straße oder im Supermarkt. Ja, im Supermarkt. Das passiert nicht nur in Hollywood, sondern kann auch hierzulande zu einer denkwürdigen Begegnung führen. Sie schwört darauf, dass es absolut überall funktioniert, ganz egal, wo sie auch ist. Dabei ist alles, was nötig ist, reine Kommunikationsfreude. Sie tut nichts Besonderes – außer sich offen kommunikativ zu zeigen und von sich aus Unterhaltungen zu initiieren. Sie hält sich gern an Orten auf, an welchen sie den Weg anderer kreuzt; statt sich in ihrem Büro zu verkriechen, räumt sie in der Firma freiwillig den Gemeinschaftsgeschirrspüler aus und befindet sich dadurch in der Küche, die mit der Kaffeemaschine und dem Wasserspender stets irgendwelche Kollegen anlockt. Unabhängig davon, wer durch die Tür spaziert – Männlein, Weiblein, attraktiv oder nicht – »Ich frage halt jeden, wie es ihm so geht: ›Alles klar?‹ Ich fange halt so an, und die Leute – man sieht es dann eh, entweder steigen sie darauf ein oder eben nicht. … Einfach die Leute anquatschen, Kommunikation, netzwerken. … Ich bin halt ein offener, kommunikativer Typ. Mit ein bisschen Energie, ein bisschen Witz, ein bisschen Blödsinn dahererzählen« kommt man ihrer Erfahrung nach sehr weit. Allerdings soll es kein Mittel zum Zweck, den Partner fürs Leben zu finden, sein. Das würde den Zwanglosigkeitsfaktor eliminieren. Stattdessen quatscht sie sich einfach ganz ungeniert durch die Gegend. Sie grüßt jeden freundlich und redet ohne jede Zurückhaltung drauflos. Dadurch fällt sie auf und wird folglich auch ihrerseits häufiger angesprochen. So öffnet sie sich selbst die Tür zu potenziell interessanten Gesprächen, statt darauf zu warten, dass andere die Arbeit übernehmen. Gefällt ihr der Gesprächspartner und gefällt sie ihm, ergibt sich ohnehin schnell eine längere Konversation. Besteht kein Interesse (weder ein kollegiales noch ein freundschaftliches oder romantisches), ist das auch kein Problem. Da sie zu diesem Zeitpunkt ja noch nicht näher involviert ist, lässt sie sich von mangelndem Interesse an ihrer Kommunikationsbereitschaft nicht entmutigen. Die nächste Person, die neben ihr an der Supermarktkasse steht, wird sie trotzdem wieder anquatschen. Einfach nur, um freundlich und kommunikativ zu sein.

Theoretisch ist es ja wirklich ein Leichtes, Männer anzureden. Man muss sich nur trauen. Ja, ich weiß, dass das der große Haken an der Sache ist, und kann auch nicht behaupten, diesen selbst schon überwunden zu haben. Aber vielleicht sind Sie ja mutiger als ich! Gefällt Ihnen ein Kollege, der Herr an der Theke oder der Typ am Barhocker neben Ihnen, nehmen Sie doch mal die Zügel selbst in die Hand. Bitten Sie ihn darum, für Sie ein Getränk mitzubestellen, weil Sie kaum an die Bar gelangen. Fragen Sie ihn nach einem Feuerzeug, wenn Sie Raucherin sind. Rempeln Sie ihn »unabsichtlich« an und entschuldigen Sie sich vielmals. Wenn Sie ihm ebenfalls gefallen, wird sich ohne weitere Arbeit daraus ein Gespräch entwickeln. Wenn Sie jedoch ein eher schüchterner Mensch sind und es um nichts in der Welt über sich bringen, auf einen Fremden zuzugehen, ist das auch in Ordnung. Trauen Sie sich nicht mit Worten, dem Gegenüber Ihr Interesse kundzutun, versuchen Sie es doch mal mit der Mimik. Sie können sich gar nicht vorstellen, wie weit Sie ein simples Lächeln oder ein längerer Blick in seine Richtung bringen kann. Jemanden kennenzulernen kann so einfach sein – wenn wir nur hier und da mal über unseren eigenen Schatten springen.

WARUM IM FREUNDES- UND KOLLEGENKREIS VORSICHT GEBOTEN IST

Über Freunde jemanden kennenzulernen ist eine bewiesenermaßen gute Option. Dennoch gibt es hier gewisse Dinge zu beachten. Es ist nämlich eine Sache, bei einer Feier zufällig den Nachbarn des Bruders der Freundin kennenzulernen – aber eine ganz andere, im eigenen, engen Wir-sehen-uns-regelmäßig-bei-diversen-Feiern-und-kleineren-Treffen-Kreis mit jemandem anzubandeln. Erinnern Sie sich an das letzte Mal, als Sie jemanden schon ewig kannten und sich auf einmal, innerhalb von wenigen Sekunden, die Situation ruckartig geändert hat, ohne dass es von Ihnen beabsichtigt war oder Sie auch nur irgendetwas dafür konnten, und Ihre gesamte freundschaftliche oder kollegiale Beziehung einfach kurzerhand auf den Kopf gestellt wurde.

Das läuft dann in etwa so ab: Sie leben Ihr Leben, sind glücklich mit den Freunden und Kollegen, die Sie haben, und auf einmal tut einer dieser Freunde oder Kollegen etwas vollkommen Unerwartetes. Etwas, womit Sie in Ihren kühnsten Träumen nicht gerechnet hätten. Etwas, was niemals passieren hätte sollen und was Ihre ganze, schön organisierte Welt innerhalb kürzester Zeit ins reine Chaos stürzt. Der Tag fängt ganz gewöhnlich an, wie jeder andere. Sie gehen zur Arbeit, zur Uni, bleiben zu Hause – Sie folgen Ihrem gewohnten Alltag, und alles läuft wunderbar. Und dann gibt Ihr Handy den gewohnten WhatsApp-Ton von sich, der Ihnen von nun an jedes Mal die Gänsehaut auffahren lassen wird. Eine Nachricht von Ihrem Freund/Kollegen ist eingetrudelt. Grundsätzlich nichts Besonderes; außer, dass diese Nachricht anders ist als alle anderen, die er Ihnen bisher geschickt hat. Sie lesen sie durch, runzeln die Stirn, Sie sind verwirrt. Sie können nicht genau sagen, was es ist, aber irgendetwas an dieser Nachricht wirkt anders als sonst.

Persönlicher, liebevoller, herzlicher. Dieser Moment kann die verschiedensten Gestalten annehmen. Es kann ein Anruf sein, den er nützt, um Sie zu einer Party einzuladen, obwohl er Sie noch nie zu irgendetwas eingeladen hat; es kann eine SMS sein, die sagt: »Schön, dass du hier warst, wann kommst du denn wieder?«; es kann auch eine dezente Berührung sein – auf einmal fühlen Sie seine Hand auf Ihrem Rücken, was bisher noch nie geschehen ist.

Sie sind irritiert, aber denken sich noch nicht viel dabei, denn Sie wollen ja nichts überinterpretieren. Dann kommt die nächste Nachricht, oder der nächste Anruf, oder das nächste Mal, dass Sie sich sehen. Und Sie werden langsam misstrauischer. Irgendetwas an seinem Verhalten gibt Ihnen den Eindruck, als wäre da auf einmal aus dem Nichts mehr als reine Freundschaft/Kollegialität entstanden. Aber Sie wollen es sich immer noch nicht eingestehen, also reagieren Sie einfach so wie sonst, vielleicht ein wenig herzlicher; denn Sie mögen ihn ja, als Freund oder Kollegen. Aber die Situation verwandelt sich nicht wieder in die ursprüngliche zurück. Immer mehr kleine, beinahe unscheinbare Gesten scheinen einfach so zu passieren. Er berührt Ihren Schenkel; er stoppt im Vorübergehen, um Ihnen für ein paar Sekunden die Schultern zu massieren, ehe er den Weg zu seinem eigenen Arbeitsplatz fortsetzt; er lässt keine Möglichkeit aus, Sie zu umarmen; er steht mit einer Aufmerksamkeit vor Ihnen, die Ihnen die Tränen in die Augen jagt. Und langsam wird der Aha-Moment eindeutiger. Auf einmal wird aus dem anfangs recht harmlos klingenden »Wann kommst du denn wieder?« ein »Wann sehe ich dich wieder?« und vielleicht noch eine Einladung zum Abendessen. Kombinieren Sie das damit, dass er plötzlich anfängt, 08/15-Smileys durch kleine Herzchen zu ersetzen, und Sie fallen aus allen Wolken. Wie ist denn das jetzt passiert? Wann ist das passiert? Habe ich da was verpasst? Waren wir nicht gerade noch stinknormale Freunde/Arbeitskollegen? Wann hat sich denn unser Beziehungsstatus geändert? Hat er sich überhaupt geändert? Und in diesem Zeitraum – sei es ein kurzer oder zieht er sich über mehrere Wochen – ändert sich auf einmal alles. Allein dadurch, dass Sie das Gefühl haben, von ihm mehr als nur gemocht zu werden, fängt plötzlich auch Ihr Herz deutlich schneller zu schlagen an, wenn Sie an ihn denken oder eine neue Nachricht von ihm erhalten. Nie im Leben hätten Sie sich gedacht, dass er Sie jemals interessieren könnte. Er ist ja überhaupt nicht Ihr Typ. In der Tat haben Sie, bevor er die Regeln geändert hat, noch nicht ein einziges Mal auch nur einen Gedanken daran verschwendet, ob denn auch mehr als Freundschaft/Kollegialität drin wäre. Es war für Sie einfach immer vollkommen klar, dass Sie Freunde/Kollegen sind und absolut nichts weiter. Und jetzt ist dieser Seelenfrieden ein für alle Mal dahin.

Nun, wenn sich daraus etwas Beständiges entwickeln sollte, Glückwunsch. Aber wie wahrscheinlich ist denn das? Mit deutlich höherer Wahrscheinlichkeit stellt sich früher oder später heraus, dass er doch nicht so interessiert an Ihnen war. Oder er war es schon, Sie versuchen es zusammen, und es klappt einfach nicht. Oder er war es anfangs, hat sich dann aber doch in eine andere Kollegin verguckt; vielleicht auch, weil Sie seine Annäherungsversuche nicht sofort erwidert haben. Aus welchem Grund auch immer der romantische Kontakt abbricht, das Resultat ist dasselbe: Der Stolz ist gekränkt, die Hoffnung (die es vor wenigen Wochen noch gar nicht gegeben hat) verloren, und Sie sind deutlich schlechter dran, als Sie es gewesen wären, wenn er Sie einfach nur in Frieden gelassen hätte und alles bei dem geblieben wäre, wie es immer schon gewesen ist. Denn Sie haben nun nicht nur einen lieben Kollegen oder guten Freund verloren, sondern werden in Zukunft jedes Mal nervös sein und purpurrot anlaufen, wenn Sie seinen Weg kreuzen. Dabei haben Sie ja gar nicht mal damit angefangen. Sie können überhaupt nichts dafür. Sie waren nicht diejenige, die entschieden hat, eine platonische Beziehung auf die nächste Ebene zu heben. Und trotzdem sind letztendlich Sie diejenige mit dem gebrochenen Herzen – diejenige, die sich bei Geburtstagsfeiern oder im Büro, wenn er anwesend ist, noch lange schrecklich unwohl fühlen wird.

Wenn Sie hingegen diejenige sind, die das Geturtel mit einem Kollegen abgebrochen oder die Beziehung beendet hat, kann es noch schlimmer kommen. Denn Männer, denen das Herz gebrochen wurde, können ganz schön eitel, aggressiv und boshaft werden. So kann es schon vorkommen, dass Sie nach einer Trennung noch lange Zeit unter einem gestörten Arbeitsverhältnis leiden müssen. Dass Sie möglicherweise auch noch gemobbt oder von diversen Projekten ausgeschlossen werden. Dass Sie hintenrum von anderen Kollegen erfahren, welche Lügen Ihr Ex über Sie verbreitet; beispielsweise, dass *er* Schluss gemacht habe und *Sie* ihm nun liebeskrank hinterherlaufen würden oder auf seine neue Flamme eifersüchtig seien, obwohl die Situation eigentlich umgekehrt ist. Wenn der Mann mit Ihrer Abweisung und seinem angeknacksten Ego nicht umgehen kann, lässt er das sehr wahrscheinlich an Ihnen aus. Vor allem in Berufen, wo man dem Ex-Partner nicht effektiv aus dem Weg gehen kann, weil man dafür zu eng zusammenarbeitet, gibt es genügend Beispiele für Frauen, die sich wegen einer Trennung sogar versetzen lassen oder gleich die Firma wechseln.

Ich habe dieses Theater schon deutlich öfter miterlebt, als mir lieb wäre. Daher kann ich Ihnen nur sagen: Seien Sie ruhig offen dafür, über Freunde und Kollegen neue Leute kennenzulernen. Aber beschränken Sie sich dabei auf den weiteren Bekanntenkreis. Hüten Sie sich davor, sich auf jemanden einzulassen, dem Sie regelmäßig über den Weg laufen; es sei denn, Sie sind sich absolut sicher, dass dieser Mensch der Richtige für Sie ist und er Sie ebenfalls so sieht. Sonst wird jedes zukünftige Aufeinandertreffen im besten Fall ein unangenehmes, vielleicht noch auf etwas Small Talk begrenztes Einander-so-gut-wie-möglich-Ignorieren (was übrigens auch für diejenigen, durch die Sie beide überhaupt erst miteinander vernetzt wurden, sehr spaßbefreit ist) – und im schlimmsten Fall eine Zerreißprobe für Ihr Arbeitsleben sowie für alle direkt oder indirekt Beteiligten, weil sich die gemeinsamen Freunde/Kollegen für einen von Ihnen entscheiden müssen. Daher mein Rat: Lieber mit einem Bekannten zweiten Grades einen Versuch starten. Ihre Psyche und Arbeitszufriedenheit werden es Ihnen danken.

WIESO DATING GROSSER MIST SEIN KANN

So, Sie haben jemanden kennengelernt. Auf welche Art und Weise auch immer. Erster Schritt geschafft. Aber wie geht's weiter? Es ist spannend, man kommt vielleicht zusammen, es passiert etwas, es könnte jetzt ernst werden, alles ist neu und aufregend, und man macht sich mit seinem unmöglich zu versteckenden Dauergrinsen zum Vollidioten vor der Außenwelt. Das anfängliche verliebte Kribbeln im Bauch samt Herzklopfen und weichen Knien ist eines der schönsten Gefühle, die es gibt. Manche behaupten sogar, dieses Gefühl sei schöner als die beständige, alltägliche Liebe, die man nach einigen Jahren des Zusammenseins mit seinem Partner fühlt. Vorausgesetzt, das Gefühl wird gleichermaßen erwidert. Aber wie oft ist es denn wirklich so, dass dieses Bauchkribbeln uneingeschränkt zurückgegeben wird? Dass die sprichwörtlichen Schmetterlinge auf beiden Seiten gleich ausgeprägt sind, gleich intensiv mit den Flügeln schlagen, gleich ekstatisch umherflattern und gleich lange aktiv bleiben, sodass eine beständige Beziehung daraus wird?

Zuerst scheint alles gut zu laufen. Doch als Frau bekommt man – vor allem, wenn man schon die eine oder andere Enttäuschung erlebt hat – häufig dieses grauenvolle und unglücksverheißende Gefühl: Sobald wir beginnen, uns darüber klar zu werden, wie gern er uns hat und wie sehr wir seine Gefühle eigentlich erwidern, können wir uns sicher sein, dass der Fuchs wieder in seiner Höhle verschwinden wird, bevor wir das Wort »Beziehung« überhaupt aussprechen können. Es scheint, als würde der Mann grundsätzlich genau in dem Moment sein Interesse verlieren, in dem wir uns über unseres klar werden. Auf einmal hören wir nichts mehr von ihm, bekommen höchstens noch kurze, distanzierte Nachrichten oder verbringen einen Abend mit ihm, an dem wir die Schwerarbeit übernehmen müssen, während von seiner Seite nicht die geringste

Konversations- geschweige denn Annäherungsmotivation erkennbar ist. Natürlich sind wir verwirrt, denn bisher war er ja so begeistert. Was ist geschehen? Hat ihn lediglich die Jagd gereizt, und sobald er sein Wild gefangen hat, lässt er es wieder laufen? Oder haben wir uns auf irgendeine uns unbewusste Weise unbeliebt gemacht? Wir haben keine Ahnung. Also wagen wir einen kleinen Schritt auf ihn zu, um uns zu vergewissern, dass wir a) sein ursprüngliches Interesse tatsächlich richtig interpretiert haben oder b) schon völlig bekloppt sind. Und viel häufiger als uns recht ist, geschieht es, dass wir uns danach anhand seiner Reaktion denken: »Hä? Was hat er denn jetzt? Wohl doch kein Interesse. Alles nur eingebildet.« Jetzt sind wir nicht nur verletzt, wir fühlen uns auch gekränkt. Noch schlimmer ist es, wenn wir bereits jemandem von ihm erzählt haben. Haben wir uns diesbezüglich zurückgehalten, fühlen wir uns wenigstens nur vor dem eigenen Spiegel wie ein naiver Volltrottel. Haben wir aber bereits die interessanten Neuigkeiten mit unseren engsten Freundinnen besprochen, dann gnade uns Gott – denn dann fühlen wir uns wie ein richtiger Reinfall, der den anderen jetzt erklären darf, dass er sich das alles bloß eingebildet hatte, und der danach mit dem Wissen leben muss, dass die Freundinnen ihn gerade in ihrem Mitleid ertränken.

Man macht sich als Frau eben sehr schnell Hoffnungen, wenn eine Situation den Anschein hat, sie hätte romantisches Potenzial. Spätestens sobald die Anzeichen, dass er uns wirklich mag, deutlicher werden. Und diese Hoffnungen sind in den meisten Fällen der Vorbote zur Hölle. Denn die Qualen, die darauf folgen, sobald der Auserwählte es sich anders überlegt oder sich herausstellt, dass seine Andeutungen gar nie so gemeint waren, wie wir uns das eingebildet haben, sind beinahe unerträglich. Wir fühlen uns wie jemand, dem die Freude einer Beziehung vor die Nase gehalten und dann wie ein Lollipop einem Kind wieder weggenommen wurde. Können sich Männer denn nicht zuerst überlegen, was sie wollen, bevor sie uns mit ihrem Verhalten Hoffnungen machen, die sie dann ohne ersichtlichen Grund wieder zerstören? Wir sind doch kein Spielzeug, das man sich nehmen kann, wenn einem gerade danach ist, nur um es eine halbe Stunde später wieder in die Ecke zu werfen. Aber sehr oft läuft es leider darauf hinaus. Warum? Tja, wenn wir das wüssten. Wir haben in unseren Spekulationen die freie Wahl zwischen »beziehungsunfähig«, »eine andere getroffen«, »was Falsches gesagt« oder, was noch die angenehmste gedankliche Option für unseren Seelenfrieden ist, »es hat unerklärlicherweise eben einfach nicht gepasst«.

Unsere Emotionen können wir leider nicht wie einen Lichtschalter ausknipsen. ABER, meine Damen, wir können sie lenken. Wir können unserem Herzen zwar nicht befehlen: »Hör auf, den Kerl zu mögen!«, aber wir können unsere Gedanken von ihm abwenden und auf diese Weise gar nicht erst zulassen, dass sich unser Hirn und Herz zu sehr auf diese eine Person fokussieren. Diese emotionale Zurückhaltung am Anfang, solange zwischen den Kandidaten noch keine Absichten oder Gefühle geklärt wurden, ist abgesehen von völliger Datingabstinenz die einzige Möglichkeit, unser Herz halbwegs vor den verdreckten, rasiermesserscharfen Klingen der Männerwelt zu schützen. Aus diesem Grund muss ich Ihnen eindringlich empfehlen, sich nicht zu früh zu viele Gedanken und vor allem Hoffnungen zu machen (mehr dazu im Abschnitt »Wie man Dating Apps sinnvoll nützt«). Wenn Sie sich vom ersten sympathischen Kontakt an schon im Hochzeitskleid sehen, dürfen Sie sich nicht wundern, wenn Sie enttäuscht werden. Dabei ist es völlig verständlich. Es passiert uns doch allen … Wir haben jemanden gerade erst kennengelernt und glauben schon, er sei die Liebe unseres Lebens. Dabei vergessen wir aber vor lauter Herzchen in den Augen den gefährlichsten Aspekt jeder Kennenlerngeschichte: Wir haben nicht nur eine rosarote Brille auf, sondern richtige Scheuklappen vor den Augen! Im rosa lackierten Tunnelblick sehen wir ausschließlich die besten Seiten und das romantische Interesse des anderen – also nur das, was wir sehen wollen. Und nach ein, zwei, drei Treffen sind wir dann schockiert, herauszufinden, dass die andere Person vielleicht doch nicht so perfekt ist, wie es anfangs den Anschein hatte, oder dass er doch nicht dasselbe Interesse an uns hat wie wir an ihm, oder dass er vielleicht auch noch über schockierend ausgeprägte Arschlochtendenzen verfügt.

Ja, Dating ist viel zu oft richtig großer Mist. Wir öffnen uns, wir bewegen uns in die Welt hinaus, wir tun, was wir können; aber die Männer auf diesem Planeten sind einfach beziehungsunfähig. Da glaubt man endlich, den richtigen Kerl getroffen zu haben, und dann ergreift er die Flucht, sobald es den Anschein hat, ernst zu werden. Und das bilden wir uns nicht mal ein. Wir haben es, so Autorin Christina Mundlos, »gesamtgesellschaftlich mit dem Phänomen zu tun, dass feste Bindungen seltener, zögerlicher und zeitlich später eingegangen werden als in den Generationen vor uns. … Insbesondere wurde eine Bindungsunwilligkeit vieler Männer zwischen 20 und 40 Jahren im gesellschaftlichen Diskurs von verschiedenen Experten beobachtet, analysiert und die ›Generation Beziehungsunfähig‹ ausgerufen«.[105] Da haben wir's. In einer bindungsunwilligen Männerwelt jemanden zu finden, der ehrlich interessiert ist und auch bleibt, statt von einem Moment zum nächsten ein mannförmiges Loch in der Wand zu hinterlassen und mit seinen schmutzigen Schuhen auf unserem Herzen rumzutrampeln, scheint oft wirklich ein Ding der Unmöglichkeit zu sein.

WIE DIE ERFAHRUNGEN DER SINGLES IHRE PARTNERWAHL VERBESSERN

Zumindest haben wir ab Ende 20 einen großen Vorteil: Wir haben bereits Erfahrungen gesammelt und sind daher besser ausgestattet für das Datingspiel – was unsere Chancen erhöht, nicht mehr ganz so ahnungslos wie früher in die Kreissäge zu rennen. Früher mal waren wir nicht nur der unwissenden Meinung, es gäbe einen Märchenprinzen für uns; wir sahen ihn auch daherreiten, auf seinem Moped oder, ab 18, in einem schrottigen Auto, mit einem unbeschwerten Lächeln im Gesicht oder auch gern mit zwei Getränken in der Hand. Wir hatten andere Prioritäten. Alles, was ein Mann brauchte, um uns zu gefallen, war Attraktivität (je nach Geschmack), Interesse an uns, gute Zungenkusskenntnisse und zumindest ein Grundniveau an Gesprächsstoff, das uns länger als 10 Minuten beschäftigte, wobei manchmal nicht mal das nötig war. Diese Basis reichte meist schon aus, um ihm zumindest eine Chance zu geben, denn im Grunde spielte sich damals sehr vieles beim Fortgehen ab. In der Bar oder Disco waren wir nicht so sehr an Langzeitqualitäten interessiert. Wir dachten nicht daran, ob wir mit dieser Person einen gemeinsamen Haushalt schupfen könnten (schließlich lebten wir selbst noch bei unseren Eltern), ob sich die beruflichen Ziele und Arbeitszeiten vereinbaren lassen würden (die wir damals noch gar nicht hatten), ob die Persönlichkeit, die Einstellung und der Humor zusammenpassten, oder ob es gemeinsame Interessen außer Fortgehen und Feiern gab.

Aber mit Ende 20, Anfang 30 oder noch später ist die Ausgangssituation eine andere: Wir haben zum jetzigen Zeitpunkt schon viele wertvolle Erfahrungen gemacht. Wir haben Partner kommen und gehen lassen, haben sie mit offenen Armen empfangen und wieder verscheucht, haben geliebt und gelitten, uns gefreut und geärgert. All das fügt sich zu einem unbezahlbaren Erfahrungsschatz zusammen. Vor einigen Jahren waren wir noch naiv, gutgläubig, leicht zu begeistern und zu überzeugen, und dadurch ebenso leicht zu enttäuschen. Wir haben uns in Beziehungen gestürzt, die sich erst nach einer gewissen Zeit als sinnlos, fundamentlos oder herzbrechend herausgestellt haben. Und warum?

Weil wir es nicht besser wussten. Weil wir keine Vergleichswerte und auch nicht die richtigen Werte hatten. Weil wir gutgläubig waren und viel zu viel akzeptiert haben, was wir heute niemals tolerieren würden … denn vielleicht ändert er sich ja – eine Annahme, die wir im späteren Alter mit absoluter Sicherheit nicht mehr äußern, wenn uns einmal klar geworden ist, dass sich Männer *nicht* ändern, schon gar nicht rapide und schon überhaupt nicht grundlegend. Verhaltensweisen, ja vielleicht. Charakterzüge, sicher nicht. Doch selbst wenn wir das damals gewusst hätten, wäre eine Beziehung höchstwahrscheinlich nicht daran gescheitert, weil wir uns in jungen Jahren einfach viel zu viel gefallen ließen. Wir waren extrem unsicher und stets von der Angst verfolgt, allein zu sein, nicht attraktiv zu sein, nicht gut genug zu sein, nicht geliebt zu werden. Diese Sorge führte beispielsweise dazu, dass meine Freundin jahrelang unzufrieden in ihrer Beziehung war, weil ihr Freund seinen faulen Hintern nicht hochbekam, sich aber trotzdem nicht traute, ihm den Laufpass zu geben. Meine andere Freundin lief regelmäßig mit nichts als einer Netzstrumpfhose in der Wohnung rum, um ihrem Freund zu gefallen. Dafür wurde sie Zeuge von Wutanfällen, die zwar nichts mit ihr zu tun hatten, aber im Zuge derer Computerkonsolen wie Gläser durch die Gegend flogen. Schluss machte sie aber nicht. Im Gegenteil. Sie machte so vieles mit, um ihn auch ja nicht zu verlieren, dass sich die Situation nur verschlimmerte und irgendwann sogar Blumenstöcke aus dem fünften Stockwerk nach unten donnerten. Auch ich selbst habe so ermutigende Dinge wie absolutes Desinteresse an meinem Wohlergehen oder emotionslose Weihnachtsgeschenke in Form einer im letzten Moment noch schnell gekauften Kerze über mich ergehen lassen. Solche Momente haben uns damals zwar einen Stich versetzt, aber geäußert haben wir unser Missfallen kaum.

So würden wir nach all den Jahren und Erfahrungen, einschließlich des persönlichen Reifungsprozesses, hoffentlich nicht mehr reagieren. Auch wenn wir heute noch manchmal unsicher sind – im Vergleich zu damals sind wir deutlich selbstbewusstere Frauen, die wissen, wer sie sind, was sie wollen und was sie ganz sicher nicht akzeptieren werden. Wir lassen uns nichts mehr einreden, womit wir überhaupt nicht klarkommen. Wir kennen unseren Wert und wissen, dass wir es nicht verdienen, falsch behandelt zu werden. Damals wollten wir hauptsächlich Bestätigung. Gut, die wollen wir heute auch. Aber heute brauchen wir mehr, Bestätigung allein ist lang nicht mehr genug. Wir wollen Liebe. Zuneigung. Verständnis. Wertschätzung. All das, worauf wir damals viel leichter verzichtet haben, als wir jung und dumm auf Wolke 7 tanzten.

Sehen Sie es so: Aus allem, was Ihnen widerfahren ist, haben Sie wertvolle Lektionen mitgenommen. Die erste Liebe, der steilste Höhenflug, die tiefste Wunde. Alles hatte auch etwas Gutes, im Nachhinein betrachtet. Es hat Sie zu dem Menschen gemacht, der Sie heute sind. Und gewisse Dinge versteht man erst, wenn man etwas Abstand gewonnen hat. Wenn Sie an Ihre vergangenen Beziehungen zurückdenken, fällt Ihnen sicher das eine oder andere ein, das Ihnen erst viel später klar geworden ist. Wieso er das oder das gesagt haben könnte, weshalb er sich in jener Situation so und so verhalten hat, warum er nicht härter um Sie gekämpft hat. Die Gründe dafür können an ihm wie auch an Ihnen gelegen haben, an seinem Charakter oder aber auch an Ihrem Verhalten. Versuchen Sie es mal: Je länger eine Beziehung zurückliegt, desto realistischer ist die Erinnerung daran.

Denn kurz nachdem eine Beziehung aus ist, tendieren wir dazu, in Extremen zu denken. Wir sehen nur das Positive, weil wir ihn vermissen und zurückwollen, oder wir sehen nur das Negative, weil wir ihn unter keinen Umständen zurückwollen. Es dauert Monate, oft Jahre, bis wir wirklich fähig sind, beide Seiten zu erkennen. Uns darüber klar zu werden, dass in der einen oder anderen Situation vielleicht auch ein Teil der Schuld bei uns gelegen hat. Dass wir uns auch besser verhalten hätten können. Dass es eigentlich kein Wunder ist, wieso er dies oder das gesagt, getan oder nicht gesagt, nicht getan hat. Zugleich erkennen wir, dass sich die Beziehung gar nicht anders entwickeln hätte können, weil unsere Charaktere oder unsere Gemütszustände eben nicht so kompatibel waren, wie es unser Herz gerne gehabt hätte. Wir erkennen, dass wir nicht hätten versuchen sollen, ihn zu ändern; denn jeder möchte und sollte doch so akzeptiert und geliebt werden, wie er ist. Uns wird bewusst, dass wir verständnisvoller, offener hätten sein sollen. Dass er kein Monster war, sondern auch nur ein Mensch, der Fehler gemacht hat, weil er, genau wie wir, nicht perfekt ist. Dieses Wissen ist Gold wert, denn es wird Ihr Verhalten in zukünftigen Beziehungen maßgeblich beeinflussen und dadurch hoffentlich eine reifere, beständigere Partnerschaft gewährleisten, als es vor 10 Jahren noch der Fall hätte sein können.

Aber der Punkt ist folgender: Wir haben so vieles gesehen, erlebt, gefühlt und gelernt, dass wir einerseits unser eigenes Verhalten Männern gegenüber inzwischen besser im Griff haben und uns andererseits nicht mehr mit jemandem abgeben müssen, der nicht unseren Vorstellungen entspricht. Nach all dem Auf und Ab, den positiven und den negativen Erfahrungen, den verschiedenen Persönlichkeiten im Laufe der vergangenen Jahre haben wir den Punkt der Gefühlsachterbahn erreicht, an dem wir den Zug selber lenken können, zumindest bis zu einem gewissen Grad. Ein Single in meinem Freundeskreis, heute 31, denkt an seine letzte Beziehung zurück und sagt: »Ich weiß genau, wie meine zukünftige Beziehung *nicht* sein soll. Also das war Lehrgeld, unglaublich. Das kannst du nicht in Gold aufwiegen.« Er weiß, heute erkennt er die scheinbar harmlosen Anzeichen, die irgendwann zu absoluten No-Gos mit Beziehungszerstörungsfunktion mutieren – er erkennt diese

Zeichen deutlich früher als noch vor Jahren und kann den Kontakt früh genug abbrechen.

Ich nenne es das Been-there-done-that-Phänomen: Wir haben es schon mal durchgemacht, also können wir die Anzeichen nun früher erkennen und uns das Drama von vornherein ersparen. Beispielsweise weiß ich inzwischen, was es bedeutet, wenn jemand von Anfang an andeutet, nichts mit Romantik am Hut zu haben. Früher dachte ich noch, ich könnte ihn ändern. Bei mir wäre das doch sicher etwas anderes. Wenn er mich wirklich liebt, wird auch er seine romantische Ader zeigen. Tat er auch; für ein paar Monate. Danach war es vorbei, und ich war in einer Beziehung mit jemandem, der mir meine romantischen Sehnsüchte nicht annähernd erfüllen konnte oder wollte. Zu diesem Zeitpunkt war es für mich allerdings zu spät; allein deswegen hätte ich ihn nicht verlassen, auch wenn es mir endlose Schmerzen bereitet hat. Und die Schuld lag ja eigentlich bei mir. Denn er hatte es mir von Anfang an gesagt. Nun, Lektion gelernt. Note to self: Wenn ein Mann behauptet, er sei nicht romantisch, dann glaub ihm das gefälligst! Auch habe ich gelernt, eingebildete, verschnöselte, oberflächliche, langweilige und humorlose Männer von Anfang an zu erkennen und mich gar nicht erst auf sie einzulassen. Wenn er ständig nur nach Möglichkeiten sucht, zu erwähnen, wen er hier und dort alles kennt; wenn er mit mir nur in die elegantesten Lokale will und die Braue hochzieht, sobald ich eine »normale« Location vorschlage; wenn er, egal bei welchem Wetter und zu welchem Anlass, immer nur aufgebrezelt in Hemd und Kragen das Haus verlässt; wenn er ideenlos, gesprächsthemalos und unspontan ist; wenn er nur über Autos reden kann; wenn er auf meine sarkastischen Bemerkungen eingeschnappt reagiert; wenn es keinen Redefluss gibt, sondern ständig peinliche Pausen entstehen; und wenn er keinen einzigen korrekt getippten Satz verschicken kann – dann weiß ich bereits mehr als genug. Dabei geht es gar nicht darum, dass diese einzelnen Vergehen ihn zu keinem guten Mann oder Partner machen, ganz gewiss nicht. Es geht lediglich darum, dass er für mich der falsche Partner wäre, weil ich mir inzwischen im Klaren darüber bin, dass mich gewisse Verhaltensweisen, selbst wenn ich sie anfangs noch akzeptieren würde, spätestens in ein paar Monaten die Wände hochtreiben würden. Ich habe inzwischen eine bessere Vorstellung davon, was für mich funktioniert und was nicht, was akzeptable Macken sind und welche letztendlich unüberbrückbar für mich werden. Diese Tatsache, dass No-Gos früh erkenn- und somit vermeidbar werden, erleichtert die Achterbahnfahrt des Liebeslebens ungeheuer, weil man nicht mehr viel Zeit geschweige denn Gefühle an jemanden verschwendet, der eigentlich schon von Anfang an der Falsche ist.

Dennoch ein kleiner Tipp, um das Vorangehende ein klein wenig zu relativieren: Sie wissen, was Sie wollen, also stehen Sie dazu. Geben Sie sich nicht mit einem für Sie unzulänglichen Partner zufrieden. Aber seien Sie auch nicht zu engstirnig, zu anspruchsvoll, setzen Sie sich nicht zu hohe Standards. Ich weiß, wie man denkt, wenn man einen leichten Hang zum Perfektionismus und bereits viel zu viele Enttäuschungen erlebt hat. Man legt die Latte hoch. Einerseits, weil man eben genau weiß, was man nicht will; aber andererseits, weil man das Gefühl hat, der Nächste muss der Richtige sein. Man will keinen Falschen mehr. Deshalb sucht man nach dem perfekten Partner, und darin verbirgt sich die Gefahr, die Ich-weiß-bereits-was-ich-nicht-will-und-gebe-deshalb-vielen-von-Anfang-an-keine-Chance-Einstellung zu weit zu treiben. Denn irgendwann bleibt keiner mehr übrig, der Ihren Ansprüchen entspricht. Niemand ist perfekt. Außerdem können kleine Anzeichen auch fehlinterpretiert werden. Ich habe beispielsweise einmal jemanden kennengelernt, dessen SMS-Sprache mich darauf schließen ließ, dass er ein kompletter Dialektler sein musste; zu einem Grad, der für mich wahrscheinlich ein No-Go ist, weil es mich einfach in den Wahnsinn getrieben hätte (jeder hat doch gewisse Dinge, die er aus unerklärlichen Gründen nicht aushält, oder?). Ich hätte ihm beinahe keine Chance gegeben. Und hätte ich das nicht getan, hätte ich nie herausgefunden, dass der Dialekt gar nicht so brutal war, wie ich befürchtet hatte. Genauso muss nicht jeder, der Fitness-Fotos postet, ein absoluter Sportfreak sein, der von einer Frau dasselbe erwartet. Fitness, »Pumpen«, Studio, diese Dinge sind zur Zeit nun mal ein Trend. Und Männer gehen davon aus, dass Frauen ihre Erfolge sehen wollen. Das bedeutet nicht zwangsläufig, dass sie deshalb so oberflächlich sind, wie sie auf den ersten Blick vielleicht wirken.

Auch wenn Ihnen jemand vielleicht vom Aussehen her nicht so gut gefällt wie andere – denken Sie daran, dass Sie mit einem Menschen zusammen sein wollen, nicht mit einer Hülle. Aussehen vergeht, aber ein toller Charakter wird Sie noch ewig glücklich machen. Ich habe schon des Öfteren gehört und auch selbst erlebt, dass man jemanden extrem sympathisch finden kann, auch wenn er einem auf den ersten Blick eigentlich nicht gefallen hätte. Es ist beim Dating wichtig, die Balance zwischen Hirn und Herz zu finden. Es wird immer etwas geben, was Ihnen an der anderen Person nicht passt. Wenn Sie jedoch beim ersten Fehler gleich in die andere Richtung rennen und die Person trotz aller anderen positiven Aspekte skrupellos fallen lassen, sind die Erfolgschancen generell relativ gering, den Richtigen zu treffen. Stellen Sie sich die Frage, ob Sie der fragliche Aspekt der anderen Person ein wenig stört oder zu sehr, um ihn dauerhaft dulden zu können. Demnach können Sie ihn entweder in Kauf nehmen, wenn Ihnen der andere wichtig genug ist (dann wird er ohnehin bald von allem Positiven überschattet, was die Person ausmacht), oder Sie müssen dem Kerl den Laufpass geben, wenn Sie das Gefühl haben, ihn so nicht akzeptieren zu können. Wie gesagt, die Balance zu finden ist hier die Herausforderung; und das ist definitiv nicht leicht.

Das Einzige, was meiner Erfahrung nach immer funktioniert, ist der eigene Instinkt. Hören Sie auf Ihr Bauchgefühl. Wenn Sie sich mit einer neuen Bekanntschaft verstehen, als würden Sie einander schon seit Jahren kennen, dann sollten Sie sich nicht von Kleinigkeiten ablenken oder abbringen lassen; denn wie oft kommt es denn vor, dass man eine Person trifft, mit der man sich in Geist, Blödheit und vielleicht auch noch Körper tatsächlich innig verbunden fühlt? Umgekehrt gilt natürlich dasselbe. Schüttelt Ihr Bauchgefühl von Beginn an den Kopf, dann sind Sie vielleicht einfach nicht kompatibel, auch wenn Ihnen das Gegenüber optisch gefallen würde. Etwas zu erzwingen, was sich falsch anfühlt, ist niemals eine gute Idee.

WIESO WIR ZU DEN MÄNNERN NETTER SEIN SOLLTEN

Im Gegensatz zu den mit Selbstbewusstsein häufig schon zu großzügig beschenkten Herren dieser Welt sind wir Frauen immer zu einem gewissen Grad unsichere Wesen, die Bestätigung suchen. Vor allem von der Männerwelt. Dabei ist es nicht immer eine gute Idee, sein Ego streicheln zu lassen. Man kann als Singlefrau ruhig seinen Spaß haben, denn das ist ja einer der großen Vorteile des Singleseins, und der will auch genützt werden. Wir Singles dürfen uns ausleben; und zwar in jedem Bereich unseres Lebens, darunter auch im Nachtleben. So kann es schon mal passieren, dass man sich beim Feiern den einen oder anderen Aufriss gönnt, ohne weitere Absichten dahinflirtet oder falsche Handynummern verteilt. Wobei man hier ja heutzutage schon vorsichtig sein muss, denn die Zeiten des Nummern-auf-Zettel-Schreibens sind vorbei. Wenn ein Mann Ihre Nummer einspeichert, ist es sehr leicht möglich, dass er sofort versucht, Sie anzurufen, damit Sie sich auch gleich die seinige einspeichern können. Blöd, wenn er dann auf »Anrufen« drückt und Ihr Handy ruhig bleibt. »Mein Handy hab ich zu Hause vergessen« gilt im heutigen Smartphone-verseuchten Zeitalter wohl kaum mehr als glaubwürdige Ausrede. Und wer weiß, vielleicht treffen Sie den Kerl ja eine Woche später am U-Bahnsteig wieder (wie es meiner Bekannten einmal passiert ist); dann sollten Sie sehr schnell sehr kreativ werden – oder zumindest sehr schnell laufen können. Auch Doppeldates können im Singleleben schon mal vorkommen; also eins zum Abendessen mit Mann 1 und eins für Drinks danach mit Mann 2. Oder ein Date pro Abend, immer mit jemand anderem. Wieso denn auch nicht, wenn man jemanden noch kaum kennt oder sich überhaupt erst zum ersten Mal trifft? Männer halten sich selten an eine einzige Frau; und dieses Spiel dürfen wir genauso spielen. Das heißt: Ja, die eine oder andere ethisch fragwürdige

Aktion kann man sich als Singlefrau durchaus leisten. Schließlich sind unsere männlichen Gegenstücke um nichts besser.

Aber übertreiben sollte man es nicht. Geben wir den armen Kerlen eine Chance. Männer sind heutzutage immer seltener gewillt, jemanden auf traditionelle Weise anzusprechen und sich damit verwundbar zu machen; sie haben ja immer die Option einer Dating App, über die sie beim Anschreiben ein nicht annähernd so hohes Risiko eingehen, abgewiesen zu werden.[106] Kein Wunder, dass sie sich tendenziell eher für diese Option entscheiden als dafür, sich emotional einer fremden Frau gegenüber zu öffnen, von der sie nicht annähernd wissen, ob sie ihr denn überhaupt gefallen. Wir Frauen können, ob beabsichtigt oder nicht, extrem verletzend auf Männer wirken. Ich habe mit genügend Männern in allen Altersklassen gesprochen, um zu wissen, wie nervös sie sind, wenn es darum geht, Frauen anzureden. Wir Frauen machen es uns ja gerne leicht, indem wir uns – so emanzipiert wir auch in anderen Lebenslagen sind – bei allem, was Dating betrifft, auf die Tradition rausreden. Es war ja immer schon der Job der Männer, den ersten Schritt zu machen; vom Ansprechen bis zum ersten Kuss. Ich selbst bin hier keine Ausnahme. Und ich habe ehrlich gesagt auch nie groß darüber nachgedacht, wie sich diese Ansichtsweise eigentlich auf die Männerwelt auswirkt. Wie sich der Mann fühlt, dem der riskante Job, auf eine Frau zuzugehen (ohne jede Aussicht auf Erfolg), einfach so von uns aufgetragen wird.

Wir stellen es uns ja ganz leicht vor: Der Mann soll doch einfach auf uns zugehen und uns anreden. Irgendwie. Egal wie. Hauptsache, er bringt keinen allzu blöden Anmachspruch, so in die Richtung »Mein Bett ist abgebrannt, kann ich in deinem schlafen?«. Aber so einfach ist es nicht. Wenn man Männer einmal fragt, realisiert man erst, wie viele negative Erfahrungen sie mit ihren Annäherungsversuchen machen. Sie versuchen, eine Frau anzureden, und kassieren entweder gleich einen Korb, werden ignoriert oder dürfen gnädigerweise noch ein Getränk ausgeben, ehe sich die Frau wieder verzieht. Mit unserer vielleicht unbedachten, bei manchen Frauen aber auch sicher rein egoistischen oder oberflächlichen Reaktion zerstören wir jeden Mut, den sie uns zuliebe aufgebracht haben. Tatsächlich kenne ich keinen einzigen Mann, der sich ohne Rücksicht auf Verluste, ohne jegliche Nervosität, selbstbewusst und schnurstracks auf eine Frau zubewegen kann. Junge Männer in ihren frühen 20ern wagen sich oft gar nicht erst in die Nähe der Frauen, weil sie ohnehin mit einer Abfuhr rechnen. Hier könnte man zuerst meinen, das Alter sei das Problem. Aber Männer Anfang 30 sehe ich genauso regelmäßig in einer Ecke stehen, die Augen auf die Frau ihrer Träume gerichtet, ohne dass sie auch nur das Geringste tun würden, um sich ihr anzunähern. Sie trauen sich einfach nicht. Und selbst Männer in ihren 40ern sind nicht unbedingt reifer und selbstsicherer in dieser Hinsicht. Eher im Gegenteil, denn die haben ja noch mehr erlebt. In der Tat hat mich einer der selbstbewusstesten Männer, die ich kenne, Anfang 40, mit seiner Aussage ziemlich schockiert: »Wenn sie mir nicht gefällt, kann ich flirten wie ein Weltmeister. Aber wenn sie mir gefällt, dann bin ich am Arsch. Wirklich. Ich rede nur Blödsinn. Ich kann nie zu der Frau, die mir gut gefällt, hingehen und sie anbaggern. Das kann ich nicht.« Mit dieser Aussicht versucht er es daher gar nicht erst; er sieht sie, mag sie, und er tut genau gar nichts. Dann verschwindet sie, und seine Chance ist vorbei. Wir sehen also, Männer tun sich alles andere als leicht. Verständlich, oder? Sie verlassen eben genauso ungern ihre Komfortzone wie wir.

Mit dieser Information können wir nun auf zweierlei Weise umgehen.

Option A: Wir beginnen, das Ruder selbst in die Hand zu nehmen und auch mal die Initiative zu ergreifen. Es gibt zwar bereits mehr und mehr Frauen, die selbst aktiv auf die Männer ihrer Wahl zugehen, aber offensichtlich noch viel zu wenige. »Jedem Mann gefällt es, wenn die Frau die Initiative ergreift«, so ein Singleherr in meinem Bekanntenkreis, dessen Aussage von mehreren anderen Singleherren verschiedener Altersgruppen bestätigt wurde. Außerdem sagen Männer generell ungern »nein«, wenn sie ausnahmsweise einmal von einer Frau angequatscht werden. Wenn man nicht ausgerechnet jemanden erwischt, der sich aus irgendeinem egotechnischen Grund ausschließlich als Jäger sieht, wird der Mann grundsätzlich dazu geneigt sein, sich auf ein Gespräch einzulassen; und zwar selbst wenn die Frau nicht unbedingt in sein Beuteschema fällt.

Option B: Wir geben den armen Kerlen, die uns ansprechen, zumindest mal eine reelle Chance. So schwer es für uns wäre, auf sie zuzugehen, so schwer ist es auch für sie, auf uns zuzugehen. Daher sollten wir den Mut eines Mannes, der trotz Versagensängsten und Abfuhrgefahr den Weg in unsere Richtung wagt, auch würdigen. Immer. Selbst, wenn er uns nicht gefällt oder nur Blödsinn schwafelt. Statt die Stirn zu runzeln und uns zu denken: »Was ist denn das für eine Pflaume?«, sollten wir uns eher mit der Möglichkeit anfreunden, dass er in Wirklichkeit ein völlig normaler Kerl ist, der einfach nur vor Nervosität Schwachsinn brabbelt, weil wir ihm eben gefallen. Weisen wir ihn nicht gleich ab, nur weil er auf den ersten Blick nicht Herr seiner Sinne sein mag und vielleicht ein bisschen seltsam wirkt. Mit hoher Wahrscheinlichkeit ist er einfach nur aufgeregt und ängstlich. Zum Beispiel, weil ihn die letzten drei Frauen abgewiesen haben, ohne überhaupt herauszufinden, was er für ein Mensch ist. Weil ihn die Letzte, die er ansprechen wollte, kaum eines Blickes gewürdigt hat. Oder weil er einmal versucht hat, eine Frau zu küssen, und sie seinen Annäherungsversuch überdeutlich abgewehrt hat. Männer haben, genauso wie wir, ihre selbstachtungserschütternden Erfahrungen gemacht. Sie sind keine Stehaufmännchen, die unendlich viele Abweisungen hinnehmen und trotzdem noch mit erhobenem Haupt auf Frauen zugehen können.

Hat man als Frau daher die Ehre (und heutzutage ist es ja wirklich eine Ehre), von einem Mann auf traditionelle, persönliche Weise angesprochen zu werden, dann sollte man seinen Versuch wertschätzen. Wenn er wirklich nicht annähernd ins eigene Beuteschema fällt, kann man ihm das ja auf freundliche Art und Weise sagen, sodass er sich zumindest nicht wie ein kompletter Loser vorkommt und sich vornimmt, nie wieder eine Frau zu fragen, wie's ihr geht. Und zwar idealerweise, ohne sich vorher noch von ihm auf einen Cocktail einladen zu lassen; denn Männer fühlen sich von Frauen schockierend häufig als Barkeeper ausgenutzt. Michael, 31, erzählt von seiner letzten Erfahrung: »Sie ist zu mir gekommen und hat gesagt, mein Hemd schaut cool aus. Dann haben wir gequatscht. Dann habe ich gesagt, ›Trinken wir was zusammen.‹ Dann habe ich bestellt. Dann habe ich ihr das Glas gegeben. Sie hat es genommen, hat sich umgedreht und ist gegangen.« Bei solchen Erfahrungsberichten wundert es mich nicht mehr, dass Männer Angst vor uns haben und sich immer öfter weigern, die Initiative zu ergreifen. Ausgenutzt zu werden ist ein Problem, von dem mir mehrere Männer berichtet haben. Und das ist unter keinen Umständen fair. Entweder sagen wir gleich freundlich »nein danke«, oder wir geben ihnen zumindest die Chance, sie im Zuge eines Gesprächs kennenzulernen, wenn sie schon so nett sind, uns auf ein Getränk einzuladen. Danach können wir ihnen – wenn sie uns immer noch nicht sympathisch genug sind – ja immer noch vermitteln, dass wir sie zwar sehr nett finden, aber kein weiteres Interesse haben. Dann fühlen sie sich zwar genauso abgewiesen, aber zumindest nicht so benutzt. Männer sind auch nur Menschen; auch ihnen muss Mut gemacht werden. Wie können wir sonst von ihnen erwarten, sich auch in Zukunft zu trauen, den ersten Schritt zu wagen?

WIE MAN IDIOTEN ERKENNT

Es mögen Klischees sein, aber aus gutem Grund. Ohne alle Männer in einen Topf werfen zu wollen – es gibt schon mehr als genug Kandidaten, deren Verhaltensmuster und Einstellung bestätigen: Ja, Männer sind penisfixiert. Ja, Männer haben eine 1–10-Bewertungsskala. Ja, Männer haben Wenn-es-nach-X[meistens 2 oder 3]-Dates-noch-immer-keinen-Sex-gibt-mache-ich-mich-aus-dem-Staub-Regeln. Für viele Männer ist eine Beziehung perfekt, sobald und solange das Sexleben ihren Wünschen entsprechend ausgeprägt ist. Die Qualität der Beziehung wird wirklich primär durch die Quantität und Qualität des Liebesspiels definiert. Es klingt schon skurril, doch ich habe es mehrmals beobachtet: Isabella, 28, war monatelang frustriert, weil in ihrer Beziehung außer dem intimen Aspekt einfach überhaupt nichts mehr gepasst hat; ironischerweise war das genau die Zeit, in der ihr damaliger Partner am glücklichsten war. Dasselbe bei Marlene, 31: Zu dem Zeitpunkt, als sie sich im Beziehungsalltag (wenn es nicht gerade um Sex ging) vorgekommen ist wie eine Stehlampe, die unbeachtet in der Ecke steht, weil er mehr Interesse an seiner Playstation hatte als an ihr, war das für ihn die beste Zeit der ganzen Partnerschaft. Er hat sich sogar ernsthaft überlegt, ihr einen Antrag zu machen. In einer Phase, in der sie bereits seit Monaten nicht mehr glücklich war und ihm das auch immer wieder sagte. Aber das war für ihn nicht von Bedeutung, denn das, was er wollte, bekam er. Das genügte. Der Sex passte, also war er zufrieden.

Im Zuge von zwei häufig zitierten Studien aus den Jahren 1978 und 1982 wurden Collegestudenten und -studentinnen in ihren frühen 20ern losgeschickt, um Vertretern des jeweils anderen Geschlechts auf direkte Art Sex anzubieten. Sie sprachen die auserwählten Personen an und stellten ihnen folgende Fragen: »Würdest du heute Abend mit mir ausgehen?«, »Würdest du mich heute Abend in meiner Wohnung besuchen?«, »Würdest du heute Nacht mit mir schlafen?« Wie sich herausstellte, war keine einzige Frau bereit, mit einem fremden Mann ins Bett zu gehen, doch an einem Date waren die Damen sehr wohl interessiert. Männer hingegen waren deutlich bereitwilliger, die Frau in ihrer Wohnung zu besuchen oder mit ihr zu schlafen, als mit ihr auf ein Date zu gehen. Mehr noch, die Männer reagierten mit so anmaßenden Antworten wie »Wieso denn bis heute Abend warten?«, während Frauen die Männer für den Vorschlag von Geschlechtsverkehr eher beschimpften. Es scheint ziemlich eindeutig, dass Frauen tendenziell schon eher an einer Beziehung interessiert sind und Männer hauptsächlich an Sex.[107]

Unzählige Damen können wohl bestätigen: Im Hinblick auf Sex gibt es viele Idioten unter den Männern, die einer Frau Interesse an mehr vorgaukeln und in Wirklichkeit nur darauf warten, sie ins Bett zu kriegen. Aber auch in anderer Hinsicht finden sich mehr als genug Männer mit hohem Idiotie-Niveau – in der realen Welt sowie auf gratis Dating Apps. Die Bekanntschaft eines solchen Idioten zu machen endet meistens damit, dass die Frau wie verrückt ihr Handy checkt und verwirrt unnötige Stunden lang die Situation mit ihrer besten Freundin durchkaut, ohne zu einer Antwort zu gelangen, ehe sie sich irgendwann wütend und enttäuscht in den Schlaf heult. Solche Idioten, die uns unweigerlich das Herz brechen, frühzeitig zu erkennen ist eine fast unmögliche Herausforderung. Die einzige Chance, die wir haben, ist Learning by Doing. Trial and Error. Verletzt werden und seine Schlüsse ziehen. Lernen Sie von meinen und gegebenenfalls Ihren eigenen Erfahrungen; vielleicht helfen sie Ihnen ja, den einen oder anderen Herzensbrecher in Zukunft leichter zu erkennen.

Um Folgendes hat sich mein Wissensstand hinsichtlich Männern, die Frauen lediglich als Sexspielzeug sehen oder über sonstige, möglicherweise nicht sexverwandte (vielleicht aber doch sexverwandte, denn bei denen weiß man ja nie so genau) Arschloch-Tendenzen verfügen, inzwischen erweitert:

Wenn er sich nicht meldet, hat er kein Interesse. Wenn Sie nach dem ersten Treffen tagelang auf eine SMS warten und das Handy einfach nicht klingelt, obwohl Sie es nicht mehr aus den Augen lassen, dann wird es höchstwahrscheinlich auch nicht mehr klingeln. Dasselbe gilt nach dem zweiten und dritten Date. Viele Männer verlieren tatsächlich das Interesse, wenn sie nicht sofort das bekommen, was sie wollen.

Wenn er keine Zeit hat, hat er wahrscheinlich kein Interesse. Damit will ich nicht sagen, dass jeder, der einmal ein Date absagt, nicht an Ihnen interessiert ist. Aber wenn jemand über mehrere Tage hinweg keine Zeit für Sie hat, sollten Sie skeptisch werden. Wenn man etwas wirklich möchte, findet man einen Weg. Möchte man es nicht, findet man eine Ausrede.

Wenn er Sie dazu auffordert, mit ihm nach Hause zu gehen oder ihn mit nach Hause zu nehmen oder auch nur ein Taxi zu teilen, sollten Sie hellhörig werden. Männer, die an einer Beziehung interessiert sind, bestehen im Normalfall nicht darauf, die eben Kennengelernte sofort ins Bett zu befördern. Aber spätestens bei der zweiten Aufforderung, nachdem die erste bereits verneint wurde, sollten die Alarmglocken schrillen.

Wenn schon die Anmache präpotent ist, wird es der Kerl höchstwahrscheinlich auch sein. Man erkennt sexsüchtige Idioten meist schon daran, wie sie sich einer Frau nähern. Kommt er mit einer perversen Masche daher? Tanzt er Sie aggressiv an? Grapscht er gleich drauflos, ohne vorher auch nur fünf Worte mit Ihnen gewechselt zu haben? Zeigt er kein großes Interesse daran, sich mit Ihnen zu unterhalten? Wirkt er aus irgendeinem anderen Grund unsympathisch? Dann hören Sie bitte auf Ihr Bauchgefühl – oder auf Ihre Freundin, wenn sie anwesend ist und Ihnen von dem Clown abrät.

Wenn er null Manieren zeigt, heißt es Vorsicht. Wenn er Sie beispielsweise dazu auffordert, seine Getränke zu bezahlen (ja, das passiert tatsächlich), oder wenn er Ihnen auch sonst auf keine erdenkliche Weise das Gefühl gibt, dass er Sie respektiert, seien Sie bitte misstrauisch. Denn wenn er das schon beim ersten Treffen nicht tut, wird er es vermutlich niemals tun.

Ein kleiner Tipp am Rande: Vertrauen Sie nicht blind auf das Urteil Ihrer Freunde, wenn sie Sie verkuppeln wollen. Lernt man jemanden über Freunde kennen, kann es um Welten schwieriger sein, zu erkennen, ob er ein Idiot sein könnte oder nicht. Da es gemeinsame Bekannte gibt, wird er mehr Skrupel haben und sich vielleicht mehr bemühen. Doch das ist keine Garantie dafür, dass er sich Ihnen gegenüber nicht früher oder später wie ein Idiot verhalten wird. Obwohl die Freunde hier schon eine Vorauswahl getroffen haben, die im Normalfall bedeuten sollte, dass zumindest sie ihn halbwegs leiden können, kann man sich darauf leider nicht ganz verlassen. Bloß weil sie ihn als Freund bezeichnen, bedeutet das nicht zwangsläufig, dass ihnen klar ist, wie er mit Frauen umspringt. Ein Mann kann unter Freunden einen ganz anderen Eindruck machen und sich weit respektvoller verhalten, als er es tut, wenn Sie mit ihm alleine sind. Sie können von Freunden Informationen über die andere Person einholen und sich so schon mal ein grobes Bild von ihm machen, bevor Sie sich ihm nähern. Das schon. Aber damit hat sich's dann. Blindes Vertrauen ist keine gute Idee.

Will sich der Mann Ihrer Begierde nicht und nicht melden, sollten Sie grundsätzlich davon ausgehen, dass nicht genügend Interesse vorhanden ist. Wenn Sie unbedingt darauf bestehen, können Sie ja die Zügel in die Hand nehmen und ein einziges Mal (Betonung auf »ein *einziges* Mal«) bei ihm anklopfen, um an seiner Reaktion oder dem Mangel dessen abzuschätzen, ob tatsächlich kein Interesse besteht. Doch raten Sie mal was? In neun von 10 Fällen wird dieser Mut darauf hinauslaufen, dass Sie es hätten bleiben lassen sollen. Denn wie gesagt: keine Nachricht = kein Interesse. Aber zumindest wird Ihnen dieser Versuch die Unsicherheit nehmen und Ihnen schwarz auf weiß erklären, dass. er. einfach. nicht. an. Ihnen. interessiert. ist. Ein Mann, der Sie (wieder)sehen möchte, wird sich auch von sich aus melden. Ihm hinterherzurennen wird Ihnen in den seltensten Fällen etwas bringen außer noch größeren Frust – denn dann sind Sie nicht nur enttäuscht, sondern fühlen sich auch noch gedemütigt. Dasselbe gilt, wenn er keine Zeit für ein Treffen hat, weil er soo gestresst, soo krank oder soo anderweitig beschäftigt ist. Lesen Sie zwischen den Zeilen. Akzeptieren Sie, dass es nicht an der Zeit, sondern an der Lust mangelt, und finden Sie sich damit ab. Das wird Ihnen einiges an Herzschmerz ersparen. Fällt es Ihnen immer noch schwer, sehen Sie sich vielleicht mal den Film *Er steht einfach nicht auf dich* an.

Wenn er nicht aufhört, Sie sexuell gesehen unter Druck zu setzen, gibt es meiner Ansicht und Erfahrung nach nur einen einzigen Ausweg: ihm eine glasklare Abfuhr erteilen. Denn durch die Blume verstehen Männer absolut gar nichts. Sie müssen ihm klarmachen: »Nein ist nein!« Er hat kein Recht, Sie zu etwas zu überreden, was Sie nicht möchten. Und wenn er schon beim Date ein einfaches »Nein« nicht akzeptiert, wer weiß, was er dann noch alles nicht akzeptiert …. Dasselbe gilt, wenn Sie das Gefühl bekommen, dass er Sie auch auf anderen (nicht-sexuellen) Ebenen nicht respektiert. Sie können dem Idioten ruhig die Meinung geigen, wenn Sie den Mut dafür aufbringen.

Wenn Sie sich einen Idioten – wie auch immer der Kandidat sich als solcher qualifiziert – vom Hals schaffen wollen, haben Sie ja grundsätzlich nur zwei Möglichkeiten: die direkte Konfrontation oder den indirekten Fluchtversuch. Natürlich ist es angenehmer, keinen eindeutigen Grund zu nennen, warum man jemanden nicht mehr sehen möchte; vor allem, wenn man sich ohnehin extrem schwer damit tut, die Macken einer andern Person anzusprechen, weil man den anderen ja nicht verletzen will. Oder weil man einfach nur ein ganz klassischer Feigling ist. Aber meine Erfahrung hat gezeigt, dass das Szenario im Endeffekt deutlich entspannender ist, wenn man dem Idioten zumindest halbwegs direkt klarmacht, dass und warum man sich von ihm abwendet. Es kann sehr befreiend sein, ihm eindeutig zu zeigen, dass man von seinem Verhalten angepisst ist. Und es hat den zusätzlichen Vorteil, dass er es der verärgerten Frau nicht besonders schwer machen wird, ihn nicht wiederzusehen. Er wird es zwar möglicherweise noch einmal versuchen, aber vermutlich nicht besonders hartnäckig, weil ihm ja insgeheim klar ist, wie er's vergeigt hat. Überdies hat frau auf diese Weise den moralischen Kompass auf ihrer Seite, weil sie ihm nichts vorspielt und er sich anschließend nicht die für ihn unbeantwortbare Frage stellt, warum sie das Interesse verloren hat. Doch dazu mehr im nächsten Abschnitt.

Wie man schreckliche Dates überlebt, Abfuhren erteilt oder einfach verschwindet

Egal, ob Sie ihn als Idioten entlarven oder sich aus anderen Gründen nicht zu ihm hingezogen fühlen – einen Kerl loszuwerden ist nicht einfach, vor allem auf einem richtigen, quasi als solches deklarierten Date. Vielleicht haben Sie es ja schon einmal selbst erlebt. Dieses unausstehliche Gefühl, weder nach vorne noch nach hinten zu können, weil Sie sich naiverweise auf ein Treffen mit jemandem eingelassen haben, der sich als Nachfahre von Freddy Krueger entpuppt hat. Gerade beim Online Dating – aber genauso, wenn jemand für Sie ein Blind Date arrangiert hat oder Sie sich mit jemandem treffen, den Sie bloß einmal betrunken in einer dunklen Bar gesehen haben – stehen die Chancen gut, dass Sie im hellen Tageslicht nun plötzlich einem Typen gegenüberstehen, den Sie sich ganz und gar nicht so vorgestellt haben.

Christina, 27, hat einen guten Tipp parat, um überhaupt mal unwahrscheinlicher in solche Situationen zu geraten: »[Es sind] schon viele Idioten dabei. Man muss schon gut selektieren und darauf schauen. Ich habe mich schon mit ein paar [Männern] getroffen, die total komisch waren; wo man nur geschaut hat, dass man wieder wegkommt. Man sollte sich das vorher genau ansehen. Vielleicht ein bisschen stalken und einmal schauen, ob man auf Facebook auch was findet … ob man mehr Infos einholen kann.« Die Wahrscheinlichkeit eines Horrordates lässt sich deutlich reduzieren, wenn man sich nicht gleich auf jeden Erstbesten, der nach zwei Nachrichten schon um ein Treffen bittet, einlässt, sondern idealerweise zuerst mal telefoniert (so bekommt man gleich einen realistischeren Eindruck von der Person am anderen Ende) oder den anderen wenigstens auf Facebook hinzufügt (die Fotos und Chronik eines Facebookprofils vermitteln nützliche Grundinformationen zu den Interessen sowie zum Lebensweg, Charakter und Umfeld der betroffenen Person).

Landen Sie nun trotz halbwegs gründlicher Recherche – oder eben weil selbiger Backgroundcheck ausgeblieben ist – in einer Situation, in der Sie sich einfach nur schrecken vor dem Kerl, der ein paar Meter weiter drüben auf Sie wartet, dann hängt der weitere Verlauf zuerst einmal von Ihrer Reaktionsschnelle und Ihren ethischen Tendenzen ab. Wenn er Sie noch nicht erblickt hat, Sie extrem schnell reagieren können und Ihnen sein psychischer Zustand halbwegs am Allerwertesten vorbeigeht, drehen Sie sich um und verschwinden Sie in die entgegengesetzte Richtung oder steigen Sie in die gerade einfahrende Straßenbahn ein, ganz egal, wo die Sie hinbefördert. Ist das fair? Selbstverständlich nicht; deshalb empfehle ich auch keineswegs, so zu agieren. Dennoch darf man diese Option zumindest im Hinterkopf behalten, weil solche Kurzschlussreaktionen mit Selbstschutzreflex zur Welt der Blind Dates beziehungsweise Online Dates nun einmal dazu gehören. Manchmal sieht man einfach keine andere Möglichkeit, als die Verabredung kurzerhand abzubrechen, bevor sie überhaupt begonnen hat. In jedem Fall wird Ihnen diese Reaktionsschnelle ein grauenvolles Treffen ersparen, an dessen Ende Sie ihm ohnehin einen Korb geben müssten. Natürlich müssen Sie sich dafür darauf gefasst machen, ihm danach per SMS zu erklären, warum Sie nicht aufgetaucht sind; es sei denn, Sie haben den Nerv, das Match sofort aufzulösen oder ihn zu blockieren und ihm somit jede Möglichkeit zu nehmen, überhaupt nachzufragen, was denn Ihr Problem war. War das Date nun sowieso eine Spontanidee von einem Kerl, den Sie erst vor drei Stunden auf Tinder gematcht haben, ist diese Notfalls-Weglauf-Option natürlich noch vertretbarer, als sie es ist, wenn dem Treffen bereits Wochen an exzessiven SMS-Gesprächen vorangegangen sind. Je länger und intensiver Sie mit jemandem in Kontakt sind, bevor Sie sich mit ihm verabreden, desto unfairer wird es, ihn ohne jede Erklärung zu versetzen. Schließlich werden

Sie auch nicht gerne versetzt, oder? Schon gar nicht, wenn Ihnen die andere Person bereits aufgrund der bisherigen Konversation ausgesprochen sympathisch geworden ist.

Aber Rechtfertigungen und Moralkodex hin oder her, diese Exitstrategie ist ohnehin nicht für jede Frau einfach zu bewerkstelligen. Fühlen Sie sich nicht fähig oder willig, so reflexartig zu reagieren, selbst wenn der wartende Typ überhaupt nicht wie die Art Mann aussieht, mit der Sie gern den Abend verbringen würden, müssen Sie wohl oder übel Ihren Weg fortsetzen und den Kerl begrüßen. Wer weiß, vielleicht ist er ja gar nicht so schlimm, wie Sie dachten. Ist er es doch, gibt es nun aber keinen ganz so raschen Ausweg mehr. Außer Sie sind ein äußerst selbstbewusster Mensch, der kein Problem damit hat, einen Fremden kurz zu begrüßen und ihm drei Sekunden später zu erklären, dass er sich das eigentlich anders vorgestellt hat und das Date lieber absagen würde. Wäre immer noch weit fairer, als gar nicht erst hinzugehen, aber für eine solche Aktion muss man schon mit spezieller Direktheit gesegnet sein. Sind Sie das nicht, wird es Ihnen wesentlich schwerer fallen, sich aus der Schlinge wieder rauszuwinden. Finden Sie sich also 20 Minuten später mitten im schrecklichsten Date aller Zeiten und wissen Sie weder ein noch aus, weil Sie Ihrem Gegenüber nicht direkt zeigen oder sagen wollen, dass Sie Ihre Entscheidung bereits bereuen, dann gibt es, wie so oft, bloß zwei Optionen: durchhalten oder abhauen.

Im Grunde würde ich mal sagen, dass man jedes Date zu Ende führen kann; auch wenn man weniger als unbegeistert von dem Typen ist, der eingequalmt mit Zigarette im Mund dahergeschlendert kommt, oder der schon seit drei Stunden an einem Pago schlürft und sich damit die Kellnerin zur Feindin macht, oder der einen zu küssen versucht und mit der Zunge Dinge anstellt, die einfach nur illegal sein sollten. Aber so schlimm die Verabredung in welcher Hinsicht auch immer sein mag, durchstehen kann man sie grundsätzlich trotzdem. Das ist einfach die höfliche Art, wenn man mich fragt.

Elisabeth, Anfang 50, hatte zahlreiche Dates, die zu nichts geführt haben, weil es für sie einfach nie gefunkt hat. Dabei führt sie einen deutlichen Vorteil von Dating Apps und Plattformen an: »Jeder geht dorthin und weiß, wenn es passt, dann passt es, und wenn nicht, dann nicht.« Wenn sie also bei einem Treffen merkte, dass sie ihr Gegenüber keinesfalls wiedersehen wollte, hielt sie das Date durch und sprach das Thema am Ende immer ganz direkt an. Sie bedankte sich für den schönen Abend, aber merkte an, dass es für mehr leider nicht reichen würde oder dass sie sich kein zweites Date wünsche. Dieser Ansatz hat für sie ausgesprochen gut funktioniert. Die Männer waren weder überrascht oder wütend, noch verlangten sie nach einer genaueren Erklärung. Ihre Entscheidung wurde jedes Mal problemlos und einwandfrei akzeptiert.

Es mag zwar schwierig sein – vor allem für ängstliche Frauen, die sich nicht trauen, dem anderen die Meinung ins Gesicht zu sagen – aber im Allgemeinen ziehen es Männer vor, die Wahrheit zu hören. Subtile Anzeichen oder Ghosting (wenn man plötzlich ohne Erklärung von der Bildfläche verschwindet und sich nicht mehr meldet) sind nicht gern gesehen. Ein Singlemann in den frühen 20ern sagt ganz eindeutig: »Direkte Konfrontation. Gleich an Ort und Stelle, kurz und schmerzlos. Wenn man ignoriert wird, ist das ja ein schreckliches Gefühl, denn dann weiß man ja nicht, was man falsch gemacht hat.« Jemanden hinzuhalten ist nun mal fies. Natürlich hat eine Frau meistens nicht die böse Absicht, einen Mann hinzuhalten, sondern will ihn einfach nicht verletzen und traut sich deshalb nicht, ihn direkt abzuweisen – aber die Wirkung ist dieselbe. Wenn alle paar Tage mal eine SMS-Antwort kommt, aber nie definitiv »nein« gesagt wird, flammt beim Interessenten immer wieder ein Fünkchen Hoffnung auf, und er kennt sich überhaupt nicht mehr aus. Ausnahmslos allen Männern, die sich mit mir darüber unterhalten haben, ist es lieber, mit den unschönen Tatsachen konfrontiert zu werden.

Natürlich kommt es in keinem Fall gut an, jemandem einen Korb zu geben. Egal, wie Sie es anstellen, das Gegenüber wird immer dabei verletzt werden. Aber wie wir wissen, tun sich Männer ja generell schwer, zwischen den Zeilen zu lesen; sie brauchen die direkte Konfrontation. Die Problematik anzusprechen ist in etwa so, wie ein Pflaster abzuziehen – kurzer Schmerz, doch dann ist es vorbei. Vor allem anfangs, wenn man die andere Person noch nicht besonders gut kennt, stehen die Chancen ohnehin nicht schlecht, dass der Abgewiesene die Abfuhr relativ gut wegsteckt und einigermaßen damit umgehen kann, weil er emotional noch nicht allzu involviert ist. Den meisten Männern ist ja bewusst, dass jede Frau unterschiedliche Erwartungen hat und nicht jeder diese Erwartungen auch erfüllen wird. Kann ein Mann das nicht, möchte er das sofort wissen, statt so lange hingehalten oder ignoriert zu werden, bis er selbst nach langer Grübelei zu dem Schluss kommt.

Man kreiert ja eigentlich nur mehr und mehr emotionalen Stress, indem man jemanden an der Angel hält, ohne vorzuhaben, ihn zu ködern; denn es wird nicht unbedingt einfacher, je länger man das unangenehme Gespräch hinausschiebt – für keinen der Beteiligten. Wenn Sie nichts sagen und darauf hoffen, dass er Ihr Desinteresse irgendwann schon von selbst riechen wird, dann ist das auch für Sie deutlich länger deutlich unangenehmer. Abgesehen vom schlechten Gewissen, das Sie plagt, zieht sich Ihnen auch jedes Mal der Magen zusammen, wenn Sie eine nach wie vor hoffnungsvolle Nachricht von ihm erhalten und sich überlegen müssen, ob beziehungsweise wie Sie darauf reagieren sollen, um einerseits nicht unhöflich und andererseits auch nicht interessiert zu klingen – ein Ding der Unmöglichkeit übrigens, außer der Kerl ist so begeistert von Ihnen, dass er Ihre Unhöflichkeit mit Liebreiz verwechselt (was auch wieder kontraproduktiv wäre).

Also, Mut zusammennehmen und ehrlich sein! Es ist leichter gesagt als getan, doch damit fahren Sie in jedem Fall am besten. Es sind ein paar unangenehme Minuten, die Sie durchstehen müssen. Doch danach fühlen Sie sich so dermaßen befreit, dass Sie froh sein werden, diesen Schritt gewagt zu haben. Sie werden auch merken:

Je länger Sie sich im Datingumfeld befinden, desto leichter werden Sie sich tun. Wenn Sie anfangs noch zögerlich sind und sich nicht trauen, jemanden auf die direkte Art abzuweisen, wird sich das irgendwann einstellen. Je mehr Dates Sie haben, desto weniger Sorgen werden Sie sich machen, weil Sie merken, dass es letzten Endes die einfachste und beiden am meisten Schmerz ersparende Variante eines Korbs ist.

Trauen Sie sich die direkte Art überhaupt nicht zu, können Sie sich bis zu einem gewissen Grad auch auf den Verlauf des Dates an sich verlassen. Geben Sie ihm durch distanzierte Körpersprache und nicht gerade überschwängliche Gesprächsbeteiligung oder auch gerne mal offensichtlich unangenehme Pausen eindeutige Zeichen, die kaum Raum für Interpretation lassen. Der Kommentar eines Mannes dazu: »Man versteht schon sofort, um was es geht. So naiv sind wir nicht.« Aus eigener Erfahrung kann ich sagen, dass er recht hat – dass es sehr wohl Männer gibt, für welche der Wink mit dem Zaunpfahl ausreicht. Klar, anderen muss man den ganzen Zaun an den Kopf werfen und vielleicht noch den nächststehenden Baum, aber bei einigen ist das glücklicherweise gar nicht nötig. Schon mehrmals ist es mir gelungen, einem Mann indirekt den Eindruck zu vermitteln, dass es wohl kaum ein weiteres Date geben würde. Einer meinte am Ende des Dates sogar: »Ich glaube zwar nicht, dass du noch interessiert bist, aber falls doch, ruf mich an.« Das brachte mich natürlich in eine unangenehme Situation (wie reagiert man denn auf so eine Aussage?), erleichterte mir den Prozess jedoch enorm. Ich beschloss, seine Annahme einfach mal nicht zu verneinen und ihm so zu verstehen zu geben, dass er meine höfliche Distanz schon korrekt analysiert hatte. Bei einem anderen ging's noch viel leichter und entspannter. Da war mir bei der Begrüßung bereits klar, dass das nichts werden würde. Trotzdem wollte ich ihm zumindest eine Chance geben, beziehungsweise die Schmach ersparen, gleich in den ersten zwei Minuten stehen gelassen zu werden. Also gingen wir auf ein Getränk (übrigens: Apfelsaft statt Spritzer zu bestellen kann auch helfen, ihm keine falschen Hoffnungen auf Enthusiasmus von Ihrer Seite zu machen). Wir unterhielten uns gar nicht schlecht; aber ich achtete darauf, mich zwar interessiert, doch nicht euphorisch zu zeigen und offensichtlich peinliche Pausen eher zu verlängern als zu brechen. Am Ende war ihm offenbar bereits klar, dass dies ein einmaliges Treffen bleiben würde. Zuerst einmal zahlten wir getrennt. Dann folgte ein Handgruß-Abschied. Er murmelte noch etwas von »vielleicht sieht man sich ja wieder«, aber danach habe ich zu meiner Erleichterung nie mehr etwas von ihm gehört. Sie sehen: Wir dürfen die Männer nicht unterschätzen. Sie sind nicht blöd. Wenn wir uns nicht komplett verstellen und Begeisterung faken, wo keine da ist, sollten sie eigentlich ganz genau merken, dass wir sie nicht wiedersehen wollen.

Ich persönlich habe noch jedes Date durchgestanden, aber ich kann mir durchaus vorstellen, dass es auch Menschen gibt, die einem das Gefühl geben, mit ihnen unter keinen Umständen einen ganzen Abend verbringen zu können – sei es, weil man schon von Anfang an nicht die geringste Gesprächsbasis findet, weil einer dem anderen oder beide einander offensichtlich optisch nicht gefallen oder weil man den Eindruck hat, einem waschechten Psycho gegenüberzusitzen, mit dem man sein Getränk nicht mal für zwei Sekunden allein lassen würde. Fühlen Sie sich in jeder Ader Ihres Körpers unwohl und dazu von dem Gefühl überwältigt, sich sofort in Luft auflösen zu wollen, und sind Sie nicht annähernd bereit für die direkte Art, sich zu verabschieden – dann haben Sie nur noch eine Chance: Faken Sie Schmerzen. Kopfschmerzen, Bauchschmerzen, Übelkeit. Irgendein Klassiker fällt Ihnen schon ein. Oder, wenn Sie dazu in der Horrorsituation noch imstande sind, überlegen Sie sich eine glaubwürdigere Ausrede.

Meine Bekannte hat beispielsweise so manches grauenvolle Date beendet, indem sie behauptete, unbedingt weg zu müssen, weil ihre Freundin am nächsten Morgen nach Berlin fliegen würde und sie unbedingt jetzt am Vorabend noch etwas bei ihr abholen müsse.

Eine so untypische Erklärung wird vermutlich weniger wahrscheinlich infrage gestellt als ein plötzliches Magengeschwür. Sorgen Sie dafür, dass die Ausrede so detailliert und naheliegend wie möglich ist. Je detaillierter sie ist, desto eher wird sie Ihnen abgekauft. Und je näher sie an der Wahrheit ist, desto leichter werden Sie sich tun, sie glaubhaft rüberzubringen. Ein im Vorhinein vereinbarter Anruf der besten Freundin, die mysteriöserweise mit einem gebrochenen Bein im Badezimmer liegt und dringend Ihre Hilfe benötigt, ist vermutlich auch eine sehr effektive Option. Ob sie Ihnen abgekauft wird, kann ich ehrlich nicht sagen, da ich niemanden kenne, der dies je ausprobiert hat; aber rein theoretisch hat der Ansatz schon eine gewisse Faszination, und der Effekt hängt vermutlich letzten Endes davon ab, wie gut Sie schauspielern können. Natürlich muss eine so aufwendige Aktion im Vorhinein geplant werden; was wiederum nur dann geht, wenn Sie ohnehin schon wissen, dass Ihr Date fragwürdig ist, in welchem Fall Sie vielleicht lieber gleich zu Hause bleiben sollten. Im Notfall können Sie sich auch auf die Toilette verziehen und von dort aus schnell der Freundin auftragen, Sie in genau fünf Minuten mit einem Fake-Notfall anzurufen. Sie können sich sogar selbst an Ihre eigene Nummer eine SMS schicken, die Sie öffnen, wenn Sie wieder am Tisch sitzen, und die dringend Ihre Anwesenheit an einem anderen Ort Ihrer Wahl erfordert. Ich habe auch schon von der angeblich sehr effektiven Methode gehört, zu warten, bis der Kerl auf die Toilette geht, sich dann an eine Runde nebenan zu wenden und die Männer oder Frauen um Hilfe zu bitten. Fremde sind manchmal überraschend willig, verzweifelten Frauen auf unausstehlichen Dates zu Hilfe zu eilen. Das setzt allerdings voraus, dass man sich in einer gefüllten Bar oder einem gut besuchten Café befindet; aber einen menschenleeren Ort zu wählen ist ja ohnehin nicht die beste Idee für ein erstes Date mit jemandem, der vielleicht erst vor zwei Stunden aus der Anstalt ausgebrochen ist. Ist das alles keine Option für Sie, und fällt Ihnen, so sehr Sie Ihr Hirn auch anstrengen, einfach nichts Passendes ein, dann greifen

Sie eben zu einer klassisch abgenutzten Entschuldigung à la »Mein Kopf explodiert gerade« oder »Ich muss morgen echt früh raus«. Die Glaubwürdigkeit einer solchen Behauptung sei zwar dahingestellt und ist abhängig vom Intelligenzquotienten des Mannes, aber einen Ausweg aus der Freakshow öffnet sie Ihnen auf jeden Fall.

Skurrile und einfallslose Ausreden hin oder her, seien wir ehrlich: Wenn Sie nicht wirklich 1) situationskreativ und flexibel, 2) skrupellos und 3) gut im Lügen beziehungsweise Schauspielern sind, werden Sie aus dieser Situation kaum rauskommen, ohne dass der ungeliebte Typ schnallt, was Sie ihm da vormachen. Deshalb rate ich Ihnen, wenn die Punkte 1 bis 3 nicht auf Sie zutreffen, einfach durchzuhalten. Ein Getränk mit schlechter Konversation zu überstehen werden Sie schon irgendwie hinkriegen. Lächeln, nicken, quatschen und unter keinen Umständen Ihr Glas oder Ihre Tasche mit ihm alleine lassen, um auf die Toilette zu gehen. Vielleicht etwas Neues lernen oder etwas Interessantes erfahren. Dann zum angemessenen Zeitpunkt müde werden und sich verabschieden.

Erleichtern lässt sich dieses Prozedere übrigens durch gezielte Vorausplanung. Seien Sie beim Ausmachen von Dates grundsätzlich nicht zu enthusiastisch, und legen Sie sie eher auf einen Wochentag, der viel mehr Möglichkeiten für Ausreden bietet. Lassen Sie ihn schon im Vorhinein wissen, dass Sie nicht ewig Zeit haben werden, weil Sie am nächsten Tag früh raus müssen oder weil zu Hause der Hund auf Sie wartet – oder begrenzen Sie das Treffen ganz ohne Grund auf »Am Dienstag um 19 Uhr können wir uns gerne auf ein (!) Getränk treffen«. Wenn Sie ihm schon von Anfang an verklickern, dass Sie nicht zwangsläufig den ganzen Abend lang verfügbar sind, wird es Ihnen leichter fallen und ihn hoffentlich weniger wundern, wenn Sie darauf zurückkommen und tatsächlich verfrüht abrauschen.

Der Grundgedanke all dieser Verhaltensmöglichkeiten beruht ja in den meisten Fällen auf dem Wunsch, das Gegenüber nicht zu verletzen. Auch wenn reine Feigheit dabei oft einen erheblichen

Faktor darstellt. Ob man nun den Weg des geringsten Widerstands wählt und den wartenden Kerl einfach im Regen stehen lässt, um so beiden ein schmerzvolles Date zu ersparen; ob man die Verabredung mit einer mehr oder weniger glaubwürdigen Ausrede verfrüht beendet, weil man das Ego des anderen nicht anknacksen möchte, indem man ihm sagt, dass er einem einfach nicht gefällt; oder ob man den ehrlichen Weg beschreitet und am Ende des Abends auf möglichst vage, taktvolle Art sein mangelndes Interesse bekundet – die Gefühle des Mannes sollten immer berücksichtigt werden. Natürlich brauchen vor allem jüngere Frauen manchmal eine Exitstrategie, weil ihnen die Erfahrung fehlt, um einen Mann auf die moralisch einwandfreiere Art abzuweisen. Fluchtoptionen und Notlügen sind in gewissen Situationen einfach notwendig. Kein Mensch ist perfekt; auch nervöse Mädels nicht, die blauäugig ein Horrordate ausgemacht haben. Auf die eine oder andere Renn-und-zwar-schnell-Aktion haben sich wohl die meisten Frauen schon irgendwann einmal herabgelassen, vermutlich aus reinem Selbstschutzreflex. Das ist zwar verständlich; dennoch sollten solche Verhaltensweisen nicht zum Standardrepertoire einer Frau gehören. Denn so sehr wir von Männern respektiert werden wollen, so sehr müssen wir auch sie respektieren und gut behandeln. Daher sollten wir in jedem Fall besser früher als später lernen, auch schlimme Dates zu Ende zu führen und dem anderen entweder direkt oder wenigstens durch die Blume auf höfliche Weise zu verstehen zu geben, dass sich die Verabredung nicht wiederholen wird. Das zeugt von einem Selbstbewusstsein und Anstand, welche ab einem gewissen Alter wohl von jedem Menschen erwartet werden können.

WARUM MAN SICH FÜRS ONLINE DATING NICHT SCHÄMEN MUSS

Klar, wir alle haben anfangs diese kleine, lästige, Euphorie-zerstörende Stimme im Hinterkopf, die uns einflüstert: »Du willst deinen zukünftigen Kindern doch nicht erklären müssen, dass du ihren Vater übers Internet gefunden hast, weil du auf normalem Weg keinen Erfolg hattest …« Dieser fiese Virus in unserem Kopf ist nicht abzustreiten und auch sehr schwer abzustellen. Natürlich macht man sich Gedanken darüber, *wie* man mit jemandem zusammengekommen ist. Wer hätte denn nicht gern eine schöne, lustige oder zumindest nicht bemitleidenswerte Kennenlerngeschichte? Und ja, ältere Generationen werden hier und da ungläubig, verwirrt oder amüsiert reagieren, wenn sie erfahren, dass man seinen Partner online getroffen hat. Da sie selbst nicht im Computerzeitalter aufgewachsen sind, ist ihnen dieses Konzept einfach fremd. Aber glücklicherweise wird die Definition dieser »älteren Generationen« immer weniger umfassend, weil Online Dating mit jedem Jahr prominenter und allgegenwärtiger ist. Bei allen unter 60 ist es heutzutage sehr wahrscheinlich, dass sie von Dating Apps zumindest schon gehört haben, wenn sie nicht sogar selbst gerade eine ausprobieren oder jemanden kennen, der damit herumhantiert.

Lustigerweise gibt es bereits genug Männer, die schon in ihr Profil so etwas schreiben wie: »Wenn jemand fragt: Wir haben uns beim Haifischtauchen kennengelernt.« Sie sind definitiv nicht die Einzige, die sich solche Gedanken macht. Wollen Sie die Dating-App-Geschichte um nichts in der Welt breittreten, können Sie sich ja gern eine in der Bekannt- und Verwandtschaft verbreitbarere Version überlegen, wenn Sie damit leben können, ein bisschen zu flunkern.

Natürlich gibt es im Endeffekt jedoch nur einen wirklich sinnvollen Ratschlag, den ich Ihnen diesbezüglich geben kann: Get over it. Kommen Sie drüber weg. Online Dating ist heute so weit verbreitet, dass es nicht mehr im Geringsten abstoßend oder zu belächeln ist. Schon gar nicht, wenn Sie dabei wirklich einen Partner finden sollten. Keiner wird Sie dafür verurteilen, *wie* Sie die Person kennengelernt haben; Ihr Umfeld wird zu sehr damit beschäftigt sein, sich mit Ihnen darüber zu freuen, *dass* Sie jemanden gefunden haben. Und solange Sie einfach nur zwanglos in der Gegend herumdaten, müssen Sie es ja ohnehin niemandem sagen. Also weg mit diesen selbstkasteienden Gedanken. Jede zweite Person auf der Straße hatte vermutlich schon mindestens ein Date mit einer Onlinebekanntschaft. Inzwischen ist es schon eher abnormal, sich dort nicht zumindest schon einmal umgesehen und ein paar Mal nach links und rechts gewischt zu haben. Sie können es beim ersten Mal auch gerne gemeinsam mit einer Freundin ausprobieren. Zu zweit wirkt der Prozess gleich deutlich legitimer als allein, denn dann ist es quasi ein gemeinsames Hobby. Oder begrenzen Sie Ihr Vorhaben auf eine bestimmte Zeit. Nehmen Sie sich vor, es einen Monat, drei Monate, ein Jahr lang auszuprobieren und zu sehen, ob dabei etwas herauskommt. Wenn nicht, haken Sie es als fehlgeschlagenes Experiment ab, das Ihnen zumindest viel Spaß und Unterhaltung in der Zeit beschert hat.

Dating Apps sind im Grunde ganz einfach eine Erweiterung Ihrer Möglichkeiten. Gerade in einem Alter jenseits der 30 (manchmal schon früher), wenn man arbeitsbedingt zwischen acht und zwölf oder noch mehr Stunden am Tag beschäftigt ist, kommt man nun mal nicht mehr ganz so oft raus wie früher, wodurch es nicht gerade einfacher wird, jemanden kennenzulernen. Durchs Internet können Sie »daten«, wann Sie wollen. Sie können sich Ihre Partnersuche ganz nach Ihrem eigenen Zeitplan einrichten. Egal, ob Sie um Mitternacht noch Profile durchklicken, in der Mittagspause Nachrichten verschicken oder wischen, wenn der Chef gerade mal nicht herschaut – sie müssen dank dem Internet nicht zur selben Zeit am selben Ort sein, um mit einer Person in Kontakt zu treten. Man liked, schreibt und antwortet eben dann, wenn es einem zeitlich gerade passt. Durch Dating Apps haben Sie außerdem die Chance, nicht nur generell mehr Leute zu treffen, sondern auch Leute, die Sie in Ihrem normalen Umfeld – selbst, wenn Sie oft unterwegs wären – niemals finden würden. Und wenn Sie kein Geld in eine richtig seriöse Dating-Plattform investieren wollen, die Ihnen trotz Ihrer Investition natürlich nicht garantieren kann, dass das Partnerangebot für Sie ansprechend sein wird, sind gratis Dating Apps eine praktische und zwanglosere Alternative.

Sehen Sie es so: Es ist eine Beschäftigung, die Ihnen die Langeweile vertreibt. Ein angenehmer Zeitvertreib, der zu spannenden Bekanntschaften führen kann, die nicht mal romantischer Natur sein müssen. Außerdem kommen Sie mal raus. Sie können sich ausleben. Sie können auf so viele Dates gehen, wie Sie wollen. Auch gerne einfach mal spontan entscheiden, sich mit jemandem zu treffen und einen lustigen Abend mit hoffentlich interessanten Gesprächen zu verbringen, statt wie immer gelangweilt in die Flimmerkiste zu starren. Dabei ist es egal, ob sich mehr ergibt oder nicht. Kein Zwang. Keine Erwartungen. Keine Enttäuschungen. Es geht einfach nur darum, Spaß zu haben. Und möglicherweise lernt man sogar neue Ansichten kennen, hört unterhaltsame Geschichten oder kommt dazu, über gemeinsame Interessen zu plaudern – vielleicht sogar über Themen, über welche man mit sonst niemandem quatschen kann.

In jedem Fall zeigt Ihnen die Welt der Dating Apps, dass Sie bei Weitem nicht der einzige Single in Ihrer Umgebung sind. Abgesehen davon gibt sie Ihnen mit jedem Like und Match Ihres Profils die Bestätigung, dass Sie nach wie vor begehrenswert sind. Online Dating lässt Sie Ihren Marktwert testen. Gerade als Single brauchen wir ab und zu die Gewissheit, dass wir als attraktiv empfunden, gemocht und gewollt werden. Eine App beweist Ihnen, dass Sie durchaus noch Möglichkeiten haben; Sie lernen, es geht noch, Sie haben's noch drauf! Und Sie brauchen nicht einmal große Angst davor zu haben, eine klassische Abfuhr zu kassieren; zumindest nicht im Hinblick auf Ihr Profil allein. Denn Ihnen wird nie angezeigt, welche Personen Sie in den digitalen Mülleimer befördert haben. Gedanken um Ihren Stolz müssen Sie sich diesbezüglich auch keine machen, denn wenn Sie jemanden liken, der Sie hingegen nicht liked, wird diese Person nie herausfinden, dass Sie überhaupt interessiert gewesen wären. Das Herzschmerz-Risiko beim Matching ist sozusagen gleich null; zumindest im Vergleich zu den Gefahren für das Ego, wenn man auf klassische Art jemanden kennenlernt, von dem man sehr schnell sehr genau mitbekommt, ob er einen mag oder nicht. Selbst wenn man sich mal ärgern sollte, weil man nichts mehr von einer Bekanntschaft hört, haben in der Zwischenzeit schon zahlreiche andere geschrieben, deren Interesse den kurzen Stich sogleich wieder in Vergessenheit geraten lässt.[108]

WESHALB DATING APPS PROBLEMATISCH SIND

Das Wichtigste am Online Dating ist die Zwanglosigkeit. Zu viele Hoffnungen führen in der Online-Dating-Welt genauso wie in der realen sehr, sehr, sehr häufig zu Enttäuschungen. Denn wie wahrscheinlich ist es denn wirklich, die eine Person, die absolut richtig für Sie ist, über eine auf Oberflächlichkeit basierende Handy App zu finden? Möglich, ja. Garantiert, nein.

Wenn Sie es selbst schon ausprobiert haben, erzähle ich Ihnen nichts Neues: Auf diesen Apps laufen teilweise unglaublich kranke Menschen rum. Von Männern, die sich als »Dom« bezeichnen, über welche, die über ihre Zucchini und Essiggurken zu reden anfangen oder Sie gleich fragen, ob Sie Lust auf eine Reitstunde haben, bis hin zu Frauen, die Männern einfach eine Adresse plus Stundensatz schicken oder einen Link zu einer Website, die nur so nach fragwürdigen Sexangeboten stinkt. Zwischen all den Gemüseliebhabern und Prostituierten frage ich mich schon wirklich, wie viele seriöse Menschen man eigentlich auf diesen Plattformen, den klassischen Handy-Apps, trifft.

Tinder, Badoo, Lovoo, das sind wohl die beliebtesten. Dazu kommen Once, Zoosk und noch unzählige andere Optionen. Meiner Erfahrung und der meiner Bekannten nach sind Apps mit dem Tinder-Prinzip nach wie vor die nützlichsten und nervensparendsten dieser gratis Plattformen, da man dort noch die besten Chancen hat, zwischendurch auch mal nette Menschen anzutreffen. Nicht zuletzt deshalb, weil die Ausgangslage vorteilhaft ist: Man kann einander erst anschreiben, wenn beide sich gegenseitig ein Like gegeben haben. So wird man nicht von unzähligen unerwünschten Nachrichten belästigt, sondern kommt wirklich erst dann in Kontakt, wenn beide Seiten bereits ihr Interesse aneinander bekundet haben. Doch auch das ist leider keine Qualitätsgewährleistung für neue Bekanntschaften. Letzten Endes sind die meisten gratis Apps ein Gebräu aus Idioten, zwischen denen man nach seriösen Kandidaten aktiv suchen muss; weil man eben nie weiß, wer die Apps für seine ausschließlich körperlichen Begierden ausnutzt und im Grunde zweckentfremdet. Eine solche App ist ausnahmslos immer oberflächlich und bis zu einem gewissen Grad auch unverlässlich. Man entscheidet rein nach dem Aussehen und den wenigen Details, welche der andere über sich in die Beschreibung stellt. Und der Schein kann gewaltig trügen.

Janina, 27, hat ihren jetzigen Partner über eine App kennengelernt. Aber es war nicht leicht und dauerte drei Jahre der Enttäuschungen und zu nichts führenden Dates. »Ich habe es als einfach empfunden, aber teilweise dann halt auch wieder als schwierig, weil das Angebot so groß und so umfassend war. Und weil du auch nur das siehst, was die Leute zeigen wollen. Und nach einem ersten Treffen hast du dir dann eigentlich gedacht: ›So, er schaut ganz anders aus‹; denn es sind superpraktische Fotos oder er hat nur die Hälfte

von dem, was er eigentlich wirklich mag, dort hineingeschrieben. Ich finde, die Leute inszenieren sich dort schon ganz schön. Aber ich glaube, da war ich auch keine Ausnahme. Es ist einfach eine Darstellungsplattform, und man muss dann wirklich aussortieren, was einen wirklich interessiert.«

Solche enttäuschten Erwartungen beginnen mit völlig banalen Hintergründen. Einmal habe ich jemanden kennengelernt, mit dem ich mich per SMS einfach großartig verstand; doch sobald ich zum ersten Mal mit ihm telefonierte und er mich mit seinem (um es so höflich wie möglich auszudrücken) seeeeeeeeeeeeehr ländlichen Dialekt überfiel, lief es mir eiskalt den Rücken runter! Ein anderes Mal wurde mir erst bei der Verabredung bewusst, wie gerne der Kerl Denglisch redete und dass er einen für mich untragbaren Mangel an Manieren hatte. Solche Kleinigkeiten fallen oft erst auf, wenn man die andere Person persönlich trifft oder zumindest mit ihr am Telefon spricht. SMS schreiben per Dating App ist schön und gut und unterhaltsam, aber es zeigt definitiv nicht alles, was eine Person sympathisch oder eben überraschend unsympathisch macht.

Das Ganze wird noch verkompliziert durch die Tatsache, dass Dating Apps ein reiner Fleischmarkt sind. Jeder ist auf der Suche, und jeder hat Hunderte von möglichen Matches. Aus diesem Grund wird sich ein Mann sicher nicht nur mit Ihnen unterhalten, weil Sie die eine Frau sind, die ihm so richtig gut gefällt. Er wird parallel mit einigen Frauen chatten. Schließlich werden Sie das ja auch tun und womöglich mit so vielen verschiedenen Männern zugleich schreiben, dass Sie bald den Überblick darüber verlieren, wem Sie eigentlich was erzählt haben.

Wenn man diesen Gedanken weiterführt, bedeutet das natürlich, dass man auch häufiger mal von einem Tag auf den nächsten nichts mehr von einem Mann hören wird. Die Gründe sind zu einem gewissen Grad schleierhaft. Aber wenn wir von unserem eigenen Verhalten ausgehen, können wir wohl mit ziemlicher Sicherheit annehmen, dass jemand, der erst begeistert von uns gewirkt hat und dann sehr plötzlich sein Interesse verliert, inzwischen jemanden kennengelernt hat, von dem er noch begeisterter ist. Oder dass er irgendetwas an uns entdeckt hat, was ihm doch nicht gefällt. Vielleicht haben wir auch etwas geschrieben, was für ihn ein rot blinkendes No-Go darstellt. Manchmal wird er sogar ehrlich sagen, wo das Problem liegt, aber meist werden wir einfach plötzlich nichts mehr von ihm hören. Auf diesen Apps ist jedermann wie jede Frau extrem schnell austauschbar, da immer jemand anderes im Hintergrund wartet; man löscht eine Person und fängt im selben Zug an, mit der nächsten zu schreiben. Daher ist definitiv Vorsicht geboten, mindestens bis zum ersten persönlichen Treffen – und das ist ein sehr großes »mindestens«. Wer weiß, mit wie vielen anderen der Typ zusätzlich zu Ihnen noch schreibt und ob er nicht sogar auf mehreren Plattformen zugleich aktiv ist. Bloß weil er sich mit Ihnen über Facebook angefreundet, Ihren Chat auf WhatsApp verlegt oder Sie bereits getroffen hat, bedeutet das noch lange nicht, dass er es ernst mit Ihnen meint oder Sie die Einzige sind, die ihn interessiert. Am Montag die eine zu treffen, am Dienstag die andere und am Mittwoch die Dritte ist kein Ausnahmeverhalten. Selbst, wenn Sie jemandem besonders gut gefallen, kann es trotzdem passieren, dass er erst in der darauffolgenden Woche wieder für Sie Zeit hat, weil er in den Tagen nach Ihrem Date bereits restlos ausgebucht ist. Sie sollten daher unbedingt emotional für alle schmerzhaften Szenarien gewappnet sein und auf keinen Fall zu viel von einer App erwarten.

Auf bezahlten Plattformen wie Parship haben Sie mit dieser Problematik weniger zu kämpfen; vermutlich, weil jemand, der mit 50 Frauen zugleich schreibt und alles zu vögeln versucht, was nicht bei 10 auf den Bäumen ist, wohl kaum Geld in seine Suche investieren wird. Dafür können Sie bei solchen Portalen möglicherweise mit dem umgekehrten Problem rechnen. »Die wollten immer gleich heiraten!«, klagt meine Bekannte, die monatelang von einem Parship-Date zum nächsten gehoppt ist, weil alle Kandidaten so fixiert auf eine feste Beziehung waren, dass sie viel zu früh viel zu ernst wurden. Irgendwie nachvollziehbar. Die Menschen, die dafür zahlen, jemanden online kennenzulernen, wünschen sich normalerweise schon wirklich etwas Ernsthaftes. Aber beim zweiten Date bereits Hals über Kopf verliebt zu sein und von einer gemeinsamen Zukunft zu sprechen hat schon ein gewisses Abschreckpotenzial – zumindest für Singles, die nicht einfach nur *eine* Beziehung wollen, sondern sich nur dann festlegen, wenn es auch die richtige ist.

Die gute Nachricht ist, dass bezahlte Dating Services oft die Möglichkeit bieten, sie (halbwegs) ohne Druck auszuprobieren. Wenn Sie neugierig sind, halten Sie Ausschau nach 1-Monat-gratis-Angeboten oder 14-Tage-Trials mit Rückrufrecht, welche Ihnen erlauben, die Plattform erst mal zu testen, statt naiv und blind Ihr schwer verdientes Geld darin zu versenken. Überzeugt Sie die Testphase, können Sie sich ja überlegen, für etwas Geld auszugeben, was Ihnen vielleicht den perfekten Partner beschert. Überzeugt Sie der Test nicht, lassen Sie es bleiben. Sie haben nichts zu verlieren, wenn Sie es einfach einmal gratis ausprobieren, um einen kleinen Einblick zu bekommen. Bezahlte Plattformen haben überdies den enormen Vorteil, dass man dort wesentlich mehr Informationen über die Kontaktperson bekommt als anhand einer Wisch-Wasch-App. Foto, Lebenslauf, ausführliche Beschreibung; dazu sind im Normalfall noch unzählige Fragen anhand eines ausführlichen psychologischen Fragebogens zu beantworten, um besseres Matching zu gewährleisten. Auf diese Weise hat man wenigstens ein richtiges Profil in der Hand und weiß deutlich mehr voneinander, als man von ein paar Fotos und einer 1-Satz-Beschreibung je erfahren kann – wodurch das Selektieren wesentlich einfacher und effizienter wird.

Allerdings muss ich für alle Formen des Online Datings noch eine gemeinsame Warnung aussprechen, derer Sie sich unbedingt bewusst sein sollten, wenn Sie sich dieser Welt nähern wollen. Beginnen wir mit folgenden Fragen: Sind Sie glücklich als Single?

Haben Sie den Singlefrust hinter sich gelassen, und sind Sie zufrieden mit Ihrem Leben? Wünscht sich ein Teil von Ihnen, irgendwann die große Liebe zu finden, während Gottseidank der Rest Ihres Ichs definitiv keinen Mann *braucht*, um glücklich zu sein? Dann gratuliere ich! Und zwar sehr herzlich! ABER seien Sie gewarnt: Sie gehen mit einer Dating App ein erwähnenswertes Risiko ein. Sobald Sie nämlich die Tür zum Online Dating öffnen, schwindet langsam das Ich-bin-eigentlich-gerne-single-und-brauche-keinen-Mann-Gefühl. Indem Sie aktiv versuchen, jemanden kennenzulernen, macht sich natürlich die Erwartung einer Partnerschaft in Ihnen breit. Sie sind von nun an schließlich dauernd mit Dating beschäftigt. Statt sich auf die schönen Seiten des Singleseins zu konzentrieren, sehen Sie sich Anwärter durch, gehen auf Treffen, kommunizieren via SMS mit diversen Kandidaten und befinden sich gedanklich immer eindeutiger auf der Beziehungsspur. Was kein Problem ist, wenn Sie so Ihren Traumpartner finden. Aber finden Sie ihn nicht, stehen Sie auf einmal wieder am Anfang und können von vorne damit beginnen, sich mit Ihrem Singleleben anzufreunden. Sie müssen schon ein wirklich zufriedener Single sein, um sich von Online-Dating-Enttäuschungen nicht unterkriegen zu lassen; um nach nervenzehrenden Chats und Dates wieder einen Schalter umlegen und das Singlesein, so wie vorher, uneingeschränkt genießen zu können.

Daher rate ich Ihnen: Wenn Sie das Gefühl haben, es ist einfach nichts Interessantes für Sie dabei, weil Ihre Dates zu nichts führen außer, im besten Fall, zu platonischen Gesprächen, legen Sie eine Pause ein. Am besten melden Sie sich ab und löschen die App komplett aus Ihrem Handy. Sie können sie ohnehin jederzeit wieder herunterladen und sich auch mit demselben Profil wieder anmelden, wenn Sie das später einmal möchten. Aber wenn man zu lange von einem neuen Bekannten zum nächsten und von einem ergebnislosen Date zum nächsten huscht, beginnt irgendwann fast unmerklich der Singlefrust, sich wieder einzuschleichen, den man vorher so erfolgreich losgeworden ist. Daher funktioniert das Dating-Spiel für mich persönlich am besten, wenn ich mir einmal im Jahr diesen Spaß mache und ein wenig auf den unterschiedlichen Plattformen unterwegs bin, so neue Leute kennenlerne und hier und da vielleicht auch mal ein zweites oder drittes Date entstehen kann. Aber nach spätestens drei Monaten drehe ich den Kasten wieder ab. Dann hatte ich ein paar Wochen lang Dating-Spaß, und das reicht mir zur Genüge. Nachdem aus keiner der Bekanntschaften mehr geworden ist – was mich ehrlich gesagt nicht mal mehr großartig enttäuscht, seit ich das Spiel von Anfang an nicht zu ernst nehme und keine naiven Erwartungen mehr habe –, kann ich mich wieder auf mich selbst konzentrieren. Auf mein Leben als Single mit all seinen wundervollen Vorzügen. Früher mal fiel mir das schwer. Heute geht es leicht. Eben deshalb, weil ich – auch wenn sich ein Teil von mir einen Partner wünschen mag – mein Singleleben in all seinen Facetten einfach liebe! Ich bin durchaus bereit, mich hin und wieder auf Apps umzusehen; dadurch bleibe ich offen dafür, den Traumpartner vielleicht doch noch mal zu finden. Aber ich versteife mich nicht darauf, denn ich muss ja nicht. Genau diese unbeschwerte Mentalität ist der Unterschied zwischen »Ich will unbedingt einen Mann, und wieso zum Teufel funktioniert das einfach nicht?!?!?!« und »Ich hätte zwar irgendwie gerne einen Mann, doch ohne geht es mir genauso gut – in mancher Hinsicht sogar besser. Ich habe nichts zu verlieren, ich bin in jedem Fall ein glücklicher Mensch.«

WIE MAN DATING APPS SINNVOLL NÜTZT

Folgender Ratschlag mag misstrauisch klingen, doch wenn Sie den wiederholten Stich ins Herz, der ja zu gar nichts anderem als Frust führen *kann*, vermeiden wollen, ist es meiner Erfahrung zufolge der einzig sinnvolle Weg: Gehen Sie extrem achtsam mit Ihren Emotionen um, wenn Sie sich auf gratis Dating Apps umsehen. Treten Sie den Männern, die Sie auf diese Weise kennenlernen, besonders vorsichtig gegenüber. Wie gesagt ist eine Dating App ein wahres Buffet von potenziellen Partnerinnen. Egal, ob der Mann ernste oder »flexible« Absichten hat – verlassen Sie sich nicht darauf, dass er sich nur für Sie interessiert. Die harte Wahrheit ist, dass Sie nur eine von vielen sind, die er jongliert. Was man ihm ja nicht mal verdenken kann; denn so funktionieren Dating Apps nun mal, und wir Frauen matchen ja auch nicht bloß einen einzigen Mann. Betrachten Sie das Ganze daher so emotional distanziert, wie es Ihnen möglich ist, und konzentrieren Sie sich rein auf den Spaßfaktor. Dadurch bleibt Ihnen viel Schmerz erspart. Wie ich heute weiß, ist es nämlich durchaus möglich, sich beim Online Dating zu engagieren und damit offen für die Liebe zu bleiben, ohne sich dem größten Frust und Kummer auszusetzen, wenn der Potenzielle sich dann doch als Frosch entpuppt. Es ist schwer vorstellbar, aber da ich es selbst erlebt habe, kann ich hier aus dem eigenen Nähkästchen plaudern. Natürlich wird es immer ein gewisses Herzschmerzrisiko geben; das gehen Sie automatisch ein, wenn Sie sich in der Männerwelt aktiv umsehen. Aber am ehesten erreichen Sie das Ziel »Dating mit Freude & Beziehungspotenzial, doch *ohne* Frust«, wenn Sie folgende Bedingungen beachten:

1) Sich nicht einschränken. Hat man eine Auswahl an Matches, kann man diese ruhig nutzen, statt sich auf einen einzigen Gesprächspartner zu konzentrieren. Gerade anfangs, wenn man sich erst in der Kennenlernphase befindet, ist das noch mehr als okay. Wieso sollten Sie den Kontakt mit anderen neuen Bekanntschaften abbrechen oder von vorneherein vermeiden, bloß weil Sie sich mit einer bestimmten Person besonders gut verstehen? Ich weiß, wie schnell man sich von jemandem begeistern lässt, mit dem die Konversation dahinfließt, als wäre man genau auf derselben Wellenlänge. Man denkt sich: »Das könnte der Richtige sein! So gut verstehe ich mich nie wieder mit jemandem.« Aber ich sage Ihnen was: Das ist Schwachsinn. Wahrscheinlich wird es keine zwei Wochen dauern, ehe der nächste daherkommt, mit dem Sie sich genauso gut verstehen. Ja, es gibt tatsächlich mehrere Männer in Ihrem 20-Kilometer-Umkreis, deren Humor (oder was auch immer der für Sie wichtigste Charakterzug einer anderen Person ist) sich mit Ihrem kreuzt. Abgesehen davon kann es schockierend schnell gehen, dass sich zu einem scheinbar perfekten Gespräch ein für Sie nicht tragbarer Faktor dazugesellt; dann werden Sie sich selbst in den Hintern treten, weil Sie für diese anfangs scheinbar ideal zu Ihnen passende Person andere Kandidaten ignoriert haben, die inzwischen wohl kaum mehr an Ihnen interessiert sein werden. Beim Online Dating wartet niemand herum. Jeder fährt auf mehreren Schienen zugleich, weil die meisten Bekanntschaften ohnehin irgendwann im Sand verlaufen. Somit ist auch jedem, der eine solche App nutzt, normalerweise bewusst, dass er nicht der einzige Gesprächspartner einer anderen Person sein wird. Und so, wie wir es den Männern nicht vorwerfen können, dass sie uns lediglich als eine Option von vielen sehen, so können sie es uns auch nicht vorhalten, mit einigen Männern zugleich in Kontakt zu stehen. Diese Offenheit kann Ihnen definitiv helfen, sich nicht zu schnell emotional an eine einzige Person zu binden. Schließlich haben Sie ja Back-up-Kandidaten, wenn das Gespräch mit einem Favoriten versiegt.

Ab wann sollten Sie wirklich den Kontakt mit anderen abbrechen? Nun, auf jeden Fall nicht, solange noch kein Treffen mit der Person stattgefunden hat, die Sie fasziniert. Eigentlich würde ich sogar sagen, Sie sollten jemanden mindestens dreimal gesehen haben, ehe Sie wirklich wissen, ob daraus mehr werden kann und Sie demnach andere Kandidaten sukzessive ins Aus schießen sollten. Klar, es kann auch schneller gehen. Deshalb rate ich Ihnen wieder mal, Ihrem Instinkt zu vertrauen. Haben Sie sich mit jemandem getroffen, der Sie schon beim ersten Date aus den Socken gehauen und Ihnen gehörige Schmetterlinge verpasst hat, dann hören Sie bitte, bitte, bitte auf Ihre weichen Knie und Ihren flauen Magen. Ihr Bauchgefühl sagt Ihnen, wie sehr Sie jemanden mögen, noch bevor Sie es selbst überhaupt realisiert haben. Das heißt im Klartext (und ja, ich weiß, das klingt kitschig und unglaubwürdig, aber das macht es nicht weniger wahr): Wenn plötzlich der Richtige vor Ihnen steht, werden Sie es wissen!

2) Ehrlich sein und aussortieren. Selbst, wenn man von einem Mann als herausstechend betrachtet wird und ihm ernsthaft gefällt, heißt das noch lange nicht, dass daraus etwas Ernsteres entstehen wird. Schließlich muss man einander ja erst richtig kennenlernen. Das bedeutet, dass jede einzelne Tatsache, die man übereinander erfährt, ein Dealbreaker sein kann und die Konversation von einer Sekunde zur nächsten im Nichts versinken könnte. Via Textnachrichten ist es ja ein Leichtes, ein Gespräch abzubrechen. Deshalb empfehle ich Ihnen, ehrlich zu sein. Seien Sie so ehrlich wie möglich, was Ihre Charaktereigenschaften und Interessen betrifft, und zwar von Anfang an. Einem Mann etwas vorzuspielen, damit er erst später herausfindet, was ihn an Ihnen stört, führt nur dazu, dass er eben erst dann die Reißleine zieht – wenn es Ihnen beiden bereits mehr wehtut. Ich war lange zögerlich, möglicherweise unakzeptable Informationen über mich preiszugeben, doch dann wurde mir klar, dass Ehrlichkeit gerade beim Online Dating extrem sinnvoll ist. Es liegen sowieso zahllose Männer auf der Lauer; wie soll man denn da den Richtigen finden, wenn man nicht gründlich aussortiert? Und das funktioniert am besten durch Ehrlichkeit. Mir ist es deutlich lieber, so früh wie möglich zu wissen, ob ihn etwas an mir grundlegend stören würde, was einem weiteren positiven Verlauf der Bekanntschaft im Weg stünde.

Um ein Beispiel zu nennen: Ich habe mich mit einer Chatbekanntschaft herrlich verstanden – gleicher Humor, gleich verrückte Ideen, optisch passte es auch, alles wirkte wunderbar. Und als er mich fragte, wie denn Mr Right für mich aussähe, war ich absolut ehrlich. Vor allem war es mir wichtig, zu erwähnen, dass mein Mr Right damit klarkommen muss, dass ich kein Fleisch anrühre. Das war für ihn ein Dealbreaker, und das Gespräch wurde sofort abgebrochen. War das angenehm? Natürlich nicht. Aber ich bin froh, dass es gleich am Anfang unserer Kommunikation geschehen ist, denn so war es nur für einen kurzen Moment unangenehm; mir wurde jeder spätere und damit intensivere Herzschmerz erspart, und ihm genauso. Umgekehrt gab es einmal eine ähnliche Situation, als ich jemanden kennenlernte, der mir erklärte, er habe einen Bauernhof. Dass er somit tagtäglich (um es so sachlich wie möglich auszudrücken) in die Produktion von Tierprodukten involviert war, stellte für mich einen nicht tragbaren Faktor dar. Ich wusste, ich könnte das, was für ihn das tägliche Brot war, nicht mit gutem Gewissen vertreten. Das sagte ich ihm ehrlich; ich erhielt von ihm vollstes Verständnis, woraufhin ich das Gespräch freundlich beendete. Diese Grundehrlichkeit ist schon sehr nützlich. Gerade am Anfang einer neuen Bekanntschaft, wenn gewisse Dinge deutlich leichter als Dealbreaker zu ertragen beziehungsweise zu verklickern sind als später. So etwas kann ja schon mit Kleinigkeiten beginnen, die vielleicht im Großen und Ganzen unwichtig erscheinen, aber dennoch früher oder später noch gewaltig stören können – zum Beispiel, ob der Größenunterschied zu extrem ist, ob die Musikgeschmäcker absolut unvereinbar sind, ob die Filmvorlieben nicht den geringsten Kompromiss zulassen oder eben, ob man ernährungstechnisch zu konträre Wege verfolgt.

Also, meine Damen: Legen Sie die Karten offen auf den Tisch. Sie werden sich selbst dafür noch dankbar sein. Seien Sie zumindest absolut ehrlich, was Ihre Interessen betrifft; vielleicht etwas vorsichtiger, was Ihre negativen Charaktereigenschaften angeht; und eher zurückhaltend, wenn es um Ihre Zukunftsvisionen geht. Denn anfangs ist es nicht nur einfacher und schmerzfreier, den Kontakt aufgrund einer inakzeptablen Charaktereigenschaft, Verhaltensweise oder Ansicht abzubrechen; es ist auch wahrscheinlicher, sich abschrecken zu lassen, und zu früh vergraulen wollen Sie Ihren Gesprächspartner ja auch wieder nicht. Aber ein gesundes Maß an Direkt- und Ehrlichkeit kann meiner Erfahrung nach mehr helfen als schaden. Das betrifft übrigens auch Ihre Fotos. Ich habe aufgehört, mitzuzählen, wie viele Männer sich bei mir darüber beklagt haben, dass Frauen extrem gut betonte, mit Weichzeichner oder sonstigen Witzen überarbeitete, besonders schmeichelhafte oder auch einfach nur alte Fotos von sich präsentierten – und sich dann beim tatsächlichen Treffen als ganz anders aussehend herausstellten. Sie wollen doch auch nicht von Quasimodo überrascht werden, wenn Sie Brad Pitt erwarten, oder? Das wollen Männer genauso wenig. Also verwenden Sie doch Fotos, die Sie zwar in einem einigermaßen guten Licht darstellen, die aber auch real sind und Sie nicht wie einen ganz anderen Menschen wirken lassen. Klar bekommen Sie mehr Dates ab, je schöner Ihre Bilder sind. Aber die Kerle verkriechen sich dann auch genauso schnell wieder; die wenden Ihnen ganz rasant den Rücken zu, sobald Sie einen Foto-Fake bemerken. Wenn Sie um Ihrer selbst willen gemocht werden wollen, seien Sie ehrlich. So können Sie in jedem Fall effizient ausmisten und alle Männer ausschließen, die später problematisch werden könnten.

3) Keine Hoffnungen machen. Von dem Moment an, in dem Sie nach rechts wischen und das Herzpochen auslösende »It's a Match« oder Äquivalent-Bild erscheint, denken Sie sich nichts weiter. Sie dürfen sich kurz freuen, das ist völlig in Ordnung und muss auch so sein. Schließlich ist dieser Erfolg versprechende Screen, der anzeigt, dass der andere nicht nur Ihnen gefällt, sondern dass auch er bei Ihrem Profil nach rechts gewischt hat, schon eine schöne Bestätigung an sich. Sie wissen, Sie gefallen ihm. Gut, das ist schön zu wissen und darf ruhig Ihr Selbstbewusstsein in die Höhe schnellen lassen. Aber dann belassen Sie's dabei. Auch wenn er mit Ihnen zu schreiben anfängt, unterlassen Sie jegliche Hoffnungen, Wünsche, Tagträumereien. Wie sagt man so schön? Wenn er zu gut erscheint, um wahr zu sein, dann ist er es wahrscheinlich auch. Gehen Sie es langsam an, und träumen Sie nicht zu früh von zu viel. Machen Sie sich bewusst, dass Sie noch nichts erwarten dürfen, dass sein Charakter vermutlich nicht so perfekt ist, wie er scheint, und dass Sie auf gar keinen Fall zu viel in seine Annäherungsversuche hineininterpretieren dürfen. Flirtet er mit Ihnen, ist das toll. Genießen Sie es kurz; und dann stecken Sie das eben von ihm Gesagte, das Sie in den Wolken tanzen lassen möchte, schnell in eine Schublade Ihrer Erinnerung und versperren sie ganz fest. Verschwenden Sie keinen weiteren Gedanken daran, wenigstens nicht für den jetzigen Augenblick. Schränken Sie Ihre Gedanken an ihn insofern ein, als Sie nur dann an ihn denken, wenn Sie wirklich gerade Kontakt haben – nicht davor, nicht danach, nicht dazwischen. Tagträumereien öffnen das Tor zur Hölle. Also sehen Sie diesen Kontakt als eine Person, mit der Sie sich gerne unterhalten und die Sie interessant finden, aber nichts weiter. Fürs Erste ist diese Unterhaltung nur eine von vielen, die parallel geführt werden, selbst wenn sie länger andauert oder besonders intensiv wirkt. Wenn Sie sich also bei scheinbar Erfolg versprechendem Kontakt dabei erwischen, wie Sie schon wieder zu träumen anfangen (zum Beispiel von Ihrem ersten Treffen oder, wenn dieses Treffen schon stattgefunden hat, vom ersten Kuss, vom Eltern-Kennenlernen oder sonst einer beziehungsartigen Zukunftsvision), dann hauen Sie sich aber schleunigst auf die Finger, hüpfen von Wolke 7 und kommen auf den Boden der Tatsachen zurück. Sie sind mit dieser Person nicht zusammen, nicht einmal annähernd. Und das werden Sie womöglich auch nie sein. Klar, das ist eine skeptische Ansichtsweise, das gebe ich zu, aber erstens ist sie wahr, und zweitens hilft sie enorm. Das Wissen – und das werden

Sie sich von Zeit zu Zeit selbst aktiv einreden müssen –, dass es sich bei Ihrer neuen Bekanntschaft um nichts weiter handelt als eben das, eine Bekanntschaft, kann eine große Stütze dabei sein, sich zwar emotional weit genug an ihn ranzutrauen, um ihm eine Chance zu geben, aber distanziert genug zu bleiben, um sich nicht gehörig die Finger zu verbrennen. Wenn Sie der Flamme gar nicht erst erlauben, sich zu entfalten, solange Sie die andere Person nicht zumindest schon persönlich getroffen haben (idealerweise mehrmals), kann die Situation gar nicht so heiß werden, dass Ihnen die Fingerchen verkohlen. Ihnen darf klar sein: Sie mögen ihn. Doch Ihnen muss auch klar sein: Würde der Kontakt von heute auf morgen abbrechen, wäre das zwar schade, aber es würde Ihnen nicht das Herz brechen.

Sie fragen sich jetzt vielleicht, ob Sie durch eine solche Haltung nicht möglicherweise ablehnend auf den anderen wirken und damit selbst den Bruch der gerade erst aufkeimenden Bekanntschaft heraufbeschwören könnten. Nun, das kommt darauf an, ob Sie ihm Ihre Distanz zeigen oder nicht. Sie sollen sich natürlich nicht wie ein Stein verhalten, der distanziert und unterkühlt rüberkommt. Im Gegenteil. Sie sollen äußerlich freundlich, offen und interessiert wirken, denn andernfalls werden Sie kaum sein Interesse wecken. Auch innerlich dürfen Sie offen für alle Möglichkeiten sein; einschließlich der Möglichkeit, dass aus der Bekanntschaft mehr entstehen könnte. Aber Sie sollten weder erwarten noch erhoffen, dass daraus mehr werden wird. Seien Sie sich der Tatsache bewusst, dass dieses Glück zwar *möglich*, aber alles andere als *garantiert* ist. Es geht bei dieser Herangehensweise auch nicht darum, eine Maske aufzusetzen und ihm etwas vorzuspielen. Es geht darum, durchaus Ihre wahren Gefühle zu zeigen, aber sie eben aus Selbstschutzgründen zeitlich zu limitieren – das heißt, sie in den Momenten zuzulassen und auch zu zeigen, in welchen er aktiv in Ihrem Leben präsent ist, und sie in der übrigen Zeit abzudrehen.

Ich sehe es als distanziertes Kennenlernen mit Potenzial für mehr, jedoch ohne naive Erwartungen. Ich habe eine, sage ich mal, gesunde Skepsis; aber die behalte ich für mich. Ich zeige ihm ja nicht, dass ich mir keine großen Hoffnungen mache, was ihn betrifft, denn ich möchte ihn ja nicht verschrecken. Ihm zeige ich nur, dass er mir sympathisch ist und ich ihn gern näher kennenlernen würde. Damit bin ich in letzter Zeit sehr gut gefahren. Bei einer meiner Bekanntschaften war ich so offen, lebenslustig, kommunikativ und emotional erreichbar, dass er nie auf die Idee gekommen wäre, dass ich mich emotional noch zurückhalte. Zumindest hat sein Verhalten definitiv nie den Anschein gehabt, dass er meine Zurückhaltung auch nur im Entferntesten bemerkt hätte. Tatsächlich war es genau umgekehrt. Eines Tages kamen wir auf dieses Thema zu sprechen, und ich sah eine passende Möglichkeit, ihm relativ direkt zu sagen, dass ich ein skeptischer, vorsichtiger Mensch bin, der sich nicht zu früh über etwas freut, was sich in alle Richtungen entwickeln könnte. Er zeigte sich sehr überrascht, denn diesen Eindruck hatte ich ihm bisher nicht vermittelt. Warum? Ganz einfach. Diese Skepsis, die emotionale Vorsicht, beeinflusst nicht die Kommunikation; sie betrifft nur das, was im eigenen Hirn vorgeht. So wird der andere nichts davon mitbekommen.

Ich sage absichtlich Hirn, nicht Herz, weil das Hirn das Herz (im Widerspruch zu dem, was uns so oft erzählt wird) sehr wohl davon abhalten kann, sich in jemanden zu verlieben. Das ist tatsächlich möglich. Man muss sich nur klar genug darüber sein, dass man auf keinen Fall zu viel erwarten darf. Funktioniert das immer und bei jedem? Nein. Es ist kein sicheres Anti-Herzensbruch-Rezept. Außerdem ist es ein Seiltanz, den Sie sehr behutsam angehen müssen, um nicht auf der einen Seite (indem Sie sich zu sehr verschließen) oder auf der anderen Seite (indem Sie sich zu früh zu sehr öffnen) in die Tiefe zu stürzen. Auch bedeutet die erfolgreiche Anwendung dieses Rezepts nicht, dass Sie keinerlei schmerzliches Gefühl verspüren werden, wenn Sie eines Tages plötzlich nichts mehr von ihm hören oder langsam den Eindruck bekommen, dass sein Interesse schwindet. Oder wenn Ihnen klar wird, dass er in

Wirklichkeit nicht an einer ernsthaften Beziehung interessiert ist. Eines lässt sich nicht abstreiten: Was auch immer der Grund dafür ist, dass sich aus einem Kontakt, von dem Sie anfangs begeistert waren, nichts Romantisches entwickelt – so etwas wird Sie immer in gewissem Maße kränken oder zumindest enttäuschen, das lässt sich nie komplett verhindern. Aber der Unterschied zwischen Sich-mit-offenem-Herzen-von-Anfang-an-voll-darauf-einlassen und Das-Ganze-mit-Vorsicht-angehen-denn-wer-weiß kann den Unterschied zwischen wochenlangem und zweistündigem Frust ausmachen. Es ist Übungssache und selbstverständlich auch eine Charakterfrage. Aber wenn Sie es versuchen, werden Sie sehen: Irgendwann haben Sie es immer besser im Griff, sich genau so weit zu öffnen, dass sich aus einer Bekanntschaft mehr entwickeln kann, aber nicht so sehr, dass Sie im Falle des Scheiterns (damit meine ich das Scheitern bevor überhaupt eine Beziehung zustande gekommen ist) am Boden zerstört wären. Es ist ein gewisses »Wurschtigkeitsgefühl«, das Sie sich mit der Zeit aneignen werden; das heißt, Sie werden offen für eine positive Entwicklung sein, aber genauso fähig, eine negative leicht wegzustecken. Weil Sie nicht davon ausgehen, dass jede neue Bekanntschaft gleich eine Beziehung wird; weil Sie Ihr Herz verschonen wollen; und weil Sie ja auch ohne Mann absolut glücklich sein können.

Hatten Sie bereits ein Date, ändern sich allerdings die Regeln; denn dann ist es nicht mehr ganz so leicht, sich emotional zurückzuhalten, und ab einem gewissen Zeitpunkt ist es auch nicht mehr empfehlenswert. Meiner eigenen Erfahrung zufolge behaupte ich, dass drei Dates nötig sind, um wirklich realistisch einschätzen zu können, ob sich aus der Bekanntschaft eine Beziehung entwickeln könnte. Alles darunter ist noch nicht besonders aussagekräftig. Sie wissen weder, ob der Mann auf das Resultat seiner Spätestens-beim-dritten-Date-Sex-sonst-verschwinde-ich-Regel wartet, ehe er sich für oder gegen Sie entscheidet; noch wissen Sie, ob Ihnen der Gesprächsstoff nicht schon bald ausgehen wird, ob er nicht inzwischen eine bessere Kandidatin trifft oder ob er nicht vielleicht ein echt unheimlich miserabler Küsser ist (Vorsicht: Selbst, wenn er sich schon beim ersten oder zweiten Date traut, Sie zu küssen, heißt das noch nicht viel; denn Küsser sind erfahrungsgemäß erst mal noch recht zögerlich und offenbaren erst beim zweiten Versuch, wie herrlich oder grauenerregend sich ein Kuss von ihnen zukünftig anfühlen wird). Aber nach drei Dates gibt es im Normalfall, zumindest die Gefühle und das generelle Verhalten betreffend, keine großartigen, Ihre Welt plötzlich komplett auf den Kopf stellenden Enthüllungen mehr. Hinsichtlich seiner Vergangenheit, Zukunftsvisionen und unscheinbareren Charakterzüge werden gewiss noch Überraschungen auf Sie warten; schließlich kennen Sie ihn ja noch nicht annähernd lange genug, um alles über ihn zu wissen. Aber zu diesem Zeitpunkt sollten Sie zumindest ein ziemlich sicheres Gefühl dafür haben, ob er verliebt ist oder nicht und ob realistisches Beziehungspotenzial vorhanden ist.

Den Stand seiner Gefühle erfahren Sie idealerweise bereits während des dritten Dates; sonst aber Minuten danach oder spätestens einen Tag später. Erhalten Sie eine sehr positiv gestimmte SMS, die Ihnen zu verstehen gibt, dass er Sie am liebsten so schnell wie möglich wiedersehen würde, ist seine Einstellung zu Ihnen eigentlich klar. Was Ihre Gefühle betrifft, werden Sie zu diesem Zeitpunkt normalerweise auch wissen, ob der Kerl Sie verzaubert hat oder nicht. Hat er das nicht (Tipp: Ist es Ihnen eigentlich relativ egal, ob/wann Sie ihn wiedersehen, auch wenn Sie sich gut verstanden haben?), dann ist die Ausgangssituation nicht gerade berauschend, und Sie sollten sich ernsthaft überlegen, ob Sie ihn noch einmal sehen wollen. Doch können Sie es kaum erwarten, dass das Handy klingelt oder Sie ihn wiedersehen, ja spüren Sie vielleicht sogar die ersten Schmetterlinge im Bauch oder ertappen sich dabei, wie Sie immer wieder an den Verlauf des Dates denken, dann hat er Sie offensichtlich genug beeindruckt, um zu einem ernsthaften Beziehungskandidaten zu werden. So entwickeln sich nun folgende Szenarien:

a) Sind beide nicht überzeugt, wird der Kontakt ohnehin abrupt abbrechen, und wahrscheinlich hören Sie nach dem Date nie wieder voneinander. Simpel, unproblematisch und daher sehr einfach abzuhaken.

b) Decken sich die Gefühle nicht, wird der Kontakt auch bald im Sand verlaufen, weil einer von Ihnen immer weniger enthusiastisch oder gar nicht mehr zurückschreiben wird. Natürlich versetzt es dem Begeisterten erst mal einen Stich, wenn der nicht zu Begeisternde plötzlich kein Interesse mehr zeigt. Aber wissen Sie, was in einem solchen Moment hilft? Einfach das Dating-Rädchen weiterdrehen und in die nächste Wisch-links-wisch-rechts-Runde gehen. Der nächste Kandidat, mit dem Sie ein »Match« finden, kommt bestimmt – manchmal sogar innerhalb weniger Sekunden.

c) Wenn sich die Gefühle im positiven Sinn überschneiden, haben Sie eine ernst zu nehmende Basis für den weiteren Verlauf der Bekanntschaft. Ab diesem Zeitpunkt ist es auch nicht mehr sinnvoll, sich mit Ihren Gefühlen zurückzuhalten. Einerseits, weil Sie nicht das Risiko eingehen wollen, ihm den Eindruck zu vermitteln, Sie würden seine Gefühle nicht erwidern, da ihn das verständlicherweise verschrecken könnte; andererseits, weil Sie nur dann eine echte Chance auf die große Liebe haben, wenn Sie Ihr Herz öffnen. Und zwar mit allem, was dazugehört. Das bedeutet leider, dass Sie sich ab diesem Moment mehr als nur verwundbar machen. Doch wenn Sie bereits an den Punkt gelangt sind, an dem Sie beide ständig aneinander denken und sich gegenseitig jedes Mal so rasch wie möglich wiedersehen wollen, dann ist es meiner Ansicht nach das Risiko wert; denn vielleicht haben Sie ja tatsächlich Ihren Traummann kennengelernt.

4) Locker bleiben und aus allem etwas machen. Jedes noch so enttäuschende Date kann Ihnen etwas Positives bringen. Sei es, dass Sie einfach nur einen lustigen Abend haben, dass Sie etwas Neues lernen oder dass Sie beim nächsten Date eine witzige Anekdote erzählen können. Egal, ob Ihnen der Typ gefällt und sympathisch ist oder nicht, ob Sie sich etwas anderes vorgestellt haben als er, oder ob es einfach nur nicht klickt. Irgendetwas können Sie immer rausholen. Der Spaß des Online Datings muss ja nicht ausnahmslos romantischer Natur sein. Ich habe mich auch mit Männern getroffen, zu denen ich mich nicht annähernd hingezogen fühlte, aber die mir dennoch sympathisch waren. Einmal habe ich beispielsweise stundenlang mit einem Kerl über ein geteiltes Interesse gequatscht, über welches sonst kaum jemand mit mir redet. Es war von Anfang an klar, dass es zwischen uns nichts als reine Freundschaft gab, doch das war vollkommen egal. Es war eines der interessantesten Treffen, die ich in meiner Dating-App-Karriere erlebt habe, weil ich mit ihm etwas gemeinsam hatte, was mich mit sonst niemandem, den ich kannte, verband. Wir haben uns nach diesem einen Treffen zwar nicht mehr gesehen; denn eine einzige Gemeinsamkeit ist schließlich auch nicht genug für eine richtige Freundschaft mit jemandem, den man kaum kennt. Aber dieses eine Mal machte mir wirklich Spaß. Es war spannend, unterhaltsam und vor allem zwanglos. Genauso habe ich mich mit Männern getroffen, die ich zwar in mehr als freundschaftlicher Hinsicht von den Fotos und Nachrichten her anziehend fand, bei denen mir aber ebenfalls nach 10 Sekunden klar war, dass hier nichts weiter passieren würde. Machte überhaupt nichts. Wir haben trotzdem den Abend zusammen verbracht, einmal sogar im Kreis seiner Freunde (fragen Sie mich bitte nicht, was mich an dem Tag geschaukelt hat, als ich einwilligte, mich zum ersten Mal mit einem Typen im Kreis *seiner* Freunde zu treffen), und es war ein wirklich amüsanter Abend, einschließlich 3-Stop-Barhopping. Ein anderes Mal ist es mir passiert, dass ich mich tagelang herrlich mit jemandem unterhalten habe, bis er mir erklärt hat, dass er eigentlich nicht als Single zu haben ist – sondern nur als polyamouröse Mehrpersonenpartie. Da schluckt man auch mal. Aber anschließend (obwohl ich bereits wusste, dass das für mich nicht infrage käme und ich deshalb bloß an einer Freundschaft interessiert sein könnte) hatte ich mit ihm eine faszinierende

Unterhaltung über seine Ansichten und bekam Einblicke in eine Welt, die ich sonst nur von schlechten Reality Shows kannte. Ein Date kann, auch wenn nicht romantisch, zumindest unterhaltsam und/oder lehrreich sein. Aus jeder Erfahrung, jedem Treffen, jedem Gespräch, jedem Kontakt kann man etwas lernen; oder man kann zumindest eine angenehme Zeit mit jemandem verbringen, der vielleicht nicht in den typischen Freundes- und Bekanntenkreis passen würde. Das kann äußerst lohnend sein, auch wenn sich daraus keine Beziehung entwickeln mag. Ich denke, diese Mentalität ist eine deutlich bessere Voraussetzung fürs Online Dating als die Schwarz-Weiß-Ansichtsweise; statt in einer »entweder oder«, einer »ganz oder gar nicht«-Welt zu leben, können Sie doch offen sein für alles, was auf Sie zukommt. Sie glauben gar nicht, wie erfüllend auch eine rein platonische neue Bekanntschaft sein kann, selbst wenn sie nur einen Abend lang andauert. Abgesehen davon ist diese Einstellung ziemlich nützlich, wenn man versuchen will, generell nicht zu viel von der Online-Dating-Welt zu erwarten.

Fazit: Wenn Sie es hinkriegen, Online Dating nicht überaus ernst zu nehmen – was zugegebenermaßen eher mit gratis Apps funktionieren wird als mit Sites, für deren Benutzung Sie Ihr Geld investieren müssen –, kann es durchaus Spaß machen und vielleicht sogar zum Erfolg führen. Ich kenne mehrere Pärchen, die einander durch Wisch-links-wisch-rechts-Apps kennen- und lieben gelernt haben, eines davon inzwischen verlobt und eines verheiratet. Dadurch weiß ich, dass es durchaus eine legitime Art ist, den Partner fürs Leben zu treffen. Aber ich denke, der Schlüssel dazu beruht darauf, nicht mit voller Kraft nach dem einen zu suchen, wie verrückt die Fotos der Kandidaten zu durchkämmen und bei viel zu vielen nach rechts zu wischen, nur weil man sich nach Kameradschaft sehnt. Wischen Sie bei denen in die richtige Richtung, die einen wirklich guten Eindruck auf Sie machen. Schreiben Sie ein Weilchen, um ein besseres Gefühl für den anderen zu bekommen. Wenn Sie bereit dafür sind und der andere ein Treffen vorschlägt, brauchen

Sie keine Skrupel zu haben. Sagen Sie einfach: »Ja!« Lassen Sie sich auf das Abenteuer ein. Denn das ist es. Und nichts weiter. Sehen Sie es nicht als ein »Date«, das mit Hoffnungen, Erwartungen, schrecklichen Ängsten und folglich Anspannungen verbunden ist. Sehen Sie es einfach als zwangloses Kennenlernen. Als simples Treffen mit jemandem, der Ihnen sympathisch ist und mit dem sich auch bloß eine Freundschaft entwickeln könnte. Oder mehr. Oder weniger. Ganz egal. Wenn Ihnen klar wird, dass dieser Kerl nicht derjenige ist, mit dem Sie sich in Zukunft Händchen haltend über den Strand spazieren sehen, dann haben Sie im schlimmsten Fall ein paar Stunden Ihrer Freizeit geopfert. Und wenn es tatsächlich ein Date des absoluten Grauens werden sollte, können Sie ja immer noch Ihre Tante von einer Leiter stürzen lassen.

WELCHE NO-GOS FRAU BEIM DATING BEACHTEN SOLLTE

Es gibt unzählige Ratgeber, die Ihnen in allen Details erklären, wie Sie sich beim Dating verhalten sollten. Wenn Sie also ausführlichere, wissenschaftlichere und erprobtere Tipps brauchen, rate ich Ihnen, sich im nächsten Buchladen zu verkriechen oder in aller Ruhe das Internet nach für Sie sinnvollen Websites, Blogs und Videos zu durchstöbern. Ich habe mich hier auf ein paar praktische Tipps beschränkt, die mir von den Männern in meinem eigenen Bekanntenkreis (Alter 20–45) nahegelegt wurden. Sie decken nicht einmal annähernd alles ab, was es zu diesem Thema zu sagen gäbe. Auch wird nicht jede Aussage auf alle Männer dieser Welt zutreffen. Dafür kann ich Ihnen garantieren, dass die folgenden Bitten beziehungsweise Klagen direkt von männlichen Singles diverser Altersklassen kommen und auf ihren eigenen bisherigen Erfahrungen mit der Frauenwelt beruhen:

Männer wollen wissen, worauf sie sich einlassen. Speziell beim Online Dating kann man sich ja nie sicher sein, ob die Person, mit der man gerade kommuniziert, wirklich ein Supermodel oder eher ein alter Knacker in einer Ich-hab-mich-lieb-Weste ist. So geht es Frauen wie Männern; keiner möchte den absoluten Traumpartner erwarten und dann von Shrek begrüßt werden. Doch das kommt leider viel öfter vor, als man denkt; weil sich jede Person auf einer Dating App genau so präsentieren kann, wie sie möchte – unabhängig davon, wie ehrlich diese Darstellung ist. Dadurch ergibt sich, vor allem hinsichtlich der Fotos eines Dating App Profils, einiges an Problempotenzial.

So blöd es auch klingt: Grundsätzlich ist es schon einmal ein ganz guter Start, sich selbst auf seinem eigenen Profilfoto zu zeigen. Christoph, Ende 20, erklärt: »Was überhaupt nicht geht – kommt auch oft genug vor –, ist, dass da ein, zwei Fotos sind, sie aber gar nicht drauf ist. Da sieht man vielleicht einmal die Füße am Strand und einmal die Katze in der Wohnung. Da denke ich mir: ›Dann gehe ich nicht auf ein fotobasiertes Onlineportal, wenn ich nur die Füße oder die Katze [zeige].‹« Ähnlich sieht es mit Snapchat-Filtern aus. So wischt sich ein Mann oftmals durch eine Reihe von Fotos, auf welchen eine Hundeschnute oder ein Blumenkranz Teile des weiblichen Gesichts verdeckt, sodass er im Endeffekt gerade mal die Augen des Mädels gesehen hat. Auf Rätselraten haben Männer auch insofern selten Lust, als sie Gruppenfotos nicht ausstehen können. Wenn jedes einzelne Bild mehrere Personen zeigt und er erst Detektiv spielen muss, um herauszufinden, um welche Frau es denn überhaupt geht, verliert er schnell das Interesse. Ein weiterer Faktor, der Männer eher verwirrt als fasziniert, sind Bilder, die Frauen mit einem Mann zeigen, der definitiv nicht ihr Bruder ist. Da fragt man(n) sich schon, was einem die Frau denn damit sagen will. Ist das ihr Ex-Freund? Ihr Freundschaft-Plus-Freund? Auch wenn der abgebildete Mann ein vollkommen harmloser platonischer Bekannter ist, wird er einen fremden Kerl, der das Profil durchklickt, stutzig und skeptisch machen. Übrigens: An dieser Stelle, da es schon um Fotos geht, sollte ich vielleicht auch erwähnen, dass extrem freizügig präsentierte Frauen tendenziell eher für einen One-Night-Stand in die engere Wahl kommen; als Beziehungskandidatin werden sie von vielen Männern von Anfang an nicht sonderlich ernst genommen (doch dazu mehr im nächsten Abschnitt, »Was der Look über die Absichten und Erfolgschancen verrät«).

Grundsätzlich gilt die Regel: Bitte so realistisch wie möglich! Wenn eine Frau beim Date völlig anders aussieht als auf den vorteilhaften Fotos, sind die Männer nicht begeistert. Das kommt, laut all meinen Bekannten, die je auf Dating-Plattformen aktiv waren, nämlich alles andere als selten vor. Tatsächlich ist das immer der erste Punkt, der an den Frauen auf Dating Apps bemängelt wird. Wenn Sie sich nur von Ihrer allerbesten, im Idealwinkel aufgenommenen, vielleicht auch noch weichgezeichneten Seite zeigen, sind

Sie nicht ehrlich. Wählen Sie daher möglichst aktuelle Fotos, die Sie so zeigen, wie Sie jetzt aussehen – zumindest bis zu dem Maß an Realität, das für Sie noch vertretbar ist. Keiner verlangt, dass Sie Fotos von Bauch, Beine, Po online stellen und sie mit »Problemzone A, B, C« beschriften. Sie müssen sich mit Ihren Fotos selbstverständlich wohlfühlen. Aber präsentieren Sie dem Mann kein Bild von sich, das nicht der aktuellen und alltäglichen Wahrheit entspricht. Das können Männer nicht ausstehen, und zwar ganz egal, in welcher Altersklasse. Selbst meiner Bekannten um die 50 wurde von zahlreichen Bekanntschaften beim persönlichen Treffen Dank und Erleichterung beziehungsweise Lob dafür ausgesprochen, dass sie genau so aussah wie auf ihren Fotos; weil die Männer solche Ehrlichkeit, was die Bilder angeht, nicht gewohnt waren. Sie hatte sich von ihrer Freundin im letzten, höchstens ein paar Monate zurückliegenden Urlaub fotografieren lassen und diese zwar nicht absichtlich benachteiligenden, aber auch nicht perfektionierten Bilder in ihr Profil gestellt. Einen guten Mix außerdem: Einmal eleganter, einmal beim Sport oder anderen Hobbys, einmal ganz normal ohne großartige Aufmachung. So gab sie den Männern einen authentischen Eindruck davon, wie sie in welcher Situation aussieht, und ein Gefühl für ihre Interessen bekamen sie auch gleich. Realismus ist hier wohl der passende Begriff. Bleiben Sie realistisch. Das heißt ganz einfach: Präsentieren Sie sich so, wie Sie sind.

Es hilft übrigens auch, wenn unter Ihrem Foto mehr steht als bloß Ihr Name und Alter. Geben Sie ein wenig Information über sich preis, vielleicht auch einen lustigen Spruch oder zumindest irgendetwas, was dem anderen mehr als »sie ist blond mit braunen Augen und hat eine Katze« über Sie verrät.

Männer wollen Initiative, aber keine Verzweiflung. Männer freuen sich, wenn sie angesprochen oder angeschrieben werden. Man muss nicht immer darauf warten, vom Mann zuerst etwas zu hören. Zwar sollte frau sich auf einer Dating App schon etwas Originelleres als »Hey« oder »Hey wie geht's?« einfallen lassen, aber grundsätzlich darf sie sich ruhig etwas trauen. Wenn der Mann immer die Initiative zum Simsen ergreifen muss, fühlt er sich sehr schnell ungewollt. Einseitige Kommunikation wirkt für ihn, als wäre er als Einziger interessiert. Sie können sich vorstellen, wie unangenehm eine solche Erkenntnis ist, auch wenn sie bloß aufgrund eines Missverständnisses beziehungsweise reiner Schüchternheit entsteht.

Ganz so simpel ist das Thema Chatten, Simsen und WhatsAppen jedoch auch wieder nicht. Initiative und dadurch Interesse zeigen, ja. Unbedingt. Aber bitte nicht zu viel, zu schnell oder zu intensiv. Männer sind bald mal von Frauen genervt, die verzweifelt wirken oder einfach nur lästig sind, indem sie zu oft schreiben und zu schnell antworten. Gut, das mag subjektiv betrachtet für jede Person ein wenig anders sein. Die einen freuen sich, wenn sie das Gefühl haben, sie seien für den Gesprächspartner die Priorität. Die anderen legen die Stirn in Falten, wenn sie den Eindruck bekommen, die Frau wartet nur zu Hause, Augen aufs Handy fixiert, bis die nächste Nachricht des Mannes eintrudelt. Leider kann frau nie genau wissen, in welche Spalte der jeweilige Kontakt gerade fällt. Daher versuche ich persönlich, mich den Herren der Schöpfung anzupassen. Schreibt er schnell zurück, schreibe ich auch gern schnell zurück. Lässt er sich stundenlang Zeit, tue ich das auch – mit Maß und Ziel natürlich. Es soll kein Wer-hält-es-länger-aus-nicht-zu-schreiben-Spielchen daraus werden; dafür sind wir definitiv zu alt und zu reif. Aber ich möchte dem anderen auch nicht vermitteln, dass ich mehr an meinem Handy hänge als er an seinem. Genauso wenig möchte ich ihm das Gefühl geben, ich sei weniger interessiert als er, indem ich mir beim Antworten deutlich länger Zeit lasse, als er es tut. Falls Sie sich schwertun, diesbezüglich die richtige Balance zu finden, und eine Regel brauchen, die Sie befolgen wollen, würde ich sagen: Höchstens in 30- bis 60-Minuten-Takten schreiben, oder (so mache ich es inzwischen eigentlich meistens) ganz einfach situationsbedingt; also völlig zwanglos, ohne sich überhaupt Gedanken darüber zu machen. Habe ich das Handy ohnehin gerade neben mir liegen und kurz Zeit, die SMS zu lesen, kann ich auch gleich antworten. Dafür kann es dann auch mal vorkommen, dass man erst später am Tag wieder etwas von mir hört, wenn ich bis dahin anderweitig beschäftigt bin.

Es ist ja alles leichter gesagt als getan, dennoch bleibt der Ratschlag derselbe. Bombardieren Sie ihn nicht mit SMS, sodass er sich attackiert vorkommt. Aber lassen Sie ihn schon wissen, dass Sie gern mit ihm quatschen. Hier hilft vielleicht auch folgender Vorschlag: Schreiben Sie nur dann, wenn die letzte SMS von ihm gekommen ist oder wenn die letzte SMS zwar von Ihnen kam, aber schon einen Tag zurückliegt und keine Antwort erforderte. Das heißt, schreiben Sie nicht ohne Grund. Entweder antworten Sie auf seine Nachricht, oder Sie beginnen eine neue Konversation, weil die vorherige abgeschlossen war. Doch wenn Ihre letzte SMS schon eine Frage beinhaltete und er trotzdem nicht antwortet, schießen Sie keine neue nach. Wenn er nicht reagiert, dann hat er seine Gründe. Entweder meldet er sich später, oder er hat bereits die Nase voll. In beiden Fällen wirkt es eher verzweifelt oder aggressiv als liebenswert, wenn Sie ihn SMS-terrorisieren.

Dasselbe gilt beim persönlichen Treffen. Am besten reden Sie nicht zu viel und auch nicht zu wenig; dominieren Sie nicht das Gespräch, doch halten Sie sich auch nicht allzu sehr zurück. Ja, Männer scherzen gern darüber, dass Frauen nie die Klappe halten können. Aber den Mann die Konversation führen zu lassen, während man sich vor Schüchternheit oder aus sonstigen Gründen kaum einbringt, macht auch nicht unbedingt den besten Eindruck. Marcel, 25, schlägt vor: »Reden, ein bisschen frech sein, dass einfach ein Gespräch zustande kommt. … Wenn man merkt, da ist ein Charakter da, mit dem man auch Spaß haben kann, hilft das gewaltig. Wenn nichts retour kommt, wenn man mit jemandem redet, ist das nicht unbedingt hilfreich.«

Männer wollen keine Suderantinnen. Wenn eine Frau ständig nur jammert, über Gott und die Welt und den Mann und sich selbst, kommt das nicht gut an. Die Uni nervt, die Arbeit ist anstrengend, der Chef ist unfair, alles ist blöd, und alles ist scheiße. Essen dürfen wir das und das und das nicht, weil wir sonst zunehmen könnten, denn wir sind ja jetzt schon fett und hässlich. Und ihm vertrauen wir sowieso nicht, denn er wird sich ohnehin irgendwann nicht mehr melden, so wie alle anderen auch.

Grundsätzlich wollen Männer zwar keine arroganten Gesprächspartnerinnen, aber ein gesundes Maß an Selbstbewusstsein und Optimismus erhoffen sie sich schon vom weiblichen Geschlecht. Wenn frau dem Mann beispielsweise stets zu verstehen gibt, dass sie ohnehin nicht an Männer glaubt, dass er sie sowieso bald sitzen lassen wird, dass er es eh nicht ernst meint – dann ist das vonseiten der Frau ein verzweifelter Versuch, von ihm die Bestätigung zu erhalten, dass ihre Befürchtungen *nicht* eintreten werden. Aber das Einzige, was sie damit erreicht, ist, dass der Mann das Interesse verliert und ihre Ängste sich erst recht realisieren.

Gerade heutzutage neigen wir viel zu häufig dazu, uns über irgendetwas zu beklagen. Nichts ist gut genug. Es gibt immer etwas, was gerade nicht passt. Oder wir fürchten uns davor, dass es bald etwas geben könnte, was nicht passt. Statt uns auf das zu konzentrieren, was in unserem Leben super läuft, legen wir unseren Fokus auf das, was uns gerade gar nicht freut. Eigentlich nicht überraschend, dass man mit einer so pessimistischen Ausstrahlung unsympathisch, wenn nicht sogar abstoßend auf andere wirkt. Denn Männer wollen positive, lebensfrohe Frauen – keine, die alles infrage stellen und eine grundpessimistische Einstellung an den Tag legen. Und schon gar keine, die mit negativen Aussagen Druck auf sie ausüben.

Männer wollen dem Handy vorgezogen werden. Bei einem Date ständig die Augen aufs Handy gerichtet zu haben, während sich der andere eigentlich mit einem unterhalten möchte, kommt nicht annähernd gut an. Man sollte eigentlich davon ausgehen, dass das jedem bewusst ist und bei allen Menschen ein gewisses

Grundniveau an Manieren vorhanden ist. Leider nicht. Gerade in der heutigen Zeit, in der die Technologie die Welt zu absorbieren droht, Freunde am selben Tisch sitzen, ohne sich miteinander zu unterhalten, und Jugendliche Entzugserscheinungen bekommen, wenn Ihnen mal für fünf Minuten das Teufelsding aus den Händen genommen wird, darf man diese Gefahr nicht unterschätzen. Heutzutage sollte man sich schon mit besonderer Kraft am Riemen reißen, um nicht unhöflich zu wirken – vor allem, wenn man auf das Gegenüber einen besonders guten Eindruck machen möchte. Man denkt sich, man sieht ja nur »ganz kurz« nach, was der Freund des Freundes der Freundin gerade geschrieben hat, oder man checkt nur mal »ganz schnell« die Insta-Story seines Lieblingsstars, der eh erst das 170. Foto von seinem heiß geliebten Hündchen gepostet hat. Aber so schnell kann man gar nicht die App schließen, hat der Sitznachbar bereits den Eindruck gewonnen, alles andere sei interessanter als er. Abgesehen davon sollte man sich sowieso die Frage stellen: Wenn WhatsApp, Facebook, Instagram oder welche App auch immer dringender die eigene Aufmerksamkeit erfordert als das gerade stattfindende Date, hat man denn überhaupt Interesse an seinem Gesprächspartner, oder kann man die Verabredung eigentlich gleich abbrechen?

Männer hassen Eifersucht. Eifersüchtige Frauen, die Männern das Gefühl geben, ihnen nicht zu vertrauen, werden häufig als Nervensägen wahrgenommen. Daher rate ich allen Frauen, ihre Ängste in die Schranken zu weisen, wenn sie das Interesse des Mannes nicht verlieren wollen. Nur weil ein Mann ein anregendes Gespräch mit einer anderen Frau führt und mit ihr gemeinsam lacht, bedeutet das nicht, dass er an ihr interessiert ist. Nur weil er den Nachmittag mit einer ehemaligen Arbeitskollegin verbringt, die er lange nicht gesehen hat, heißt das nicht, dass er Sie mit ihr betrügen möchte. Nur weil er viele weibliche Freunde hat, bedeutet das nicht, dass er sie alle am liebsten ins Bett kriegen würde. Verstehen Sie das und ärgern Sie sich nicht darüber; dann wird der Mann keinen Grund haben, von Ihnen genervt zu sein. Wenn Sie glauben, ihm nicht vertrauen zu können, lassen Sie es lieber gleich sein, denn mit dieser Angst werden Sie ihn höchstens abschrecken, und Sie werden sich selbst auch nie wirklich wohlfühlen.

Männer ticken in dieser Hinsicht einfach anders. Wir Frauen *wollen* ja bekanntermaßen ein gesundes Maß an Eifersucht. Wir wünschen uns, dass unser Freund zumindest ein wenig eifersüchtig wird, wenn er uns mit einem anderen Mann reden sieht, denn für uns ist das eine Bestätigung dafür, dass er uns nicht verlieren möchte. Männer hingegen reagieren häufig eher toxisch. Sie legen es nicht darauf an, dass ihre Frauen eifersüchtig werden. Ihnen ist es am liebsten, wenn ihnen nichts unterstellt wird. Klaus, Anfang 40, erzählt: »Bei mir sagen sie immer, sie sind nicht eifersüchtig. Spätestens zwei Monate später haben sie Eifersuchtskrisen, und das geht in meiner Branche nicht. Sie werden früher oder später eifersüchtig, und ich packe das nicht mehr, ich hab nicht mehr die Nerven – weder die Nerven noch den Willen –, mit Leuten zu diskutieren, die ich eigentlich gern habe. Wenn ich nach Hause komme und sie zu Hause ist, will ich eigentlich meine Ruhe haben. Man sollte ja glücklich miteinander sein und nicht anfangen, zu streiten.«

Männer wollen keine Matratze. Wie bereits erwähnt, muss ein One-Night-Stand nicht zwangsläufig in der Schatzkiste der einmaligen Abenteuer verschwinden; er kann sich auch zu einer Beziehung entwickeln. Das hängt sehr stark davon ab, welche Meinung der Mann von der Frau hat, bevor er sie ins Bett befördert; ob er sie als Beziehungskandidatin oder eher als Betthäschen sieht. Diese Entscheidung trifft er oft schon vor, nicht erst nach der gemeinsamen Nacht. Aber empfehlen würden es die Männer, die ich kenne, nicht unbedingt, wenn eine Frau auf der Suche nach einer ernsthaften Beziehung ist. Michael, 31, sagt: »Irgendwie überspringst du dann eine sehr interessante Phase des Kennenlernens. Dann hast du sie im Bett gehabt, okay. Und dann Kino gehen, spazieren gehen, irgendetwas unternehmen« ist für ihn eher unwahrscheinlich, wenn er »den Kick schon beim ersten Mal gehabt hat«. Eine Beziehung muss langsam aufgebaut werden; wenn man gleich aufs Gaspedal steigt und den Schritt vorzieht, der eigentlich erst als letzter stattfinden sollte, weil er der intimste ist, gibt man dieser möglichen Beziehung wenig Chancen, zu erblühen. Denn dann ist das Hoch bereits erreicht, noch bevor es überhaupt ernst geworden ist.

Extrem gefährlich wird es, wenn der Auserwählte mitbekommt, mit wie vielen Männern eine Frau bereits im Bett war oder dass sie sich strategisch von einem zum nächsten vorarbeitet – wodurch er den Eindruck erhält, dass sie ausnahmslos jeder haben könnte. Mehrere Männer haben mir diesbezüglich den Spruch vom Master Key und dem billigen Schloss offenbart: »Eine Frau ist wie ein Schloss. Ein Mann ist wie ein Schlüssel. Jeder Mann will ein Schlüssel sein, der jedes Schloss knackt. Aber keiner will ein Schloss, das mit jedem Schlüssel aufgeht.« Ein präpotenter Spruch, doch leider ist er wahr. Sexorientierte Frauen wirken auf Männer, als wüssten sie nicht, was sie wollen, beziehungsweise als hätten sie ohnehin kein Interesse an etwas Ernstem. Im Übrigen sind Frauen, die mit jedem Mann ins Bett steigen, zwar leichte Beute; aber Männer gehen auch davon aus, dass solche Frauen schwer wieder loszuwerden sind und sie mit ihrem offensichtlichen Getue in der Öffentlichkeit blamieren könnten.[109] Ist es fair, dass eine Frau abgewertet wird, wenn sie von Bett zu Bett hüpft? Natürlich nicht, denn Männer müssen sich ihrerseits diesem Urteil nicht aussetzen. Trotzdem ist es eine Tatsache, die uns zumindest bewusst sein muss, wenn es uns um eine Beziehung geht.

Schlussfolgerung: Initiative ergreifen, auf den Mann zugehen, ja. Aber machen Sie es den Männern nicht zu leicht. Oder zeigen Sie ihnen zumindest nicht, dass Sie es anderen Männern zu leicht machen; schon gar nicht Männern im selben Freundeskreis. Denn kein Mann wird mit einer Frau zusammen sein wollen, die bereits mehrere seiner Freunde im Bett hatte. Er wird vielleicht mit ihr schlafen, sie aber unwahrscheinlich als seine Freundin präsentieren.

Genauso wie ein Mann, der als Womanizer gilt, tendenziell nicht als beziehungsfähig eingestuft wird, macht sich die Matratze der Bar XY nicht gerade zum Beziehungsmaterial. Alex, 41, ist extrem oft unterwegs und hat bereits äußerst viel miterlebt; er sagt: »Wenn ich im Lokal bin und eine Frau sehe, die jeden Abend mit einem anderen Mann nach Hause geht, ist sie für mich schon uninteressant. Das heißt aber nicht, dass sie etwas Schlechtes macht. Das ist ihr Leben, das ist mir komplett egal. Sie ist für mich deswegen uninteressant, weil ich dort eine Frau sehe, die nicht weiß, was sie sucht. Die noch nicht reif ist für eine Beziehung.«

Sie können also gern mit so vielen Männern ins Bett hüpfen, wie Sie möchten, um Ihre sexuellen Gelüste zu stillen, solange Sie nur auf Abenteuer aus sind. Wie gesagt: Sie sind single – Sie können tun und lassen, was Sie wollen! Aber wenn Sie eine Beziehung suchen, ist es meiner Ansicht, Erfahrung und Recherche nach dann doch die bessere Methode, es langsam angehen zu lassen.

Männer wollen nicht verändert werden. Dieser letzte Punkt sollte eigentlich selbstverständlich beziehungsweise selbsterklärend sein. Trotzdem wird er immer wieder von Männern erwähnt. Anscheinend sind wir Frauen schon sehr kritisch, was unsere besseren Hälften oder möglicherweise zukünftigen besseren Hälften anbelangt. Männer möchten keine Frauen, die ihnen das Gefühl geben, sie verändern zu wollen. Das kann ich verstehen, denn das würden Sie doch auch nicht wollen, oder? Mit jemandem zusammen sein, der Sie nicht so mag, wie Sie sind. Der Sie erst so hinbiegen will, wie er Sie gerne hätte. Wenn man so behandelt wird, fühlt man sich ungewollt, unattraktiv, nicht gut genug. Dabei sollte man sich in einer Partnerschaft doch genau umgekehrt fühlen. Der Partner soll einen aufbauen, nicht in den Boden stampfen und wie eine Puppe aus Knetmasse behandeln, die er nach den eigenen Wünschen zur Perfektion verformen kann …

WAS DER LOOK ÜBER DIE ABSICHTEN UND ERFOLGSCHANCEN VERRÄT

Grundsätzlich sollte sich jede Frau genau so herrichten, wie sie sich am wohlsten fühlt. Die einen sind nun mal gern »underdressed«, während die anderen eher die Variante »overdressed« vorziehen, und dazwischen befindet sich wohl die restliche Mehrheit. Jedem das Seine, jeder das Ihre. Schließlich sollte frau sich selbst treu bleiben, wenn sie ihr Outfit aussucht und ihr Make-up aufträgt. Allerdings gilt es schon gewisse Dinge zu beachten, wenn frau sich aktiv auf Männersuche begibt. Der Aufzug einer Frau hinterlässt bei der Außenwelt nämlich einen gewissen Eindruck, der nicht mal die tatsächlichen Absichten der Dame reflektieren muss. Daher sollte jede Frau zumindest eine gewisse Ahnung haben, welcher Stil welche Wirkung auf die Männerwelt haben kann. Selbstredend ist dieses Thema äußerst subjektiv, und nicht jeder Mann wird dieselbe Meinung vertreten oder genau so wie die hier erwähnten Beispielherren reagieren. Dennoch hat sich ein überraschend eindeutiger roter Faden durch all meine Gespräche mit männlichen Exemplaren gezogen, sodass ich der Ansicht bin, die Ergebnisse meiner Befragungen sollten definitiv wenigstens erwähnt werden.

Es hat mich außerordentlich überrascht, dass sich Männer auf Beziehungssuche scheinbar tendenziell zu möglichst natürlichen Frauen hingezogen fühlen. Sie sind keine großen Fans von Looks, die zu aufdringlich, zu sexy, zu perfektioniert und zu fake aussehen. Wenn eine Frau in 10-Zentimeter-Stöckeln plus Minirock, tiefem Ausschnitt und dem halben Bipa im Gesicht, dann vielleicht noch mit wasserstoffblondierten Haaren versucht, den Männern den Kopf zu verdrehen, darf sie sich daher nicht allzu sehr wundern, wenn sie von der Männerwelt nicht unbedingt so ernst genommen wird, wie sie es gerne hätte. Sie wird den Männern gefallen, ganz klar. Doch welchen Männern? Sie wird primär Männer anlocken, welche sich einen One-Night-Stand erhoffen und sie am nächsten Morgen vermutlich wieder nach Hause schicken. Selbst wenn sie sich insgeheim denkt: »Ich würde doch niemals gleich mit jemandem nach Hause gehen! Ich will doch etwas Ernstes!« – so weit, den Männern das zu erklären, wird sie gar nicht kommen. Denn wenn sie dermaßen aufgebrezelt rumläuft, wird sie nicht nur von anderen Frauen, sondern auch von den Männern schnell als Tussi abgestempelt, die kaum Potenzial für eine ernsthafte Beziehung hat. Das heißt, je nachdem, ob sie auf eine einmalige Nummer oder eine ernsthafte Beziehung aus ist, sollte jeder Frau zumindest bewusst sein, dass ihr Aufzug möglicherweise eine Message an das Gegenüber senden könnte, die sie nicht versenden möchte.

Dieses Urteil der Männer hinsichtlich der Beziehungsfähigkeit übertrieben aufgebrezelter Frauen liegt hauptsächlich an Erfahrungswerten. Viele Mädels, die sich so präsentieren (so die Berichte meiner männlichen Bekannten), stellen sich als recht langweilige Gesprächspartnerinnen heraus und werden daher schnell uninteressant. Trifft ein Mann nun im Laufe der Zeit auf mehrere solcher Kandidatinnen, bildet er sich natürlich eine Meinung, die seine Reaktion auf jede zukünftige Bekanntschaft beeinflussen wird. So gehen einige Männer schon von vorneherein davon aus, dass eine zu sehr aufgestylte Maus entweder dumm und oberflächlich ist (weil sie nur auf ihr Aussehen fixiert ist und damit eindeutig auffallen möchte) oder – alternativ – extrem unsicher (weil sie mit ihrem Aussehen irgendetwas anderes verstecken will). Egal, ob dieses Urteil gerechtfertigt ist oder nicht; es ist in jedem Fall eine männliche Ansichtsweise, über die man sich als Frau klar sein sollte, wenn man seinen Look wählt.

»Wenn sie komplett sexy angezogen ist, wo du praktisch eh schon alles siehst, bevor du irgendwas gesehen hast« – so Single-Herr Hannes –, ist die Frau im männlichen Reaktionssystem zwar für einen One-Night-Stand okay (denn ja, natürlich sieht es hübsch aus, und das reicht für ein einmaliges sexuelles Abenteuer), aber nicht für mehr. Ein solches Auftreten erweckt in Männern höchstens den urzeitlichen Instinkt – Samen säen! Etwas Ernsthaftes stellen sie sich mit optisch zu sehr optimierten Frauen eher selten vor; unter anderem auch deshalb, weil sie davon ausgehen, dass es solche Mädels selbst nur auf Sex anlegen.

»Ich mag das gar nicht«, bestätigt Marcel, ein anderer Single in meinem Bekanntenkreis. »Ich finde es einfach nicht mehr natürlich. Dementsprechend gehe ich meistens davon aus, dass sie es unbedingt wollen. Und ich finde es einfach nicht wirklich ansprechend.« Sein Interesse ist in solchen Fällen einfach von Grund auf nicht vorhanden. »Schminke kann etwas hervorheben – Schönheiten, die man vielleicht hat. Aber sie soll nichts verstecken. Wenn du dann Mädels anschaust, wo man vielleicht schon im Club merkt, dass sie sehr viel Make-up oben haben, mache ich zwar keinen großen Bogen herum, aber ich spreche sie auch nicht an. Interessiert mich einfach nicht.«

Christoph, der ständig zwischen Single und Beziehung alterniert, sagt nichts anderes: »Ich bin zum Beispiel kein Freund von solchen Absätzen, so richtigen High Heels. … Ist jetzt nichts, wo ich sag ›woah geil, schau dir die Absätze an‹. Und genauso, wenn ich mir teilweise anschaue, wie die Leute, vor allem Mädels, fortgehen. Wo das Top eigentlich nicht viel mehr als ein Sport-BH ist und die Hotpants nicht viel mehr als eine Speedo-Badehose sind, wo ich mir denke: Ja, mag Männer geben, die auf das stehen, aber ist nicht mein Fall. Es ist nicht so, dass ich sage: ›Um Gottes willen, die zeigt 80 Prozent ihrer Körperfläche nackt, das ist die Frau fürs Leben.‹ Es gefällt mir nicht. Für mich wirkt das billig. Also so: ›Ich muss zeigen, was ich habe, weil viel mehr steckt nicht dahinter.‹ Also das sendet für mich ein Signal aus.«

Single-Herr Martin hat mir sogar klipp und klar erklärt, dass seine Frauenwahl genau auf das abgestimmt ist, was er gerade möchte. Ist er auf einen One-Night-Stand aus, wird er eher auf eine aufgedonnerte »Puppe« zugehen. Wenn er eine Beziehung in Erwägung zieht, wird er sich eher von »normalen« Mädels angezogen fühlen, von welchen er deutlich mehr erwartet als nur ein hübsches Äußeres.

Mehrere Männer haben mir überdies davon berichtet, bereits schlechte Erfahrungen mit dem Jekyll-and-Hyde-Syndrom gemacht zu haben – was so viel bedeutet wie, dass der Mann bei einer übertrieben hergerichteten Frau mit einer falschen Erwartungshaltung an die Sache herangeht. Er lernt die Frau mit kiloweise Schminke im Gesicht, High Heels und Körper-optimierender Kleidung kennen und hat dann das böse Erwachen, wenn er bemerkt, dass Miss Hyde nackt und abgeschminkt überhaupt nicht so aussieht, wie er sich die Frau vorgestellt hat. Michael, 31, hat aus diesem Grund inzwischen für sich einen Schuh-Kleid-Schmink-Test eingeführt, den er seither beherzigt; er möchte Frauen nur mehr folgendermaßen kennenlernen, ehe er sich näher auf sie einlässt: ohne hohe Absätze (die den Körper in die Länge ziehen), ohne kaschierendes Kleidchen (das eine bessere Figur zaubert) und ohne viel Schminke (wenn man ihr hinten auf den Kopf schlägt, sollte ihr nicht der halbe Bipa aus dem Gesicht fallen). Männer wollen Frauen so kennenlernen, wie sie wirklich sind – egal ob persönlich oder via Foto-Apps. Seinen Körper durch bestimmte Outfits oder Schminke nicht nur besser zu beleuchten, sondern wirklich zu perfektionieren mag zwar auf den ersten Blick das Interesse wecken, aber lange halten wird es die Begeisterung des Mannes nicht. »So wenig Schminke wie möglich« ist der wieder- und wiederkehrende Wunsch, den Männer äußern. Sie wollen keine Puppe; nicht für eine Beziehung. Sie wollen die Frau so sehen, wie sie ist. Sie wollen nicht das Gefühl bekommen, erst eine Maske abziehen zu müssen, ehe sie das wahre Gesicht der Frau erblicken. Männer scheinen überhaupt im Allgemeinen äußerst skeptisch gegenüber dem (scheinbaren) weiblichen Aussehen geworden zu sein.

So viel zur männlichen Kritik der Outfit- und Make-up-Tendenzen vieler Frauen. Natürlich ist es für uns Frauen niemals leicht, den richtigen Look auszuwählen, der genau das Signal aussendet, das wir senden möchten. Daher kann ich allen Frauen nur raten, auch hier die Balance zu wahren. Während Sie darauf achten, sich nicht zu maskieren oder halb nackt herumzulaufen, sollten Sie auch nicht zu sehr in die gegenteilige Richtung gehen. Verstecken Sie sich nämlich in Ihren Klamotten, wirken Sie alles andere als selbstbewusst, was für Männer leider auch nicht besonders attraktiv ist.

Betonen Sie das, was Ihnen an Ihrem Körper gefällt. Sind es die Beine, ziehen Sie halbwegs kurze Röcke an; solange sie nicht mit einem Gürtel verwechselt werden können, sind kurze Röcke durchaus akzeptabel, wobei die Länge natürlich altersgemäß sein sollte. Sind es die Augen, heben Sie diese mit dezentem Make-up hervor. Sind es die Haare, tragen Sie sie genau so, wie es Ihnen Ihrer Ansicht nach am besten steht. Sind es die Brüste, wählen Sie ein Dekolleté, das Ihre Ladys in den Vordergrund stellt, ohne sie jedoch herauspurzeln zu lassen. Ist es Ihre Taille, ziehen Sie ein möglichst tailliertes Top an. Ist es Ihr Hintern, wäre vielleicht eine eng anliegende Jeans eine gute Wahl. Jede Frau hat Stellen, die sie am liebsten verbergen würde. Aber konzentrieren Sie sich nicht darauf, was Sie verstecken wollen, sondern darauf, welche Körperstellen Sie gern herzeigen möchten. Das wird Ihrer Selbstsicherheit und folglich Ihrem Auftreten Gutes tun!

Wie immer triumphiert, wie gesagt, der goldene Mittelweg. Kleiden Sie sich hübsch, Ihrem Alter gemäß, ein bisschen sexy, aber nicht nuttig. Präsentieren Sie Ihren Körper mit Stil. Zeigen Sie Haut an *einer* Stelle, nicht an allen (also entweder Dekolleté oder Beine). Und das anhand von Kleidern, die für Sie angenehm zu tragen sind; denn man merkt jemandem an, ob er sich in seiner eigenen Haut wohlfühlt oder ob er sich in ein Outfit gezwängt hat, das er sonst niemals anziehen würde. Achten Sie wirklich darauf, sich nicht für jemand anderen zu verkleiden. Mögen Sie keine Stöckel, dann tragen Sie sie nicht. Lassen Sie sich nichts einreden. Zeigen Sie ruhig Ihre natürliche Schönheit, doch bleiben Sie sich selber treu.

Im Endeffekt ist das Aussehen glücklicherweise relativ unwichtig, wenn es darum geht, ob man einem Mann sympathisch ist oder nicht. Natürlich – wenn die Optik überhaupt nicht passt, wird unwahrscheinlich Interesse entstehen. Daher kann es in keinem Fall schaden, die vorhin erwähnten Ansichten der Männerwelt im Hinterkopf zu behalten. Aber zu sehr darf man aufs Äußere auch nicht bauen. Auf meine Frage, wie eine Frau grundsätzlich aussehen sollte, um ihr Interesse zu wecken, haben überraschend viele Männer mit Schulterzucken geantwortet. Der »Gesamtauftritt« zählt. »Man sieht schon auch durch schirche Kleider, wie jemand darunter ausschaut«, sagt Alex, 41. Letztendlich ist die Art und Weise, wie man sich gibt – die Ausstrahlung –, das, was am allermeisten ausmacht. »Es gibt hübsche Frauen, die einfach dort sitzen und komplett uninteressant sind … Wenn ich sehe, dass irgendwer lustig drauf ist und Spaß an dem Abend hat, bin ich eher interessiert als an irgendeiner hübschen Frau, die irgendwo im Eck sitzt.« Klaus, 44, sieht das Thema ähnlich: »Jeder Mann steht auf etwas anderes. Jeder Frau steht etwas anderes. Für mich persönlich – ich kann nicht mal sagen: ›Mir gefällt genau dieser Typ Frau.‹ Vom Aussehen her kann ich es nicht sagen. Es muss das Gesamtbild passen. Für mich ist sehr sehr wichtig: Sie muss sympathisch sein. Sie darf nicht arrogant sein. Das mag ich nicht. Sie muss intelligent sein, weil sonst wird's mir sehr schnell langweilig. Vom Typ her kann ich's nicht mal sagen.«

Es hat mich selbst ein wenig überrascht, doch offenbar ist der weibliche Körper für Männer oft nicht annähernd so relevant wie die Ausstrahlung der Dame, die ihre Aufmerksamkeit erregen will. Dabei kann der Versuch, sich zu maskieren oder zu verkleiden, natürlich kontraproduktiv sein, wenn man eine positive Wirkung erzielen möchte. Ein junger Single in seinen 20ern fasst für uns Frauen zusammen: »Seid ihr selbst. Denn wenn ihr euch am Anfang schon verstellt, dann wird das sowieso nichts.«

WARUM ES LETZTEN ENDES NUR AUF DAS SELBSTBILD ANKOMMT

Schlussendlich geht es immer darum, was Sie ausstrahlen. Strahlen Sie Positives aus, wie Lebensfreude, Spaß, Freundlichkeit und Zufriedenheit, werden Sie viel positiver wahrgenommen als andersherum. Klingt irgendwie selbstverständlich, nicht wahr? Einfach ist es trotzdem nicht. Stellt sich also die Frage: Wie bekommt man als Single eine positive Ausstrahlung?

Ich sage Ihnen was: Indem Sie das Singledasein genießen! »Ein Single, der gern single ist, strahlt das auch aus. Und der, der unglücklich ist als Single, der strahlt es genauso aus, und dem siehst du es an, dass er unglücklich ist«, sagt Marianne, die seit 28 Jahren verheiratet ist. Karin, selbst Single, hat als Tanzlehrerin bei Single-Tanzkursen ebenfalls festgestellt, dass man sehr genau merkt, welche Singles frustriert sind und welche nicht. Auch in meinem eigenen weiteren Bekanntenkreis gibt es eine Singledame der älteren Generation, die auf andere ganz eindeutig verhärmt, frustriert und daher extrem unsympathisch wirkt. Es ist also in den meisten Fällen kein unlüftbares Geheimnis, ob jemand als Single glücklich oder unglücklich ist. Ob er mit seinem Leben zufrieden ist oder ob er unbedingt einen Partner will, von dem er sich das große Glück erhofft.

Elena Sohn von der Agentur »Die Liebeskümmerer« erklärt: »Der größte Irrtum, an dem diese Beziehungsanbahnung häufig scheitert, ist: ›Mein Partner soll mich glücklich machen.‹«[110] Begegnet man einem neuen potenziellen Partner mit dieser Hoffnung und Erwartung, weil man mit sich selbst und seinem Leben ohne Mann unglücklich ist, so kann das sehr schnell nach hinten losgehen. Sohn führt aus: »Der andere spürt das. Und der kann sich ja in dem Moment noch gar nicht persönlich gemeint fühlen. Das heißt, der hat dann das Gefühl, er soll eine Rolle erfüllen … Das verschreckt ungemein. Und selbst wenn es das nicht tut … die Erwartungshaltung, der Druck, das Konfliktpotenzial, das Enttäuschungspotenzial, wenn man so rangeht an einen Menschen, ›Das muss jetzt perfekt passen‹ – da legt man ja alles in die Waagschale. Und dann geht's eben leider auch ganz schnell wieder schief.«[111] Die Einstellung, dass Sie einen Mann brauchen, um glücklich zu sein, kann Ihnen jedenfalls nur schaden. Wenn Sie hingegen als Single mit Ihrem Leben zufrieden sind, mit sich selbst glücklich sind, dann strahlen Sie weder Verzweiflung noch Frust oder mangelnde Sympathie aus. Auf einmal wirken Sie deutlich positiver auf Ihre gesamte Umwelt.

Anna, Mitte 20, erzählt von den Single-Ladys in ihrem Freundeskreis: »Die Single-Ladys organisieren sich gut. Sie haben Spaß am Leben, machen ihr Ding. Sie machen's halt allein, egal. Und sie sind guter Hoffnung. Sie sagen, sie finden auch bald wen, aber es drängt nicht. … Denen taugt es einfach. Das zu genießen. Dinge allein zu machen. Das, was sie machen wollen, das machen sie auch, das ziehen sie durch. Ohne dass ein Partner sagen könnte ›das interessiert mich jetzt nicht‹. Sie können das tun, was sie wollen. … Sie fahren spontan wo hin. Nach Kärnten, für ein Wochenende an einen See. Die Single-Ladys reden sich zusammen und machen dann etwas. … Sie sind happy als Singles. Sie wollen gerade keinen Mann, sie haben die Schnauze voll. Sie leben so dahin. Sie waren jetzt auf Mallorca, haben Party gemacht am Ballermann, und sie haben gesagt, [es war] ›das Beste überhaupt‹. Sie haben so viele Leute kennengelernt, so viele Burschen und Mädels. Gerade als Single, haben sie gesagt, kannst du das voll nützen. Das war voll cool für sie.« Sie machen Unternehmungen, Ausflüge, gehen feiern, fliegen auf Urlaub. Sie haben Spaß, sind fröhlicher Natur und lernen neue Leute kennen. Diese Single-Mädels-Runde ist ein hervorragendes Beispiel dafür, wie viel die eigene Einstellung zum Singledasein ausmacht. Diese Damen lieben ihr Leben als Singles und strahlen das auch aus. Folglich haben sie unzählige neue Bekanntschaften, egal wo sie auch unterwegs sind.

Dass die Single-sein-ist-großartig-Mentalität Wunder wirkt, kann ich auch durch meine persönliche Erfahrung bestätigen. Ich habe in den letzten Jahren überraschend häufig von Männern wie Frauen gehört, ich hätte eine besonders tolle Ausstrahlung. Das war mir zwar selbst nicht annähernd bewusst (tatsächlich fand ich mich an den jeweiligen Abenden eher unattraktiv, weil aus irgendeinem Grund keines meiner Outfits so richtig sitzen wollte), aber anscheinend gab es etwas, was ich ausstrahlte. Etwas Positives. Und im Nachhinein wurde mir bewusst, dass ich solche Kommentare erst dann zu hören begonnen hatte, als ich mit dem Singledasein nicht nur Frieden geschlossen, sondern auch mein Glück gefunden hatte. Erst, als ich mich selbst als glücklicher Single sah, kam diese Lebenslust, die Freude, das positive Auftreten auch bei anderen an. Auch von meinen besten Freundinnen hörte ich, wie sehr ich mich verändert hatte, wie glücklich ich auf einmal wirkte. Gerade meine Freundinnen kennen mich inzwischen seit bald 20 Jahren. Sie wissen genau, wenn ich ihnen etwas vormache, wenn ich mir selbst etwas einrede und wie ich mich in gegebenen Situationen fühle. Und sie erklärten mir ehrlich, dass sie – obwohl sie anfangs hinsichtlich meiner positiven Einstellung zum Singledasein noch skeptisch gewesen waren, weil sie nicht glaubten, dass ich tatsächlich gern single war – inzwischen vollkommen überzeugt seien. Auf einmal versuchen sie auch nicht mehr, mich zu verkuppeln. Denn es ist nicht notwendig. Ich brauche nicht unbedingt einen Partner; das wissen sie nun. Ich bin auch so sehr zufrieden mit meinem Leben. Natürlich leistete meine Arbeitssituation dazu einen nicht zu unterschätzenden Beitrag. Wie gesagt müssen die anderen essenziellen Faktoren des eigenes Lebens (Familie, Freunde, Job, Hobbys, Wohnsituation, et cetera) einigermaßen gut passen, um ein lebensfrohes Singledasein zu gewährleisten. Bei mir war und ist dies der Fall – weshalb ich jedem Single rate, alles in seiner Macht Stehende zu tun, um in den wesentlichen Teilen seines Lebens Zufriedenheit zu finden. Macht Ihre Arbeit, Ihre Wohnsituation oder sonst ein

nicht das Liebesleben betreffender Aspekt Sie unglücklich, so versuchen Sie, diese Situation zu ändern. Und konzentrieren Sie sich umso mehr auf die Dinge, welche Sie glücklich machen, welche Ihr Leben bereichern. Verbringen Sie viel Zeit mit Ihren Liebsten sowie mit allem, was Sie gerne tun, und seien Sie sich der Freude bewusst, die Ihnen dadurch gebracht wird! Und das Wichtigste ist: Kosten Sie die Vorzüge des Singleseins aus, genießen Sie Ihre Freiheit! Dann steht Ihrem Glück überhaupt nichts im Weg. Von Ihrem Singledasein überzeugt und erfüllt zu sein wird nämlich nicht nur Ihr eigenes Leben ändern – Sie werden es auch anderen gegenüber ausstrahlen und überall deutlich positiver wahrgenommen werden.

Ein Ü50-Jähriger, der selbst verheiratet ist, erklärt: »Also ich glaube, dass das prinzipiell eine tolle Eigenschaft ist, dass die Menschen mit der Situation, in der sie sind, einfach positiv umgehen. Und wenn einer single ist – dass er nicht dem nachtrauert, was wäre (mit einem Kind oder einem Partner), denn dann wirst du depressiv; sondern dass er positiv mit dem umgeht, was er gerade hat. Und wenn er sagt, ihm ist jetzt der Beruf wichtig, oder die Freunde sind wichtig, oder das Hobby ist wichtig. Und so gibt's dann auch immer die Chance, dass man einen Partner trifft – da, dort, dort –, wo es dann wieder passt. Aber nur so ist da nicht die Verzweiflung drin. Und deswegen glaube ich, dass die, die jetzt single sind und sagen ›das ist super‹, dass die das *richtig* machen. Sonst wären sie einfach nicht glücklich. Sie hätten sonst kein glückliches Leben. Jeder versucht einfach, aus seinem Leben – wenn er vernünftig ist – das Positivste zu machen.«

Nehmen Sie sich diese Worte zu Herzen. Ziehen Sie sich nicht zurück, lassen Sie sich nicht frustrieren, sondern stehen Sie auf und tun Sie das, was Ihnen Freude bringt. Leben Sie Ihr Leben! Denn die Zeit läuft weiter; ganz egal, ob Sie allein oder vergeben sind. Also können Sie genauso gut das Beste daraus machen. Eine positive Grundeinstellung zum eigenen Leben, zu sich selbst, kann Berge versetzen. Erkennen Sie Ihren eigenen Wert, Ihr Potenzial,

Ihre Liebenswürdigkeit. Sie verdienen es, so wie jede andere Frau, geliebt, geschätzt und respektiert zu werden. Doch statt sich diese Liebe, diese Wertschätzung, diesen Respekt durch einen Partner zu ersehnen, erwarten Sie sie von sich selbst! Sie sind die allererste Person, die mit Ihnen zufrieden sein muss, die Sie mögen muss – als die Person, die Sie sind. Nur wenn Sie sich selbst lieben, schätzen und respektieren können, werden Sie eine Selbstsicherheit ausstrahlen, die Ihr gesamtes Auftreten in ein ehrlich fröhliches, heiteres, ausgelassenes, glitzerndes Selbst verwandelt. So wird niemand, einschließlich Ihnen, mehr infrage stellen, dass Sie einer der beneidenswert glücklichen Singles dieser Welt sind, welche ihr Singleleben in all seinen wundervollen Facetten Tag für Tag genießen und für alles offen sind, was die Zukunft für sie bereithält.

DANKE!

Ich danke Martin Brinkmann und Oliver Schwarzkopf für die Möglichkeit, dieses Buch zu schreiben und damit hoffentlich der einen oder anderen Singledame durch meine eigenen Erfahrungen dabei zu helfen, ihren Singlefrust in Singleglück zu verwandeln.

Ein herzliches Danke geht an meine guten Engel Sarah M., Martina N. und Wolfgang N., die mir stets mit Rat und Tat zur Seite stehen. Ohne euch, eure Hilfe und eure Unterstützung würde es dieses Buch nicht geben!

Speziell möchte ich meinen besten Freundinnen Laura S. und Kerstin K. für die vielen Mädelsabende und unzähligen Stunden danken, die wir allen möglichen Single- und Beziehungsthemen gewidmet haben. Ich danke euch dafür, eure Ansichten, Erfahrungen und Anekdoten in diesem Buch verarbeiten zu dürfen. Auch verdient ihr ein riesengroßes Dankeschön für die Begeisterung und Schnelligkeit, mit welcher ihr mein Manuskript gelesen und Seite für Seite, Kapitel für Kapitel, kommentiert habt. Vielen Dank für eure Zeit, eure Geduld, euer fundiertes, detailliertes, ehrliches Feedback und für eure langjährige Freundschaft!

Auch meinen lieben Testlesern Mariella N., Alis Y., Anja W. und Wolfgang K. bin ich sehr dankbar für die unheimlich nützlichen Kommentare und Korrekturen sowie für das positive Feedback.

Außerdem danke ich all meinen weiteren Freunden, Verwandten und Bekannten, die sich freundlicherweise bereit erklärten, von mir interviewt zu werden, und mit einer solchen Ehrlichkeit und Offenheit all meine Fragen beantwortet haben. Emilia M., Tamara K., Jennifer M., Sigrid K., Rosemarie M., Renate K., Lisa H., Laura B., Katharina B., Maria B., Jasmin S., Tina P. und Johanna G., ihr seid großartig! Auch all den lieben Herren, die mir geholfen haben, ein großes Dankeschön: Philipp N., Isi K., Alen D., Julian B., Gerald H., Kurt M., Georg H., Paul T., Clemens B., Christian B., Boris D. und

Christian B. Alle Namen meiner Helferlein, die mir ihre Ansichten und persönlichen Anekdoten unter dem Mantel der Verschwiegenheit berichtet haben, wurden natürlich im Buch geändert.

Nun möchte ich Ihnen, meine liebe Leserin, für Ihr Interesse und Ihre Zeit danken. Ich hoffe, ich konnte Ihnen mit meinen Erfahrungen, Ansichten und Ratschlägen hier und da ein Lächeln ins Gesicht zaubern und Sie vielleicht sogar davon überzeugen, dass Sie Ihr Singledasein in all seinen herrlichen Facetten in vollen Zügen genießen sollten. Denn Sie verdienen es, glücklich zu sein!

QUELLEN UND ANMERKUNGEN

[1] *Vgl. www.parship.de/ratgeber/loslassen/trennung-verarbeiten/*

[2] *Ebd.*

[3] *Vgl. www.nytimes.com/2017/01/08/arts/television/meryl-streep-golden-globes-speech.html*

[4] *Werner Bartens: Was Paare zusammenhält, Weltbild, 2014*

[5] *Ebd.*

[6] *Vgl. Claudia C. Brumbaugh, R. Chris Fraley: Too fast, too soon? An empirical investigation into rebound relationships, Journal of Social and Personal Relationships, Vol. 32, Nr. 1, 2015*

[7] *Vgl. Ebd.*

[8] *Vgl. Roberto de Vogli, Tarani Chandola, Michael Gideon Marmot: Negative Aspects of Close Relationships and Heart Disease, Arch Intern Med, Vol. 167, Nr. 18, 2007*

[9] *Vgl. Werner Bartens: Was Paare zusammenhält, Weltbild, 2014*

[10] *Vgl. Jarred Younger, Arthur Aron, Sara Parke, Neil Chatterjee, Sean Mackey: Viewing Pictures of a Romantic Partner Reduces Experimental Pain: Involvement of Neural Reward Systems, PLoS ONE, Vol. 5, Nr. 10, 2010*

[11] *Vgl. Andreas Bartels, Semir Zeki: The neural basis of romantic love, Neuroreport, Vol. 11, Nr. 17, 2000*

[12] *Vgl. Das erste gemeinsame Daheim ist nicht nur Glück allein, der Grazer, Ausgabe 29, 22. Juli 2018*

[13] *Vgl. www.kleinezeitung.at/lebensart/familie/5400016/Umfrage_SingleHaushalte*

[14] *Vgl. Ebd.*

[15] *Vgl. Jeffery Sobal, Barbara S. Rauschenbach, Edward A. Frongillo: Body Weight and Relationship Quality Among Women: Associations of Obesity and Underweight with Relationship Communication, Conflict, and Happiness, International Journal of Sociology of the Family, Vol. 35, Nr. 1, 2009*

[16] *zitiert in Werner Bartens: Was Paare zusammenhält, Weltbild, 2014*

[17] *Vgl. Das erste gemeinsame Daheim ist nicht nur Glück allein, der Grazer, Ausgabe 29, 22. Juli 2018*

[18] *Vgl. Werner Bartens: Was Paare zusammenhält, Weltbild, 2014*

[19] *Ebd.*

[20] *Ebd.*

[21] *Vgl. Janice K. Kiecolt-Glaser, Timothy J. Loving, Jeffrey R. Stowell, William B. Malarkey, Stanley Lemeshow, Stephanie L. Dickinson, Ronald Glaser: Hostile Marital Interactions, Proinflammatory Cytokine Production, and Wound Healing, Arch Gen Psychiatry, Vol. 62, 2005*

[22] *aus dem Englischen übersetzt*

[23] *www.schweizamwochenende.ch/menschen/am-anfang-hassten-mich-die-maenner-131068413*

[24] *Vgl. Das erste gemeinsame Daheim ist nicht nur Glück allein, der Grazer, Ausgabe 29, 22. Juli 2018*

[25] *Vgl. www.kleinezeitung.at/lebensart/familie/5400016/Umfrage_SingleHaushalte*

[26] *Ebd.*

[27] *Vgl. Bella M. DePaulo, Wendy L. Morris: Singles in Society and in Science, Psychological Inquiry, Vol. 16, Nr. 2/3, 2005*

[28] *Ebd.*

[29] *Vgl. Christina Mundlos: Dann mache ich es halt allein: Wenn Singlefrauen sich für ein Kind entscheiden und so ihr Glück selbst in die Hand nehmen, mvg Verlag, 2017*

[30] Vgl. Bella M. DePaulo, Wendy L. Morris: Singles in Society and in Science, Psychological Inquiry, Vol. 16, Nr. 2/3, 2005

[31] Vgl. Ebd.

[32] www.zeit.de/zeit-magazin/leben/2017-06/single-frau-dating-leben-gesellschaft

[33] www.spiegel.de/spiegel/print/d-150556820.html

[34] Vgl. Bella M. DePaulo, Wendy L. Morris: Singles in Society and in Science, Psychological Inquiry, Vol. 16, Nr. 2/3, 2005

[35] Vgl. zu diesem Absatz: Ebd.

[36] Vgl. Ebd.

[37] Vgl. Werner Bartens: Was Paare zusammenhält, Weltbild, 2014

[38] Vgl. zu diesem Absatz: Bella M. DePaulo, Wendy L. Morris: Singles in Society and in Science, Psychological Inquiry, Vol. 16, Nr. 2/3, 2005

[39] Vgl. zu diesem Absatz: Ebd.

[40] Vgl. Ebd.

[41] Vgl. Ebd.

[42] Vgl. zu diesem Absatz: Ebd.

[43] Vgl. Ebd.

[44] Vgl. zu diesem Absatz: Ebd.

[45] www.kleinezeitung.at/lebensart/familie/5400016/Umfrage_SingleHaushalte

[46] www.parship.de/ratgeber/single-staedte/singles-in-deutschland/

[47] Vgl. www.telegraph.co.uk/women/life/women-choosing-marry/

[48] www.duden.de/rechtschreibung/Emanzipation

[49] Vgl. zu diesem Absatz: Barbara Sichtermann: Kurze Geschichte der Frauenemanzipation, Jacoby & Stuart, 2009

[50] Vgl. Monika Wienfort: Verliebt, Verlobt, Verheiratet: Eine Geschichte der Ehe seit der Romantik, C.H.Beck, 2014

[51] Vgl. Barbara Sichtermann: Kurze Geschichte der Frauenemanzipation, Jacoby & Stuart, 2009

[52] Vgl. Hanna Rosin: Das Ende der Männer und der Aufstieg der Frauen, Bloomsbury, 2013

[53] Vgl. zu diesem Absatz: Monika Wienfort: Verliebt, Verlobt, Verheiratet: Eine Geschichte der Ehe seit der Romantik, C.H.Beck, 2014

[54] Vgl. zu diesem Absatz: Ebd.

[55] Vgl. Barbara Sichtermann: Kurze Geschichte der Frauenemanzipation, Jacoby & Stuart, 2009

[56] Vgl. Monika Wienfort: Verliebt, Verlobt, Verheiratet: Eine Geschichte der Ehe seit der Romantik, C.H.Beck, 2014

[57] Vgl. Barbara Sichtermann: Kurze Geschichte der Frauenemanzipation, Jacoby & Stuart, 2009

[58] Vgl. zu diesem Absatz: Hanna Rosin: Das Ende der Männer und der Aufstieg der Frauen, Bloomsbury, 2013

[59] Vgl. Barbara Sichtermann: Kurze Geschichte der Frauenemanzipation, Jacoby & Stuart, 2009

[60] Vgl. Christina Mundlos: Dann mache ich es halt allein: Wenn Singlefrauen sich für ein Kind entscheiden und so ihr Glück selbst in die Hand nehmen, mvg Verlag, 2017

[61] Vgl. Monika Wienfort: Verliebt, Verlobt, Verheiratet: Eine Geschichte der Ehe seit der Romantik, C.H.Beck, 2014

[62] Hanna Rosin: Das Ende der Männer und der Aufstieg der Frauen, Bloomsbury, 2013

[63] www.parship.de/ratgeber/single-staedte/singles-in-deutschland/

[64] Ebd.

[65] Vgl. www.parship.de/presse/pressemeldungen/2018/deutschlands-single-studie-single-gesellschaft-168-millionen-alleinstehende-leben-in-deutschland/

[66] Vgl. www.destatis.de/Europa/DE/Thema/BevoelkerungSoziales/Soziales-Lebensbedingungen/Einpersonenhaushalte.html

[67] derstandard.at/2000059230868/Wie-Einsamkeit-und-Egozentrik-zusammenhaengen

[68] Vgl. www.ec.europa.eu/eurostat/web/products-eurostat-news/-/DDN-20180706-1?inheritRedirect=true

[69] Vgl. www.statista.com/topics/999/singles/

[70] Vgl. Bella M. DePaulo, Wendy L. Morris: Singles in Society and in Science, Psychological Inquiry, Vol. 16, Nr. 2/3, 2005

[71] Vgl. Ebd.

[72] Vgl. www.berliner-zeitung.de/wirtschaft/immobilien-trend-warum-die-teuren-mikro-appartements-so-boomen-29424822

[73] www.parship.de/ratgeber/single-staedte/singles-in-deutschland/

[74] Vgl. Christina Mundlos: Dann mache ich es halt allein: Wenn Singlefrauen sich für ein Kind entscheiden und so ihr Glück selbst in die Hand nehmen, mvg Verlag, 2017

[75] Vgl. www.fertila.de/alter-und-fruchtbarkeit-die-fruchtbarkeitskurve/

[76] Vgl. Christina Mundlos: Dann mache ich es halt allein: Wenn Singlefrauen sich für ein Kind entscheiden und so ihr Glück selbst in die Hand nehmen, mvg Verlag, 2017

[77] Vgl. zu diesem Absatz: »Tabuthema Torschlusspanik: Warum so viele Frauen über 30 an der Partnersuche scheitern«, TV Magazin stern TV, i&u TV Produktion, 1. August 2018

[78] Vgl. zu diesem Absatz: Christina Mundlos: Dann mache ich es halt allein: Wenn Singlefrauen sich für ein Kind entscheiden und so ihr Glück selbst in die Hand nehmen, mvg Verlag, 2017

[79] Vgl. zu diesem Absatz: Ebd.

[80] Vgl. Ebd.

[81] Ebd.

[82] Vgl. zu diesem Absatz: Ebd.

[83] Vgl. zu diesem Absatz: »Tabuthema Torschlusspanik: Warum so viele Frauen über 30 an der Partnersuche scheitern«, TV Magazin stern TV, i&u TV Produktion, 1. August 2018; weitere Infos finden Sie hier: www.die-liebeskuemmerer.de/

[84] Vgl. zu diesem Absatz: Christina Mundlos: Dann mache ich es halt allein: Wenn Singlefrauen sich für ein Kind entscheiden und so ihr Glück selbst in die Hand nehmen, mvg Verlag, 2017; weitere Infos finden Sie hier: www.zeit.de/2017/02/co-parenting-kinder-erziehung-familienplanung-internet

[85] Vgl. Christina Mundlos: Dann mache ich es halt allein: Wenn Singlefrauen sich für ein Kind entscheiden und so ihr Glück selbst in die Hand nehmen, mvg Verlag, 2017

[86] Ebd.

[87] Vgl. Ebd.

[88] Vgl. Ebd.

[89] Vgl. zu diesem Absatz: Ebd.

[90] Vgl. zu diesem Absatz: Ebd.

[91] Ebd.

[92] Vgl. Ebd.

[93] Ebd.

[94] Vgl. Bella M. DePaulo, Wendy L. Morris: Singles in Society and in Science, Psychological Inquiry, Vol. 16, Nr. 2/3, 2005

[95] Vgl. Ebd.

[96] Vgl. Karen Allen, Jim Blascovich, Wendy B. Mendes: Cardiovascular Reactivity and the Presence of Pets, Friends, and Spouses: The Truth About Cats and Dogs, Psychosomatic Medicine, Vol. 64, 2002

[97] Vgl. Ebd.

[98] Werner Bartens: Was Paare zusammenhält, Weltbild, 2014

[99] *Vgl. Christina Mundlos: Dann mache ich es halt allein: Wenn Singlefrauen sich für ein Kind entscheiden und so ihr Glück selbst in die Hand nehmen, mvg Verlag, 2017*

[100] *Vgl. »Tabuthema Torschlusspanik: Warum so viele Frauen über 30 an der Partnersuche scheitern«, TV Magazin stern TV, i&u TV Produktion, 1. August 2018*

[101] *Christina Mundlos: Dann mache ich es halt allein: Wenn Singlefrauen sich für ein Kind entscheiden und so ihr Glück selbst in die Hand nehmen, mvg Verlag, 2017*

[102] *Vgl. www.parship.de/presse/pressemeldungen/2018/deutschlands-single-studie-single-gesellschaft-168-millionen-alleinstehende-leben-in-deutschland/*

[103] *www.bobbycarclub.jimdo.com/, www.zuckersammler.de/, www.vgbe.org/, www.pi314.at/*

[104] *Vgl. www.parship.de/presse/pressemeldungen/2018/deutschlands-single-studie-single-gesellschaft-168-millionen-alleinstehende-leben-in-deutschland/*

[105] *Christina Mundlos: Dann mache ich es halt allein: Wenn Singlefrauen sich für ein Kind entscheiden und so ihr Glück selbst in die Hand nehmen, mvg Verlag, 2017; www.imgegenteil.de/blog/generation-beziehungsunfaehig/*

[106] *Vgl. Christina Mundlos: Dann mache ich es halt allein: Wenn Singlefrauen sich für ein Kind entscheiden und so ihr Glück selbst in die Hand nehmen, mvg Verlag, 2017*

[107] *Vgl. zu diesem Absatz: Russell D. Clark III, Elaine Hatfield: Gender Differences in Receptivity to Sexual Offers, Journal of Psychology & Human Sexuality, Vol. 2, Nr. 1, 1989*

[108] *Vgl. zu diesem Absatz: Christina Mundlos: Dann mache ich es halt allein: Wenn Singlefrauen sich für ein Kind entscheiden und so ihr Glück selbst in die Hand nehmen, mvg Verlag, 2017*

[109] *Vgl. Russell D. Clark III, Elaine Hatfield: Gender Differences in Receptivity to Sexual Offers, Journal of Psychology & Human Sexuality, Vol. 2, Nr. 1, 1989*

[110] *»Tabuthema Torschlusspanik: Warum so viele Frauen über 30 an der Partnersuche scheitern«, TV Magazin stern TV, i&u TV Produktion, 1. August 2018*

[111] *Ebd.*

KATRIN NUSSHOLD, geboren 1987, fand ihre Begeisterung fürs Schreiben im Volksschulalter. Sie studierte Literaturwissenschaft in New York, bevor sie in Österreich als Texterin, Übersetzerin und Korrektorin zu arbeiten begann. Dieses Buch basiert auf ihren eigenen Erfahrungen mit der Gefühlsachterbahn des Beziehungs- und Singlelebens sowie auf zahlreichen Erlebnissen ihrer Freundinnen und Bekannten.

Katrin Nusshold
HOW TO SURVIVE ALS SINGLE
Allein ist man weniger zu zweit:
Wie frau das schöne Singleleben genießt!
Mit Illustrationen von Jana Moskito

ISBN 978-3-86265-759-9

HOW TO SURVIVE – DIE REIHE MIT DEM HAI wird von Martin Brinkmann und Oliver Schwarzkopf herausgegeben | | Zeichnungen: Jana Moskito | Coverfotos von links oben nach rechts unten: © Rawpixel.com, © nenetus, © Maridav, © Syda Productions, © JackF (alle: www.stock.adobe.com)

VERLAG
Schwarzkopf & Schwarzkopf Verlag GmbH
Kastanienallee 32, 10435 Berlin
Telefon: 030 – 44 33 63 00
Fax: 030 – 44 33 63 044

INTERNET | E-MAIL
www.schwarzkopf-schwarzkopf.de
www.facebook.com/schwarzkopfverlag
info@schwarzkopf-schwarzkopf.de